Rudolf Wagner

Kokosnüsse satt

Rudolf Wagner

KOKOS NÜSSE SATT

Ein Seglerleben in der Karibik

Delius Klasing Verlag

Lenke dein Schiff ans Land
und horche unserer Stimme

(aus Homers *Odyssee*, XII. Gesang)

ISBN 3-7688-0622-7

©1988 Verlag Delius Klasing & Co, Bielefeld
Alle Rechte vorbehalten
Fotos: Rudolf Wagner
Satz: Typobauer Filmsatz GmbH, Ostfildern
Druck: May & Co., Darmstadt
Printed in Germany 1988

INHALT

VOM AUTOR
AUF EIN WORT

Jeder stößt beim Lesen bald selber darauf: Dies hier ist ein Roman! Es darf gar nicht anders sein; denn so eine wahre Geschichte gibt es gar nicht. Von vorne bis hinten muß sie erfunden sein.

Aus diesem Grund: Die meisten Namen sind aus der Luft gegriffen und Ähnlichkeiten rein zufällig, sie tun keinem weh. Die anderen – Johann, Rex, Barbarossa, Matilda, Minou –, und das sind bei weitem noch nicht alle: Wer möchte ihnen das harmlose Vergnügen nicht gönnen, auf diesen Seiten zu glänzen?

Lange ist überlegt worden, ob eine Insel Ogygia, Karibia oder Antillia getauft werden soll. Aber wozu so weit suchen? Jeder klangvolle Name tut es. Es steht ja einer für viele. Jeder, der sich aufraffen will und den aufgezeichneten Spuren folgt, wird vielleicht feststellen, daß vieles anders ist als beschrieben. Ob besser oder schlechter, das wagen wir nicht vorauszusagen.

Der Autor kann nicht die Hand für seinen Erzähler ins Feuer legen. Er befürchtet aber, der Reinfall am Ende dieses Buches habe ihn geschafft. Doch ist das so wichtig? So vieles kommt unterwegs abhanden, Leute und Sachen. Nach allen, mit denen es bergab ging, was soll's! Einer mehr.

Wer von der ersten Zeile an mitgeholfen hat, daß das Werk gedieh, dem sei herzlich gedankt.

R. W.

VORSPIEL:
„WOHL IST DIE WELT
SO GROSS UND WEIT..."

„Wohl ist die Welt so groß und weit
und voller Sonnenschein;
das allerschönste Stück davon
ist doch die Heimat mein!" *

„Das fängt ja gut an!" rappelt sich einer ächzend aus dem tiefen
Schnee wieder hoch, in den er kopfüber gestürzt ist; und noch mit den
Fäustlingen sich abklopfend, wendet er sich nach hinten: „Dachten
Sie nicht auch, daß hier ein Segelbuch geschrieben wird?"

„Natürlich! Wo sind wir Leser denn eigentlich?" fragt sich der so
Angeredete ängstlich. „Wir werden doch nicht etwa auch nach Grön-
land gesegelt sein? Gucken Sie mal da hoch: wie ein Eisberg beim
Kalben!"

„Wirklich merkwürdig, soviel weißer Schnee! Bei uns in Europa?"

„Nein!" mischt sich da einer ein, der die letzten Worte noch mitgekriegt hat, wischt sich dann aber zuerst den Schweiß von der Stirn.
„Da irren Sie sich ganz bestimmt! Ich habe diesen auffallenden
Tafelberg schon vor Jahren aus der Ferne bemerkt. Das war damals,
als wir nach unserem Karibikurlaub noch zum Törggelen in Südtirol
waren; ich meine: den neuen Wein zu verkosten. ‚Klara!' habe ich
damals gesagt, ‚ob auch wir es eines Tages schaffen werden, das Kap
der Guten Hoffnung zu umsegeln?'"

„Dann macht er uns Seglern aber das Leben ganz schön sauer,
dieser Autor. So steile Berge, und wir mit Skiern mittendrin! Wo
sollen wir das denn gelernt haben? Auf der Segelschule?"

* Worte: Karl Felderer

„Eben! Und wissen sie, was wir ihn damals in der Karibik haben sagen hören? ‚Sehnsucht nach Eis und Schnee? Daß ich nicht lache! Nein, mit Eis halte ich nur noch das Bier kalt.' Und als er das hochnäsig von sich gegeben hatte, schlang er sich den bunten Pareú, wie er sein Lendentuch auf kreolisch nannte, noch enger um die nackten Hüften."

Ein Skihaserl, das dazugekommen ist, hat die Ohren gespitzt: „Ganz schön nervig, diese steile Spur im Schnee, die rutschigen Skier und da oben auf der Skihütte ein Mensch, der nur deshalb Gesellschaft sucht, weil er sein Buch nicht alleine schreiben will! Und ich dachte..."

„Ja", unterbricht sie der mit Karibikerfahrung, „er braucht uns auf den vielen Seiten. Er schafft das nicht allein."

Einer, der sich schon vor zwei Jahrzehnten für Katamarane interessiert hat und für das, was sie leisten können, nimmt für den Autor Partei: „In seinem letzten Buch ging es nur um fünf Segelwochen; diesmal aber sind es tausend! Wie findet da einer allein hindurch?"

„Aha! Wir sollen wohl seine Gedächtnisstützen sein; aber abwarten: Mein roter Lippenstift eignet sich auch zum Durchstreichen."

„Natürlich sei ihm auch ein kritischer Einwurf willkommen", hat er mir gesagt. „Aber mehr noch manchmal ein mitfühlendes oder aufmunterndes Wort. Das ahne gar keiner, wie allein er da mit Bleistift und Papier sei. Womöglich wäre er noch imstande, die halbfertige Arbeit dort unten im Tal von einer Brücke schnipselweise... Aber halt! Das ist eine andere Geschichte. Die soll er lieber selber erzählen!"

„So eine Art Badeleiter sollen wir ihm runterreichen, denkt er sich wohl, oder den Rettungsring zuwerfen, damit er nicht ertrinkt in seinen tausend Wochen auf dem Wasser, der Bedauernswerte!"

„Er hatte aber auch noch andere Argumente, zum Beispiel: Wer schreibt überhaupt alles an so einem Buch? Da reden und schreiben auch ohne Bleistift ganz viele mit, machen Einwände und geben die Richtung an. Da kommen Leute zu Wort, die irgendwann mal mit diesem Eilandhopper zu tun hatten. Da sind auch beileibe nicht bloß die Damen vom Lektorat, die immer wieder bitten, schön allgemeinverständlich zu schreiben und möglichst wie bei uns an der Küste! Da ist natürlich auch die Seitenzahl von Belang, die ein Verleger mit vollem Risiko aufzulegen bereit ist, und demzufolge fällt womöglich schon mal die Hälfte der Geschichte von vornherein unter den Tisch, fragt sich bloß, *welche* geopfert werden muß. Dann ist da der Vertrieb, der immer drängt und erst zu spät merkt, was da vielleicht unter Zeitdruck gesudelt worden ist. Nur in fremden Verlagen, natürlich! Von denen, die zuletzt das Ganze zerrupfen wollen, mal gar nicht zu reden; auch die verlangen das richtige Futter."

„Und die Leser?"

„Ja, und wir! Wir wissen, was wir lesen wollen, und danach hat er sich zu richten!"

„Gut gebrüllt, Löwe! Deshalb möglichst jetzt am Ball bleiben und aus nächster Nähe miterleben, was da gespielt wird."

„Was sollen wir da noch beisteuern? Es steht doch alles schon in seinen Tagebüchern, die er seit zwei Jahrzehnten mit sich herumschleppt. In einer Art Panzerschrank, unter der Koje, die wir damals bei ihm hatten. In dieser grünen Kiste, sagte er, habe sich füher mal die Kartei seiner hochverehrten Kundschaft befunden. Am Tage, als er dann alles verscherbelt hatte – er nannte das seinen großen ‚Sellout' –, holte er diese Blechkiste wieder aus der Mülltonne mit den Worten heraus: ‚Jetzt weiß ich eine vernünftige Verwendung für dich.'"

Endlich ziehen alle im Gänsemarsch weiter. Beim Glühwein in den Gasthäusern unterwegs kommt dann noch mehr ans Licht. Der Faden solle sich also über zwanzig Jahre lang fortspinnen, heißt es. Der Autor fürchte sich bei dieser Arbeit auch vor sich selber, also vor dem Wörtchen „ich" in jedem zweiten Satz. Er habe ja, bis auf Ausnahmefälle, niemanden vorzuweisen, dem er manchmal das Wort übergeben könne. Wie beispielsweise andere Segler ihren geduldig ausharrenden Bordfrauen den Sextanten, das Kochbuch, vielleicht sogar das Ruder und eben auch manchmal das Wort.

Solch goldene Zeiten habe es natürlich auch schon gegeben. Aber zwanzig Jahre seien eine Ewigkeit. Irgendwann seien ihm seine Bordfrauen jedesmal wieder abhanden gekommen, pflegte er mit deutlich hörbarem Bedauern zu sagen, wenn ihn einer darauf angesprochen hatte. Da habe es dann geheißen: ‚Für dein Leben, Rudi, muß einer geboren sein!', oder: ‚Willst du das immer so weitermachen? Ganz ohne soziale Absicherung, ohne Krankenscheine, ohne Theater und andere Bildungsstätten, auf diesem Schaukelboot, das jeden Augenblick wegsacken kann, und niemals wieder festen Boden unter den Füßen?'

Versteht jetzt jeder, warum er das alles nicht selber noch einmal durchkauen wollte?

Da brachte auch einer die Geschichte von seinem Baumaufsitzer Rex auf Johann II. auf den Tisch, den ein Hurrikan einfach über Bord geblasen hatte. Und erst die Schildkröte Matilda, die jeder anderen Dame eifersüchtig in die rotlackierten Zehnägel biß, wenn sich eine bis ins Cockpit vorgewagt hatte; und dann sei sie kurzerhand auf der erstbesten menschenleeren Insel ausgesetzt worden. ,Hier gehörst du hin!' habe er ihr noch nachgerufen, ,zu diesem Aas da im Ufergeröll! Gekochter Schinken, Spargel aus der Dose und dann noch Hibiskusblüten! Die Zeiten sind vorbei!'

Von den wirklichen Tragödien ganz zu schweigen... Jeder merkt auch so: Das wird ein Unternehmen werden! Wenigstens sind sich alle jetzt einig und ziehen gemeinsam weiter.

Wie viele Stunden mag das schon her sein, seit die Zwiebeltürme der Dorfkirchen dort unten hinter dem Waldrand zurückgeblieben sind? Die Bretter knirschen gleichmäßig und jetzt schon viel besser im Schnee. Was für ein Märchenwald hat alle empfangen! Von Rauhreif sind die Zweige schwer. Die höhersteigende Sonne bringt an diesem Vormittag immer mehr Blüten an den Bäumen zum Aufblitzen, wo sie hintrifft. Aber das ist jedesmal nur von kurzer Dauer. Da haben sie eben noch Regenbogenblitze gesprüht wie ein reichbehangener Luster im blendenden Licht. Bald aber sind die Kristalle schwer von den Ästen herabgefallen, unterwegs auf anderen Zweigen zerbrochen, und dann rieselt es nur noch leise weiter zu Boden, wie die Kirschblütenblätter bei den sauberen Bauernhöfen dort unten im Frühling oder, wie noch tiefer, im Etschtal, wenn die Apfelblüte verweht. „Blüten wie Sterne aus dem Weltraum!" fällt einem dazu ein. „Und seht euch bloß den Himmel an, genauso unendlich tief und fern zwischen den gebeugten Wipfeln! Kein noch so kleines Wölkchen ist zu sehen."

„Wir, die wir nur verregnete Sommer kennen", steuert ein anderer bei, „oder bestenfalls jenen milchig blauen Sommerhimmel, der unsereins sogar am Bodensee schon glücklich macht und rasch nach Badezeug und Sonnencreme suchen läßt; uns dämmert jetzt, warum ein Weiterweg aus diesem Sonnenland nur noch in die Tropen führen konnte, in einen ewigen Sommer; und sei es dann auch wie immer gewesen, gut oder schlecht, es ging nur wieder hierher zurück."

„Alles klar! Das ist sein gutes Autorenrecht, daß er uns Leser hinschleppt, wohin er will. Er hat sich bestimmt was dabei gedacht, und – zugegeben! – diese wärmende Hochgebirgssonne auf dem Pelz und der dunkelblaue Himmel dazu: sind wir damit nicht schon fast bei den Kokosnüssen in den Tropen?"

Beim nächsten Gasthaus lehnen wieder alle ihre Skier gegen die Mauer. In der Stube das übliche Woher und Wohin. Darauf der Wirt: „Aha, auch so einer, dem's zu Haus' nimmer gut genug war! Da hat hier ganz in der Nähe, aber vor vielen Jahrhunderten, auch mal so ein Aussteiger gelebt, den das Fernweh packte. Oswald hat er geheißen und drüben auf seiner Burg Hauenstein gehaust." Er sieht sich vor dem Fortfahren um, ob's die Wirtin in der Küche nicht hört: „Sein Weib ist ihm wohl zu ‚hantig‘ gewesen und seine Burg im Winter viel zu kalt." Schon als Jüngling habe er einmal für Jahre die Nase in die Welt hinausstecken müssen; gar nicht freiwillig, wie es scheint. Später aber sei er auf den Geschmack gekommen und endgültig losgezogen, wie ein Landstreicher halt, mit Fiedel, Sackpfeife und Handpauke. Gar beim Konzil in Konstanz sei er gewesen, mit Päpsten und Ketzern; aber dann noch viel weiter in der ‚barbarey‘. Bis es zum Schiffbruch im Schwarzen Meer kam. Er habe wohl auch die Wärme gesucht. Aber was Rechtes sei das auf Dauer doch nicht gewesen. Da fielen ihm in der Fremde lauter Lieder ein. Wie das von Kuckucksruf und Drosselschlag und von einer ‚sauberen‘ Maid. Mit der wäre er am liebsten unter seiner Burg im grünen Walde Pfifferlinge ‚klauben‘ gegangen. Aber natürlich war weitum kein blonder Zopf zum Festhalten gewesen. Soweit der Wirt.

Bei Schüttelbrot und Speck und als die nächste Halbe auf dem Tisch steht, singen alle mit, was auch der Wolkensteiner nach seiner glücklichen Heimkehr hier in der Nähe gesungen haben mag: „Her wiert, uns dürstet sere...!" Und zwei in der Runde flüstern sich zu: „Soll der da oben doch warten! Der sitzt vermutlich auch in so einem freundlichen Gasthaus bei Weinglas und Speckteller und außerdem hinter einem Stoß Schreibpapier, wie wir hoffen. Das hält ihn beschäftigt."

Er habe es ja seinen Lesern auch damals nicht leicht gemacht, hieß es. Da hatte von diesem Rudolf Wagner auf dem Weihnachtstisch ein Buch gelegen: die Geschichte, wie einer ganz allein auf ungewöhnliche Weise in einer Yacht aus zwei Rümpfen über den Atlantik gesegelt war. Auch so in die ,barbarey' also! Die Idee war ihm wohl viele Jahre vorher schon zu Kopfe gestiegen, und dann hatte er nicht mehr davon ablassen können und immer nur an diese fremdländischen Zuckervögel gedacht. Nur weil ihm der Kalterer See dort unten und was weiß ich zu eng geworden war wie dem Minnesänger hier oben seine Burg.

Bis er dann also diese ferne Antilleninsel Antigua – Wo liegt die eigentlich? fragten damals die meisten – wirklich auf der anderen Seite des großen Wassers vor sich auftauchen sah. Kein Wort jetzt darüber, daß er die Insel später, wenn er in Gedanken an seine ferne Penelope verloren einsam am Strand saß, im Kopf Ogygia nannte! („Ogygia, wo Kalypso wohnet, die schöngelockte...!") Ganz bestimmt hätte er auch beim näherliegenden Oswald einen passenden Vers gefunden, nicht nur bei Homer. Schon gar kein Wort an dieser Stelle über jenes Buch, das noch aus den Anfängen des Ozeansegelns in Mehrrumpfbooten stammte! Aber gewußt hätten alle gerne, wie es danach weitergegangen war. Ein neuer und größerer Katamaran wäre bald in Bau, und EILANDHOPPER sollte er heißen, hatte man auf den letzten Seiten noch lesen können. Vermutlich war er wieder wie so ein Tagträumer mit ausgebaumten Passatwindsegeln neuen Zielen entgegengesegelt, die er immer schon hinter der Kimm vermutet hatte. Ob er nicht den Spruch kannte: „Luftschlösser lösen sich auf wie Passatwindwolken?"

Aber träumten denn nicht alle denselben Traum? Wo hätte einer den Waghalsigen suchen sollen? Einem hatte der Zufall geholfen. Stand da doch dieser Name auf einem Boot in dem fremden Hafen! „Ahoi, EILANDHOPPER!" schallte es hinauf und weiter, als sich ein Kopf im Niedergang zeigte: „Bist du nicht der Rudi, der damals auf seinem HOBBY nach Antigua gesegelt ist?" Er war es natürlich, und bald saßen sie gemeinsam in seinem Cockpit. „Stell dir vor, Rudi! Als ich deine Geschichte gelesen hatte, hielt ich es zu Hause nicht mehr aus." – „Und dann bist du wahrscheinlich auch losgesegelt?" – „Ja, natürlich, und gleich um die Welt. Ich komme gerade von Kapstadt herauf." — „Gratuliere!" — „Danke, Rudi! Aber jetzt ganz im Vertrauen: Wie war denn das nun wirklich mit dem roten Fender an der Festmacherklampe? Sonst habe ich ja alles genauso erlebt, wie du es beschrieben hast; nur dieser Damenbesuch mitten im Ozean... Mensch, das hätte mir gerade noch gefehlt!"

Fragte aber einer bei seinem Verleger an, wie das denn weitergegangen wäre und ob das neuartige Doppelrumpfboot auf der nächsten Reise auch wieder ohne Kenterung heil auf der Trauminsel angekommen sei, hieß es immer bloß: „Der Wagner ist schon lange wieder über alle Berge." Über alle Wellenberge, versteht sich; und er ließe sich auch gar nicht becircen, ein weiteres Mal zur Feder zu greifen.

Da hatte einer also wirklich Schluß mit Europa gemacht und war nicht wie die Zugvögel alle paar Jahre oder öfter zurückgekehrt, zwischendurch am alten Nest weiterzubauen und jedesmal ein Ei auszubrüten. Wenn der damals „ausgestiegen" war, wie wir heute dazu sagen, dann aber richtig. Kein Zweifel, der hatte es ernst gemeint: Boot bauen, wegsegeln und zwanzig Jahre lang auf dem Wasser leben! Vermutlich bis der Anker Wurzeln schlug und seiner Ankerleine grüne Algenbärte wuchsen.

Wer ihn damals erlebt hat, weiß jetzt bei diesem denkwürdigen Aufstieg außerdem zu berichten, wie er beim Segeln an Deck in seinem Liegestuhl schlief, was allein schon jeden richtigen Segler auf die Palme bringen mußte. Denn da, wo sein Liegestuhl stand, verstauen andere Segler ihre Seenotausrüstung. Unser zufriedener Karibikbummler aber ließ „Johann II." einen guten Steuermann sein und sah bloß manchmal kurz unter der Genua durch, ob denn nicht bald voraus die ersehnte Insel auftauche, genehmigte sich den nächsten Coco loco on the rocks und ließ sich dann gleich wieder vom Singen holder Sirenen becircen: „O du palmenumschattetes Eiland Ogygia!"

„Ein schöner Calypso wäre das für Odysseus gewesen, aus erster Hand sozusagen, das heißt ‚aus der schönen Kalypso liebendem Mund!'" ruft ein Vielbelesener aus.

„Mitnichten! Alles ein Schmarren!" verbessert ihn ein alter Seglerfreund vom Ammersee, der es besser weiß. „Aus Lord Short Shirts rauher, verrauchter Kehle hatte dieser ‚herrliche Dulder Odysseus' zweimal jede Woche bei der Rumpunschparty im Strandhotel ‚Island in the sun' über sich ergehen zu lassen! Aber nun keine weiteren Vorgriffe mehr, meine Damen und Herren!"

Endlich haben es nämlich alle der Reihe nach geschafft. Mondschein beleuchtet in der letzten Stunde die bleiche Spur durch den Schnee. In der Gaststube braucht keiner nach dem Ziel des langen Aufstiegs zu suchen. Denn da sitzt wirklich einer hinter einem Stoß Schreibpapier; aber höchstens eine Handvoll Manuskriptseiten ist beschrieben. Der Rest ist leer wie die Viertele-Karaffe, die vor ihm steht und die bestimmt nicht die einzige an diesem Abend gewesen ist. Kein Wunder, daß sich bei soviel rubinrotem St. Magdalener schon im Rohentwurf Schlingen im Gespinst bilden mußten, da er auf der Suche nach diesem Faden ist, der sich tausend Ellen lang durch seine Geschichte ziehen soll. Alle hören es, wie er vor sich hinmurmelt: „Das sieht aus in meinem Kopf! Als hätte einer einen ganzen Sack voll Kokosnüsse ausgeleert, grüne und reife und alles durcheinander."

Unter den Ankömmlingen wird geflüstert: „Ob wir uns vorstellen sollen?" – „Der kennt uns ja alle!" – „Oder hält es für einen guten Witz und fragt bloß, wo wir unterwegs soviel Glühwein getrunken haben!" – „Vielleicht sollten wir ihn schon mal auf die Palme bringen?" Und der mit Karibikerfahrung startet gleich durch: „Also damals, das Wasserskifahren in der Eisenholzbucht... Wenn es schon Skisport sein muß, dann lieber dort!"

„Was für ein Unsinn! Das ist doch ganz was anderes." Mehr ist aus dem Autor nicht herauszubringen, und keiner weiß, wer bei dem Vergleich den kürzeren zu ziehen hätte.

Sehr nett ist das ja nicht, so kurz angebunden zu sein, geht es allen durch den Sinn. Vermutlich weiß er nach den ersten paar Seiten schon nicht mehr, wo ihm der Kopf steht. „Wenigstens bedanken hätte er sich können, daß dieser minnesingende Vorgänger, von dem er so viel hält, jetzt schon einen prominenten Platz auf diesen Seiten gefunden hat. Wir haben ihm doch wenigstens den Weg hinunter und wieder herauf erspart!" Das fiel allen dazu ein.

Aber den Nagel auf den Kopf trifft das Skihaserl und verzieht dabei den Mund: „Wenn ich schon bei diesem Abenteuer dabei sein soll, dann hätte er mich auch im letzten Dorf abholen können. Stellt euch vor, ich verlaufe mich so ganz allein und lande zu guter Letzt auf einem anderen Schreibtisch! Bei den Zwergen in Laurins Rosengarten, zum Beispiel, oder in den Bleichen Bergen. Oder denkt bloß an diesen Ossi, wie der Wirt den Ritter nannte. Am Ende bin ich dann auch in der ‚barbarey‘ oder gar in Konstanz! Märchenerzähler gab es hier immer schon jede Menge!"

Allen ist klar: Es wäre seine Aufgabe gewesen, einen jeden hier heraufzubegleiten, wo das Abenteuer seinen Anfang nehmen soll. Aber statt ihm Vorwürfe zu machen, bemitleiden sie ihn richtig. Vor allem, als er sich kurz darauf erhebt, als habe er heute schon wer weiß was geleistet, die Stirne in Sorgenfalten legt, den Papierstoß unter den einen Arm klemmt und mit der freien Hand des anderen über die feucht beschlagene Fensterscheibe wischt. Dann preßt er das Gesicht dagegen, als ob er was suche.

„Glaubt ihr, er will nachsehen, ob sein Schiff noch richtig am Ankerplatz liegt und ob der Nachtwind in Lee der Inselberge nicht gedreht hat?"

„Wie wird man diese Sorge aber auch wieder los? Eine Winddrehung, wenn er schläft, und schon liegt er in seiner Koje am Strand. Der Mast stochert in den Palmkronen, und von oben regnet's Kokosnüsse! Davon wacht er bestimmt auf."

„Seid bloß still! Das ist alles schon passiert. Aber an solche Nichtigkeiten verschwende er keine Zeilen, hat er versprochen. Was sei schon dabei, mit einem Katamaran am Strand zu sitzen? So ankere er am liebsten: ranfahren, vorne über Bord springen und den Anker das Ufer hoch tragen! ‚Der will auch braun werden!‘ hat er damals lachend gesagt, als wir auf EILANDHOPPER bei diesem Tintamarre wie Adam und Eva eine menschenleere Insel in Besitz nahmen wie das Paradies!"

Noch ein Blick zum Stubenausgang. Offenkundig ist vor dem Fenster kein Grund zur Beunruhigung zu sehen gewesen. Alle bemerken ein kurzes Kopfschütteln, als hätte er was anderes zu erblicken erwartet; dann steuert unser kokosnußsatter Heimkehrer die Stiege an, die in die oberen Stockwerke hinaufführt.

„Am besten, wir überlassen ihn jetzt eine Weile sich selbst. Damit er endlich Ernst mit diesem Buch macht!" Aber keiner hat Lust, selber auch schlafen zu gehen. Viel zu aufgepulvert sind alle nach diesem langen Tag und dem, was er schon ans Licht gebracht hat. Also sitzen sie wieder bei Schüttelbrot und Wein an einem Tisch:

Freunde und noch Näherstehende, Fremde und Wißbegierige; auch künftige Leser, die nur ahnen, was auf sie zukommt. Kokosnüsse hat jeder gern.

Das Gespräch kreist bald bloß noch um die eine Frage: Warum tut das einer? Warum alles hinter sich werfen und auf eine Zukunft setzen, die so unsicher ist wie ein Floß im Sturm? Alle Schranken niederhauen und von Luftschlössern träumen, die da hinten im Passatwind schweben und sich auflösen können wie eine Sandburg, die durch die Finger rinnt! Warum? Das ist doch klar: um ein ideales Fleckchen Erde zu suchen! Eine Insel ganz für sich selbst!

Alles redet durcheinander: So sei eben die ungestüme Jugend! Wer resigniert, sei schon so gut wie abserviert. Herrlich, das Steckenpferd zum Beruf machen zu können! Herzenswünsche verwirklichen und mit sich selbst in Einklang leben! Lernen kann einer nur durch Erfahrung! Und was eben der Redensarten mehr sind.

Hat einer eigentlich das Recht, auszusteigen? Sind das nicht Anarchisten und Asoziale? Sitzen wir nicht alle im selben Boot? Darf sich einer davonmachen wie die Ratten, bevor das Schiff sinkt? Denkt doch an die Lemminge! Wäre es nicht gescheiter, zu Hause alles kurz und klein zu schlagen und so seine Meinung kundzutun?

Hat der Wirt heute nachmittag nicht auch von so einem Aussteiger gesprochen? Von einem minnesingenden Ritter? Dem war es einfach hinter seinen dicken Burgmauern zu kalt gewesen, oder er hatte sich gar nach anderer als häuslicher Wärme gesehnt. Modische Schlagwörter als willkommener Vorwand? Das stimmt! Vor 20 Jahren hörte einer vom Aussteigen nur in der Straßenbahn. Da entdeckten die ewigen Vermarkter das Wort, und jetzt werben sie damit schon für Touristen. Und nicht nur für Touristen!

Man müsse bei diesem Ritter über vieles hinwegsehen, meint die Tischrunde. War er denn nicht schon in früher Jugend aus der Bahn gerissen worden, wie er selber reimt? Vielleicht hat er später bloß zuviel Hartmann von Aue gelesen. Waren nicht Erec und Iwein (nein; nicht Erik der Rote!) schon Jahrhunderte vor ihm auf Abenteuer ausgezogen, der lieben Selbstbestätigung wegen und weil sie daheim so einiges versäumt hatten?

Das Stichwort Abenteuer ist gefallen. Ein Abenteuer zu erleben, mache noch lange keinen zum Abenteurer, heißt es. Der eine treibt

18

zwei Monate in einem Rettungsfloß, bis er gefunden wird, und das war bestimmt das Abenteuer seines Lebens. Der andere setzt sich freiweillig in ein Rettungsboot, läßt sich auf die offene See hinaustreiben und will herausfinden, ob er es überlebt. Das sei der kleine Unterschied: der eine gerät hinein, der andere sucht es.

Einer zitiert Don Quijote. Aber wer hat schon Cervantes gelesen! Die Diskussion entbrennt, denn des eigenen Autors früheres Werk ist nicht vergessen: Einer, der sein wollte, was er geträumt hatte, und ausführen, was er gelesen! „Da haben wir's" ruft der Belesene. „Dem einen ward der Geist von Ritterromanen verwirrt, bis er gegen Windmühlen in den Kampf zog; hat vielleicht auch der andere bloß zu viele einschlägige Literatur verschlungen und sich den Kopf damit verdreht?" – „Bloß schnell Thema wechseln!" ruft da ein dritter erschrocken in die Runde. „Daß doch die Schweineherde über den hinwegtrample, der sowas behauptet, wie über diesen verwirrten Ritter aus der Mancha vor seinem Ende!"

Vielleicht sollte man seine Lieblingsbücher kennen? (O je!) Den verbummelten Knulp hat er gerngehabt, den Taugenichts und auch diesen ‚Protestierer' Siddhartha. Natürlich auch das ungleiche Paar Narziß und Goldmund. Nicht diesen allein, wie einer glauben könnte, nein, alle beide! Eben doch zwei Seelen in der Brust, wie jeder von uns. Das alte Erbgut! Zwilling sei er auch noch. Durch die Steppe wolle er traben wie ein Wolf und zur selben Zeit an Wintergärten mit Aralien denken. Denn das bleibt am Ende: Land gewinnen, bodenständig werden! Noch ein Gedanke: das ewig Weibliche. Der Rest ist Gleichnis.

Eben doch bloß ein Kind unserer Zeit! Eine Flucht, die die Gegenwart kritisieren soll, indem sie sich von ihr abwendet. Verwirklichen wollen, was romantische Wunschträume vorgaukeln; und zwar nicht erst, seit es Palmen auf Krawatten und Manschettenknöpfen gibt. Und was kommt zuletzt dabei heraus? Freiheit oder keine Freiheit? Holt nicht die Gegenwart alle ihrer Flüchtlinge wieder ein? Darf es überhaupt so was wie Freiheit geben, und ist sie das noch, sobald jeder sie sucht und findet? Wird nicht aus dem alten Zwinger bloß ein neuer Pferch?

Wir werden es ja erleben.

LUFTSCHLÖSSER AUS PASSATWINDWOLKEN

Darf ich endlich selber den Mund aufmachen? Von so indiskreten Augen in die Enge getrieben, muß ich jetzt wohl erklären, was das mit dem forschenden Blick durch die beschlagene Scheibe auf sich gehabt hat. Es ist schwierig genug, mich wieder an festen Boden unter den Füßen zu gewöhnen; und das ist Quatsch, wenn da eben einer geäußert haben sollte, ich hätte vielleicht bloß zuviel Tiroler Roten getrunken. Das sind hier doch keine Karaffen wie auf Antigua!

Ach so, ich merke schon, ich sollte mich deutlicher ausdrücken. Das war also noch „drüben" gewesen, auf dieser klangvollen Insel. Bei meiner abendlichen Runde durch den Speisesaal des Strandhotels war ich zuletzt Tischpartner einer gebrechlichen älteren Dame geworden. Sie hatte gerade ihr Dinner ausgewählt. Dazu möchte sie einen Rosé, hörte ich sie ihre Bestellung bei der farbigen weiblichen Bedienung aufgeben. Aus Portugal!

„Nein, nein, keine ganze Flasche!" Das sei viel zuviel. Sie könne doch sicher auch weniger haben, etwa ein Glas voll.

„Das nicht, Ma'am. Aber statt einer Flasche könnte ich Ihnen ja eine Karaffe bringen."

„Ja, bitte."

Es dauerte dann bloß eine Weile – die Teller waren bereits wieder abgeräumt – bis sie endlich auf dem Tisch stand, die Karaffe. Verständnislos sah mich mein Gegenüber an. Die Bedienung bemerkte den Blick und suchte nach einer Entschuldigung: „Es tut mir wirklich leid, Ma'am, daß die Karaffe nicht ganz voll ist. Aber der Chef meinte, wenn wir noch eine dritte Flasche hineingegossen hätten, wäre ein Rest zurückgeblieben!"

Ach ja, wir stehen immer noch vor dem beschlagenen Fenster... So geht es: ein Blick ins Dunkel draußen, und ich bin gleich wieder

„drüben". Also, das glaubt einer nicht: Da bin ich doch in all den Jahren die eine unangenehme Gewohnheit niemals losgeworden, die nachts jedesmal wie ein Alptraum über mich herfiel. Da springe ich plötzlich im tiefsten Schlaf aus der Koje, laufe zum Niedergang, schiebe mit den Schultern die Kajütklappe hoch, stecke den Kopf hinaus und starre suchend in die Nacht. Wo sind wir? Wie weit sind wir abgetrieben? Ist EILANDHOPPER noch zu retten, der drohende Schiffbruch vielleicht noch abzuwenden? Ich habe uns doch eben noch in gefährlicher Weise auf fremde Schiffe zutreiben sehen. Drüben, auf der anderen Seite der Bucht!

Aber dort drüben ankerten gar keine Schiffe, und mein Boot lag noch genauso still an seinem Ort wie gestern abend, als wir den Anker über Bord geworfen hatten. Erst dann ging mir jedesmal ein Licht auf, und ich lachte erlöst über den Irrtum. War jemand an Bord, der mein besorgtes Schlafwandeln bemerkt hatte, dann: „Bitte, entschuldige! Ich habe wohl bloß geträumt, wir trieben ab."

Und erst in England, als wir noch in den schmutzigen Häfen lagen! Da war ich einmal beim Zubehöreinkauf über Nacht in London hängengeblieben. In meinem Hotelzimmer waren aus was für undurchsichtigen Gründen auch immer die Fenster bis weit über Kopfhöhe mit weißer Farbe übertüncht. Da fand ich mich doch mitten in der Nacht nach steiler Kletterei auf dem Fensterbrett wieder, weil mich neuerlich die Sorge um meinen Ankerplatz befallen hatte. Was sah ich da kaum drei Meter vor meiner Nase? Eine düstere Backsteinmauer! „Um Himmels willen! Gleich wird es krachen, und wir sinken im Hafen neben der Mole!" Gerade, daß ich mich nicht hinauslehnte, um mit den Händen vielleicht den ärgsten Stoß noch abfedern zu können.

Das passierte dann im Ernst erst viele Jahre später auf der Reede von Fort-de-France auf Martinique. Auf der Suche nach einem Halt, um meinen Nachbarn aus Frankreich in jener dunklen Nacht von meiner Bordwand wegzuschieben, hatte ich doch plötzlich ein nacktes und angenehm kojenwarmes Damenbein in den Händen. Da rief ich wohl: „Quelle surprise!" Lachend erzählte mir die Besitzerin des hübschen Enterhakens später, als wir endlich sorgenlos und gut abgefendert im Päckchen lagen, sie hätte vor Schreck, als sie meine weiße Bordwand vor ihrem Bullauge sah, ein Bein hinausgestreckt, um mein Boot wegzustoßen, aber sich damit natürlich selber den Blick nach draußen verstellt.

Als ich vorhin die Gaststube verließ, warf ich noch diesen Blick durchs Fenster wie immer. Es hatte schon seit Tagen hier oben auf der Alm nicht mehr richtig geschneit. Der alte Schnee draußen, von vielen Stiefelabdrücken zerstampft, spiegelte grünlich blaß die Leuchtreklame vom Dach oben wieder. Als ich das letzte Mal hier war, stand hier noch kein Sporthotel. Da brannte höchstens eine Petroleumlampe in der Almhütte auf dem Tisch, wo meine Seekarten und Notizbücher lagen. Zu dieser späten Stunde schlief damals längst alles. Höchstens das kurze Aufklingen einer Glocke war zu hören, wenn sich im warmen Stall eine Kuh bewegte. Damals ging ein schöner Sommer zu Ende, und die erste Reise nach Westindien lag gerade hinter mir. Das ist fast zwanzig Jahre her.

Den prüfenden Blick durchs Fenster hätte ich mir also schenken können. Gleich hinter dem grünlich schimmernden Strand – wann werde ich diese Gewohnheit wieder los! –, also nein, hinter dem Schnee war alles schwarz und glatt wie das Meer um den Ankerplatz auf der windstillen Inselseite. So sah es damals auch vor jenem Karaffenhotel aus, wenn wir um diese Stunde ins Freie traten, unter den Palmen durch zum Strand gingen, das ganz vorne rechts an einem Stamm festgezurrte Beiboot losbanden und nach Hause ruderten. Unser Zuhause: Das war dort drüben in der sanften Nacht der helle Fleck über dem ruhigen Wasser, wo sich die Lichter vom Hotel in der weißen Bordwand meines Katamarans spiegelten.

Wie oft war es auch umgekeht gewesen! Unternehmungslustig waren wir zum Ufer gerudert, kaum daß die kurze Tropendämmerung der Nacht gewichen war. Wir zogen das Beiboot wie üblich den kurzen Weg durch tiefen Sand bis zu den ersten Palmen hinauf. Jeder von uns ging barfuß. Schuhe besaß ich schon lange nicht mehr. Dann stapften wir durch den noch warmen Sand zur Strandbar hinüber, wo eine Steelband tropische Rhythmen spielte. Wir standen im Mondschatten, den die Palmenkronen über uns warfen; der helle Sandstreifen, gleich neben uns, ging ohne sichtbare Begrenzung ins klare, unbewegte Wasser über. Hunderte von Fußabdrücken hatten tagsüber ihre Dellen hinterlassen. Im Mondlicht waren sie schattenlos und von bleichem Weiß. Da kam auch schon mein begeisterter Ausruf:

„Schaut bloß – wie im Winter! Schnee auf den Antillen!" – „Du meine Güte, Rudi!" mußte ich mir dann anhören, „du weißt nicht mehr, wie heutzutage Schnee bei uns aussieht!" Wie hätte ich es dann erst später wissen sollen, nach zehn, fünfzehn und noch mehr Jahren! Es konnte auch sein, daß wir abends im Cockpit sitzengeblieben waren, der Rumpunsch auf dem Tisch stand und jeder sich fragte, ob heute das Kreuz des Südens über die Kimm käme. Einmal im Jahr, und die Zeit war gerade wieder fällig, kringelte sich plötzlich eine schwarze Flocke neben dem Glas; gleich darauf kamen noch mehrere, und sah sich einer erst um, lagen sie schon überall. „Es schneit!" rief ich dann fröhlich in die Runde, und alle schauten mich verwundert und seltsam an. „Seht, das ist doch wie im Dezember, wenn der Blick durchs Fenster auf die ersten Flocken fällt und es bald weihnachtlich wird!" – „Aber, Rudi!" mußte ich dann einstecken. „So schwarz sind in Bremen die Schneeflocken nun auch wieder nicht." Für mich aber fielen Flocken, weiß oder schwarz, und ich versuchte, es zu erklären: „Das Zuckerrohr brennt! Es brennt alle Jahre einmal vor der Regenzeit, und morgen beginnt die Ernte."

Was da brannte, waren bloß die verdorrten Blätter am Halm, die beim Auspressen des süßen Rohres nur hinderlich gewesen wären. Der Feuerwind riß sie hoch, und der Passatwind nahm sie mit. Leicht wie verbranntes Stroh trieben sie nach Lee bis übers Meer, das dort ja nirgends weit weg ist. Ankerte EILANDHOPPER gerade am Ufer unter dem Flockenflug, dann rieselten auch welche auf sein Deck. Wollte man sie anfassen, zerfielen sie und hinterließen bloß einen dunklen Fleck auf der Haut, aber nicht unangenehm. Keiner im Strandhotel bemerkte es – oder er dachte höchstens, der Rußfleck auf dem weißen Dinnerjackett stamme aus dem Küchenkamin. Aber für mich war es jedesmal wieder ein ganz persönliches Geschenk: mein neuer Lebensraum – und ich gehörte dazu! Meine Zuckerinseln.

Möchten sich die Leute dort drüben in dem Hotel hinter den Palmen auf ihre Weise vergnügen! Ihre Urlaubstage waren gezählt. Das lag für mich alles so weit weg. Die Direktion hatte an den vordersten Palmenstämmen rote, gelbe und grüne Lampen anbringen lassen; vielleicht weil ihr das Mondlicht nicht schön genug schien. Die Lampen spiegelten sich, von Bord aus gesehen, im fast bewegungslosen Wasser und wurden dort zu langen senkrechten Strichen verzerrt.

Abwechselnd bunt, ein Strich neben dem anderen! Das sah so aus, als setzten sich die Palmenstämme nach unten in einem leuchtenden Lattenzaun fort. Dieser lustige Zaun war in den ersten Jahren der nächtliche Limes, hinter dem ich mein eigenes Reich besaß.

Aber kehren wir zu der Alm im geliebten Tirol zurück! Der Kreis hatte sich nach der ersten Atlantikreise auf HOBBY gerade geschlossen. Stieg ich in einer guten Stunde zu dem nahen Gipfel hinauf, jenem mit den abstehenden zwei Zacken über dem Tal, dann sah ich an klaren Tagen den See dort unten in der Ferne, nicht weit von der Leuchtenburg. Sie hatte so oft noch im Abendrot meinen ersten Segelversuchen zugesehen. Bis mir der Schilfgürtel rings um sein Ufer zu eng wurde. In Kaltern oben, oder nicht weit davon, beim Gewürztraminer, träumte ich bald von einem See, der uferlos wäre, wo es keinen Schilfgürtel mehr gäbe und der Platz für alle hätte.

Der Wechsel vollzog sich damals nicht von einem Tag zum anderen, sondern bereitete sich über Jahre hinweg vor; fast möchte ich sagen: über weitere zwanzig Jahre, wie vielleicht noch zu berichten sein wird. Damals war es ein Ausbrechen auf Probe gewesen. Die Atempause war dann nur kurz; die Hauptsache stand noch aus.

In jenem Frühsommer 1967 war ich nach langer Vorbereitung zu dieser ersten großen Fahrt aufgebrochen; ich, der ehemalige Gebirgsjäger ohne Seemannsbeine; einer, den schon bei jeder Busfahrt der Wunsch nach einem der damals verschleuderten Spucknäpfe beschlich. Auch davon wird noch zu reden sein. Nur Angst beim Durchklettern senkrechter Dolomitenwände kannte ich nicht. Was für ein Lebensweg: vom Klettern auf die Zinnen zum Segeln über Meere; vom Endlichen zum Unendlichen, über alle Horizonte hinweg!

Mein Steckenpferd hieß damals HOBBY. Polyglott, wie ich mir vorkam, würde das jeder verstehen. HOBBY war ein Katamaran, besaß also zwei Rümpfe, und war bloß acht Meter lang. Das war nicht viel, als ich mir ausrechnete, eine millionmal so weit damit segeln zu müssen. HOBBY hat später sein trauriges Ende nicht verdient.

Keine Wiederholung jetzt! Wie diese Wochen verflogen sind! Antigua, die Insel meiner Träume, war in den vorausgehenden Jahren Symbol für alles geworden, was ich mir wünschte. Sie lag in meinen Träumen so weit voraus, daß ich nicht glaubte, jemals dort anzukommen. Auf der Landkarte, die ich damals schon davon besaß, hieß ein kleiner Ort ungefähr in ihrer Mitte: LIBERTA. Ich fand später nie heraus, ob diese Bezeichnung die gefundene Freiheit eines frühen Auswanderers auf seiner Zuckerrohrfarm festhalten sollte, wie das vielleicht meinem Urgroßvater aus dem Thüringer Wald auf den Sandwich-Inseln ähnlich gesehen hätte. Sonst blieben als Taufpaten nur die schwarzen Sklaven, die vor Freude über ihre Befreiung vielleicht ihr Dorf so genannt hatten. LIBERTA auf Antigua würde nicht zu mir kommen. Ich hatte es selber zu suchen.

Mein Plan war es nicht — wie das auch damals schon vorkam —, vorher die Presse von meiner Absicht zu informieren. Was hatte ich nicht schon privat alles einstecken müssen! ‚Du bist leichtsinnig, Rudi! Du gehst leichtfertig mit deinem Leben um! Wasser hat keine Balken! (Ha! Wie viele da draußen rumtreiben!) Was wird, wenn dir das Trinkwasser ausgeht?‘ (Ich lebte dann noch wochenlang von dem Wasser, das ich unterwegs nicht verbraucht hatte und das in Antigua viel kostbarer zu sein schien als bei mir an Bord.) Und wer war im Krieg nicht alles leichtfertig mit meinem Besitz oder gar meinem Leben umgegangen! Ohne später ein gutes Wort zu finden oder sich gar bei mir zu entschuldigen.

Nach jener Zeit im Dreck waren rauhe Dolomitenfelsen Balsam für Herz und Hände, der Weg zum Gipfel war höchstes Glück, die Welt, von oben gesehen, seliger Abstand zu allem. Nicht Leichtsinn war es, sondern Liebe zum wiedergeschenkten Leben. „...um einem unbändigen Freiheitsdrang endlich die Zügel schießen lassen zu können", schrieb ich auf die ersten Seiten von „Weit, weit voraus liegt Antigua". „Freies Klettern in steiler Wand und einsames Segeln weit draußen auf See; das sind nicht zwei verschiedene Erlebnisse; das ist ein und dasselbe."

Die ganze Reise nach Antigua war dann nur die Erfüllung allen Wartens. 37 Tage lang weit und breit kein Mensch zu sehen. Nur solche, die mir die Einbildung in freundlichen Tagträumen präsentierte. Heute würde man sagen, es sei ein Rekord gewesen. Niemand war vorher so weit allein in einem Mehrrumpfboot gesegelt, ohne Landsicht und ohne Pause in fremden Häfen. Doch das hörte ich erst hinterher. Mich interessierte es nicht. Ich ließ mir auch deshalb keinen Bart wachsen. Ich hatte mein Meer gehabt, eine ganz andere Welt unter fremden Sternen. Was für ein Tag, als plötzlich die Sonne von gestern auf heute nicht mehr im Süden stand, sondern nördlich von mir! Der Große Bär hatte sein Aussehen verändert. Es schien, als könne er nur noch auf dem Rücken liegen, und habe auch vom Karussellfahren genug. Der südliche Himmel war ganz und gar Neuland. Neu auch, was um mich im Wasser trieb an Seekraut, Medusen und verschnaufenden Vögeln. Eine Weile lang hatte ich die genaue Zeit verloren. Später fehlte mir plötzlich eine ganze Woche. Die Seekarten für dort draußen sind leer, die aufgedruckten Koordinatenlinien nur erdacht. Mein Kurs fraß sich jeden Tag nur einen Fingerbreit weiter. Jede Raupe frißt sich schneller durch ein Blatt. Ich konnte mir damals nichts Schöneres vorstellen als dieses Segeln vor dem Passatwind, das Warten auf unbekannte Abenteuer und die Hoffnung, sie erfolgreich zu bestehen.

Ich hatte vorher gewußt, daß es eine lange Reise werden würde. Der Atlantik ist annähernd viertausend Seemeilen groß, wenn einer in England mit der Absicht aufbricht, direkt zu den Karibischen Inseln zu segeln. Das ist in Kilometern ausgedrückt fast das Doppelte weniger 7,5 Prozent! Die Antilleninsel Antigua sollte es sein. Das war die einzige, von der ich etwas mehr wußte, da sie diesen wirbelsturmsicheren Hafen hatte, der manchmal von Weltumseglern auf ihrer Reise angelaufen worden war. Jeder hatte ja seine Erfahrungen niedergeschrieben, wie ich es dann auch hier oben auf der Alm schließlich tat.

Schon vor zwanzig Jahren hätte ich keinen besseren Platz finden können, meine Gedanken über die erste Reise zu ordnen. Vielleicht, weil der Blick hier oben doch weiter geht als bloß über die Cockpit-Reling zu den Scherenschnittinseln im abendlichen Gegenlicht. So groß der Ozean auch sein mag: über die Kimm hinweg sieht doch keiner. Damals war ich noch voll von den ersten Eindrücken, von Blüten und Bäumen, die ich zum ersten Mal gesehen hatte. Aber ich erinnerte mich auch an die klapperdürren Rinder, die sich durch den stacheligen Akazienbusch zwängten, weil sie dort etwas Grünes zum Fressen vermuteten. Gern hätte ich dann hier oben den satten Kühen gesagt, wie glücklich sie doch waren. An einem einzigen Tag auf der Alm sollte ich später mehr Blüten sehen als in allen zwanzig Tropenjahren zusammen.

Ich ließ mich damals immer wieder beim Schreiben stören, wenn am späten Nachmittag das vertraute Läuten näherkam. Die rundge-nährten Kühe kehrten ohne Hast zu ihrem warmen Stall zurück, und keine gierigen Reiher saßen dabei auf ausgemergelten Rücken und bohrten ihren Schnabel durch die Haut, auf der Suche nach einer fetten Made, dem einzigen vielleicht, was an jenen bedauernswerten Kreaturen noch fett gewesen war.

Manchmal blieben meine Almgenossen stehen, unterbrachen das Malmen der Kiefer und schauten sich um. Ob sie noch einmal zu den wenigen übriggebliebenen Bärenpratzln zurückkehren sollten? Es konnte diesen Kennern der Alm doch nicht verborgen geblieben sein, daß sich bereits die ersten Herbstzeitlosen herausgewagt hatten. Das bedeutete für Mensch und Tier: Der Sommer geht zu Ende und damit auch das freie Herumschweifen, das lässige Leben. Die Zeit der blauen Berge sind Herbsttage zum Nachdenken, an denen jede Ein-zelheit verblaßt, aber die großen Umrisse sichtbar werden.

Blaue Berge! In allen Schattierungen von herbstlichem Graublau grüßte von jenseits des Tales und weiter weg Bergkette hinter Berg-kette. Blaue Berge, fiel mir dazu wieder ein, gab es auch auf Jamaika. Blue-Mountains-Kaffee lag damals in Antigua in jedem Geschäft. Damals, dort drüben, dachte ich dabei jedesmal gleich an die Herbst-tage in den Dolomiten zurück.

Und erst im Tal! Da reiften in jenen Wochen auf den sonnendurch-glühten Hängen, wie ich seit meiner Kindheit wußte, die köstlichen Trauben. Traube und Traum sind in meinem Kopf nicht zu trennen, seit ich als Schulkind hinter dem Festwagen fürs Deutschtum in Südtirol durch die Straßen unserer Stadt marschiert war. Aber natür-lich hingen die Trauben selbst viel zu hoch für uns Kinder.

Unten im Tal lebten wir zwischen Bergflanken, die alle von Wie-sen und Wäldern bedeckt waren. Den Kopf zurückgelegt, sah man nur ein größeres Stück Himmel und den Wolkenzug. Erst beim Aufstieg weitete sich die Sicht. Hinter nahen Bergrücken tauchten mit jedem Schritt immer weiter entfernte auf; höhere Gipfel, die selbst wieder in sich zusammenschrumpften, sobald wir weiterstiegen. Irgendwann war der Punkt erreicht, wo alles Gezack im Umkreis versunken war, der Horizont in Augenhöhe lag, nicht mehr faßbar.

Das gleiche Erlebnis hatte ich weit weg von hier, etwa hundert Seemeilen im Westen der portugiesischen Küste und schon südlich der Biskaya. Die große Atlantiksee baute sich zu riesigen Wellen auf, als unter ihr das europäische Festlandschelf spürbar wurde. In meinem winzigen Boot erlebte ich im Rhythmus des Seegangs dieses bergsteigerische Augenfest immer wieder; beinahe drei Tage lang. Die Sonne schien, der Horizont war milchig vom Wind. Achterlicher Wind! Sonnenstrahlen übergossen die nach Süden vorauseilenden Seen mit glitzernden Reflexen, die von winzigen Rippelwellen herrührten, womit sich die Oberfläche schmückte wie die Tanne im Rauhreif oder die Schneewächte im Jochwind. Während dieser Auf-und Abbewegung bot das Meer zwei ganz verschiedene Gesichter dar. Waren wir unten (ich meine damit meinen Katamaran und mich darauf allein an Bord), dann reichte die Sicht nur bis zu den nächsten Wellenkämmen, die manchmal wie eine überschwere Gipfelwächte nach vorne brachen. Das alles war so beklemmend, als säßen wir für kurze Zeit in einer Lache am Boden eines Bottichs. Rollte die Welle dann unter uns durch, hob sie uns gleichzeitig an. Oben weitete sich plötzlich der Blick bis zum silbrigen Horizont. Soweit das Auge sehen konnte, nichts als rasch wandernde Seen, die nicht mehr voneinander zu unterscheiden waren. Vereinzelt riß es einen brechenden Wellenkamm besonders hoch hinauf, was wie ein ferner, mit Gletschern bedeckter Gebirgsstock aussah, und Namen wie Adamello, Zuckerhütl, Weißkugel oder Weißzint schossen mir dabei durch den Kopf. Es war fast wie damals auf der Firnkuppe des Montblanc, als wir nach einem Biwak bald nach Sonnenaufgang den Gipfel erreicht hatten und nur noch die allernächsten Eisriesen an ihrer charakteristischen Form zu erkennen waren. Alles andere aber, weiter weg, war zu einer hochalpinen Kabbelsee erstarrt, zu diesem Gewirr von aufeinanderstoßenden Wellen, wenn unterschiedlicher Meeresstrom aneinandergerät.

In beiden Fällen war ich in meinem Element. Ich hatte mein Meer gehabt, ein riesiges Stück Erdkugel, wo sich mir keiner entgegenstellte. Ich hatte mir die Zeit dazu genommen. Segeln mit dem großen Löffel, hatte ich es genannt. Kein Berg wäre hoch und fern genug, so lange mit ihm allein zu sein; das heißt: mit mir selbst! Ich hatte in fünf Wochen mit dem Stechzirkel auf meiner Seekarte einen ganzen Ozean abgegriffen. Liberta-Antigua konnte nicht weit genug weg sein, damit alles, was ich hinter mich werfen wollte, im Meer versank.

Hier auf der Alm waren nun Berge und Tal wirklich wieder zum Greifen nahe und ruhten in ihrer unverrückbaren Beständigkeit, dauerhaft und für immer. HOBBY war damals drüben geblieben. Es wartete auf mich oder auf einen neuen Steckenpferdreiter. Noch ahnte ich nicht, daß seine Tage gezählt waren. Das letzte Kapitel des Antigua-Buchs aber stand schon fest, bevor ich noch in jener von Mücken geplagten Mangrovenbucht von English Harbour zu schreiben begonnen hatte. Ein größerer Kat würde bald in Bau sein, auf dem sich dann nicht nur segeln ließe, sondern auch leben. EILAND-HOPPER sollte er heißen. Keine Insel wäre ihm zu weit.

Aber was lag damals nicht alles noch voraus! Die ganze Atlantikreise ein zweites Mal, wieder von England weg und wieder möglichst im Juni! Wie sehnte ich mich schon danach, weil die Reise nach aller bisherigen Erfahrung nur noch schöner verlaufen könnte. Schon vermißte ich täglich das Rascheln der hohen Palmenwedel in der Abendbrise und das Schleifen loser Sandkörner am flachen Ufer, jenes vertraute Atemgeräusch des schlafenden Meeres.

Beim Rückflug nach Europa hatte ich mir eine eigenartige Eselsbrücke ausgedacht − übrigens was für ein tiefsinniges Wort in diesem Zusammenhang! −: Jeder Blick auf meine Uhr sollte mich daran erinnern, wo meine eigentliche Zukunft lag. Deshalb hatte ich die Zeiger auf Westindienzeit stehengelassen. Fünf Stunden hinkte ich hinterher, ein halbes Jahr lang. Anfangs rechnete ich jedesmal um. Beim Aufstehen am Morgen fiel mir die mitternächtliche Stunde wieder ein, in der wir beim Lagerfeuer auf Shirley Heights das Erscheinen von Alpha Centauri erwartet hatten. Sah ich aber bei Sonnenuntergang auf die Uhr, sah ich mich gleichzeitig im kühlen Schatten vor dem Admiral's Inn sitzen und Freundschaft mit der Neuen Welt schließen. Später aber regulierte sich die Zeitverschiebung automatisch fürs Auge. Das Ziffernblatt hatte neue Werte bekommen, eben um fünf Stunden verschobene. Mittags war dann nicht mehr um zwölf, sondern um sieben auf meiner Uhr. Das hätte mir eigentlich eine Warnung sein sollen. Der Mensch kann sich außerhalb seiner Zeit zu stellen versuchen; doch die alten Abhängigkeiten lassen ihn nicht los, und irgendwann renkt sich alles wieder ein, wie gehabt.

Es waren eben zwei Welten. Jede hatte ihre Vorzüge. Aber wie kann man beide festhalten? Die Eröffnungsvorstellungen des Nationaltheaters in München lagen noch nicht so weit zurück. Die Frau ohne Schatten war nicht mein Fall. Wo kein Schatten, da auch keine Sonne! Aber zu Fidelio hatte ich zeitlebens ein sehr persönliches Verhältnis gehabt. Dachte ich am Abend nach drüben zurück, hörte ich vom Ende der Bucht her meinen Lieblingsesel kläglich wiehern. Mit dem kleinen grauen Esel ins Konzert! Ja, das wäre mir wohl am liebsten gewesen.

Da gab es noch einen Mahner in klaren, kühlen Nächten: „Wo steckt bloß der Große Wagen?" hatte in Antigua jemand ausgerufen, als wir einmal um Mitternacht bis zum Hals im warmen Wasser lagen. Wir suchten gleich auch das Reiterlein im fernen Norden. Dann fanden wir es. Es steht in den Tropen rechts vom Großen Wagen, und sein Weg ist kurz: immer bloß von Ost nach West! Dann legt es sich wieder zur Ruhe. Im Gegensatz dazu findet es hier im Norden überhaupt keinen Schlaf. Immer nur unterwegs ist es, im Kreis um den Stern herum, der als Pol dient; dieser Pferdebändiger, der an langer Leine alle in ständigem Trab hält: Zirkusdressur und Hohe Schule!

Was für ein Karussell! Immer im selben Kreis. Wie die Maus in der Tretmühle! ‚Rat Race‘ sagten die Amerikaner damals dazu, stöhnten unter dem, was sie sich vorgenommen hatten, und ihre Kinder liefen ihnen weg und steckten sich Blumen ins Haar. ‚Rat Race‘ hatte ich mir gut gemerkt. Auch die anderen neuen Fremdwörter wie ‚Sell-out‘ und ‚Get-away-from-it-all‘. Wir müssen unbedingt noch darauf zurückkommen.

Dann war es endlich soweit. Über die HOBBY-Reise gab es nichts mehr zu sagen, das Buch war fertig. Und die folgenden Seiten waren alle noch weiß. Zurück blieb das schöne Bergtal mit seiner Alm, dem gastlichen Fremdenzimmer und dem mitternächtlichen Kuhglockengeläute. Ich würde wieder lossegeln müssen, bis ein zweites Mal Bergkämme und Wellenkämme zuweilen nicht mehr auseinanderzuhalten waren und ich gleichzeitig von den Blue Mountains und Südtirols blauen Bergen träumte. Ging auch die zweite Reise gut, würden wir uns bei HOBBY in English Harbour auf Antigua wiedersehen.

DER NARR UND SEIN SCHIFF

Meine Armbanduhr stand auch am Dienstag nach Ostern, 1968, noch auf Westindienzeit, als ich mit Sack und Pack im letzten Auto, das mir geblieben war, die Fähre in Dover verließ. Mein Boot sei bis dahin fertig, hatte es vor einer Woche am Telefon geheißen. Aber was da in der Halle herumstand, sah ganz anders aus: Katamarane aus Serienproduktion! EILANDHOPPER dagegen sollte ohne Mittelkajüte gebaut werden. Die erste Ernüchterung ließ nicht auf sich warten. Da standen ganz hinten in der Reihe zwei Rümpfe, jeder für sich allein und kopfüber. „Ja und?"

Die Arbeit hätte sich überraschenderweise verzögert. Es gäbe gerade in England das Glasharz nicht, an das sie gewöhnt wären. Deshalb hätte dann auch die Mischung aus Harz und Härter nicht gestimmt, wie ja eigentlich vorauszusehen. Der Eile wegen hätten sie aber am Karfreitag noch eine Hilfsarbeiterin angestellt, um die Sperrholzrümpfe mit Glasmatten und Harz zu verkleiden. Was ich da sähe, sei leider dabei herausgekommen!

Ich schloß die Augen und hätte getrost meine Uhr gleich auf Greenwich-Zeit umstellen können. Meine absehbare Zukunft würde auf den Britischen Inseln liegen, aber auf den europäischen! Da hatte ich mir alles so schön ausgedacht: von Ostern bis Mitte Juni das Boot fertig ausrüsten und dann in der guten Jahreszeit wieder lossegeln, wie schon vor einem Jahr auf HOBBY.

Sie hätten wenigstens noch einen Monat damit zu tun, sagten sie in ihrem tranigen südenglischen Singsong. Auf diese Weise würden wir direkt in die westindische Hurrikanzeit hineinsegeln. Ich hätte genausogut gleich das ganze Unternehmen um ein Jahr verschieben können. Aber meine Festlandkonten waren aufgelöst, das Boot war schon bezahlt und der berühmte Sell-out längst über die Bühne gegangen.

Es gab kein Zurück mehr! Ich würde ganz einfach ein Zimmer in der Nähe mieten müssen und selber nach dem Rechten sehen.

Am folgenden Morgen wurde es also ernst. Die Hilfsarbeiterin vom Karfreitag war nur im Osterurlaub dagewesen. Sonst arbeitete sie in einer Bratheringfabrik in Hamburg, Germany. Sie hatte brav das Glasharz aufgepinselt, wie es ihr einer gemischt hatte. Dann war sie wohl mit der Sonderzulage Ostereier kaufen gegangen, und die beiden zehn Meter langen Rümpfe hatten über die Feiertage Zeit gehabt, ihren gläsernen Kunstharzmantel auszuhärten.

Es lag sicher nicht an den Bratheringen, wenn nicht alles so lief, wie es sollte. Das Mischungsverhältnis von Harz und Härter war eben anders, als es sich in jahrelangem Brauch eingebürgert hatte. Ändern konnte man das wohl nicht, jedenfalls gab es keine Gebrauchsanweisung dafür; oder die Druckerei, die sie an den Harzhersteller liefern sollte, war gerade ohne Papier, vielleicht auch ohne Druckfarbe geblieben. Immer war in England irgend etwas nicht vorhanden; aber wenn, dann streikte die Post, die Bahn und manchmal die Hafengewerkschaft, es auszuliefern. Ich sollte noch Jahre später auf Ersatzteile warten, die ich dringend brauchte.

Die mit soviel Fleiß aufgetragene geleeartige Harzschicht war vermutlich in der Nacht zum Karsamstag langsam über die schrägen Bordwände runtergerutscht und härtete dann über Ostern tropfenweise aus; was ich nun zu sehen bekam, läßt sich sehr gut bildhaft beschreiben: Man lege im Spätwinter bei knapp unter Null ein Boot kopfüber vor die Haustür. Regentropfen, die darauf fallen, frieren sofort fest und bilden mit der Zeit einen eisigen Schlierenpanzer. Was aber als Feuchtigkeit noch bis zum Rand hinunter gelangt, wächst sich zu einer Eiszapfengardine aus. Trostreich genug, gab es schon ein Fachwort für diese Mißbildungen: Rotznasen!

Was jetzt damit zu geschehen habe? Abschleifen müsse man das alles wieder!

„Vier Bordwände, jede zehn Meter lang?"

„Never mind, Mr. Wagner! Wir haben kräftige Schleifmaschinen."

Sie brachten gleich eine angeschleppt. Der Schwingschleifer war nicht nur kräftig, er war auch entsprechend schwer. „Sie brauchen mit Schmirgelpapier nicht zu sparen!" war die wohlgemeinte Aufforderung an mich, gleich zu beginnen.

Nach einer Stunde läutete es zur Mittagspause. Wie würde ich diese glasharte Schicht jemals wieder runterkriegen? Ich konnte es mir nicht vorstellen. Die Arbeiter riefen mir mit kauendem Munde zu: „Zwei Häuserblöcke weit weg gibt es einen Imbißladen mit Fisch und Chips, Mr. Wagner!" Würden meine kraftlos herunterhängenden Arme noch die Tüte mit Chips halten können?

Das nächste, woran ich mich erinnere, war der eindringliche Geruch alten Bratfetts. Da lag ich aber schon unter einem Baum zwischen Löwenzahn im Gras und zwar gleich gegenüber dem Fischladen. Ein Arzt war auch da. Meinem Herzen ginge es schon wieder besser, meinte er beruhigend. „Never mind!" sagte er dazu. In Hampshire hört sich das wie ‚never moind' an. Ich hatte dafür schon ein Ohr entwickelt, hörte es immer wieder auf der Werft. Ich solle mir nichts draus machen, meinten damit die guten Leute. Seit jenem Mittwoch nach Ostern weiß ich also, daß ich nicht nur eine Magenschleimhaut besitze, sondern auch ein Herz.

Ein Vorgeschmack auf Kokosbusserln und flambierte Bananen

Meine Sorge, ob ich jemals wieder diese „Eiswände" von meinem unvollendeten Traumschiff runterbekäme, war völlig unbegründet. Ich wußte ja noch nicht, wie viele Wochen Zeit ich dafür haben sollte. Die Armbanduhr lief inzwischen schon nach englischer Sommerzeit.

Es liegt mir fern, jetzt jenen Sommer in England noch einmal heraufzubeschwören. Ich habe das niemals niedergeschrieben, so wenig wie die Reise zu den Antillen, die darauf folgte. Aber ich kann ihn auch nicht ganz unerwähnt lassen. Noch hängen nur Worte wie Sell-out und Do-it-yourself-Boot formlos in der Luft. Ich werde um die Vorgeschichte nicht herumkommen, zum Beispiel die, warum einer, der mit Bestürzung zum ersten Mal die gefährdete Existenz seines Herzens bemerkt, nichts besseres glaubt dagegen tun zu können, als sich an den täglichen Umgang mit Schleifmaschinen der kräftigsten Sorte zu gewöhnen. Aber zwanzig Jahre sind zu lang, um mich an Einzelheiten zu verlieren, die teilweise nichts als haarsträubend sind. Trotzdem muß das Bild, das ich mir selber von diesen zwei

Jahrzehnten machen will, abgerundet sein, und nicht nur wegen des tröstenden Gegensatzes zu dieser überraschenden Blütenfülle hier oben auf der Alm.

Nicht ohne zwingenden Grund hatte ich damals nach der schweren Schleifmaschine gegriffen. Die Werft war am Schließen, hörte ich. Nicht weil die Produktion kein Auskommen gesichert hätte, im Gegenteil. Der Verkaufsagent dieser Boote wollte sich selbständig machen, weil neuerdings dank Kunststoffschalenbauweise die Holzkonstruktion überflüssig geworden war. Die Herstellerfirma sah sich durch die vielen Lieferverträge, die der Agent geschlossen hatte, terminlich in die Enge getrieben. Das sollte auch so sein, weil dieser nach gerichtlichen Gründen suchte, aus seinem Vertrag auszusteigen. Als Nebenkläger wäre ich ihm recht gewesen: „Sehen Sie doch selbst, Mr. Wagner, wie sogar ausländische Kunden, die uns gutes Geld bringen, von dieser Firma vernachlässigt werden!" Ich war zwischen die Mühlsteine geraten.

Mein Problem war: EILANDHOPPER sollte ja kein Serienboot werden. Was da an zeichnerischer Vorarbeit und vor allem an Denkarbeit zu leisten war, darüber hatte ich Laie überhaupt nicht nachgedacht. Ich sollte es bald merken, als die berühmten faltbaren Niedergangsklappen zusammengebastelt werden mußten; da arbeiteten zwei Tischler drei Tage lang dran rum. So ging es also mit dem Bau nur vorwärts, wenn irgendwann einer der Belegschaft Zeit dafür hatte oder ich bereit war, abends Überstunden zu bezahlen.

Mehr aus Angst des Werftbesitzers, ich könne wirklich vor Gericht gehen, wurde mir endlich Fred Zebedee zugeteilt. Ich erwähne absichtlich hier seinen vollen Namen. Er blieb für mich der einzige in England, der die britische Flagge hochgehalten hat. Seine Aufgabe als Vorarbeiter bestand eigentlich darin, den Überblick über die Produktion und ihre Beschäftigten zu behalten. Jetzt setzten wir uns zusammen vor ein Reißbrett und begannen ernsthaft, EILANDHOPPER zu zweit zu bauen.

Ich erinnere mich noch gut an den Tag, als ich zum ersten Mal im Leben einen richtigen Hobel in der Hand hielt und das Schleifen der Messer am Ölstein erlernte. Als dann die Rümpfe endlich nicht mehr kopfüber standen, sollte ich mich beim Aussägen der Bodenbretter bewähren, dem späteren ‚Fußboden'. Das klingt so einfach. Aber die

V-Form der Rümpfe veränderte ihren Winkel von Spant zu Spant, die Kielleiste war nach unten bauchig, der Fußboden jedoch sollte parallel zur Wasserlinie verlaufen; und alle drei Fuß waren Kerben unterschiedlicher Länge für die senkrechten Spanten der Bordwände herauszusägen. Außerdem mußten die Bodenbretter leicht zu entfernen sein, mit Durchreichelöchern und Klappen versehen, weil ich in dem ungenutzten Raum noch Dosen stauen wollte und wahrscheinlich auch wieder Olivenöl zum Glätten der See im Sturm.

Fred lobte die fertige Arbeit, und ich kam mir vor, als hätte ich den Gesellenbrief schon in der Tasche. Anschließend baute ich die ganze Inneneinrichtung allein, die Bücherregale und die Holzroste für die Matratzen. Später konnte jeder sehen, wo ich mir die ersten Sporen dabei verdient hatte und wo die späteren. Großzügig griff ich anfangs zu viel zu dicken Brettern und Leisten. Die Bücher hätten aus Blei sein dürfen — die Regale hätten es ausgehalten — und die Schläfer schwer wie Nilpferde; die Betten wären nicht zusammengekracht.

Mit den „Möbeln" und der gesamten „Innenarchitektur" war das dann so: Vor dem Tor lag ein Berg von Holzverschnitt, das meiste davon aus allerbestem Marinesperrholz. Darunter waren auch viele Schubladen, jede aber von anderen Maßen und alle vermutlich aus diesem Grund auf dem Abfallhaufen gelandet. Es fehlten nur noch die Griffe daran. Ich suchte also ein Dutzend davon zusammen, verteilte sie — vorerst im Kopf — sinngemäß und immer möglichst zwei gleiche übereinander auf beide Rümpfe, dann baute ich die Möbel und den Kartentisch mit den passenden Schubfächern darum herum.

Auch die Küche wies jeden Vergleich mit einer Galley zurück. Das Doppelspülbecken bezeichnete ich jahrelang stolz als „Haushaltsgröße", bis ich wieder lernen sollte, wie klein Haushaltsgrößen sein können. Die Anrichte nahm fast die ganze Länge der Mittelsektion ein, mit großen Fenstern darüber für den Blick aufs Wasser. Die Wand über der unverwüstlichen Arbeitsfläche hatte ich mit Fliesen beklebt, die zwanzig Jahre lang nicht abfallen sollten. Ich hatte sie in Southhampton entdeckt. Sie waren porzellanweiß, und jede trug eine andere farbig-frohe Abbildung von Gartengemüse: Rotkohl und Radieschen, Möhren und Zwiebeln, rote Rüben, grüne Gurken und Petersilie. Bei alldem dachte ich mir: Niemals, Rudi, wirst du das frische Zeug in Wirklichkeit noch einmal wiedersehen. So hatte ich es

wenigstens täglich vor Augen, wenn erst Dosenfutter und Trockenge-
müse den Küchenzettel bestimmen würden. Natürlich hingen auch
alte Teller, kupferne Puddingformen und ein dazu passender Kupfer-
stich an den Wänden, wo noch Platz übriggeblieben war.

Inzwischen war endlich auch vom Kontinent die Hilfe für alle
weiteren Arbeiten eingetroffen: die zukünftigen Mitsegler, die eigentlich beide längst hätten unterwegs sein sollen, ebenso wie ich. Sie
waren vom gleichen Segelvirus befallen oder – besser ausgedrückt –
vom gleichen Traum verzaubert.

Da war zuerst einmal ein blonder Knabe, der bald nach seiner
Ankunft genau wie ich seinen Geburtstag zwischen Hobelspänen
feiern sollte; aber bei ihm war es erst der vierte. Deshalb wurde er
auch von den Werftarbeitern Little-Rudy genannt und lernte bald zu
seinem Tirolerdialekt ein schleppend zähes Hampshire-Englisch. Außerdem lernte er sehr flink den handfesten Umgang mit Hammer
und Bohrer. Besonders der Bohrer hatte es ihm angetan, wenn er den
Arbeitern an den anderen Booten zwischen den Beinen rumkroch und
zusah, wie da Löcher für Wasserdurchlässe herausgedreht wurden und
er dann wie durch ein Schlüsselloch in eine Welt schauen durfte, die
unerreichbar für ihn hinter Bordwänden verborgen schien. Danach
ließ er sich nur noch schwer von eigenständigem Schaffen abhalten.
Einen ähnlichen Erfolg brachten Lehrgänge im Umgang mit Hammer und Nagel. Die Werftarbeiter hatten ihre Freude mit ihm.

Little-Rudys Mutter, die bis dahin von Segelbooten so wenig wußte
wie ich, als ich in ihrem Alter gewesen war, lernte das Segeln zuerst
über Schmirgelpapier, Farbtopf und Pinsel kennen. Am Ende wußten
wir alle drei, woraus so ein Boot im einzelnen besteht, wie viele
tausend Schrauben und Kupfernieten darin stecken; vor allem aber,
wo sie stecken, wenn erst Spachtelkitt und Farbe darübergestrichen
worden sind. Bei jedem Eingriff, der in den folgenden zwanzig Jahren
fällig wurde, hatte ich immer gleich das Röntgenbild bei der Hand,
das sich mir beim Bootsbau eingeprägt hatte.

Großzügig stand uns längst die ganze Werft zur Verfügung. Die
inzwischen eingetroffenen Matratzen kamen zwischen die Tischbeine
im Werftbüro. Hier waren wir von nun an einen Sommer lang zu
Hause. Kein Arbeitstag hörte vor Mitternacht auf. Im August ging die
Belegschaft in Urlaub, aber wir durften bleiben und alleine weiterma-

chen. Wir arbeiteten Tag und Nacht, fütterten die Katzen und verscheuchten auch mal um Mitternacht verdutzte Einbrecher.

Kein schlechtes Wort über die Werft! Wir durften Holz und Farbe, Schrauben und Bronzebolzen verbrauchen, soviel wir wollten. Wir arbeiteten ja bloß an der Verminderung übrigbleibender Konkursmasse. So war das schon bei der zweiten Harzschicht gewesen, die wir selber – diesmal in der richtigen Mischung – auftrugen. Zwanzig Jahre später würde jede Seglerzeitschrift von der osmotischen Beulenpest schreiben, die alt gewordene Glasharzboote befalle. Solche Sorgen hatte ich nie.

EILANDHOPPERS Rümpfe waren im übrigen mittels fachwerkähnlichem Gerüst massiv und unverwindbar miteinander verbunden. Das Verbindungsdeck war sozusagen doppelt: eins oben durchgehend vom Bug bis zum Heck, aber mit einer Vertiefung von einem halben Meter für das 2 × 2 m großen Cockpit: ein Tanzparkett, ein Super-king-size-Bett unter Sternen: wie gewünscht. Manchmal sogar ein Schwimmbecken als – unerwünschter – Nebeneffekt!

In der Verlängerung des Cockpitbodens nach vorne zog sich zwischen den Rümpfen eine tunnelförmige Einwölbung bis zur Bugkante hin. Der Raum zwischen Tunneldach und Oberdeck bot unermeßlichen Stauraum, von jeder Rumpfseite frei zugänglich, wenn auch längsschiffs in der Mitte doppelt schalldicht isoliert. Ich kann mir kein Boot von zehn Meter Länge vorstellen, das so einen trockenen und gut belüftbaren Stauraum besitzt. Der Leerraum war natürlich keine durchgehende Ablage von vorne bis hinten, sondern war im Meterabstand unterteilt, wobei die Trennwände aus Fachwerk und Sperrholzverkleidung für zusätzliche Festigkeit sorgten.

Achtern bauten wir in den Steuerbordrumpf einen nur 50 kg schweren Motor ein. Hinter dem Cockpit sollte „Johann II." angebracht werden. Die Wahl fiel schwer. Ich rief also bei Colonel Hasler an, dem Initiator der ersten Einhandregatten über den Atlantik, weil sich seine Pendelruderanlage dabei vielfach bewährt hatte. Ich wollte wissen, was er davon hielt, die von ihm entwickelte Anlage zwischen die Rümpfe eines Katamarans zu hängen. Es war schließlich nicht dasselbe, ob das Ruder am Heck eines Kielbootes nach beiden Seiten frei ausschlagen konnte, oder ob es zwischen zwei Rümpfen von dem durchschießenden Fahrtstrom in seiner Bewegung eingeengt wurde.

„Ja, das weiß ich auch nicht, Mr. Wagner", gestand Hasler. „Erfahrung hat meines Wissens noch keiner damit. Das müssen Sie einfach selber ausprobieren."

Einmal über den Atlantik als Versuchskaninchen! Es ist schwer, sich das heute noch vorzustellen. Wie vieles andere! Das war aber auch die ungezwungene englische Art, jemanden zum Geldausgeben einzuladen. Ich kaufte also die ganze Anlage. Die paar tausend Mark haben sich bezahlt gemacht. Ich habe das Gefühl, „Johann II." wird EILANDHOPPER und uns alle überleben. Der Wasserdruck im Tunnel erwies sich als Vorteil. Das Pendelruder durfte kürzer sein. Dank Düsenwirkung zwischen den Rumpfenden reagierte Johann der Neue bereits bei geringster Fahrt durchs Wasser.

Wem meine Nomenklaturgewohnheiten bis zu dieser Stelle noch böhmische Dörfer sind, dem darf ich wohl erklären, daß ich die Namen nicht aus der portugiesischen Königsgeschichte entnommen habe. Schmunzelnd habe ich eben erst selber festgestellt, daß sich schon „Johann I." als Vater Heinrichs des Seefahrers durchaus hätte sehen lassen können. Schon HOBBYS Selbststeueranlage hatte diesen traditionsreichen Namen vieler zuverlässigen Diener in feinen Häusern erhalten, weil mir das ein vergleichsweise ähnliches süßes Nichtstun auf meiner ersten Atlantikreise erlaubt hatte. Das war damals durchaus noch nicht selbstverständlich. Ich darf in diesem Zusammenhang an die beiden Atlantiküberquerungen Ingeborg von Heisters erinnern, die auf ihrem Nimble-Trimaran in jenen Jahren noch kein Vertrauen in diese Art stummer Dienerschaft besessen und sich dafür ein Höchstmaß an Selbstkasteiung auferlegt hatte.

Da es niemals schaden kann, bei diesen unberechenbaren Winden auf mehreren Schultern zu tragen, würde ich vielleicht das nächste Mal sogar ein weithin sichtbares großes T aus der Windfahne heraussägen. Nur Mayaforscher wissen jetzt, worauf ich hinauswill. Aber auch Palenque in Mexiko liegt im Bereich westindischer Windsysteme. Ich erholte mich einmal dort vom karibischen Tropenkoller und entdeckte dabei in der Mauer eines düsteren Tempels eine T-förmige Fensteröffnung. Dieses Symbol sei mit dem Windgott assoziiert, hieß es, und sollte besagten vornehmen Herrn wohl so gnädig stimmen, die muffigen Räume dahinter zu durchlüften. Das ihm wohlbekannte T würde ihm den Weg zu seiner Aufgabe weisen. Das wäre doch immerhin eine intelligente Alternative zu dem dämlichen Mastkratzen in der Flaute gewesen.

Zuletzt, als längst beide Rümpfe gebaut waren und die Aufbauten darüber fertig, sollte auch das Deck noch in seiner ganzen Länge mit Glasharz überzogen werden. Das ist von oben her eine haarsträubende Arbeit, weil einer die ganze Zeit mit dem Kopf über den schädlichen Dämpfen hängt, bis Bahn für Bahn aufgelegt und angekleistert ist. Irgendwann klebt man bestimmt mit Händen oder Schuhen fest.

Eines Morgens – wir waren am Vortag in London gewesen, um Zubehör einzukaufen – war das Deck bereits fertig. Fred hatte die Arbeit in der Nacht allein getan. Verlegen wußte er erst nicht, wie er es erklären sollte. Dann kam heraus, er habe uns die giftige Arbeit ersparen wollen, damit wir nicht auch so krank würden, wie er schon sei. Später nahmen wir ihn eines Tages mit seinen drei Kindern zum Segeln übers Wochenende in den Solent mit. Dabei stellte sich heraus, daß Fred, der bis dahin am Bau von etwa 200 Bobcats maßgebend beteiligt gewesen war, niemals vorher auch nur eine Stunde lang auf einem gesegelt war. Daran hatte einfach keiner gedacht, oder der Grund lag in demselben britischen Kolonialsystem, das es den schwarzen Sklaven verbot, irgendein Handwerk zu lernen. Sie hätten vielleicht Lust darauf kriegen können, sich selbständig zu machen und europäischen Auswanderern die Existenz zu gefährden.

Wir lebten also viele Wochen wie die Hunde. Ganz ohne Herrlichkeit! Aber auch das muß wohl manchmal sein. Das Tagebuch von damals ist sehr einsilbig und faßt ganze Wochen in einem Satz zusammen.

Im Juli war endlich der Küchenherd wieder auf dem Markt, den ich gesucht hatte und für den schon die Nische neben dem Niedergang nach den genauen Maßen ausgespart worden war. Er war zweiflammig, besaß ein großes Backrohr und sollte mit Flaschengas betrieben werden. Wir haben also damals schon allerhand getestet, als alle nur den Kopf schüttelten. Wir flogen auch zwanzig Jahre lang nicht damit in die Luft. Aber auf Kielbooten mit den dort auftretenden Fliehkräften möchte ich auch nicht die Hand dafür ins Feuer legen. Doch wer braucht schon einen Backofen auf einer Kielyacht! Da springt noch ein steifer Knetteig aus der Kuchenform; so schaukelt es.

Die Arbeit, sobald sie erst vorwärts ging, begann jeden Morgen, wenn Fred bald nach sechs angeradelt kam, und hörte nie vor Mitternacht auf. Tagelang verdienten sich Ken und Ted und wie sie alle hießen Überstundengeld aus meiner Tasche, bauten die Spüle fachgerecht ein oder legten die Niedergangstreppen an. Nichts stand vorher fest. Alles, was am folgenden Tag geschehen sollte, entstand als Entwurf erst in der Nacht davor, wenn ich schlaflos lag. Heute weiß ich, was es heißt, einen Prototyp zu bauen. Eins wuchs aus dem anderen, wuchs auf diese Weise aber auch in harmonischem Ablauf und folgerichtig nach einer inneren Notwendigkeit. So ließ die Spannung niemals nach. Jeder Tag brachte neue Überraschungen. Kein Wunder, daß ich in den Monaten, die da vergehen sollten, zu diesem Boot ein Verhältnis bekam wie der Gärtner, der einen Schößling gepflanzt hat und nach langer Mühe das Obst reifen sieht. Hätten bloß nicht so viele Herbststürme bevorgestanden.

Aus einer Mailänder Gießerei hatte ich die massiven ovalen Bullaugen aus verchromter Bronze mitgebracht. Sie waren für die Bordwände neben den Kojen vorgesehen, die die ganze Rumpfbreite an der weitesten Stelle einnahmen. Der Blick vom Kopfkissen beim Aufwachen nach draußen ist nach einhelliger Meinung aller, die den Durchblick genießen durften, der schönste, den es von EILANDHOPPER auf die karibischen Inseln gibt.

Was sonst aus Italien stammte, steckte in großen Kisten und wartete seit Monaten gegen hohe Gebühren im Zollager von Cherbourg, wo wir das alles im Vorbeisegeln mitnehmen oder weiterschicken wollten. Andere große Kofferschränke, fünf an der Zahl, hatte ich mühelos durch den englischen Zoll gebracht, und ihr Inhalt sollte zum großen Teil per Schiff weiterversandt werden. Ich würde das wenigste davon je wiedersehen.

Anders als auf der Reise mit HOBBY, wollte ich diesmal das Boot versichern. Damals hatte mich manchmal der Gedanke beschlichen, ich wäre vielleicht von der Geschichte dazu ausersehen, den ersten Bobcat zum Kentern zu bringen. Heute möchte ich schwören, daß selbst die Testcrew der YACHT, die ja auf diesem Gebiet ihre positiven Erfahrungen gesammelt hat, auch bei schlimmster Absicht nicht dazu imstande gewesen wäre. Die schwertlosen Rümpfe und die breite Knickspantform verhindern, daß der Leerumpf bei plötzlicher starker

Krängung sozusagen über sich selber stolpert. Vielmehr rutscht der Leerumpf beim Kippen einfach seitlich weg, weil die Keilform der Rümpfe dann immer weniger Widerstand im Wasser findet, mit anderen Worten: eine extreme Abtrift schlagartig auslöst. Wenn schon kentern, dann höchstens über die Nase purzelnd. Wir sollten später unterwegs auch das testen.

Das Atlantikrisiko kostete dann bei Lloyd's dank der Erfahrungen, die man dort mit anderen Bobcats gemacht hatte, nur 0,9% vom Bootswert: ein Beispiel, daß sich jeder auf Versicherungskalkulationen verlassen kann. Wir selber hätten uns niemals, als es ernst werden sollte, eine Überlebenschance von über 99% zugesprochen. Nur eine zusätzliche Reisegepäckversicherung hätten sie uns nicht aufschwatzen sollen, denn die machte sich später in Lissabon für *uns* bezahlt.

Wir hätten es auch nicht ahnen können, daß der erste Ausflug im Beiboot für die dreiköpfige Tirolercrew im öligen Hafenbecken Lissabons enden sollte. Zwar waren wir bereits dreimal von Schlechtwetter durchgepeitscht worden und bei der Ankunft hatte uns fast noch der vierte Sturm erwischt; aber bei so lächerlichen Unternehmen, wie ans Ufer zu rudern, waren wir gänzlich unerfahren. Wir hatten alle drei den schönsten Sonntagsstaat an, der bei diesem Spaziergang dringend gelüftet werden sollte, und dann schwammen wir plötzlich, ohne daß wir wußten, wieso, bis zum Hals im Wasser. Das kostete dann eine Menge Benzin, bis die Haut des Beiboots und unsere eigene wieder sauber war. Der Rest, einschließlich nagelneuer Leica, war zu nichts mehr zu gebrauchen. Das schönste aber: Little-Rudy war nicht davon abzubringen, daß das der größte Spaß gewesen sei, den wir seit Monaten zusammen erlebt hatten.

Nicht weniger ins Blaue hinein hatte ich seinerzeit in Italien die Abmessungen für meine Segel berechnet, denn da existierte EILANDHOPPER erst in meinem Kopf. Segelmacher haben lange Lieferzeiten. Was ich dann bestellt hatte, paßte. Und die Holepunkte für die Vorsegelschoten würden schon noch ihren Platz finden, wenn das Deck erst einmal fertig war.

Wer wird das auch so kleinlich sehen! Wir hatten alles andere vor, als Regatten zu gewinnen. Ich hatte nicht die Absicht, Yachtsport wie mit dem Katechismus in der Hand zu betreiben. Fanatischer Ernst war mir schon immer verdächtig. Stolz wie jeder Vater war ich aber dann doch, als zwei der besten Segler, die wir haben, EILANDHOPPER einen ganzen Urlaub lang an die Kandare nahmen; und mein Pferdchen spielte mit, wie zum ersten Mal aus dem Stall gelassen.

Da waren also Deutschlands – mit Verlaub! – beste A-Kat-Segler an Bord gekommen und machten auch sofort Ernst, als ginge es um einen goldenen Pokal in Sydney. Ich sehe noch Ralf vom ersten Augenblick des Segelsetzens an die Kurbelwinde bedienen und Millimeterarbeit leisten, was die richtige Schotlänge betraf. Nichts sagte er gegen meine Uralt-Winde, weil sie ihm wohl zum Festhalten immer noch verläßlicher schien, als bloß – wie sonst üblich – die Schot zwischen die Zähne zu klemmen.

Meine Vermutung, in der Plastiktüte, die neben ihm lag, sei das Strickzeug für den nächsten Pullover und er werde sich schon bald beruhigen, sollte sich als irrig erweisen. Er hätte über seinem Kopf einen großen Mangel entdeckt, sagte er väterlich vorwurfsvoll, und dem werde er auch gleich abhelfen. Auf puren Verdacht hin habe er schon Wollfäden mitgebracht, die ins Segel gesteckt gehörten. Natürlich dachte ich an Akupunktur, als er auch gleich begann, auf meinen Segeln mit der Stopfnadel nach Stellen zu suchen, denen meiner Meinung nach überhaupt nichts fehlte. „Weißt, Rudi, das ist, damit der Strom net abreißt!" kriegte ich zu hören.

Es dauerte eine Weile, bis ich verstand, daß er nicht meine provisorische elektrische Leitung zur Birne im Masttopplicht gemeint hatte. Ewald, der mir hätte erklären können, was unter Strom und Strömung zu verstehen war, hing aber gerade im Trapez, das er an den Steuerbordwanten festgemacht hatte und duschte zur Abwechslung wieder mal von unten nach oben; wir hätten einander auch nicht gleich verstanden. Das lag daran, weil Ralf das neueste Lärmspeichermodell seines Brötchengebers mitgebracht hatte und wir mit einer Lautstärke, die von Guadeloupe bis Antigua gereicht hätte, Connie Francis „Malagena" singen ließen. EILANDHOPPER bezog zweifellos das nächste Lied, „Quiéreme mucho!", auf sich selbst und war voller Hingabe. Als Ewald endlich entdeckt hatte, daß er trotz starkem Engagement und bedeutendem Eigengewicht, das er voll in die Waagschale warf, nicht imstande war, EILANDHOPPER nach Luv durchzukentern, kehrte er zu Connies „Solamente una vez" wieder ins Cockpit zurück.

42

Nun war es an mir zu lernen. Meine dümmlichen Fragen nach Stau- und Saugdruck fanden mündlich und mit Bleistift auf Papier eine plausible Erklärung, für die ich wahrscheinlich gar nicht die oberste BMW-Etage hätte bemühen müssen. Wir nahmen dann aber aus Bescheidenheit zuerst einen 928er Porsche unter die Lupe und erst dann einen BMW-Eigenbau, dessen C_w aber, was den Strömungswert anging, auch nicht gerade abstehende Ohren vermuten ließ. Als ich endlich von so vielen Formeln genug hatte, drehte ich die Kassette um und spielte „Quiéremo mucho" ein zweites Mal, was ich diesmal so übersetzte wie: Du kannst mich gern haben!

Zugegeben, ich bin nie wieder die obere Hälfte der Kleinen Antillen so schnell rauf und runter gekommen wie damals mit den beiden. Das lag auch nicht an den reizenden Überraschungen, die an jedem Strand auf unsere Ankunft nur zu warten schienen! Es lag bloß daran, daß der Passatwind so lange wie später selten noch einmal aus Nordosten wehte, das heißt: immer schön brav ,von der Seite': ein Laiengestammel – ich weiß! –, das bald wieder einreißen sollte, als das letzte „Vaya con Dios!" verklungen war und auf den Antillen wieder Ruhe einkehrte.

Ja, danke! Ich weiß, wir treiben. Zurück nach England!

Endlich, am vorletzten Augusttag, war Stapellauf angesagt. EILANDHOPPER rollte auf einem fahrbaren Untersatz durch die Straßen von Totton zum Hafen. Wir folgten dahinter in unserem Wagen wie Trauergäste hinter dem Katafalk, und uns war auch eher wie im Gefolge eines Leichenzuges zumute, denn mein ganzes Vermögen steckte in dieser schwankenden Kiste. Little-Rudy, der wohl geglaubt hatte, wir würden jetzt nach Amerika immer so weiterrollen, wunderte sich sehr, als plötzlich die Räder am Ufer zurückblieben und EILANDHOPPER übers Wasser davontrieb bis zur Mole.

Eingeladen hatten wir für diese Stunde alle Freunde, zu denen uns die Werftarbeiter geworden waren, allen voran natürlich Fred; dann den Werftbesitzer Jack Pike, der froh und gelöst schien, als sei das alles seine eigene Leistung gewesen. Champagner war uns für die Taufe im schlammigen Hafenbecken im hintersten Winkel von Southampton zu schade gewesen. Wir waren realistisch genug zu wissen, daß uns nicht mal ein Tropfen vom besten über die nächsten Monate bringen würde. Lieber die Werftzeit endlich eine Stunde lang von der heiteren Seite sehen! Die Seefahrt würde noch fürchterlich werden.

Wer damals EILANDHOPPER an der Mole von Ealing Quay gesehen hätte, mit nahezu zwanzig ausgewachsenen Männern an Bord – und alle hatten einen Sitzplatz an Deck, sei es im Cockpit oder auf den Deckshäusern, die in Sitzhöhe das Deck überragten –, der hätte das Boot für ein schwimmendes Restaurant gehalten, wo gerade eine Party stattfand. Damit war ich am Ziel meiner Vorstellungen angelangt: viel Lebensraum an Deck (immerhin vierzig Quadratmeter ebener Fläche!), und wenn erst die Sonne der Antillen über uns stünde, wäre das ein ideales Ausflugsboot für Tagesgäste zum Segeln oder Fischen oder zum Ankern über Riffen und zum Schnorcheln.

All dem Treiben sah aber von oben auf der Mole nur das ziemlich mitgenommene Auto zu. Auch in vier Wochen würde es an derselben Stelle stehen. Da sollten wir endlich bei günstigem Hochwasserstand durch die Enge schlüpfen, nur noch auf den markierten Wasserweg achten und ganz vergessen, uns noch einmal zur Mole umzudrehen, wo dieses treue Tier zurückgeblieben war. So zerriß lautlos das letzte Bindeglied zur Vergangenheit, und wir schauten nur nach vorne.

Aber bis dahin war noch Zeit. In den kommenden Wochen wurde alles auf dem Boot verstaut, was dort hingehörte, und die Antibewuchsfarbe verschwand mit zunehmendem Gewicht schließlich unter Wasser. Nichts sollte uns von dem Plan abhalten, auch mit Verspätung wieder direkt nach Antigua zu segeln. In den fünf Wochen, die wir dafür brauchen würden, kämen wir aber zur Zeit der größten Hurrikangefahr drüben an – oder auch nicht. Die Wahl hatten wir in jedem Fall nur zwischen Wirbelstürmen bei der Ankunft oder Herbststürmen bei der Abreise. So blieb uns noch Zeit, EILANDHOPPER an stürmischen, aber manchmal auch herbstlich schönen Tagen auf dem Solent zwischen Cowes und den Needles nach Schwachstellen abzusuchen. Johann II. arbeitete vom ersten Tag an wie von ihm erwartet. Länger sollte es dauern, bis ich mir vorstellen konnte, auf welche Weise und nach welchen verschlungenen Gesetzen er überhaupt funktionierte.

Der Zweitakter im Steuerbordrumpf unter den Cockpitsitzen war der Geniestreich eines fähigen Bastlers (Marke Dolphin). Nicht weil er bloß 50 kg wog, sondern weil sein Geheimnis in einer Reihe von

Schaltrelais lag, die per Knopf- und Hebeldruck vom Cockpit aus bedient werden konnten. Der Starterdynamo saß vorne auf der Antriebswelle. Polte ich später mit Knopfdruck den Starterkreis um, startete der Motor auch im umgekehrten Drehsinn. Kein Wendegetriebe nötig! Ein weiteres Relais sorgte im Augenblick des Startens dafür, daß zwei 12-V-Batterien zu 24 V hintereinandergeschlossen wurden. Damit war plötzliches Starten problemfrei geworden, ein Vorteil, ohne den ich mir das spätere Herummanövern zwischen Riffen und Korallenköpfen nicht mehr vorstellen konnte. Das Boot ließ sich immer, auch in ganz beengten und beängstigenden Situationen, mühelos handhaben. Der Drehkreis war minimal, besonders natürlich linksrum. Bei ganz enger Rechtsschwenkung drückten ein paar kurz eingelegte Rückwärtsstöße das Heck nach links. Die zwölf Pferdestärken brachten ohne starken Gegenwind fünf Knoten. Aber nichts sollte ich in all den Bootsjahren besser kennenlernen als die Lamellen und ihre Silberkontakte in den elektronischen Schaltkästen. Einmal, und das war auf einer weltverlorenen Koralleninsel weit vor Venezuela, wurde es ganz ernst. Da mußte ich einen Kassettenrecorder verschrotten, weil ich einige dünne Bakelitplatten brauchte, um daraus das völlig verschmorte Starterrelais von Grund auf neu aufzubauen. Als dann alles wieder klappte und wir die Mausefalle verlassen konnten, dachte ich mir, jetzt hätte ich eigentlich den letzten noch fehlenden Gesellenbrief in der Tasche und es wäre genug.

Inzwischen war längst die Zeit gekommen, zu der jeder Segler im Ärmelkanal sein Schiff ins Winterlager verholt. Wahrscheinlich hielten uns alle für verrückt, denen wir sagten, wir warteten auf gutes Wetter, um nach Westindien zu segeln. Wir aber glaubten, wir hätten alles getan für ein seetüchtiges Schiff und unsere Sicherheit an Bord. Die Decksaufbauten waren ohne schädlichen Windfang und ohne Querschotthindernis, falls einmal von achtern die Supersee einsteigen sollte. Das flache Deck würde es uns auch erlauben, in voller Sicherheit am Mast zu hantieren und ohne gefährliche Kletterei zu den Vorsegeln zu springen. Eine Sicherheitsleine zum Einpicken des eigenen Gurtkarabiners ließ sich ohne Hindernisse vom Cockpit bis zum Ankerpoller spannen. Ich glaube noch heute, daß uns diese vernünftige Bauweise in der Nacht zwischen Allerheiligen und Allerseelen das Leben gerettet hat.

Ebenso wichtig schien mir, daß vorne unter der Brücke die steile Schürze verschwunden war, die an HOBBY bei Gegenwind wie eine dröhnende Seeschlagbremse gewirkt hatte. Wir hatten es nicht nötig, im Verkaufsprospekt für zehn Schlafplätze zu werben. Unser segelnder Diwan brauchte mangels Mittelsalon auch nicht seinen Bauch bis fast zum Wasser durchhängen zu lassen. Unser Tunnel begann an der vorderen Deckskante zwischen den beiden Bugenden. Die Tunneleindeckung floß in einer langen flachen Linie von dort aus nach hinten – und damit auch das Wasser! –, bis erst unter dem stärksten Querträger, über dem der Mast stand, die endgültige Höhe erreicht war.

Das Buch von der HOBBY-Reise, das damals gerade in Druck war, hieß „Weit, weit voraus liegt Antigua". Niemals aber lag Antigua so weit weg wie auf der zweiten Reise, die noch vor uns lag, ganz ohne Träumerei und nur voll harter Realität. Weit, viel zu weit, ja eigentlich unerreichbar lagen im Oktober die Westindischen Inseln im Südwesten, von wo alle paar Tage ein neues Sturmtief seine Ausläufer herschickte; kein vernünftiger Weg führte mehr hin. Als zeitgewandter Erzähler darf ich ausnahmsweise mal ganz weit voraus in meinen Unterlagen blättern. Da lese ich in der YACHT, welcher Sturm neunzehn Jahre später, am 16. Oktober 1987, mit 220 km/h die bretonische und normannische Küste verwüstete, zu der wir um die gleiche Jahreszeit hinwollten. In jenem Herbst gingen Hunderte von Yachten zu Bruch.

Ein Zufall will es auch, daß mir dieser Tage aus alten Aktenordnern eine Besprechung des damaligen Antiguabuchs in die Hand fällt. Ich erhielt diese Belege später in Antigua, habe mir aber nur drei Kritiken aufgehoben, weil aus ihnen ein eigenständiger Kopf sprach, der sich selbst Gedanken gemacht hatte, wie das bei dieser Quelle auch selbstverständlich ist. Die Besprechung erschien nämlich in den Mitteilungen des Lübecker Yacht-Clubs, in Nr. 2 von 1969. Ich möchte von der freundlich geschriebenen ganzen Seite nur den einen Absatz zitieren, als wichtigsten Grund dafür, warum ich nun doch dieses ‚heiße Eisen' anfasse, für das ich unsere Höllenfahrt nach Westindien immer gehalten habe. Da steht also wörtlich:

Er ist ein glühender Verehrer der Katamarane. An der bei uns traditionellen Art des Seesegelns in Kielbooten läßt er kein gutes Haar.

Nach meiner Meinung geht er dabei über das Ziel hinaus. Er hatte auf der gesamten Reise keinen ehrlichen Sturm von über 6 Windstärken zu bestehen. Mir wird immer etwas sonderbar zumute, wenn ich bei Hochseefahrten an Boote denken muß, die keine Endstabilität haben und sich – einmal gekentert – nicht wieder aufrichten können. Aber es bedarf der ganzen unkonventionellen Art eines durch keinerlei Tradition gebundenen Menschen, um ein solches Wagnis zu unternehmen. Und er hat die Reise glänzend überstanden. Das spricht für ihn.

Was da von „ehrlichen Stürmen" über sechs Windstärken steht, die mir auf der HOBBY-Reise dank freier Zeitplanung erspart geblieben waren – die bekamen wir in aller Ehrlichkeit zur Genüge auf der zweiten Fahrt nachgeliefert. Da soll kein Ton von Rechthaberei herausgehört werden. Viel zu gut weiß ich nach so vielen Jahren auf See, an wie dünnen Fäden unser Schicksal da manchmal hängt. Damals segelten noch keine Katamarane über deutsche Fernsehschirme. Das Mißtrauen war berechtigt. Heute glühe ich eher noch mehr für Katamarane als je zuvor; deshalb darf jeder noch einmal mitsegeln, der will. Wir haben nichts zu verbergen.

Wir hatten uns vielmehr auf der zweiten Reise so an schlechtes Wetter gewöhnt, daß uns bei unserem letzten „Schlechtwetter" nur noch Angst vor Blitzen und Elmsfeuer aufregen konnte. Da war Antigua noch tausend Meilen weit weg, und wir waren in den Trog eines weiter nördlich gelegenen Tiefdruckkerns geraten. Wir hingen wie üblich und wie längst gelernt vor zwei Autoreifen als Seeanker, und unsere weiße Sturmfock stand vor dem drohenden Himmel wie ein starres Brett. Wir saßen im Cockpit und schauten in diese mitrollende Achterbahnlandschaft. Manchmal hob meine vermummelte, aber bis auf die Haut nasse Mitseglerin aus Tirol den Kopf, wenn das Heulen unerträglich zu werden schien. Da deutete sie mit dem ausgestreckten Zeigefinger nach Steuerbord, wo sich gerade wieder einmal alle weggepeitschten Wellenkämme zu einem fliegenden Wasserteppich vereinten, und rief: „Schau Rudi, da rast wieder so eine Bö mit Windstärke 10 vorbei!"

Nicht die bekannten Windpfeile auf den Wetterkarten, die ich später auf den dazugehörenden Tageskarten suchte – wo dann bloß

47

Windstärke 9 stand! – fauchten einem ja um die Ohren. Das waren bloß Mittelwerte, genauso wie alle Angaben über Seegang und Wellenhöhe. Reines Lotteriespiel, ob dann gerade im richtigen – oder im falschen – Augenblick die berüchtigte ‚Out-sider-wave' anmarschiert kommt – wie bei uns am 1. oder 2. November.

Am meisten tat mir in jenen Tagen Ernst Steinborn leid, der damals noch im Seewetteramt Hamburg neben seiner Arbeit meine Reiseroute zwischen den Kaltfrontschnörkeln verfolgte und sich nach unseren Postkarten ungefähr ausmalen konnte, wo wir gerade waren. Er hatte auf Hilfskreuzern und als U-Boot-Mann diese verdammte Gegend von oben und unten kennengelernt. Niemals mehr würde ich einen anderen, Freund hin oder her, wieder in ein so ungewisses Schicksal verwickeln, wie unseres damals von fern aussehen mußte.

Nach dem langen Sommer in England brauche ich aber jetzt eine Erholungspause, bevor wir uns in das nächste Abenteuer stürzen. Draußen scheint die Hochgebirgssonne, jeder ist mit Skiern unterwegs oder liegt zum Braunwerden in der Sonne. Meine Bräune ist eine „echte", in zwanzig Jahren fest eingebrannt, solide wie in Unterglasurmalerei Zepter, Schwerter und Bindenschild auf altem Porzellan. Nur um den rechten Fuß der weiße Gips, den ich seit ein paar Tagen mit mir herumschleppe, sticht etwas zu grell davon ab. Vielleicht hätte ich doch beim Wasserskifahren bleiben sollen?

Wir haben ja Zeit, uns noch eine Weile zu unterhalten, solange das Wetter im Ärmelkanal so schlecht ist. Wahrscheinlich hat sich sowieso schon mancher gefragt, wie einer so verrückt sein kann, das alles auf sich zu nehmen, bloß um der Alten Welt den Rücken zu kehren. Dabei hatte der Kerl, wie es bisher schien, nicht einmal bundesdeutschen Staub an den Schuhen, den er abschütteln wollte, sondern lebte sein Leben lang dort, wo unsereins nur mal kurze Zeit im Urlaub hinkommt.

Die Geschichte ist lang, aber mit Abstand besehen schmerzlos. Zu viele Jahre waren damals bereits verstrichen, als ich auf HOBBY zum ersten Mal und zur Probe nach Westindien aufgebrochen war; zu viele Bilder sind seitdem vorübergezogen, verblaßt und verschwommen; zu viele Menschen vorbeigegangen und schmerzhaft abhandengekommen; zu viele Jahre verflossen und nicht mehr zurückzubringen. Wenn ich hier auf der Alm niederschreibe, was vor vielleicht dreißig

Jahren geschah, und es hört sich gelegentlich so an, als sei der Erzähler selbst dreißig Jahre jünger: Dann muß ich mich, der das ja alles erlebt hat, fragen, ob ich noch derselbe geblieben bin und ob ich mich noch in allem wiedererkenne. Da findet einer heute schön, was er früher vielleicht verachtet hat, und jetzt belanglos, wonach sich früher alle sehnten. Am Ende möchte ich mich an Joseph Conrad anlehnen und sagen dürfen: Mit dem Traum geht es uns Menschen wie mit dem Meer. Einmal hineingefallen, bleibt nichts übrig, als sich von ihm tragen zu lassen! Wenn aber Stein, seine Romanfigur, dann sagt, zum Getragenwerden gehöre eine Bedingung, nämlich die Annahme der Einsamkeit und die Bereitschaft zum Außenseitertum, weil das der Preis für den Traum sei und weil Träume nicht teilbar wären; dann scheiden sich wieder unsere Wege. Ich bin kein Lord Jim!

Aber wer möchte nicht gerne in Erwartung seltener Glücksfälle durch die Welt streifen, Wagnisse eingehen und Gefahren auf sich nehmen, solange einer jung sein darf! Ich weiß nicht, ob ich mich auch an Immanuel Kant halten soll, der die Folgen beschreibt und von eben solchen Wanderern sagt, sie besäßen den Hang, sich in Begebenheiten zu verflechten, deren wahre Erzählung dann einem Roman ähnlich sei.

Westlich vom Englischen Kanal naht wieder ein Sturmtief. Schreiben wir also lieber an unserem Roman weiter, und fangen wir am besten ganz vorne an. Wir werden für kurze Zeit vergessen, daß wir eigentlich in Cherbourg die Leinen loswerfen sollten, wo wir womöglich in der Zwischenzeit schon glücklich angekommen sind. Aber vorher gehe ich noch in die Gaststube hinunter und lasse mir einen Grappa einschenken. „Einen doppelten, bitte!"

Fregattvögel sind überall

Heute sind von der Sonnenterasse der Almhütte aus leider keine Drachenflieger zu sehen. Was habe ich in diesen zwanzig Jahren nicht alles versäumt! Als ich im vergangenen Herbst zum ersten Mal diese bunten Dreiecke lautlos an der düsteren Felswand im Schatten entlanggleiten sah und nicht glauben konnte, wie sie später weiter rechts drüben, bei den abstehenden Felstürmen über dem Berghang, in der

Nachmittagswärme immer mehr an Höhe gewannen, dachte ich noch, ich träumte. Das hatte ich so ähnlich vor ein paar Jahren in einem Spielfilm gesehen und für einen geschickt vertuschten Trick der Regie gehalten. Die flogen also wirklich! Wie Fregattvögel kamen sie mir damals vor.

Ins HOBBY-Buch hatte ich hier oben geschrieben, Klettern und Fliegen seien die freiesten menschlichen Tätigkeiten, die ich mir vorstellen könnte. Ein Flugzeug besaß ich nicht. Beim Klettern war ich an Grenzen gestoßen. Ich wollte es mit dem Segeln versuchen, weil dort nicht bei jedem Sonnenuntergang ein Gipfelkreuz den Schlußpunkt setzen würde. Jetzt möchte ich am liebsten mit einem Drachen fliegen.

Total übergeschnappt! würde meine Mutter ausrufen. Sie hielt mir immer wieder vor: „Wasser hat keine Balken, Rudi!" Der Spruch ist uralt in unserer Familie. Schon die Urgroßmutter ließ sich damit abhalten, die lange Reise hinter ihrem Theodor her nach Hawaii zu wagen, und der hatte so verlockend geschrieben, bei ihm wachse das Brot auf den Bäumen. Wo sich im Thüringer Wald kein Mensch Brot leisten konnte. Der Spruch vom Balken im Wasser kam also auf, bevor einer ans Fliegen dachte. Wie sind wir doch vorangekommen! Ein Luftpostbrief zu den Antillen war manchmal länger unterwegs als Theodor von Bremen nach Honolulu vor über hundert Jahren.

Sollten wir uns von den überfüllten Häfen und Ankerbuchten in die Lüfte erheben? Beim Klettern ist es schon so eng wie vorher bloß in den Yachthäfen. Es wird sehr voll auf den meistbegangenen Aufstiegsrouten. Vom Einstieg im Kar sieht es wie eine Straße roter Wanderameisen aus, zwischen der Rinde grauer Stämme angelegt, oder als wäre die Feuerwehr im Großeinsatz. Alle tragen Metallhelme, als zögen sie ins Gefecht. Wäre das kein neues Ausrüstungsstück für Hochseeyachten auf dem langen Törn um Kap Hoorn in die Heimat, falls der Großbaum überraschend zuschlägt? In den Bergen sind die Helme notwendig geworden, seit pausenlos Steinschlag von so vielen unerfahrenen Menschen ausgelöst wird. Spezialgeschäfte liefern heute alles, was den Laien zum Kletterer macht, wie einer glauben mag, und nicht nur zum Kletterer.

Nun ist also, wie es scheint, die Thermikblase der modernen Freizeitabenteurer zur begehrenswerten Lebenserfüllung geworden. Wie gut, daß dem Höchstgewicht Grenzen gesetzt sind, gegen die keine Interessengruppe ankommt! Kein goldener Boden für den Zubehörhandel! Sonst würde die Freizeitindustrie einen neuen Volkssport ‚promoten‘, Fachmessen mit Ausrüstung beschicken, und jeder dürfte sich wieder erst richtig glücklich fühlen, wenn er alles dabei hat, was in dicken Katalogen angepriesen wird. Abzusehen wäre es, wann der nächste Sport reglementiert und auf weiten Strecken verboten sein wird. Soweit sind wir schon, daß die ‚ewigen Vorkämpfer‘ auf Ikarus zurückgreifen müssen. Die letzten Hürden überschreiten, die beim Rennbahnbetrieb als Absicherung dienten! Gefahr als Lebensform! Die Überwindung kollektiver Ängste durch eine Flucht nach vorne! Der Vermassung und der Langeweile auf irgendeine Weise entfliehen, nicht erleiden, sondern handeln! Das gewagte Abenteuer als Ersatz für den großen Erfolg im Berufsleben, der heute immer schwerer zu haben ist. Wer schiebt da nicht alle Bedürfnisse und Leben-Wollen in ein ewiges Morgen hinaus; auf einen selten oder auch nie eintreffenden Sankt-Nimmerleins-Tag!

Kleine „Drachenflieger“ sah ich auf den Antillen fast alle Tage. Mühelos standen sie zwischen den Wolken und schienen dabei zu schlafen. Beim abendlichen Verdauungsflug am Rande einer Kumuluswolke zogen sie ohne ein Flügelzucken weite Kreise. Die höchsten unter ihnen waren mit freiem Auge gar nicht zu entdecken: Fregattvögel. Sie sind in der Luft zu Hause und können wirklich, wenn es sein muß, da oben auch schlafen. Sie verlieren nie den Überblick, haben gleichzeitig zwei, drei benachbarte Inseln im Auge, jede einzelne gesäumt von diesen sichelförmigen, weißglänzenden Stränden und ein Riff davorgelagert, über das die Atlantikdünung mit jeder brechenden See ein Schaummuster wie eine gehäkelte Decke wirft. So einen Überblick könnte ich heute auch brauchen, wenn ich den Papierstoß vor mir sehe, gleichzeitig hier und dort sein sollte und am liebsten auch bloß weite Kreise ziehen möchte.

Was sähe ich von dort oben? Meine Mitsegler haben die Bewegung dicht über der Meeresoberfläche schon erkannt und setzen auch gleich zum Gleitflug an wie seinerzeit „Holzbein“ und „Blaubart“ auf ihren schnellen Piratenschiffen, sobald sich Segel mit den Farben Kastiliens über der Kimm zeigten.

Aus der Nähe sieht das Geflimmer da unten so aus, als werfe

Neptun mit vollen Händen glitzernde Silbermünzen aus dem Wasser. Aber die Silbermünzen sind Tausende ganz kleiner Fische, die jedes Mal wie im Takt aus dem Wasser zu entfliehen versuchen, wenn sich die hungrige Meute der großen Kerle, von denen sie umringt sind, in irrsinnigem Freßtaumel von neuem auf sie stürzt. Ist das nicht auch so ein Bild, das jeder irgendwo schon erlebt zu haben glaubt?

Irgendwie haben das jetzt auch die Seemöwen mitgekriegt, die einer früher den ganzen Tag lang nicht sah, solange es keine Kreuzfahrtschiffe gab. Sie schnappen jetzt im Fluge, was in Verzweiflung aus dem Wasser springt. Aber auch echte Westindier, kleine Seeschwalben, lassen sich wie ein Kieselstein ins Wasser fallen und steigen kurz darauf genauso steil mit was Glitzerndem quer im Schnabel wieder auf; aber nur um zu schlucken, dann purzeln sie gleich wieder von neuem hinunter.

Jetzt ist die Zeit der großen Fregatten gekommen. Ohne Flügelschlag und lautlos haben sie sich dem Getöse unter ihnen genähert, die schwarzen, schmalen Schwingen weggestreckt; sie haben die Spannweite ausgebreiteter Mannesarme. Ihre Schwanzschere öffnet und schließt sich vor Erregung. Diese Halsabschneider! Einer von ihnen schießt auch schon aufs Getümmel über dem Wasser zu. Seevögel, die wasserscheu sind! Sie müßten ertrinken, wenn sie ins Wasser gerieten: Unser Fregattvogel stürzt sich auf eine vollgefressene Möwe, die jedoch mit ihrer Beute im Magen verzweifelt zu entfliehen versucht. Da sie den kleineren Drehkreis hat, steigt sie in enger Spirale nach oben und schreit dabei, so laut sie kann. Lässig folgt ihr die Fregatte. Sie bietet ein Schauspiel, das sie selber zu genießen scheint: kopfüber, kopfunter, auf dem Schwanz stehend, im nächsten Augenblick bewegungslos waagrecht verharrend. Nur der aufgefächerte Schwanz zuckt verräterisch wie eine Gartenschere. Niemand hört der Möwe zu. Sie schreit auch bloß aus Empörung, denn von früheren Malen weiß sie ganz genau, was sie zu tun hat, wenn sie nicht will, daß ihr ein Flügel ausgerenkt wird. Da ist das schwarze Ungeheuer auch schon über ihr. Ohne Hoffnung, ihre Mahlzeit zu retten, würgt sie wieder hoch, womit sie vielleicht später ihre Jungen an Halbverdautem füttern wollte. Die glitzernden Fische gibt sie wieder so her, wie sie sie selber gierig verschlungen hat. Die Fregatte ist am Ziel. Ohne noch einen Blick auf ihr Opfer zu werfen, stürzt sie hinter dem

Futter her. Kein Fischlein geht verloren. Eins nach dem anderen fängt sie in einem rasenden Sturzflug und holt auch das allerletzte noch ein, bevor es ins Wasser zurückfällt.

Das kochende Meer hat sich inzwischen beruhigt. Die großen Fische sind satt. Für den Fregattvogel gibt es im Augenblick nichts mehr zu holen. Er steckt seinen langen Schnabel mit dem kurzen Haken vorne in die Richtung, wo der Wind herkommt, und kehrt fast bewegungslos wie ein Luftballon zu seinem Aussichtspunkt am Wolkenrand zurück.

Nun hat mich das Schauspiel der Drachenflieger nach Antigua getragen, und ich wollte eigentlich nur begreiflich machen, wie das für mich ist, der ich da unten lauter Erlebtes ausgebreitet sehe und doch nicht alles auf einmal zusammenraffen kann. Aber da ist nicht nur das räumliche Problem. Da liegen auch die Erinnerungen aus zwanzig und mehr Jahren vor meinen Augen, und Fregattvögel huschen auch dort durchs Bild.

WENN ALLE DÄMME BRECHEN

Das ist also jetzt schon über zwei Jahrzehnte her, und doch ist es mir, als sei das Unerhörte erst gestern passiert. Eigentlich war alles wie von allein gegangen. Der Brief hatte sich sozusagen selber geschrieben. Er ging mir ganz leicht von der Hand und ohne daß ich viel überlegte, wie das weitergehen solle. Es gibt solche Naturereignisse. Eigentlich sind es Katastrophen, die niemand erwartet hat. Ein Funke löst sie aus oder ein Erdrutsch. Dann gibt es keinen Halt mehr.

Etwa zur selben Zeit hatte ich damals aus nächster Nähe so ein Naturereignis mit viel Glück überlebt. Das war in einem der südlichen Alpentäler, bevor sie sich der Ebene öffnen. An dem ausgetrockneten Flußbett lag ein größerer Ort und an seinem Rand eine Papierfabrik, der ich am nächsten Morgen einen Geschäftsbesuch machen wollte.

Aus einer seitlich mündenden Gebirgsschlucht stürzte schon lang kein Wasser mehr herab. Es wurde bereits hinter einer unverwüstlichen hohen Mauer, die die gesamte Klamm abriegelte, zu einem See gestaut, weil das so praktisch ist für den Strom- und Wasserverbrauch der darunterliegenden Industrie.

Ob nun bei Schneeschmelze oder Dauerregen: Auf einmal setzte sich die ganze Bergflanke über dem künstlichen See in Bewegung, rutschte ab, füllte schlagartig das Becken und verursachte damit eine Flutwelle, die über die Mauer schwappte, durch den Tobel hinabstürzte und an seinem Ausgang mit einem Druckstrahl ohnegleichen Fabrik und Ortschaft in wenigen Augenblicken hinwegfegte.

So ähnlich war es mir auch mit dem Brief gegangen. Mit einer Handbewegung hatte ich vom Tisch gefegt, was ich in fünfzehn Jahren aufgebaut hatte. Da lag er nun: auf Geschäftspapier, der Briefkopf in Emailledruck. Teures Papier! Es sollte seine letzte zweckbedingte Verwendung sein. Das übriggebliebene Papier würde ich gleich mal auf die Liste der „nach drüben" mitzunehmenden Sachen setzen, sagte ich mir danach. Schließlich war auch die Rückseite blütenweiß. So weiß wie unsere Produkte! Dann ging ich selbst zur Post, den Brief aufzugeben. Einschreiben, bitte! Er sollte sein Ziel erreichen. Es wird Sie vom Stuhl hauen, sehr geehrter Herr Direktor. Machen Sie mal ohne mich weiter! Mich geht das nichts mehr an. Sein Gesicht kannte ich zu Genüge: tomatenrot bis auberginenblau. Jeder, der mit ihm zu tun hatte, kriegte von seinem Hochdruck ab. „Ihre Umsätze, Herr Wagner", hatte es geheißen, „befriedigen uns in keiner Weise." Das hatte ich mir schon vor fünfzehn Jahren sagen lassen müssen, vor zehn und vor fünf. Der Druck würde niemals nachlassen. Das gehörte dazu. Die Mauer hätte deshalb noch standgehalten, genauso wie die von Longarone. Doch jetzt, Herr Direktor, wird Ihr Gesicht weiß werden; so weiß wie Ihre Bidets! Ihr aufgeblasenes Gehabe imponiert mir nicht mehr. Es geht nicht um Ihren Absatz in meinem Leben, sondern nur um mich allein!

Ganz kurz muß ich nun weit zurückgreifen. Die erste Zeit darf nicht übersprungen werden, auch wenn später niemand mehr gerne darüber reden wollte. Wir fingen ja auch bloß von ganz unten an. Es ging also mit Spucknäpfen los. Nur als Exportartikel, versteht sich. Nein, nicht für Rotchina! Da hätte sich damals kein Handelsvertreter hingewagt. In Korea sollte nämlich gerade so ein Fall von neuerdings eingerissener Völkertrennung durch Breitengrade behoben werden. Die Unzufriedenen. Erinnerte sich denn keiner mehr, daß sich auch die Lachse und Rentiere Alaskas in östliche und westliche trennen ließen und die Büffel zwischen Winnipeg und Vancouver quer über den Kontinent einer geraden Linie nach in nördliche und südliche?

Solche Gedanken seien abwegig, höre ich gerade. Wieso denn? Wird hier etwa kein Witzbuch geschrieben? Es geht schließlich um mein Leben! Auf alle Fälle: Ich hätte für fernöstliche Sprachen auch nichts übrig gehabt. Mao-Tse-Tungs Idiom ist niemals über meine Lippen gekommen. Das lag natürlich auch am mangelhaften Schulwesen zu meiner Zeit.

Unserem von Kindsbeinen an vorhandenen Hang für Exotik hätte es damals entsprochen, das Angebot an Bantu- und Kongosprachen auf der Kolonialschule zu nützen, wie es mein älterer Bruder Fritz so gerne getan hätte. Waren wir denn die einzigen, die damals farbenprächtige Träume von der Farm im Urwald und von sogenannten Südfrüchten hatten? Wie ein paar Jahre später nach Rinderbraten in Argentinien und Butterbroten in Neuseeland? Aber unsere Studienräte waren der vorgefaßten Meinung, ich sei schon in Latein eine Null und in Deutsch nicht viel besser. Dem Fritz ging es in den anderen Fremdsprachen noch schlechter. Wo hätte er seine Aussprache verbessern können, wenn nicht einmal ausländische Radiosender zu hören erlaubt waren! Also hingen für uns beide die Südfrüchte in Kamerun viel zu hoch.

Jede Schulklasse kriegte damals, wenn in Erdkunde Afrika dran war, diesen Lehrfilm über ‚Deutsch-Kamerun‘ vorgeführt; vielleicht hätten wir, wie so vieles, die verführerischen Eindrücke längst vergessen. Aber dort gab es so eine verlockende Rutschbahn zu sehen. Aus Brettern zusammengenagelt, verband sie die höchstgelegenen Reihen großblättriger Stauden am grünen Berg mit der Verladestelle unten am Fluß. Bündel auf Bündel kam da die süße Fracht von ganz oben heruntergerutscht: Tausende von Bananen! Nur zuzugreifen brauchte man. (Daß sie noch grün waren, fiel uns bei der Schwarzweißdarbietung nicht auf.) Das wäre also was! Bananenpflanzer am Kongo wollten wir werden, und Fritz sollte mal schon vorausfahren. Gegen das Rutschvergnügen hatten wir natürlich nichts einzuwenden, auch wenn ich selber beim Erfurter Vogelschießen immer noch Angst hatte, die turmartige Rutschbahn hinunterzusegeln. Vorläufig hingen jedenfalls für uns beide in Thüringen alle Leckereien viel zu hoch. Zumal wir selbst deutsche Trauben nur vom Hörensagen kannten. Ob überhaupt welche wuchsen, darüber wurde uns kein Film gezeigt. Es hieß bloß immer, die seien für die Verwundeten bestimmt.

Genauso war der freiwillige Ferieneinsatz bei „Erfurt-Erfurt“ ein Fehlschlag, für den ich eigentlich noch viel zu jung war; aber Fritzens Personalausweis half mir zum Glück über alle Hürden. Dabei hatte mich schon meine Mutter gewarnt: „Zum Pralineneinpacken, Rudi, nehmen sie sicher bloß Stammpersonal. Die können nämlich das ‚gäksige‘ Zeug nicht mehr ausstehen!“ (Bitte nicht nachschlagen! Ich bin sicher, das wunderliche Wort verschwand bei Kriegsende, da „ungebräuchlich“ geworden, aus dem Duden.)

Meine Mutter sollte recht behalten; mir blieben in der Arbeitspause nur grüne und himbeerfarbene Geleeschnitten zur Bereicherung des trockenen Margarinebrots, und auch das währte nicht lange. „Die sind für die kämpfende Truppe bestimmt!" schnauzte mich nach ein paar Tagen einer an. Was ich getan habe, sei Wehrkraftzersetzung. Ich flog natürlich raus, und da half auch nichts, daß eine Arbeiterin sagte: „Aber er ist doch noch ein Kind!"

Merkwürdig: Von eventuellen Folgen für die Zähne sprach damals keiner. Die hatten ja sowieso nur noch ins Gras zu beißen, wie später Fritz in den Wüstensand. Weiter als bis Nordafrika war er nicht mehr gekommen, und es war ganz egal, ob er Englisch konnte oder nicht.

Aber ich hatte wenigstens einen Blick in die Lagerräume werfen dürfen, und es war wirklich beeindruckend, wie da säckeweise Mandeln, Rosinen und Datteln aufgestapelt lagen. Das sei die Beute eines deutschen Hilfskreuzers gewesen, der unter Lebenseinsatz ein feindliches Schiff auf den Haken genommen habe und um seine Ladung erleichtert. (Ja, genau wie die Fregattvögel!) „Damit die Heimat nicht vergißt, wie herrlich der Frieden wird", wurde uns dazu erklärt. Aber jetzt sei das eben alles bloß für die Soldaten, hieß es zum Schluß.

Als mein Bruder dann dran war, schrieb er aus seiner Kaserne enttäuscht, es gäbe wohl keine deutschen Hilfskreuzer mehr. Ich solle mir aus dem Kopf schlagen, deshalb freiwillig zur Marine zu gehen. Dann schon lieber zu den Gebirgsjägern. Ich nahm mir jedenfalls ganz fest vor, dabei mitzureden, wenn es um meine Zukunft ging.

Fritz sollte mein Vorbild bleiben. Er hatte in den letzten Schuljahren plötzlich Sprachtalent entwickelt und − ersatzweise für Bantu − Italienisch als Wahlfach genommen. „Weißt du, Rudi, mit der Achse Rom Berlin ist ja nicht viel los, aber wenn ich erst mal an ihr entlang über den Brenner gerutscht bin, wo die Dolomiten stehen, da gibt es Weintrauben bergeweise!" Ob ich mich nicht an den Festzug erinnern könne? Da hätten wir ein ganzes Faß voll davon zu sehen gekriegt. Wenn sie auch vielleicht nicht obendrauf lagen und das Faß selber leer war.

Knapp, knapp habe ich es dann später geschafft, ein paar Worte Italienisch aufzuschnappen. Wenn auch nicht im Sinn des Lehrplans, so kam immerhin Cicero über Dante noch zu mir; und da war auch schon das Obst! Die süßen vollen Trauben, mit denen ich gleich in Berührung kam, gehörten Cesira, der schwarzhaarigen Landarbeiterin. Mit ihr durfte ich meine italienischen Anfangskenntnisse aus der Schule verbessern. In den mannshohen Tomatenfeldern unserer Blumen- und Samenstadt hatten wir zusammen von den wuchernden Stauden die überflüssigen Triebe auszubrechen. Aber es konnte ja nicht ausbleiben: Von einer wohlmeinenden Seite erhielt ich noch rechtzeitig, wie er glaubte, eine Warnung zugeflüstert und lernte so die nächste Version kennen, was alles Wehrkraftzersetzung sei.

Im letzten Augenblick wurde meine Neigung zum Italienischen dann doch noch staatlich gefördert, so paradox das nach dem eben Gesagten auch klingen mag, aber der Wehrsold war nicht der Rede wert. Ich erinnere mich noch an einen Tag im späten Herbst. Da hingen mir die süßen Dinger im Schützenloch buchstäblich von oben in den Mund, und weil es längst kein Kupfervitriol mehr gab, konnten wir uns – Kopfschußrisiko einmal beiseite! – gehen lassen wie auf dem Bild im nie vergessenen Kinderbuch, mit welchem mir eine gute Tante in allerbester Absicht und weil sie vielleicht damals in Gedanken lieber bei Großvater in Honolulu war, die so nüchtern geratenen Kinderjahre vergolden und versüßen wollte.

Es ist jedem jetzt klar: Meine Zukunft lag damals bereits fest. Ich hätte in keinem Land leben mögen, wo Geleeschnitten beinahe vors Standgericht führten, sei es mit Margarinebrot genossen, sei es später im Tausch gegen goldenen Tabak aus dem Apennin für die Landserpfeife; denn, so unglaublich es klingt, in der Nahkampf-Sonderzuteilung waren wirklich die längst vergessenen bunten Geleeschnitten aus der Schulzeit. Aber lassen wir das!

Wie gesagt, alle fingen von vorne an. Ich hätte es aber vorher wissen sollen, daß mir kein großer Erfolg beschieden sein würde, als ich bei einem ersten geschäftlichen Kontakt mich anbot, die Spucknäpfe aus dem Sauerland – aus Blech und weiß emailliert! – zu importieren und deren Auslandsmarkt zu organisieren. Ich hätte die angeborene Höflichkeit der mediterranen Rasse besser kennen sollen! Um Wirt oder Zimmermädchen nicht Unzumutbares säubern zu lassen, und weil sie diese runden Dinger eher als eine Einschränkung ihrer persönlichen Freiheit empfanden – wie waren wir uns doch ähnlich! –, entäußerte sich jeder ungeniert wie zuvor und machte einen weiten Bogen um die Näpfe.

58

Eine Anschlußbestellung käme nicht infrage, mußte ich von meinem Zwischenhändler aus Rom hören. Wenn ich dann doch nicht auf Tausenden von Spucknäpfen sitzengeblieben bin, verdanke ich das dem Hundefutterproduzenten aus Genua, den ich überzeugen konnte, daß sie als Futternäpfe willkommene Werbegeschenke für Hundebesitzer wären. Damit es aber als Abschreibungsgeschäft für ihn auch lohnte, sollte ich es, per favore, doch doppelt so hoch fakturieren, und mußte es dann natürlich, der sonst daraus resultierenden eigenen steuerlichen Belastung wegen, auf die sogenannte „doppelte italienische Buchführung" setzen.

Dank meiner immer besseren Italienischkenntnisse ging es in den folgenden Jahren steil aufwärts mit meinem Verkaufsprogramm. Das Wort vom weißen Bidet fiel ja schon. Vielleicht ließen sie sich so großartig losschlagen, weil sie eigentlich keine Erfindung meiner Landsleute waren. Unsere stachen damals durch ihre meisterhafte Emaillierung hervor, und mitgeliefert wurde jedesmal ein ebenso tadellos emaillierter Henkeltopf. Sie können sich das nicht mehr vorstellen? Nun, vielleicht findet einer noch das Urbild davon in den Museen von Paris. Ich habe aber selbst schon das Gesamtwerk von Toulouse-Lautrec erfolglos durchsucht. Das ist keine Quelle!

Richtig blühte das Geschäft erst auf, als die Produktion auf Keramik umgestellt wurde und Anschlüsse für Rohre und Wasserhähne dazukamen. Waschbecken und Duschvorrichtungen folgten bald, und von da bis zur Badewanne war es nur ein Schritt. Die chemische Industrie ging uns mit einem Werbefeldzug für größeren Seifenverbrauch voran.

Ich hatte auch zu Hause so eine Wanne installiert. Sie kostete mich natürlich nichts. Den kleinen Materialfehler sah ja keiner. Es gab schon mal Ausschuß, das war einkalkuliert. Ob Hartkeramik oder Porzellan, zum Beispiel, ist für Zollbeamte nicht dasselbe. So war es bei jeder Einfuhr fast schon eine feierliche Handlung, im Zollbahnhof ein Waschbecken am Bahnsteig zu zertrümmern. Die Beamten sagten, an den Bruchstellen ließe sich der Zolltarif ablesen. Bei den Badewannen lernten wir schnell, solche kostspieligen Analysen zu umgehen. Die jeweiligen Inspektoren baden mit ihren Familien womöglich heute noch drin, denn unsere Wannen sollen ja unverwüstlich sein.

Da galt einerseits die Spezialbeschichtung als einmalig, weil eine Versicherung sie getestet hatte; Ausrutschen sei darin unmöglich. Andererseits könnte sich kein Schmutz festsetzen, weil sie eine aalglatte Oberfläche hätte. Natürlich gab es auch keinen Wärmeverlust durch die Wand; der Weihnachtskarpfen überlebe darin ohne weiteres ein paar Tage die Badezimmertemperatur!

Ich versprach am Anfang zu raffen. Kann sich jeder meinen Tagesablauf bereits vorstellen? Sanitäres erfüllte mein Leben. Bis zum Hals saß ich am Morgen selber in der Wanne. Genauso hoch stapelte sich im Büro schon die Vormittagspost, wobei es vorwiegend auch um Wannen ging. Zum Beispiel wurden wir uns lange nicht einig, ob wir ein blondes oder schwarzhaariges Modell in der halbvollen Wanne für die Werbung fotografieren sollten. „Meinst du", gab einer zu bedenken, „eine Italienerin sagt ja zu einer Wanne, weil ihrem Mann so eine blonde Puppe gefällt?" Die Abende verbrachte ich mit Vertretern und Geschäftsleuten im Restaurant, und sonst raste ich nur noch von einer Provinz zur anderen. Bald ließ der Terminplan kein tägliches Vollbad mehr zu. Das langsame Vollaufen der Wanne begann, mich wahnsinnig zu machen. Die Hitzeaufwallungen erklärte mein Arzt mit einem nervösen Herzen. Ich duschte also fortan im Stehen, überhaupt war ich immer auf den Beinen. Bis nach Sardinien und Sizilien ging es um Sanitäres. Einmal waren mir die Vorführexemplare in Reggio Calabria vom Wagen gestohlen worden; das andere Mal, in Neapel, war auch der Wagen gleich mit weg. Ich fragte mich, was Süditaliener mit einer Badewanne täten. Klaffte da eine Marktlücke? Vielleicht als Brunnentrog hinter dem Haus? Als Tränke fürs Vieh auf der Weide? Trug nicht der Freßnapf des Hofhundes das gleiche Markenzeichen? In Mailand sollte ich viel später die Antwort erfahren.

Einmal hatten wir in Kalabrien eine großangelegte Werbekampagne gestartet. Auf der ‚Messe des Südens' boten wir unsere beliebten Sitzmöbel aus Hartkeramik an. Ich hatte vorher durchgesetzt, daß ein Sondermodell für diese Region in unsere Produktpalette aufgenommen wurde. Auch die einheimische Konkurrenz verzichtete ja auf Isoliersitz und Deckel. Wärmeschutz sei eher lästig. Wir brachten dann das Modell mit der Bezeichnung CASTEL DEL MONTE auf den Markt. Den Namen hatte ich mir einfallen lassen. Auch geschichtlich nicht so beschlagene Italiener würden trotzdem verstehen, was ich damit meinte. Auf verwunderte Fragen, soweit sie mein Sprachgeschick betrafen, hatten wir uns ein Zusatzargument ausgedacht: Touristenströme wären in Zukunft zu erwarten, die alle die Stauferburgen deutscher Kaiser besuchen wollten, und bis dahin müßten die landesüblichen Löcher im Boden verschwunden sein. Die seien nichts für Nordländer mit winterfrischer Arthritis in den Knien.

CASTEL DEL MONTE nahm sozusagen der Fremdenverkehrswerbung einen Teil ihrer Arbeit ab, dachten wir. Aber keiner verstand uns so richtig. Einer sagte, es sei nicht genug Platz in dem kleinen Raum, das Möbel jedesmal wieder beiseitezurücken. Es sei auch zu schwer dazu. Von unerwarteter Seite traf uns das schwerwiegendste Argument: Die örtliche Sanitätsbehörde habe auch die nationale Produktion immer abgelehnt, weil die Unfallrate zu hoch sei. Zu viele stürzten ab, weil ihr Schuhwerk keinen Halt auf dem schmalen, gewölbten Rand gefunden hätte. Es war nicht mehr zum Lachen. Selbst als kostenlose Entwicklungshilfe für den Mezzogiorno hätten sie es nicht akzeptiert. Zwanzig Jahre später sollte mir ein Apartheidsproblem aus derselben Einstellung erwachsen. Doch deshalb Morddrohungen auszustoßen, wäre in Süditalien keinem eingefallen. Aber war nicht auch der arme Fritz wegen seiner afrikanischen Spielereien den Heldentod gestorben?

Ein paar hartnäckige Gastritisanfälle begleiteten mich durch mein letztes Jahrzehnt im wundervollen Weintraubenland. Diese hatte mir mein Hausarzt gestrichen und den Wein daraus auch. Er verordnete auf unbestimmte Zeit Haferflocken mit Wasser. Die hatten wir zuletzt im Krieg essen müssen. Ich sollte eigentlich sagen: dürfen. Damals hatten die Krämpfe im Magen ganz natürliche Ursachen. Bei deren Beseitigung half uns unsere liebe Mutter, wenn auch widerwillig. Unser blinder Vater durfte nichts davon wissen. Sein deutscher Schäferhund war nämlich „kriegswichtig" und deshalb auch bezugsscheinberechtigt. Auf solche Scheine holten wir einmal im Monat aus der Mehlmühle ein Paket mit Haferflocken für unseren Hund. Sie waren zweite Wahl, wahrscheinlich am Boden zusammengefegt. Vierzig Jahre später hätte darauf gestanden: Nicht für den menschlichen Verzehr bestimmt! Vielleicht irre ich da aber auch, und sie wären heute nicht einmal für den Hund gut genug, „deinen besten Freund". Unser Rolf war damals mein bester Freund. Wir wurden alle drei davon satt.

Das ging also damals in Italien über ein Jahrzehnt lang in bewährter Wirtschaftswundermanier. Aber irgendwann läuft auch die größte Badewanne einmal über.

Es lag dann nicht eigentlich an jener Reklamation aus Mailand, der ich nachgehen wollte, weil ich sowieso gerade dorthin aufgebrochen war. Nur erreichte mich leider der Anruf nicht mehr im Büro, daß die Technische Fakultät kurzfristig die Einladung zu meinem Vortrag abgesagt hatte. Mit Bedauern, wie es hieß; aber aus nicht näher erläuterten Gründen. So blieb mir also genügend Zeit nachzusehen, warum unsere Installationen in dem neuerbauten Wohnsilo daran schuld sein sollten, daß das Abwassersystem zusammengebrochen war.

Es war natürlich ein Fehler gewesen, meinen Wagen schon wieder im Zentrum abzustellen. Einen Strafbefehl für falsches Parken hätte ich mir auch woanders einhandeln können. Hier gab es aber Taxis, deren Fahrer sich in den neuen Satellitenstädten auskennen sollten, die damals wie Pilze aus dem Boden schossen und ebenso schnell wieder zu Spekulationsruinen wurden. Ganz Süditalien suchte in den fleißigen Industriestädten des Nordens Arbeit und fand sie auch.

Der Hausmeister, der mich empfing, meinte auch als erstes: „Früher haben wir hier oben das Geld verdient, das die römische Regierung dann zwischen Neapel und Palermo verschleudert hat. Jetzt schicken sie uns diese Afrikaner herauf, und die können noch nicht einmal eine Hausordnung lesen!"

Die Rohrleitung war also wirklich verstopft. Aus einem Sammelrohr, ein paar Stockwerke tiefer, zogen wir nach stundenlangem Mühen und unter Mithilfe von herbeigerufenen Klempnern und Maurern zusammen mit anderem Mist zwei Hände voll grüner Aale, die bis vor kurzem noch quicklebendig gewesen sein mußten und nur unserem Rohrputzmittel zum Opfer gefallen waren. Im zweiten Fall ging es nicht um Anguillotti, sondern da hatte bloß ein Kind mit dem Wasserhahn gespielt. Da hatten wir noch Glück. Die Radieschen, oder was immer da unter schrägstehender Sonne in dem säuberlich angelegten Beet in der zweckentfremdeten Badewanne grünte, waren noch nicht reif. Die Gartenerde floß ab, als weiter unten erst die Aale draußen waren.

Der erleichterte Hausmeister, den seine Mieter ganz zu unrecht des bösen Blickes verdächtigt und bis ins letzte Glied verflucht hatten, dem sie nur noch mit abwehrend entgegengestrecktem Zeige- und Mittelfinger begegnet waren, ließ es sich nicht nehmen, zum Abschied zu sagen: „Es wäre besser gewesen, ihr hättet damals die Stellung am Apennin gehalten!" Für die Norditaliener, wollte er damit sagen. Aber ich mische mich nicht mehr in Politik, seit ich nicht einmal bei Geleeschnitten meine Auffassung erfolgreich vertreten konnte.

Auf der Rückfahrt ins Stadtzentrum überlegte ich, wie wir einem Analphabeten die Wirkungsweise eines Abflußhebels, der ganz woanders saß, verständlich machen konnten. Vielleicht mit einem Hebel in Form eines Aals? Waagrechte Stellung: Aal schwimmt; senkrechte Stellung: Aal weg oder „Guck in die Röhre!"

In der Stadtmitte ging mir sofort ein Licht auf, warum mein Vortrag an jenem Vormittag abgesagt worden war. Der Protestmarsch war aber schon gelaufen. Unaufgefordert hatte sich ein Teil der damals heranreifenden Intelligenzschicht in asiatischen Fremdsprachen geübt, von denen ja schon einmal die Rede gewesen war. Sie hatten es bis zu Ho Chi Minh gebracht. Begeistert riefen sie das neue Fremdwort so laut und ohne Unterlaß, daß die Fensterscheiben der großen Geschäfte in der Via Manzoni auf das Pflaster fielen, Laternenpfähle umstürzten, die Straßenbahn plötzlich querstand und die abgestellten Autos Feuer fingen. Einschließlich der Strafzettel vermutlich, falls sich zu jener Stunde noch ein Ordnungshüter auf der Straße hatte blicken lassen.

Kurzum, auch mein Strafzettel war, wie ich ganz sicher weiß, damals verbrannt. Mein Wagen war nur noch eine qualmende Ruine. Es war schon der zweite in diesem Jahr. Aber wir wollen ja summarisch die ganze Zeit abhandeln. Für den Abtransport des Autowracks hätte ich selber aufzukommen, teilte mir die inzwischen wieder präsente Polizei mit. Wie gehabt! Schrottwert habe das ausgeglühte Wrack nicht mehr, meinte der Abschleppdienst, dem ich es andrehen wollte. Als die Straßenbahn dann wieder geradestand, sorgte der Städtische Reinigungsdienst mit Baggern und Kränen für eine baldige Wiederaufnahme des Verkehrs.

„Zusätzliche Ausgaben erwachsen Ihnen daraus keine", wurde mir zwei Wochen später mit dem Formular mitgeteilt, auf dem ich meine Autonummer abmelden sollte. Danke!

Alles hatte so süß mit vollen Trauben angefangen; aber jetzt machten sich bei mir gewisse Allergien immer stärker bemerkbar. Das hing mit Dante und der alten, längst überwunden geglaubten Abneigung gegen Allmutter Latein und ihre Kinder zusammen. Ich nahm mir vor, einen Fortbildungskurs in Englisch mitzumachen, und zwar sobald wie möglich. Jetzt hatte ich aber nur noch eins zu tun: zum nächsten Reisebüro zu gehen und für den Abendzug eine Fahrkarte nach Hause zu lösen.

Im Reisebüro, nicht weit vom Dom, stellte ich mich als letzter in eine lange Reihe. Da, im Hintergrund, hatte ich Muße, mich umzusehen. Ich musterte, was da so werbewirksam von den Wänden grüßte. Kein Wort mehr darüber, wieviel Badewannenwerbung mir in all den Jahren durch die Hände gegangen war! Immer saß da so eine reizende Schönheit im Schaumbad oder gar im durchsichtigen Badewasser, hielt einen Badeschwamm in der Hand oder noch besser: eine Gummi-Ente. Der dunkelhaarige Typ hatte sich bei uns dann doch durchgesetzt, die Bella Bionda war ad acta gelegt worden. Deshalb reagierten meine Augen seit Jahren unbewußt, wenn wiedermal so ein Nackedei in der Wanne sich rundbusig darbot, und gaben sofort Alarm. Hielt das süße Ding einen Kelch hoch und der Champagner ergoß sich übers Schaumgebirge, dann folgte gleich wieder Entwarnung; wie auch bei der Dame, die glitzernde Armbänder und wasserdichte Uhren aus undurchsichtiger Tiefe ans umbrandete Ufer zog.

Die Schlange im Reisebüro bewegte sich langsam. An Taormina, San Remo und Porto Azzurro hatte ich mich schon sattsehen können. Weiße Yachten auf blauem Meer... Damit vertrieb ich mir die kurze Freizeit. Es ging wohl nicht ohne Badewasser. Wir hatten auch schon Badewannen mit Segelbootwerbung verkauft. Die Palmen da vorne über der Dame am Schreibtisch waren auch so eine Verführung. Der Herr vor mir verdeckte leider noch die volle Aussicht darauf. Aber mein inneres Auge gab bereits Voralarm.

Da stimmte doch was nicht! Ein schwarzer Schwan beugte sich über etwas nur spärlich oder gar nicht Bekleidetes, das kaum von Wasser bedeckt war und auch noch hellblond! Wer hatte uns da den nächsten Messeschlager für Mitteleuropa geklaut? Unser Mutterhaus hatte ganz im geheimen eine neue Serie in Vorbereitung. JAMAICA sollte sie heißen. Genau das helle Immergrün war es, worin sich das

1

2

3

1 Ärmelkanal, Mitte Oktober:
  „Wollt ihr auch ins Winterlager?" – „Nein, in die Karibische See." Die Sturmfock
  ist schon angeschlagen, und
  die „Seeanker" – Autoreifen
  – sind an Bord.

2 „Sind wir schon im Schlaraf-
  fenland?" Mitten im Atlantik
  fallen Fliegende Fische an Deck.

3 Neben der Hafeneinfahrt die
  „Säulen des Herkules". Dahinter das Paradies. Wir sind
  da. Immer wieder lag auch
  in Zukunft Antigua voraus.

4

5   6

7

8

4 Unser Paradies: die Eisenholzbucht und Kokospalmen
ohne Zahl

5 „So viele Mangos!" staunt
Matilda. „Alle für mich?"

6 Kein Schnellimbiß für Streß-
Geplagte: Brotfrucht auf
Holzkohlenglut

7 Die Mutprobe. Krabben verstehen keinen Spaß.

8 Dickschädel, hart auf hart.
Auch Kokosnüsse haben ih-
ren Preis: Schweiß!

9 Zweimal Nimmersatt

10 Passatwind und Tropen-
sonne. Wer wünscht sich da
keine einsame Insel?

11 Marevas HOPE bei einer
Wende vor Montserrat. Sie
war auf allen Meeren zu
Hause.

hübsche Modell zu räkeln schien. Und nicht einmal Seifenblasen hatten sie für nötig gehalten.

Ein paar Kunden weniger in der Schlange, und ich sah es deutlicher. Der schwarze Schwan entpuppte sich als befrackter Ober, der sich nach vorne beugte. Sein Gesicht war so schwarz wie die Rockschöße, die ich für Flügel gehalten hatte. Er hielt ein silbernes Tablett der gebräunten Hand entgegen, die aus dem Wasser nach dem Glas langte. Es schien voll Orangensaft zu sein. „Sehr werbewirksam, der Bernsteinsaft vor dem Edelsteingrün!" fiel mir dazu ein, beim Gedanken an den nächsten Marktbericht. Würde ich überhaupt noch einen schreiben?

Die Wanne schien mit Fliesen ausgelegt. Jetzt ließ sich auch lesen, was auf dem Plakat stand: „Der Rumpunsch ist serviert, Ma'am!" Ich durfte mich entwarnen. Die „Wanne" war das Schwimmbecken eines Luxushotels, die Palme darüber echt. Echt war auch die braune Haut der Urlauberin, die sich da verwöhnen ließ. Ihr Mund leuchtete so rot wie die Maraschino-Kirsche, die neben der aufgesteckten Apfelsinenscheibe im Glas schwamm. Der Schwarze grinste mit allen weißen Zähnen, die er hatte. Statt für Getränke hätten die beiden auch für Zahnpasta Reklame machen können, aber mich ging das nichts an. Ich habe es ja schon gesagt, solch aufdringliche Werbung war nicht mein Fall. Und dann bloß mit Orangensaft!

Als ich drankam, die Fahrkarte zu lösen, war endlich der ganze Werbetext lesbar. Da stand: „Lassen Sie sich auch so verwöhnen! Westindien lädt Sie ein. Die Karibische See ist die grösste Badewanne der Welt!

„Fräulein, kann ich etwas mehr darüber erfahren?" Ich wies mit der Hand aufs Plakat.

„Sicher, mein Herr! Hier haben Sie unsere Werbebroschüre. Da finden Sie alles Wissenswerte. Wir fliegen über London jeden Freitag dorthin. Unser Urlaubsangebot ist sehr beliebt."

Ich nahm es dankend entgegen und hörte nur noch: „Der Nächste, bitte!"

Die Reiselektüre in dem leeren Abteil auf der Heimfahrt war fesselnd. Was für eine Ablenkung nach den Krawallen vom Nachmittag! Daß ich von meinem Wagen nur noch den Schlüsselbund besaß, brachte mich nicht mehr aus der Fassung.

Was einer nur aus Blumenläden kannte, blühte dort im Freien, versprach der Prospekt. Was in Europa manchmal in teuren Feinkostgeschäften unter neuen Namen feilgeboten würde, hinge dort von allen Bäumen. Man brauche nur zuzugreifen. Genauso gebefreudig seien die dunkelhäutigen Mädchen mit der Hibiskusblüte im Haar! Sie wären glücklich, sich um das Wohl jedes Gastes kümmern zu dürfen. Glückliche Insulaner wären das, die nur darauf warteten, einen zu verwöhnen. (Hier wiederholte sich im Prospekt das Bild vom schwarzen Schwan.)

Gastfreundliche Herbergen, der Palmenstrand vor der Zimmertür. Exotische Getränke zu jeder Tageszeit, und abends im Mondschein bei süßen Klängen Lobster Turmidor oder Porterhouse-Steaks. Auf einem anderen Bild bog sich das Büffet unter dem selbstgefälligen Blick lauter schwarzer Gesichter unter weißen Kochmützen. Krawatten lasse jeder daheim. Ein sanfter Wind fächele Tag und Nacht alle Sorgen fort. Nur zarte tropische Blütendüfte mischten sich darein. Laue Nächte ladeten zu einem unbeschwerten Mitternachtsbad am Strand ein, der sonst nirgendwo auf der Welt so weiß sei. Das Wasser habe Badewannentemperatur. (Das mußte ja kommen.)

Dann wollte der Schaffner meine Karte sehen. Ich hatte natürlich keine und reichte ihm zerstreut den Prospekt von den Antillen. Was hätte mich heute noch erschüttern sollen? Ich war gerade beim Frühstück, das von immer fröhlichen Dienstmädchen aufs Zimmer gebracht wurde. Man solle es sich am Balkon servieren lassen, riet der Prospekt. Säße man dann gut ausgeschlafen vor dem reichgedeckten Tisch mit dem Blick durch den Palmengarten aufs smaragdgrüne Meer, dann solle man auf die Bougainvillea-Ranken achten, die den Balkon so malerisch umrahmten, wie es auf dem Bild zu sehen sei. Ein kleiner gelblatziger Vogel spränge dann aus den Zweigen heraus auf den Tisch, hüpfe auf die Milchkanne weiter, sähe sich freundlich nickend nach allen Seiten um und spränge zuletzt auf den Rand der Zuckerdose zu; und schon verschwände sein Köpfchen in der Höhlung auf der Suche nach dem süßen Inhalt.

Die Einheimischen kannten ihn schon lange. Sie sagten Zuckervogel dazu. Jeden Morgen kamen diese lustigen Besucher auf den Kaffeetisch gesprungen, weil sie angeblich dem Gast einen vergnügten Morgen wünschen wollten. Ein kurzes Zwinkern noch, und schon flogen sie zum Nachbarn weiter. Sorglose Tage also, unvergeßliche Ferien in einer paradiesischen Welt! Es klang zum Schluß wie eine Entschuldigung: Tageszeitung gäbe es keine und Fernsehen auch nicht. Wo es keine Kriminalität gibt und Politik ganz woanders gemacht wird, sei das alles überflüssig. Mit einem Satz: mach es wie der Zuckervogel und nasch an allem Süßen!

Schön wär's. Aber für mich war gar nicht daran zu denken, zu Hibiskusblüten und Zuckervögeln zu fliegen. Manchmal einen freien Tag, das gab es; aber niemals zwei Wochen hintereinander. Wenn ich an die wenigen Gelegenheiten zurückdachte, da ich bei Geschäftsfreunden mitsegeln durfte (sie nannten mich dann ihren Badewannenkapitän!) wurde mir klar, daß solcher Urlaub außer Reichweite lag. Genauso wie eine geordnete Bürostundenzeit, bezahlte Überstunden oder wie eine gesicherte Zukunft. Mir fielen dazu so manche Stichworte aus der Vergangenheit ein. Nicht nur jene frühen Produkte, die vor die Hunde gegangen waren und eigentlich als Verkaufsschlager gedacht. Ich dachte auch wieder an alle, bei denen ein unerwarteter Schlag viel zu früh sogar unter die Erde geführt hatte.

Arbeitserfolg ließ sich natürlich verdoppeln. Mit einer Tasche voll durchzusehender Akten wenigstens zwei Tage zu Pfingsten am Gardasee mit der ganzen Familie, und dann war die unübersichtliche Kurve auf der Brennerstraße gerade um eine Reifenbreite zu schmal gewesen. Der Aufsichtsrat ließ einen eigenen Nachruf in die überregionale Zeitung einrücken. Ein anderer nahm schon den vakant gewordenen Sessel ein. Auch im Krieg hatten immer andere in die Lücken zu springen, die der Tod verursacht hatte, obwohl es gar nicht der Tod war, sondern der gegnerische Feuerstoß oder der Granatwerferüberfall. In feiger Heuchelei hieß es dann: Der Tod hat ihn uns genommen – und dabei hieß er Lehmann, Busse oder Meier und saß heute an entscheidender Stelle in der Chefetage, im Personalbüro oder in der Bilanzbuchhaltung. Vielleicht war es auch einer aus der Gewerkschaft, von der Partei, aus dem Finanzamt oder der Konkursrichter selbst. „Aus dem vollen Leben gerissen!" das hieß immer: aus dem vollen Geldverdienen. Das war ein Tempo, bei dem mancher auf der Strecke bleiben mußte. Ich war ein mehrfach gebranntes Kind.

Im Speisewagen fand ich Gesellschaft. Die Autoschlüssel legte ich zerstreut neben das Bierglas, als dürfe ich sie beim Aufstehen nicht vergessen. Mein Gegenüber wies lächelnd darauf. „Wo wollen Sie damit heute noch hinfahren?" Er sei ein amerikanischer Geschäftsmann, unterwegs nach Venedig, und verkaufe Schiffe.

Der Anlaß bot sich an: Ich breitete meine Sorgen vor ihm aus. Er hielt sie für Kinderkrankheiten. Das dicke Ende käme erst noch für uns. Zuerst hätten wir Amerika in allem imitiert, in vielem nicht ohne Nachhilfe. Dann hätten wir gar nicht anders können, als im gleichen Schwung mitzuhalten, wenn wir über Wasser bleiben wollten. Der Unterschied zu ihnen bestünde nur in der zeitlichen Verschiebung. Wir hinkten halt hinter ihnen her; aber mit der Zeit würden wir jede Dummheit mitmachen, die bei ihnen früher oder später in Mode käme. Dabei hätten sie selber längst die Nase voll von diesem ‚Rat race‘, wie er sich ausdrückte.

Ich versuchte, mir darunter das Bild von den weißen Mäusen vorzustellen, die in einer Gittertrommel nach vorne rasen, wobei sich die Trommel immer schneller dreht. Was die armen Dinger aber nicht bemerken können, so schnell sausen die Sprossen vor ihren Augen und unter den fleißigen Füßchen weg: Sie bleiben immer auf derselben Stelle.

„Und wo soll das hinführen, Bob?" (Wir nannten uns beim Vornamen, seit wir das Bierglas angehoben hatten.)

„Ach, wissen Sie, Rudy: Das geht immer so weiter. Natürlich macht es keinen Spaß mehr. Jeder stöhnt. Sehen Sie sich doch um bei uns! Je sinnloser das alles wird, um so leichter setzen wir unser Leben aufs Spiel. Wir haben nix mehr zu verlieren, Rudy!"

„Ihr könnt einem leid tun in Amerika. Aber alle werden doch nicht so verrückt sein. Vielleicht fällt euch noch was ein. Dann liefert uns wenigstens, wenn auch verspätet, die Lösung nach!"

„Ja ja, Rudy, bei uns gibt es schon eine ganze Menge Leute, die nicht mehr mitspielen. Die stecken sich Blumen ins Haar wie die Kinder. Die meinen das wirklich ernst; nicht, wie ich es neulich in Honolulu sah, wo den Touristen ein Paradies vorgetäuscht werden soll."

„Da brauchen Sie nicht bis Hawaii zu fliegen, Bob. Ich bekam heute in Mailand auch so eine Hibiskusblütenwerbung in die Hand gedrückt."

„Urlaub im Mafia-Miami?"

„Nein, in Westindien. Der Rumpunsch soll so gut dort sein."
„O ja, mein Lieber, das stimmt. Ich war zu Weihnachten auf
unseren Jungferninseln, alte Freunde zu besuchen. Was haben wir da
zusammengetrunken! Dieser Freund von mir, Jack, ist übrigens auch
so ein Fall. Er hat eine Schiffswerft in San Francisco besessen. Der
erste Herzinfarkt lag schon hinter ihm, oder gar der zweite. Da hat er
eines Tages so was gesagt wie: ‚Jetzt werd' ich ein Senior-Hippie; ihr
könnt mich alle mal!' Wissen Sie, was er getan hat? Einen Sell-out hat
er veranstaltet: Werft und Häuser und alles verkauft! Ja, die Häuser
auch! Seine Kinder war er schon vorher losgeworden. Die sagten ihm
eines Tages: mit uns nicht, packten ihre Rucksäcke und zogen nach
Süden. Sie sagten dazu: Get away from it all! Den ganzen Kram hinter
sich werfen! Wie einen fad schmeckenden Kaugummi. Was für einen
Sinn habe es noch?"

Nach einem Schluck aus dem Glas fuhr Bob fort: „Um Weihnachten sah ich also Jack und Nancy wieder. Sie ist eine großartige Frau.
Natürlich war sie vom ersten Augenblick an mit dem Sell-out einverstanden, denn ihr Mann war ihr wichtiger. Wie ich die beiden benei-
dete! Sie hatten bei einem Segelmacher ein Dach überm Kopf gefunden. Sie müssen wissen, mehr als ein Dach braucht man da drüben
nicht. Da streicht immer ein Luftzug drunter durch. Zwischen die
Fischerhütten hatte Jack einen Schuppen unter die Palmen gestellt
und gerade angefangen, kleine Holzboote für den Fischfang zu ent-
werfen und dann später zu bauen. Sein Leben lang habe er von so was
geträumt. Die sind vielleicht glücklich jetzt! Sie laufen den ganzen
Tag halbnackt rum und barfuß. Nancys ganzer Stolz ist ein Blumentopf, sie hat darin ein Gewürz gezogen, dem die Wärme offensichtlich
auch gefiel. Den Tomatensalat damit werde ich mein Leben lang
nicht vergessen. Die Langusten auch nicht. Sie hatten sie selber im
Meer gefangen. Das wär' was, Rudy, wenn man den ganzen Kram so
hinter sich werfen könnte! Meinen Sie nicht auch?"

Leider mußte ich in Verona umsteigen. Die Zeit war viel zu kurz
gewesen. Immerhin ließen sich mit den neuen Vokabeln, die ich von
Bob gelernt hatte, die schönsten Gedankenspiele treiben. Wie konnte
unsere Firma bloß eine Badewanne nach diesen Trauminseln benen-
nen wollen. Was für Banausen! Get away from it all! Das wollte ich
mir merken. Badewannenkapitän bleiben? Oder auch den Rucksack

packen uund ein Landstreicher werden? Ich hatte zu fragen vergessen, ob es auf diesen Jungferninseln auch Bananenplantagen gäbe. Was hatte ich nicht alles zu fragen vergessen! Vielleicht sollte ich einfach selber hinsegeln und mir das ansehen?

Auch so ein Leben im Garten Eden suchen! Es wäre dann egal, wie lange es dauern würde. Von mir aus ein ganzes Leben lang. Ich würde mir einfach selber so eine schwimmende Badewanne kaufen und dorthin segeln, wo es Zuckervögel gab, die nichts anderes im Schilde führten, als an allem Süßen zu naschen. Das war doch was für mich! Wo es Kokospalmen gab, gab es bestimmt auch Kokosbusserln. Keine aus der Konditorei, eigene Erzeugung und wahrscheinlich so gut wie umsonst. Basilikum für den Tomatensalat sollte ich auch nicht vergessen. Vorher hatte ich aber noch – wie hieß das doch? –, ja, einen Sell-out zu erledigen, mich abzumelden, und dann habt mich alle gern! So einfach ging das.

Eigentlich war ich nicht ohne Übung, was das Ausbrechen und Übersteigen von Mauern und Zäunen anging. Da hatte ich vor nichts Respekt und immer ein gesundes Gefühl für das Machbare, wenn es um das Bewahren oder Wiedererlangen meiner persönlichen Freiheit ging. Am höchsten war vielleicht der Zaun in Rimini gewesen, wo ich am Stacheldraht ein paar Fetzen meiner Hose zurückließ, auf die meine Besieger im letzten Augenblick doch noch ein PoW gepinselt hatten, was für Prisoner of War stand und längst vergessen ist. Die Eskapade hatte einen unerwarteten Nebenerfolg: Über das Rote Kreuz erhielten meine Eltern, wenn auch viel später, die erste Nachricht von mir in jener postlosen Zeit. Es hieß nur in wenigen Worten, ihr tüchtiger Sohn habe das Weite gesucht. Das war, hinterher besehen, allein schon die zerrissene Hose wert.

Brücken abreißen konnte ich auch. Ebenso neue bauen. Es wurde zwar niemals ein Golden Gate in San Francisco daraus, aber ein solider Holzsteg erfüllte auch seinen Zweck. Ein paarmal ging ich wohl aus Unvorsichtigkeit baden, fiel aber nicht ins kalte Wasser. Von Rettungsringen hielt ich nichts. Lieber gar nicht erst in Gefahr kommen zu ertrinken!

Wenn ich heute zurückblickend einen Vergleich für meine Rat-race-Jahre suche, dann fällt mir dabei immer eine Sandburg ein, die erste vielleicht, die auf den Kleinen Antillen jemals errichtet worden ist – wenigstens wörtlich genommen. Damals hatte es mit Blech und Emaille angefangen, hier war zuerst ein Hügel aus Sand und Wasser zu errichten. Mauern waren zu kneten, Eingestürztes auszubessern. Dann folgte Turm auf Turm und mit dem Wachsen des Geschäfts auch noch ein Seitenflügel. Zinnen zur Verteidigung gehörten auf die Mauerkrone, und ein Burggraben gegen die Feinde umzog das ganze Bauwerk. Ich erwog auch einen unterirdischen Fluchtweg. Zumindest aber mußte an die höchste Stelle ein Auslug aufs Meer, wo die Welt immer offenstand.

Ganz sicher war man ja nie, daß nicht plötzlich von irgendwoher ein Ball von Kindern hineingeschmettert wurde; ob ein Junge, größer als ich, die Burg mutwillig zerstampfen würde. Es konnte sich plötzlich auch einer von denen mit Schildmütze über niedriger Stirn vor mir aufpflanzen und mit schneidender Stimme maßregeln: „Das Bauen von Sandburgen ist verboten!“ Oder es kam gar einer, wenn alles schon stand und die eigenen Farben vom Turmhelm leuchteten, zog mit hochgehobenen Brauen aus seiner schwarzen Bügeltasche, in der es auffällig klimperte, den Schreibblock, vermaß das ganze Schloß mit dem Zollstock und stellte eine Rechnung aus: einkommadreißig Quadratmeter bebauter Strand, das macht dreizehn Muscheln an Grundstückmiete pro Tag und das Tausendfache an nachzuzahlender Steuer für nicht erklärtes Vermögen! So ging es ja schon den allerdings wirklich gutbetuchten Gatten der Mailänder Damen, die unvorsichtigerweise ihren Brillantschmuck zu freimütig bei der Galavorstellung in der Scala gezeigt hatten.

Das war also alles nicht in meinem Sinn. Den Eimer, der zum Burgenbau so praktisch gewesen war, ich füllte ihn randvoll mit Wasser und goß ihn kurzerhand in einem einzigen Sturzbach über mein Kunstwerk. Es blieb keine Spur davon zurück oder doch so wenig wie damals nach dem Erdrutsch in den aufgespeicherten Stausee.

Nicht alles hätte zerbröseln dürfen. Manches hätte erhalten bleiben sollen. Darum tat's mir später leid. Es war aber schon geschehen. Der Brief, den ich selber zur Post getragen hatte, war schon unterwegs. Es war bestimmt nicht der beste Brief meines Lebens. Aber ich hatte ganz gewiß vorher und nachher in keinem Postamt der Welt wieder dieses großartige Gefühl. „Schauen Sie sich baldmöglichst nach einen

Nachfolger für Ihren Export nach Italien um! Ich beabsichtige, in absehbarer Zeit meinen Wohnsitz nach Westindien zu verlegen und dort" – ich konnte es nicht lassen! – „anstatt mit immergrünen Jamaica-Wannen auf meiner Yacht zu leben."

Was noch folgte, war wie ein Traum. Da wurde wirklich der jahrelang abgelegte Briefverkehr aus seinen Ordnern genommen und für die Müllabfuhr gebündelt, was sich bündeln ließ an Karteikarten, Lieferscheinen, Rechnungen und Dokumenten. Der Buchführung adieu! Schnipselweise trieb sie dem Mittelmeer zu. Die Bankkonten waren ausgeräumt. Abmeldungen gingen nach allen Seiten. Unvorstellbar, wo überall ein Mensch seine Existenz zu anullieren hat! Wie tief einer da im Lauf von Jahrzehnten eingesponnen wird, kommt erst ans Licht, wenn das ganze widerliche Gespinst bei so einem Frühjahrsputz wie meinem auf einmal fortgewischt werden soll. Laokoon im Würgegriff zweier Schlangen. Ich kann es nachfühlen. Oder die bedauernswerte Seemöwe, den Hakenschnabel der schwarzen Fregatte drohend hinter sich. Alles rausrülpsen, „Mahlzeit" und „Zum Henker!" sagen. Auch woanders gibt es Futter.

Das Finanzamt bekam eine Aufstellung aller abhandengekommenen Wagen und Güter. Dann war da immer noch der Strafzettel für unerlaubtes Parken an jenem fatalen Nachmittag. Er war pünktlich aus Mailand eingetroffen, noch vor dem Abmeldeformular fürs Nummernschild. Unter einer Heftklammer steckten auch schon drei gerichtliche Mahnungen und Vorladungen wegen Zahlungsversäumnis. Der Teufel sollte sie alle holen! Oder, wie ich in den Jahren, die folgten, sehr bald sagen lernte: To hell with it!

Die ganze Welt stand mir jetzt offen. Dieser Lebensabschnitt war endgültig vorüber. Was nutzten einem Trauben, die von oben in den Mund hingen, wenn sie wegen der Spritzmittel, die sie bedeckten, ungenießbar geworden waren! Bananen gab es, wo ich hinwollte; das hatte ich längst ausgeforscht. Wie gut, und Dank meinen Studienräten, daß es jetzt nicht mit mir am Kongo über die Rutschbahn ging! Der Hoffnungskurs lag an. Folgen wir ihm! Das Vorbild heißt Kolumbus, auch wenn er nicht da ankam, wo er eigentlich hingewollt hatte. Die jahrelange Reise war auch ein Ziel und ein Zeitvertreib. Ich brauche Joseph Conrad kein zweites Mal zu zitieren. Nicht nur mit dem Meer geht es uns Menschen wie mit dem Traum. Hineinfallen kann einer auf viele Weise. Sich tragen zu lassen und an der Oberfläche zu bleiben versuchen, ist allemal ein guter Ratschlag.

WEIT, WEIT VORAUS LIEGT ANTIGUA, VIEL ZU WEIT!

Sprung auf, marsch marsch!

Dieser zu keinen Zeiten gerne gehörte Befehl hing also in der Luft. Keine höhere Instanz war da, die ihn hätte aussprechen können, nur der Springer selbst. Aber auch die Verantwortung lag allein auf seinen Schultern. Drei Menschenleben hingen davon ab. Aber noch ist unser Oberbefehlshaber in Gedanken ja dort unten bei seinen Badewannen und macht sich frei von Spinnengeweben und Fußangeln. Glücklich dürfen wir als sein Fußvolk es inzwischen schon verkünden: Die Insel versank hinter uns, und wir hatten den Kontinent erreicht!

Bis Studeland Bay hatte uns der getreue Zebedee begleitet. Wenigstens einer an Bord, der wußte, warum der Gaszug für den Motor plötzlich nicht mehr funktionierte. Aber für die gemeinsame Überquerung des Ärmelkanals reichte dann seine Zeit nicht mehr. Drei Tage lang wehte es stürmisch genau aus unserer Zielrichtung Cherbourg, und als der Wind auf West gedreht hatte, warnte BBC sogleich vor Windstärke acht bis neun. In der schönen Bucht waren wir sicher. Wie beruhigend war es doch, bei dickem Regen über abgeerntete Felder zu wandern und mit Blick aufs stürmische Meer sagen zu können: „Da draußen sollten wir jetzt eigentlich sein." Der versammelten Mannschaft wurde dann erklärt, wie fast auf den Tag genau vor fünf Jahren, also auch Ende September, unser Kapitän auf der GERMANIA IV, die von da ab NORDSEE heißen sollte, dort draußen vor dem ersten Sturmtief jenes Jahres nach Helgoland abgelaufen war. Wir wollten jetzt aber in die entgegengesetzte Richtung. Was hätten wir alle für die Gewißheit gegeben, daß jenes schöne, meergrüne

Schiff aus Glücksburg zwanzig Jahre später friedlich neben EILAND-
HOPPER im selben westindischen Hafen liegen sollte!

Little-Rudy, der schon ungeduldig geworden war, meinte: „Vielleicht gibt es irgendwo eine Brücke, und wir wissen es bloß nicht!"
Wir mußten ihn daran erinnern, daß die Räder ja in Totton zurückgeblieben waren, weil uns das Fahrgestell nicht gehörte.

Erst am letzten Septembertag hatten wir endlich eine schöne und
schnelle Überfahrt. Der Wind kam schräg von vorne rechts, und auf
Johann II. war Verlaß. Seit die Klappen an den Bugenden zugekittet
und zugeschraubt worden waren, gab es auch nicht noch einmal so
eine Überschwemmung wie beim ersten Gehversuch. Die Schönwet-
tersegel, die da verstaut lagen, würden wir nicht so schnell brauchen.

Wir segelten sogar bis zu den Schwimmstegen im innersten Hafen
von Cherbourg; aber nur, weil kein Fred Zebedee mehr da war, der
uns bei der Außenmole gesagt hätte, nun müßten wir zuerst einmal
den Benzinhahn aufdrehen.

Da wir Leser uns jetzt keinen Bären aufbinden lassen wollen, wie das
denn damals wirklich zugegangen ist, waren wir so frei, uns ein
bißchen in den Bordunterlagen umzusehen. „Was für ein Sammler!"
konnten wir danach nur sagen. Ein Sammler von Erinnerungen!

Da lag also zuerst einmal ein Stoß billiges Altpapier von der saug-
starken Sorte, wie es wohl früher üblich gewesen war, als Vervielfälti-
gen noch mit Matrizen und Druckerfarbe vor sich ging. Dreißig von
tausend Logbuchblättern, die damals in Italien gedruckt worden
waren, steckten in einer Plastikhülle. Vorne stand mit Tusche „EI-
LANDHOPPER 1968/69" darauf. Wo wollte er bloß mit den übrigen 970
Seiten hin? Wahrscheinlich Segeltage sammeln. Die Druckmaschine
war übrigens später auch an Bord. Für den Fall, daß die Blätter nicht
reichen sollten? Ein Autohändler in St. John's kaufte sie ihm bei
einem anderen Sell-out ab und kriegte bestimmt genauso schwarze
Finger wie sein früherer Besitzer, nur beim Nachfolger fiel es nicht so
auf.

Neben diesem Atlantik-Logbuch sahen wir endlich zum ersten
Male die aufgeklappte grüne Kiste und hätten zur Ergänzung der
nüchternen Angaben nur nach dem richtigen Tagebuch zu greifen
brauchen. Nicht genug damit, stand da auch noch ein Tonbandgerät

75

mit gesprochenen Berichten. Das nahm kein Ende. Beim ungebetenen Herumschnuppern geriet uns ein dickes Album unter die Nase. Das enthielt bloß die Etiketten von westindischen Rumflaschen, wie wir schon früher vom Besitzer gehört hatten, eine vollständige Sammlung. Zweifellos war er auch beim Leeren des Inhalts maßgeblich beteiligt.

Natürlich lagen auch die Logbuchkladden von über zwanzig Segeljahren auf dem Tisch. Aber die interessierten uns noch nicht. Immerhin! Kein Segeltag ging verloren und nicht einmal EILANDHOPPERS einmaliger Duft, wie er zu Büchern auf Segelbooten gehört.

Wir müssen auch die orangefarbenen Streifen aus dem Barographen erwähnen. Die hinterlassenen Wellenlinien lesen sich wie ein Stimmungsbarometer an Bord. Zum Speicher für Angstzustände gehörte auch der Stoß Seewetterkarten, Tag für Tag sortiert und später nach Antigua nachgeschickt. Sie ließen aufschlußreiche Vergleiche mit den eigenen Beobachtungen zu. Der Deutsche Wetterdienst verschönt mit seinem Druck das Meer in Erbsengrün, wobei es keine Rolle spielt, ob bei den Eisbergen Grönlands oder bei St. John's in der wirklich grünen Karibischen See. Farbvergleiche von Orange auf hellem Grün bieten sich natürlich an. Aber diesen Tag in Mailand haben wir hoffentlich ein für alle Male abgehakt.

Als die Schiffsführung endlich wieder komplett war, wurde es ernst, und wir lassen von jetzt ab die Berufenen reden.

Zuerst die Schiffsvermessung für die Heimatbehörde! Dann ein Besuch im Zollamt von Cherbourg, wo seit sechs Monaten zwei badewannengroße Kisten aus Mailand lagerten. Wir entnahmen bündelweise Spaghetti und Tomatendosen dutzendweise. Die praktischen Fertiggerichte waren in Alubeutel verpackt und mußten nur noch in kochendem Wasser erwärmt werden. Auch der erste Zehn-Kilo-Behälter mit Polenta kam an Bord. Das war die Sorte, die gleich gar ist, wenn man sie in kochendes Wasser rührt. Die Qualität war so gut, daß ich zehn Jahre später noch meine Freunde an Bord damit füttern konnte. Dann wurden die Kisten wieder zugenagelt und nach Antigua verschifft. Andere waren bereits von London aus unterwegs. Die Lagerspesen brachten uns nahezu an den Bettelstab. Diese englische Schlamperei hatte uns was gekostet! Und noch war nicht sicher, ob uns das Leben blieb.

Auf dem Wunschzettel nach der letzten Reise hatte ein Leichtmotorrad gestanden. Es war schneller gekauft, als an Bord verstaut. Unter dem großen Beiboot, das umgekehrt hinter dem Mast an Deck die Reise mitmachen würde, fanden der kleine Franzose Platz, die dicken Fender und sogar der Außenbordmotor. Was ich nicht wissen konnte: In Antigua brauchen sogar Fahrräder ein Nummernschild. Ich sollte dann durch eine Art TÜV damit gehen, und das würde sich auf jeder englischen Insel wiederholen, bis ich alle Nummernschilder gesammelt hätte. Jeder Polizist auf der Straße hielte den verdächtigen Blonden auf seinem komischen Motorrad an, sei es aus Neugier oder Langeweile, fragte nach sämtlichen Ausweisen, die ihm einfielen, und nach allen nur denkbaren Papieren. Das fing schon bei der Ankunft drüben mit Formularfragen an, wie viele Särge an Bord wären, wie viele Geschütze und ob unterwegs jemand gestorben sei. Sogar nach der letzten Entrattung fragten sie dann noch. Das kommt dabei heraus, wenn Drittweltler in einem Schnellkurs mit euopäischer Verwaltung vertraut gemacht werden und Druckmaschinen und Papier zur Entwicklungshilfe gehören; und es geht wenigstens solange, bis die Maschine „krank" wird, wie es dann heißt. Hätten wir gleich zu den französischen Inseln weitersegeln sollen, wo unser Motorrad her war?

Natürlich war auch die ersehnte Nähmaschine diesmal an Bord. Mit Handkurbel! Wie gut, daß unterwegs nichts genäht werden mußte, wie bald nach der Ankunft in English Harbour. Denn aus 5000 m Tiefe hätte ich sie nicht wieder heraufgeholt. Später im Hafenschlamm danach zu suchen, war aber auch kein Spaß. Ja, hätte ich denn in Glücksburg auf der Segelschule auch noch Nähen lernen sollen? Warum mußte sie auch gleich so störrisch sein! Einer von uns beiden hatte damals jedenfalls seinen ersten Tropenkoller.

Natürlich machten wir uns Sorgen, als die zweite Hafenwoche anbrach. Wir luden die Besitzer einer amerikanischen Motoryacht zu Spaghetti ein. Ob auch wir hier den Winter verbringen wollten, fragten sie. Inzwischen lag eine andere Yacht im Hafen, die vor ein paar Tagen ihren Mast draußen verloren hatte. Nicht richtig verloren, sie zogen ihn neben der Bordwand durchs Wasser.

Sturmerfahren waren wir nicht. Wir trösteten uns damit, daß alle drei schon schwimmen konnten. Bis auf mich schon seit einem Jahr! Little-Rudy wollte alles in Kauf nehmen, wenn nur bald die Sonne schien. Seine Mutter war furchtlos und besaß den Mut der Jungfrau von Spinges, die in Tirol mehr wert ist als jene von Orleans. Die Tirolerin hatte den Franzosen, die aber leider Bayern waren und damals nicht zum „Törggelen" im Lande, mit der Mistgabel auf der Kirchhofsmauer das Fürchten beigebracht. Was habe es für einen Sinn, mußte ich mir sagen lassen, auf sturmfreie Tage zu warten? Draußen erwischt uns doch einer, und dann ist bestimmt kein Steg zum Festmachen hinter einer sicheren Mole da. Genau wie Andreas Hofer gesprochen hätte: „Mander, auf geaht's! 's isch Zeit!"

Am 14. Oktober war es endlich soweit. Westlich der Biskaya lag ein verheißungsvolles Hochdruckgebiet. Aber bis nach England hinauf dehnte es sich leider nicht mehr aus, denn dann hätte es uns den ersehnten Nordostwind gebracht, wie auf der HOBBY-Reise. Immerhin reichte es zu einem freundlichen Westwind, und als wir es bis Alderney geschafft hatten, waren wir bereits erfahren genug, mit Fock und Großsegel gegen den Wind zu kreuzen.

„Eine Unverschämtheit, so weit draußen unbewachte Klippen liegen zu lassen!" regten wir uns auf. Es waren die Roches Douvres gewesen. Wer die Strecke kennt, weiß auch, nach wie vielen Anhaltspunkten man da sucht, um mit der Seekarte ins Reine zu kommen. Dann schließt der Nebel vielleicht wieder das Fenster zu, und der Gezeitenstrom trägt einen bis zum nächsten Lichtblick, wohin er will.

Als nächstes sollte Ushant (Ouessant) im Südwesten voraus auftauchen, die berühmte „Ecke", wo es nach links in den Atlantik geht. Rechts daran vorbei oder links? BBC sprach abends das letzte Wort: Das schöne Hoch sei nach Mitteleuropa weitergezogen und aus dem westlichen Sole-Gebiet* käme bis Mitternacht ein Sturm hinterher. Also raus aus der Enge zwischen Insel und Festland, um notfalls Raum zum Treiben zu haben! Wir sahen uns schon wieder mit den Amis Spaghetti essen.

Ushant war inzwischen zum Greifen nahe. Da hörten wir hinter uns einen Fischkutter näherkommen. Ob die vielleicht hier einen Ankerplatz mit Dach zum Unterstellen kannten? Aber sie hielten bloß in dem Lärm mit auffordernder Geste etwas hoch, das aussah wie

---

* Wettervorhersagegebiet vor dem Westausgang des Ärmelkanals

riesige Langusten oder Hummer. Sie hätten uns ein Scherentier ins Cockpit geschleudert, wenn wir genickt hätten.

Bloß abwinken! Linkerhand die Felsenküste, voraus ein Gebiet mit Starkwind! Ließe sich vorstellen, daß wir unter diesen Umständen unseren nagelneuen Langustenkochtopf einweihten? Wie brachte man überhaupt so ein Biest um? Ich versuchte also, ein angewidertes Gesicht zu machen, als hielte ich Hummer für ein Brechmittel; und das war natürlich auch schon der Gedanke daran.

Die Insel versank bald darauf hinter uns in der Nacht. Die Barographenkurve zitterte schon seit dem Mittag. Da hatte uns BBC noch gar nicht in Schrecken versetzt. Es lag bloß an der Atlantikdünung, die hier auf flaches Wasser stieß. Der hohe Seegang hatte mich schon auf HOBBY zur Verzweiflung gebracht. Da hielt ich diese Gegend hier für eine Stierkampfarena. Stierkampf mit der plötzlich um Mitternacht zu bergenden Genua. Diesmal war die Tintenspur des Barographen um Mitternacht schon millimeterbreit: trotz Stoßdämpfung!

Sinnlos, uns vorzuwerfen, das hätten wir uns alles mit einem starken Motor ersparen können. Wir hatten beim Kreuzen im Ärmelkanal viel Zeit verloren. Drei Tage. Aber auf dem Katamaran, wie ich ihn mir nun mal vorgestellt hatte, war kein Platz für einen großen Motor. Ich wollte ein Segelboot! Uns drängte kein Termin mehr. Ein einseitig untergebrachter starker Diesel hätte uns nur schiefe Schultern verursacht. Mit einem großen Außenborder hätten wir aber auf unsere Windsteueranlage verzichten müssen.

Zwölf Stunden blieben wir in der Nacht ohne Wetterbericht und ohne Ahnung, was alles noch Dickes hinterherkäme. Es wurde dann am 18. Oktober gar nicht so schlimm, wie wir befürchtet hatten. Das Tief wollte zu zwei anderen weiter im Norden, als zögen schlechte Beispiele an. Regen und Warmfront erlebten wir um Mitternacht. Bloß sechs Windstärken standen laut Wetterkarte aus der Biskaya auf uns zu. Aber der wildgewordene Seegang über dem Festlandschelf war natürlich nicht abgebildet.

Wir hätten nach Westen ablaufen können; aber von dort sollte ja Schlechtwetter kommen. Deshalb lieber in Richtung Lorient mit gerefftem Großsegel und Sturmfock weiterkämpfen. Sie erlebte dabei ihre Feuertaufe; ein wirklich kleines Stück Tuch von 3,5 qm.

Auch ohne Johann II. besaß ich eine zuverlässige Steuerfrau mit noch unverdorbenem Seemannsgemüt. Platzangst und Schrecken vor rasch sich nähernden Dampfern kannte sie bisher noch nicht, denn im Ärmelkanal hatten wir lieber abseits der Schiffahrtsstraße zwischen den bretonischen Klippen und Inselchen gekreuzt. Ich durfte mich also unten in der Achterkoje ausruhen. Bis ich mit den Worten geweckt wurde. „Willst du mal ein ganz großes Schiff aus nächster Nähe sehen?" Es war unser erstes! Ich hatte erzählt, Schiffe führen hier wie die Straßenbahn immer geradeaus. Dieses Schiff kam genau von hinten; es konnte also nur auf dem Nachbargleis fahren!

Durchs Kojenfenster sah ich über mir eine weiße Wand, und mir fiel sofort wieder der Blick durchs Hotelfenster in London ein. Aber das hier war kein Alptraum. Ganz langsam überholte uns tatsächlich ein großes Schiff. Hätten sie um diese Zeit die Aschenbecher über Bord geleert, wären uns die Kippen auf den Kopf gefallen. So sah es aus. Wir müssen für die auf der Brückennock über uns ein beeindruckendes Bild geboten haben, denn wir saßen da wie auf dem Präsentierteller. Ein Glück, daß die uns auf ihrem Radar wohl schon eine Weile im Visier gehabt hatten.

Auch ein Leuchtturm kam kurz darauf in Sicht, er wies die Richtung nach Brest. Nichts wie dort hinein und den ersten Schrecken verarbeiten!

Little-Rudy hatte auf dieser Reise die vordere Backbordkoje für sich allein, weil es für uns Große einfacher war, bei Wachwechsel den Cockpitdeckel zu heben und sich in die darunter befindliche Koje fallen zu lassen. Der Junge blieb brav im Bett, wenn wir ihm sagten, es „regne" draußen, und er konnte ja auch deutlich durchs Fenster sehen, wie die Gischt vorbeisprühte. Es sollte später Leute geben, die beim Segeln da vorne wirklich schlafen konnten. Ich versuchte es nur einmal fünf Minuten lang in der ermüdenden Nacht, als wir über Saba segelten. Die Fahrstuhlbewegungen waren so rasch und abrupt, daß ich Angst kriegte, meine Innereien könnten im nächsten Augenblick oben an den Kleiderhaken hängen wie der Kälbermagen beim Metzger. Nicht so Little-Rudy! Der lag tagelang da vorne auf dem Rücken, hatte die Füße gegen die Kojendecke über sich gestemmt und blätterte in dem reizenden Kinderbilderbuch „Kasperls Reise übers Meer". Bei Hellwerden ging dann meistens bald vorne, wie auch nach dieser letzten Nacht, das Schiebefenster auf, ein blonder Kopf kam zum Vorschein und rief nach hinten: „Wo bleibt denn mein Breakfast, Mutti?"

Der Golf nach Brest war lang. Bei völliger Windstille motorten wir zuletzt noch einen halben Tag – und davon viele Stunden bei gegenlaufendem Strom –, fast auf der Stelle. Erst um Mitternacht endlich ein Ankerplatz! Das Leuchtfeuer von Camaret sur Mer blinkte uns von oben beruhigend in die Koje.

An Land lief uns das Wasser im Mund zusammen, wenn wir vor den Auslagen der Fischrestaurants stehen blieben. Da lag wahrscheinlich auch, schön dekoriert, unser Hummer aus Ushant. Aber wir besaßen kein Geld mehr für solche Extravaganzen, nachdem wir die restlichen Francs bei der Tankstelle gelassen hatten.

Ganze vier Tage sollten wir dort liegenbleiben. Wir hätten draußen nichts als Starkwind aus Südwest angetroffen, also von vorn auf die Nase. Das ehemalige Sole-Tief hatte sich mit den beiden anderen vereinigt, bis es wohl bei 955 mb nicht mehr tiefer ging. Westlich von Irland kam bereits das nächste Tief anmarschiert. Wann seine Fronten da sein würden, konnte man an den Fingern abzählen. Das sagte auch der Wettermann in Brest, den ich angerufen hatte. Zur gleichen Zeit lag übrigens der Hurrikan „Gladys" bereits östlich von New York. Es wäre nicht der erste gewesen, der als „Ehemaliger" bis zur Deutschen Bucht marschierte und Hamburg unter Wasser setzte.

Gute Zeiten für schlechtes Wetter

Mit dem Touristenrummel vom Wochenende verschwanden auch die verlockend herausgeputzten Krebsgerichte wieder aus den Schaufenstern. Vor unserer Haustür lag am Montag früh ein kleines Tief, das aber zur Irischen See weiterwollte. Wir ließen ihm den Vortritt. Das fiel uns leicht, denn wir hatten sowieso eine Nacht lang zu tun, bis uns mitlaufender Strom an allen beleuchteten Seezeichen vorbei wieder hinaus brachte. Das war die erste Nacht ohne Schlaf. Die folgenden zählten wir gar nicht mehr.

Draußen empfing uns Südostwind, und wir segelten gleich mit Siebenmeilenstiefeln in die Richtung los, wo Antigua liegen sollte.

81

Aber der Spaß war nur kurz. Einen Tag später stürzte die Angstkurve steil um 24 mb ab. Der Spurdicke nach zu urteilen, waren wir beim Wellenhüpfen. Das lag an Warmfront- und Kaltfrontdurchgängen. Ich sollte sie aber nicht auf einmal nennen, denn sie gehörten zu zwei ganz verschiedenen Wettersystemen. Die Wetterkarte war später sehenswert: lauter harmonisch schwingende Linien, wie mit dem Kurvenlineal gezogen, oder wie gewundene Seerosenstengel. Nur die Lotosblüten fehlten an diesen Jugendstilornamenten. Oder sollten die aufblühenden Tiefdruckkerne Knospen sein?

Das nächste Tief zog mit seinem Kern ziemlich genau über uns hinweg. EILANDHOPPER raste in die entgegenkommenden Wellen, als ginge es darum, mit zwei Äxten Holz zu spalten. Der Wind hatte mit 7–8 Bft. auf Nordwest gedreht. Wir hatten nicht viel mitzureden, wohin die Reise führte. Hoch am Wind übergoß uns jede Welle, und fielen wir ab, dann rasten wir bloß diese tiefen Täler entlang und kriegten es von der Seite zu spüren.

Eine ganze Nacht lang goß es in Strömen. Weniger hätte auch genügt, wir besaßen sowieso schon keinen trockenen Faden mehr am Leib. Wer Hunger hatte, bediente sich in der Backskiste: Milchreis mit Preiselbeeren; Knäckebrot mit Ölsardinen.

Das Wolkenbild war von unbeschreiblicher Wildheit. Wie schade, dachte ich später, daß wir uns nicht getraut hatten, eine von unseren fünf Kameras dem Unwetter auszusetzen. Riesige Wolkenberge, die starker Wind dort oben zu flachen Polstern preßte, bis sie wie umgestürzte Strohschober kläglich als Spreu verblasen wurden. Ein anderes Mal sah es aus wie ein Eisbruch auf steilem Gletscher, wo Eistürme jeden Augenblick umzufallen drohten. Ich suchte dazwischen einen gangbaren Weg über Schneebrücken, als läge der Montblanc ein zweites Mal vor mir.

Einmal erschreckte uns ein kreisrundes Loch im Wolkenhimmel, vermutlich von mehreren Kilometern Durchmesser. „Das Auge des Sturms blickt auf uns!" riefen wir pathetisch. Ein brodelnder Wolkenstrudel schob sich an seinen Augenlidern entlang. Aus einem späteren Blickwinkel war es dann so, als sähen wir aus der drohenden Finsternis, die uns umgab, durch einen tiefen Schachtbrunnen in den hellen Tag hinauf: der Hoffnungsschimmer! Aber wer sammelt an solchen Tagen schon Erinnerungen fürs Fotoalbum, wenn einen nur die Sorge bewegt, wie man den nächsten Tag überlebt? Und das alles mit todmüden Augen!

Das Auszählen der Konsolfunkfeuer von Lugo und Ploneis ergab den Standort: 45° N, 11,30° W. Damit lag die portugiesische Küste längengradmäßig schon im Osten. Leider sie selber noch nicht.

Nach einer sternenklaren Nacht meldete BBC am Morgen, das Tief 985 zöge Richtung Finisterre. Wie ich diesen Namen schon seit der HOBBY-Reise haßte! Finisterre – das Ende der Welt: Weltuntergang! Wahrscheinlich ging es auch den römischen Seefahrern schon so in diesem Seegebiet, und sie bereuten es ebenso, jemals nach Britannia aufgebrochen zu sein. Mit der Winddrehung auf West schlossen wir dieses Kapitel bloß lakonisch mit den Worten ab: „Wieder eine Kaltfront weniger!"

Am 27. Oktober kam endlich System in unser Lenzen vor dem Sturm. Als Seeanker hatte ich schon auf HOBBY zwei Autoreifen dabeigehabt. Die Festmacherklampen am Heck jedes Rumpfes boten sich dafür förmlich an. Die Reifen nahmen natürlich eine Menge Platz weg, wenn sie nicht gebraucht wurden, und sie wogen auch was. Aber wir meinten, im Notfall seien sie unsere Lebensversicherung.

Leider läßt sich der Wind nicht abstellen wie ein Wasserhahn; aber Segel bergen hat eine ähnliche Wirkung. Auch die Wellen ließen sich vielleicht zähmen, das heißt: vorzeitig zum Brechen bringen oder vom Überschlagen abhalten, wenn wir sie am Wachsen hinderten. Der Vorschlag mit dem Öl zum Glätten der See ist so ein Rezept. Aber das schöne Boot hätte dann bei achterlichen Winden bald wie eine glitschige Ölsardinendose ausgesehen. Daß man Olivenöl nehmen soll, stand nirgends geschrieben. Ich hatte damals gehofft, ich würde es auf der Reise nicht brauchen und hätte dann so lange Salatöl an Bord, wie die tausend Logbuchblätter reichen. Leider gab es später kaum noch Salat, der des Olivenöls würdig gewesen wäre.

Die Idee vom nachgeschleppten Fallschirm ist verführerisch. Aber der sollte so gerigt sein, wie in uralten Seehandbüchern beschrieben, und wer hat dafür Platz an Bord einer Yacht? Schließlich täte es auch eine armdicke Kokostrosse, in einer großen Bucht nachgeschleppt. Aber Kokos wird doch heute kein Yachtzubehörhändler mehr los! Vielleicht gibt es deshalb schon Seeanker aus Fallschirmseide. Das Material ist, wenn es zum Fliegen ausgedient hat, billig zu haben, leuchtet meistens auch noch verlockend bunt und nimmt wenig Platz weg. Wer die großen Dinger verwendete, hinge im Wasser, wie an einem Brückenpfeiler festgemacht, hieß es. Und die See bricht über das Boot hinweg? Da böte sich doch eigentlich eine Umsatzerhöhung an: für jede Windstärke eine eigene Fallschirmgröße!

Zwei alte Autoreifen findet man hinter jeder Tankstelle. Kein Wunder, daß die Idee von Pionier James Wharram stammt. Die Dinger sinken wie ein Stein, wenn man sie nicht mehr braucht; und wenn nach Jahren die Lust von neuem erwacht, sich ein Stürmchen um die Ohren pfeifen zu lassen, finden sich leicht zwei neue. Meine beiden letzten waren sogenannte Hot Tyres, also mit sehr breiter Lauffläche für schnelle Autos. Je größer die innere Wölbung, um so größer ist natürlich auch die Bremswirkung.

Ich schnitt zwei Löcher durch den Wulst, steckte ein kurzes Stück Leine hindurch, das ich zu einem Ring verspleißte, sobald ich noch einen Wirbelschäkel, wie für Ankerketten üblich, aufgesteckt hatte. Der Abstand zum Boot läßt sich mit der Festmacherleine an der Klampe regulieren: am besten Abstand von Wellenkamm zu Wellenkamm, damit die Fortbewegung harmonisch bleibt. Denn natürlich segelt das Boot dabei, selbst ohne Sturmfock, wenn es richtig bläst! Unser Sumlog zählte zeitweise fünf bis sieben Knoten. Das erklärt auch, warum die Reifen achteraus hängen müssen. Es geht nicht, den Bug in den Wind zu legen. Die schräg am Spiegel hängenden Ruder würden beim Treiben über Heck sofort abbrechen, und moderne Kielyachten werden da genauso empfindlich sein.

Mit der Zeit gewöhnten wir uns an dieses Verfahren und verloren die Angst. Nur der Barograph zitterte weiter. Die Sturmfock habe ich nie ausgebaumt. Bei soviel Wind stand sie ohnehin platt. Beim Laufen vor dem Sturm galt es nur, sich von Sekundärwellen nicht aus der Richtung werfen zu lassen. Sonst hätte es passieren können, daß die Sturmfock vorübergehend back schlug und die Anzahl der Stagreiter womöglich schneller abnahm als das schlechte Wetter. Damit das Vorsegel annähernd platt vor dem Wind steht, muß man in so einem Fall ständig mit den Augen nach hinten steuern. Die Gabe dieser ungewohnten Koordination von Bewegungen beim Aussteuern seitlich heranstürmender Außenseiterwellen ist wohl keiner Tirolerin mit in die Wiege gegeben worden. Da lag dann also das Steuer immer allein in meiner Hand; aber zum Glück tanzen in so einer rauschenden Ballnacht die großen Seen nicht allzuoft Tango.

Der erste Versuch mit den Seeankern dauerte nicht lange. Wir wären sonst langsam aber sicher in der hintersten Bucht der Biskaya angekommen, und dort hätten wir dann wirklich Winterschlaf halten können. Die Dinger mußten also wieder raus. Nur wer sich an den täglichen Umgang mit Seeankern gewöhnen will, sollte die nächsten Zeilen nicht überspringen. Da kommt was auf einen zu! Eine Hundearbeit! Wir nahmen die Schotwinde zu Hilfe, und trotzdem kam es uns vor, als müßten wir das ganze Bootsgewicht nach Luv gegen Wind und Seegang bergauf kurbeln. Da wünscht man sich freilich einen Seeanker aus Stoff, der sich zum Einholen umkehren läßt.

In Zukunft waren wir aber bei jeder Gelegenheit, nachdem der Seeanker fällig gewesen war, so erschöpft, daß wir klugerweise zuerst einmal schlafen gingen und die Autoreifen erst bargen, wenn wieder Ruhe eingekehrt war. Sie hingen dann vielleicht vierzig Meter unter dem Boot. Beide Leinen hatten sich inzwischen längst vertörnt und teilweise aufgedreht, weil der Wirbelschäkel nicht mehr wirken konnte. Da hing also auch noch ein Anker am anderen, und die ließen sich von unten praktisch nur Hand über Hand heraufholen. Die Winde half lediglich, die gewonnene Länge nicht wieder ausrauschen zu lassen. Das eigene Herz schaute dann vermutlich bloß noch mit hochgezogenen Brauen zu.

Wollten wir also nicht vor Seeanker nach Bilbao treiben, mußten wir versuchen, mit Sturmfock und gerefftem Großsegel Höhe zu halten. Wir rasten nur noch Wellentäler entlang. Kleine Brecher krachten gegen die nur einen Zentimeter dicken Bordwände aus Sperrholz, bis wir dachten, das Boot müsse eigentlich jeden Augenblick auseinanderbrechen. So ging es 24 Stunden nach Osten und dann genauso lange nach Westen.

Am 28. Oktober lag Kap Finisterre endlich 100 sm östlich von uns. Von Tag zu Tag wechselnd, war der Meeresboden mal 500 m, mal 5000 m tief. So unterschiedlich kamen uns auch die darüberliegenden Wellengebirge vor. Nur die Thunfische schienen diese Bänke zu lieben.

Die Navigationslichter hatten bisher jede Nacht gebrannt, auch wenn kein Schiff in Sicht war und uns bei diesem Wetter sowieso keiner gesehen hätte. Wir sollten die Rechnung bald präsentiert kriegen. Da tauchten in der Nacht zum 28. lauter Lichter voraus auf. Sie schienen auf der Stelle zu stehen und zeigten unverständliche Kennungen. Als wir dem ersten ausweichen wollten, startete der Motor nicht mehr. Wir drehten sofort in einem Wellental, ich weiß nicht mehr wie, und segelten in die entgegengesetzte Richtung.

Der Motor war aber notwendig, um die Batterien aufzuladen. Wir würden ihn also mit dem tragbaren Honda-Generator starten müssen. Der war nebenan in der Backskiste. Ich stellte ihn ins Cockpit. Eine Minute hätte genügt, daß der Motor ansprang, aber vorher brach eine Welle von Backbord übers Boot. Das Cockpit hatte bekanntlich die Größe einer Superbadewanne. Mit anderen Worten: Da stand im Nu eine Tonne Wasser drin, und von vorne strömte es noch nach. Unter dem Wasser aber stand der Generator. Aus der Traum! Vor Schreck wurde die Klappe der Backbordkoje von innen geöffnet: „Was ist passiert?" Da schwappte das Wasser auch noch ins darunterliegende Bett. Ein Glück, daß ich zusätzlich zu den Abflußlöchern fürs Regenwasser einen Bronzedeckel im Boden eingebaut hatte, der sich bei solchem Wetter herausdrehen ließ und für raschen Abfluß sorgte.

Von Motoren war also keine Rede mehr und von Navigationslichtern bald auch nicht. Die Handvoll Schiffe schien näher zu kommen. Eines lag schon wieder in unserer „Schußlinie". Also zwei weiße Leuchtkugeln, die Lage zu peilen! Little-Rudy rief nach der zweiten: „Nochmal!" Es waren Fischkutter. Der in unserer Schußlinie gelegen hatte, stellte seine Navigationslichter an und machte sich aus dem Staube.

Als es tagte, waren wir immer noch von ihnen umgeben. Oder es waren andere? Wir trauten unseren Augen nicht. Die großen Schiffe schrumpften in diesem Seegang optisch zu Nußschalen zusammen und tanzten auch so auf dem Wasser. Mit endlos langen Auslegerangeln, die wie die Beine von Weberknechten aussahen, fischten sie nach Thunfisch. Wir sahen, wie zwei Seeleute, die hinterm Schanzkleid einen festen Halt besaßen, mit zwei Angeln einen einzigen Fisch gemeinsam zu meistern versuchten. Wir winkten, denn wir lagen ja relativ ruhig im Wasser. Aber diese Fischerboote machten nicht nur jede Wellenbewegung mit, sondern schaukelten auch noch wie müde Kreisel kurz vor dem Umfallen. Es war beeindruckend. Für diese Leute gehörte Schlechtwetter zum täglichen Brot. Sie würden fischen, solange die Planken hielten.

In der folgenden Nacht kehrte bei kaum spürbarem Wind Ruhe ein. Wir hatten so vieles vorher nicht mehr auspobieren können. Zum Beispiel: Wie startet man eigentlich so einen Motor per Hand? Es gab eine Anlasserschnur, und die Gebrauchsanweisung war eindeutig. Der Motor war unter der rechten Cockpitklappe leicht zugänglich. Leider aber behinderte das Totholz, auf dem er saß, das einfache Aufrollen der Schnur. Wie hätte Fred das wissen sollen! Saß die Schnur endlich fest, fiel womöglich der Knoten aus der Nut. Jedenfalls: alles Ziehen half nichts, kostete aber die letzte Kraft.

Ein vorbeifahrendes Schiff brachte Ablenkung. Wir hatten ein Ankerlicht aufs Kajüthaus gestellt. Sie hielten uns wohl für treibende Schiffbrüchige und strahlten uns mit einem großen Scheinwerfer an. Bloß nicht winken oder sonstwie Hilfsinstinkte wecken! Wir drehten ihnen also die gelben Rücken unserer Öljacken zu. Als dann die Heckwelle beim Weiterfahren auf unsere Bordwand traf, ging versehentlich unser Ankerlicht über Bord. Es war ein gutes gewesen, aus Kupferblech für Petroleum.

Von neuem über den Motor gebeugt, suchte ich jetzt im Dunkeln zwecks besserer Kraftentfaltung einen Halt mit der linken Hand am Schaltergehäuse, drückte beim Ziehen der Anlasserschnur gleichzeitig auf den Starterknopf, was das Hintereinanderschalten der beiden Batterien bewirkte und wahrscheinlich den letzten Tropfen herausquetschte. Jedenfalls: Das Wunder geschah! Wir jubelten wie die Wilden und motorten bei dieser aalglatten See sofort auf Antigua los. Das blieb aber auch der einzige Freudenschrei bis zum nächsten Landfall.

Am 30. ging der Tanz erst richtig los. Starke Böen aus Südwest. Wir lagen auf einer 1000 mb-Linie. Das dazugehörige Tief stand damals nördlich von uns, eine Kaltfront schon östlich. Diese gehörte aber zu einem anderen Tief, das sich gerade verflüchtigte. Es war wie eine Absprache: Wenn ich nicht mehr hinreiche, dann wische du ihnen eins aus! Überdies zog sich ein zusammenhängendes Regengebiet von der Biskaya über die Irische See bis nach Skandinavien hin.

Kein Gedanke an Schlaf. Wir segelten gerade wieder unter Großsegel und Fock, da kündigte BBC am 1. November für das Seegebiet von Süd-Finisterre Windstärken zwischen 6 und 8 Bft. an. Der Wolkenaufzug schien uns noch großartiger als vor ein paar Tagen bei den Thunfischern. Mit den Wolken kam der Wind. Vor Nachteinbruch waren alle Segel den Niedergang zur Küche hinuntergestopft. Wir warteten mit Sturmfock und vor Autoreifen auf das, was kommen sollte.

Weil gerade jetzt ein bißchen Frohsinn nicht schaden kann: Als wir das letzte Mal die Reifen aus dem tiefen Wasser heraufgezogen hatten, machte Little-Rudy, der an Deck gekommen war, große Augen: „Ihr habt gelogen! Wir haben die Autoreifen gar nicht in Totton zurückgelassen!"

Der 1. November war ein Freitag und ist in Tirol Allerheiligenfesttag. Wir begingen ihn auf 41° N und 11,20° W. Um ein Uhr früh lag ungefähr auf derselben Position ein Tief mit 995 mb. Der Barograph zitterte bei 996 mb herum. Unser Tief (was für unterbewußte Besitzansprüche!), also unser Tief lag eigentlich im Trog eines weit ausgedehnteren Tiefs mit Kern südlich von Irland. Da unser Tief zur Bretagne unterwegs war, badeten wir sozusagen das Rückseitenwetter beider gleichzeitig aus. Ein nordatlantisches Hoch mit Zentrum über Südgrönland sorgte zusätzlich dafür, daß der Wind auf seiner Wanderung in einem Zug und wie in einer langen S-Kurve von Spitzbergen über Island bis zu uns wehte. Streckenweise frischte er dabei unterwegs immer wieder bis zu 6, 7 und 8 Bft. auf. Ich erkläre mir so den hohen Seegang, der sich bald bei uns aufbaute. Zusätzlich hob sich an diesem Tag unter uns der Meeresboden um 3000 Meter.

Nordwestlich unserer Allerheiligenposition lag das Wetterschiff „K". Um ein Uhr früh wurde von dort Windstärke 7 aus NNW gemeldet. Am Morgen darauf schrieb ich selber 8 bis 9 ins Logbuch. Aber bis dahin war noch einiges geschehen.

Die Windrichtung war nicht ungünstig für uns, mit ihr wären wir am Ende in Lissabon rausgekommen. Wie schnell mochten wir abtreiben? Wo alles in Bewegung ist und der Wellenzug selbst eine optische Täuschung, läßt sich das nicht beurteilen. Nahmen wir auf der langen Vorderseite einer Welle Fahrt auf, erschreckte uns das jedesmal sehr. Der Wellenkamm schien hinter uns zurückzubleiben, als wolle er zu einem noch größeren Schlag ausholen. Fred hatte bei Hurst Point gesagt, als vorne Wasser überkam, wir hätten achtern vielleicht zuviel Auftrieb. Ob das stimmte oder nicht, es beruhigte zu sehen, wie jede Welle sich unter das Heck wühlte und es hochhob wie Treibgut.

Die Benzinkanister auf dem Achterdeck boten sich als zusätzliche Seeanker an. Alle fünf gingen über Bord. Dann noch ein Reserveanker aus der Backskiste hinterher! Leine hatten wir genug. Es war sehr beeindruckend zu sehen, wie sie sich immer wieder von Kamm zu Kamm übers Tal spannten, als würden sie gleich zerspringen. Wanderte der uns folgende Kamm näher, schnitten die Leinen in die Wellenberge ein. Dann stieg die abwandernde Welle vor dem Bug hoch, wir sanken zurückgelehnt ins Tal, bis uns die nächste von hinten wieder anhob. Kein Mensch dachte mehr an Hochgebirge und Gipfelsicht.

Wir nahmen alles nur noch im Halbschlaf wahr. Nach der aufregenden Woche in der Biskaya und im Seegebiet von Finisterre waren wir erledigt. Das Boot hielt es besser aus. Konnte es eigentlich noch dicker kommen? Die Berge der Wellen, die uns folgten, nahmen seit Einbruch der Dunkelheit bedrohliche Formen an und hoben sich jedesmal ruckartig hoch. Über diese Wasserberge kamen seitlich noch weitere Wellen herab; oder es wuchsen auch auf ihrer Stirnseite neue Wellen hervor wie aufbrechende Beulen. Sie machten sich selbständig, als stünde noch eine fremde Kraft dahinter, etwa wie bei aufkommender Kreuzsee.

Natürlich sahen wir die Wellen um uns herum mit anderen Augen als jemand, der auf der Brücke eines großen Schiffes steht. Wer hinten die Beine über Bord hängen wollte, erreichte mit den Füßen das Wasser. Unser Freibord war nur kniehoch! Wir sahen also jede Welle ganz genau aus der Nähe, waren davon beeindruckt und dachten uns was dabei.

Gegen das unruhige Wellenbild von hinten half jetzt nur noch, jede Sekundärwelle mit der Pinne auszusteuern. Nicht alle sah ich im Dunkeln. Mehr oder weniger laut rauschten sie unten durch. Ich mußte, den Kopf nach hinten gedreht, so steuern, bis der ganze Zauber vorüber wäre. Das ist ja der Trost bei jedem Schlechtwetter: Es kann nicht ewig so weitergehen.

Was ich später nie verstand: Wir hatten trotz aller Seeanker nach 36 Stunden 95 Seemeilen am Sumlog. Man sollte doch meinen, daß jenes laute Oberflächenwasser, das unter dem Boot durchschoß, den Impeller des Logs eher rückwärts gedreht oder wenigstens angehalten hätte. Wir werden doch nicht vor Seeanker gesurft sein?

Die Beschäftigung mit der Pinne lenkte natürlich auch ab. Sie gab mir das täuschende Gefühl, unser Geschick noch in der Hand zu haben, ja, einen Kurs zu steuern.

Little-Rudy ließ sich nicht sehen. Er hörte ja, wie es draußen „regnete". „Sollten wir ihm nicht in seiner Koje eine Schwimmweste anlegen?" – „Wofür soll das gut sein? Da kriegt so ein Kind einen Schock fürs ganze Leben, wenn es begreift, daß es womöglich bald da draußen schwimmt!" Jedes zweite seiner Worte war sowieso schon: Warum? Er wurde dann aber in die Achterkoje verlegt – sicherheitshalber –, damit er „im Notfall gleich greifbar" wäre. Dort aber sollte ihn später nur ein Zufall davor bewahren, wirklich verlorenzugehen.

Auch wir trugen keine Schwimmwesten. Angenommen, wir wären gekentert, dann hätte uns die dicke, sich automatisch aufblasende Schwimmweste unfähig gemacht, uns bei diesem Sturm im vorbeirauschenden Wasser irgendwo anzuklammern. Gar keine Rede davon, unters Cockpit zu tauchen und nach dem Kind in seiner Koje zu greifen! Noch schlimmer: unter dem kopfstehenden Cockpit herauszutauchen, falls einen die Sicherheitsleine dort festhielt. Es gibt Berichte über gekenterte Katamarane, wo die Überlebenden von oben her ein Loch in den Rumpf sägten, wieder an ihre Vorräte herankamen, unten sogar schliefen und darauf warteten, eines Tages gefunden zu werden. Eine gute Idee ist es auch, im Cockpitboden eine Kiste mit Seenotausrüstung einzubauen, die auch von unten her zugänglich ist, falls das Boot kentern sollte. Was für Vorteile sind das im Vergleich zu einem durchgekenterten Kielboot, das womöglich wegsinkt, weil der Mast, der das nicht überlebt, ein Loch ins Deck gerissen hat! Unsere Rettungsinsel war am Bug festgemacht, wo wir in jeder Lage an sie herankamen, obwohl es von der Gewichtsverteilung her töricht gewesen war, auf die Ankerlast auch noch diese Sechs-Mann-Kiste zu laden.

Wir konnten nur versuchen, an Bord zu bleiben. Aber verzweifelte Vorschläge tauchten auf: Rot schießen und auf einen Dampfer warten! Doch wir standen nicht auf einem Bahnsteig! Unser Sperrholzbootchen hätte beim ersten Versuch, irgendwo längsseits zu gehen, wie eine zertretene Streichholzschachtel ausgesehen. Wir waren nirgends so sicher wie auf dem eigenen Boot. „Vielleicht könnten wir nach La Coruña schwimmen?" – „Hundert Seemeilen?" Aber wir sollten bald auf andere Gedanken kommen. Da ging es schon auf ein Uhr früh zu, am Allerseelentag. Ich glaube, wir haben in dieser Nacht Himmel und Fegefeuer beschworen, uns zu helfen. Wir hätten gar nicht genug Nothelfer haben können.

Die Sitzklappen im Cockpit besaßen Riegel für Vorhängeschlösser. Aber sie blieben auch zu, wenn der Riegel bloß über die Öse gefallen war. Das war dann Little-Rudys Glück. Bis auf den Motorraum, auf dessen Klappe ich beim Steuern saß, waren auch die Klappen der Backskisten dicht gemacht, weil es schon passiert war, daß sie ein Windstoß aufgerissen hatte und die Klorolle davongeflogen war. Was unsere unmittelbare Sicherheit anging, verließen wir uns auf unser Brustgeschirr, das jeder mit einem Karabiner in die Haltevorrichtung für die Schotblöcke eingehängt hatte. Weit hätten wir damit nicht fliegen können.

Alle Aufmerksamkeit nach hinten gerichtet, wo die Schaumkämme die Nacht etwas erhellten, sah ich die anrückende Wand als erster. Es war wirklich eine Wand: zwei- oder dreimal so hoch wie die durchschnittlichen Wellen zu diesem Zeitpunkt. Aber ich scheue mich, Meterangaben zu machen. Vielleicht war es die tausendste oder die zehntausendste, die sich mit einer oder zwei anderen überschnitt.

Bevor wir uns versahen, wurden wir mit einem Ruck hinten hochgerissen, und der Mast zeigte auch schon nach vorne. Little-Rudy wurde von seinem Lager gegen die Unterseite der Sitzklappe geschleudert, wo er sich einen Bluterguß auf Stirn und Nase holte. Als es nicht mehr steiler ging, brach die Welle über uns hinweg.

Ich hätte vorher nie geglaubt, daß einer in diesem Augenblick jeden Halt verliert. Mir kam es so vor, als stiege ich wie ein Luftballon in dieser Wasserflut hoch. Meine Hände klammerten sich an der Pinne fest. Sie war aber nicht für eine solche vertikale Belastung gedacht und brach so gut wie ganz ab. Im nächsten Augenblick fand ich mich neben der Bordwand im Wasser wieder. Beim Wetterschiff „K" war es in jener Nacht immerhin schon 16 Grad warm. Mir kam es auch bei uns sehr warm vor.

Was denkt einer zuerst in so einem Augenblick? Ich sah zum Mast auf, der eben noch nach vorne gezeigt hatte. Er stand noch! Wir waren nicht über Kopf gegangen. Der zweite Gedanke galt Lloyd's in London. So blöde Dinge fallen einem da ein! Sie hätten sich auch so gefreut wie ich, uns noch aufrecht im Wasser schwimmen zu sehen.

Hinter der jetzt hochstehenden Motorraumklappe, die nicht zugeriegelt war, tauchte eine Ölzeughaube auf und rief nach mir. Der Wassersturz hatte die Klappe aufgerissen, als sie von meinem Gewicht befreit war. Als dann der Wasserschwall über uns hinwegging, war für die Tiroler Seeheldin die Sicherheitsleine gerade lang genug gewesen, um mit dem letzten Sturzbach unsanft in dem Loch zu verschwinden.

Ich weiß nicht, wieviel Gewicht ich auf die Waage gebracht hätte, als ich versuchte, an Bord zu klettern: Seestiefel, Ölzeug, alle Wollsachen durchtränkt mit Seewasser. Vielleicht sollten sich die maritimen Modeschöpfer mal einfallen lassen, wie sich einer in dieser Situation im Nu von all den Klamotten befreit!

Unsere Bordwand ist hinten nicht hoch (wir hörten es schon: kniehoch). Das Trittbrett achtern bekam endlich einen Sinn. Zu zweit ging es. Vielleicht half auch noch eine Welle nach. Mir blieb keine Zeit für irgendwelche Gedanken. Ich steuerte sofort wieder, diesmal an der anderen Pinne, zähneklappernd, aber nicht mehr so verschlafen.

Das Beiboot hatte den Wassersturz überlebt. Es lag ja angeschnallt wie eine Schildkröte an Deck. Aber die Gasflaschen achtern waren weg (wer wird auf einem Katamaran so was schon anbinden!) und natürlich fehlten auch die Sitzkissen.

Gegen drei Uhr früh duftete es aus der Küche nach Fleischbrühe. Was für eine Heldentat! Aber die Mühe war umsonst, wir brachen alles auf der Stelle wieder aus. Immerhin war dies das einzige Opfer auf der langen Reise. Als es tagte, schrieb ich ins Logbuch: Windstärke 9. Aber da war ich bestimmt nicht mehr zurechnungsfähig.

Die riesigen Täler zwischen zwei Wellenbergen beeindruckten uns ungeheuer. Sie kamen in guter Ordnung an, und er ließ sich in ihnen weit sehen, wie durch eine leere, breite Straße. Eine halbe Seemeile entfernt überholte uns ein spanisches Schiff, das uns sicherlich nicht gesehen hat. Es schien vorübergehend zwischen zwei Wellenbergen in der Luft zu hängen und wartete vielleicht darauf, im nächsten Augenblick in zwei Schiffshälften zu zerbrechen. Statt seiner fanden uns Delphine und tanzten ums Boot. Sie waren in ihrem Element.

Der Himmel war grau in grau. Keine Gedankenverbindung zu blauen Bergen auf Jamaika oder zum Südtiroler Herbst stellte sich ein. Wenn ich Wunschträume hatte, dann nach einem Krankenhausbett, einer liebevollen Krankenschwester und nach monatelangem Tiefschlaf.

Aber wir hatten das Schlimmste überstanden. Der Wind sollte noch den ganzen Tag aus derselben Richtung wehen, war aber bis zum Abend auf 3 Bft. zusammengesackt. Der Barograph war bis dahin, wenn auch noch zittrig genug, um 20 mb gestiegen. Ich belegte die gesunde Pinne mit einem Gummizug in mittlerer Lage. Fock und Seeanker würden uns jetzt leicht vor dem Wind halten. Jeder verschwand stumm wie ein Toter in einem Rumpf und schlief sich über Nacht wieder lebendig.

Wie ich das ganze Ereignis in Erinnerung behalten habe, hat uns die Monstersee zuerst vor die Brust genommen, wie es so gerne von seefahrenden Karikaturisten gezeichnet wird; dann hat sie sich aber doch nicht eingerollt, sondern ist schlicht oben drübergebrochen. Das sind viele Tonnen Wasser auf einmal und eine entsprechende Stoßkraft. In diesem Fall versagte jedenfalls meine Hoffnung, unsere Ansammlung von Seeankern in Luv würde verhindern, daß sich überhaupt Brecher bildeten, weil die Wellen bereits vorher zu sehr gestört würden. Aber das ist wohl eine Frage der Dimensionen.

Solche Außenseiterwellen bilden sich immer und überall, nur ist nicht jedesmal gerade ein Schiff da. Der Seegang entsteht ja über eine weite Fläche, vermischt sich mit anderen Wellen, die je nach Herkunft und Lebenslauf länger oder kürzer sind, schneller oder langsamer, und die Wellengitter liegen parallel oder über Kreuz. Überlagern sich zwei Kraftfelder an einer Stelle, dann überlagern sich auch die von ihnen bewegten Wassermassen. Die berüchtigte Out-sider-wave ist da.

Ich hatte später viele Jahre Zeit, darüber nachzudenken, was gewesen wäre, wenn... Wenn das zum Beispiel nicht EILANDHOPPER gewesen wäre mit seinem flachen Deck, das weder Wellen noch Wind Widerstand bot, sondern HOBBY. Um die Cockpitreling war dort eine Plane als Windschutz gespannt gewesen. Vor dem Cockpit rundete sich wie ein Windfang die Querwand, wo die Tür hing, die in den dahinterliegenden „Salon" führte, und wo auch die Durchreichefenster für die Schlemmermenüs waren. Alle altmodischen Katamarane sind so gebaut und auch alle neumodischen, die kein Segelboot für Herbststürme in der Biskaya sein wollen, sondern ein wohnliches Segelmobil. Wäre auf HOBBY die Querwand von diesem Brecher eingeschlagen worden und hätte sich dann schlagartig der ganze Innenraum mit Wasser gefüllt? Oder, wenn die Wand gehalten hätte: Hätte ihr Widerstand dann genügt, dem Stoß von hinten die notwendige Fläche zu bieten, damit das Boot endgültig über Kopf kenterte?

In einem Wirbelsturm ankerte Jahre später einmal ein zwölf Meter langer Katamaran nur hundert Meter neben mir. Seine gar nicht hohen Aufbauten ließen ihn so lange vor seiner Ankerkette hin und her rasen, bis er plötzlich einen Satz nach oben machte und – Mast voraus! – im nächsten Augenblick auf dem Rücken lag. Das Knacken des Mastes habe ich noch in den Ohren. Der hat ausgelitten, dachte ich mir; beneidenswert, wie ruhig er jetzt dalag!

Endlich waren die beiden Feiertage vorbei. In Tirol flackerten wohl die roten Lichter noch auf den Friedhöfen. Am 3. November, der ein Sonntag war, gab es für uns genug zu tun: Motor trocken legen und die Seeanker einholen. Es war sehr ruhig um uns geworden; die Wasseroberfläche schien uns viel näher zu sein als gewohnt. „Wir sinken!" riefen wir fast gleichzeitig aus. Aber wir hatten kein Wasser im Boot. Auch die Seeanker zogen uns nicht in die Tiefe.

In den nächsten Stunden sollten wir die neu gesammelten Kräfte wieder hergeben. Aus allen Treibankerleinen hatten sich dicke Taue zusammengedreht. Hinten sehr ausgesetzt stehend, versuchte ich, den Leinensalat zu lösen. War dann endlich so ein zwanzig-Liter-Kanister da, mußte er noch an Bord gehoben werden. In einen hatte der Anker ein Loch geschlagen. Das war ja auch eine blödsinnige Idee von mir gewesen: ein Faltanker zwischen Benzinkanistern! Weiteren Schaden sollten wir erst später bemerken. Immerhin waren noch alle Kanister da und waren nicht mit der Superwelle über unsere Köpfe davongeflogen wie die Gasflaschen. Jemand würde sich über die Flaschen freuen, wenn er am Strand irgendwo nach Muscheln oder Puppenbeinen suchte. Treibgut, Strandgut, alles gut!

Um die Sturmfock zu bergen, kroch ich zum Schluß völlig erschöpft mit weichen Knien auf allen Vieren nach vorne. Ein Glück, daß es einen direkten Weg zu den Vorstagen gab: keine Kajüte, die erst zu übersteigen war, und kein hochalpiner Quergang außen lang. So war es auf HOBBY gewesen. Da kriegten wir Besuch von hinten: ein Schiff aus Kiel von Hugo Stinnes! Ob alles okay sei? Wir konnten nur fröhlich winken.

Was mögen sie sich gedacht haben? Ein Segelboot bei achterlichen leichten Winden, nichts als eine winzige Fock oben, der einige Stagreiter fehlten, und das Deck überhäuft mit so vielen Leinen, als hätten wir gerade den Meeresgrund ausgelotet. Der hätte vielleicht erst geschaut, wenn er uns jetzt wie zwischen zwei Walrücken hätte sitzen und winken sehen! Walrücken, auf denen die Antibewuchsfarbe schon am Abblättern war.

Die Atempause war nur kurz. Am nächsten Tag drehte der Wind von Osten über Süden nach Westen. In greifbarer Nähe unseres Standorts lag ein winziges Tief auf einer Front, die in Island ihren Ausgang nahm. Was für lange Arme! Das Entweichen wurde uns schwer gemacht. Inzwischen waren wir schon an Lissabon vorbei. Tags zuvor hatten wir im Osten ferne Berge zwischen Wolken gesehen: die Estremadura! Auch so ein beziehungsreiches Wort. Das lag aber jetzt hinter uns, dachten wir.

Ich mußte eben zweimal ins Logbuch sehen: am 5. lagen wir tatsächlich schon wieder vor Seeanker. Nur Windstärke 6 aus der Richtung, wo Antigua liegen sollte, aber wenn wir uns nicht wehrten, standen wir bald wieder bei den Delphinen vor Finisterre. Auch EILANDHOPPER hatte jetzt die Nase voll. Dazu Regen den ganzen Tag! Diesmal wirklichen Regen! Um ein Uhr mittags traf uns der nächste Schlag: das Ruder ging plötzlich sehr leicht. Es konnte nicht an der gebrochenen Pinne liegen; ich hatte sie mit Tischlerschraubzwingen und untergelegten Holzstücken gebändigt.

Die beiden Ruder besaßen sehr lange Pinnen. Damit ließ sich bequem im Sitzen von jedem Cockpitplatz aus steuern. Die Pinnen endeten in Holzschäften, die nur bis zur Wasserfläche reichten und in schweren Bronzescharnieren am Spiegel hingen. Diese Ruderschäfte teilten sich unten backenförmig und nahmen, mittels Bronzebolzen drehbar, zwei Stahlblätter auf, die etwa einen Meter lang waren, einen Viertelmeter breit und acht Millimeter stark. Mittels Sorgleine, die unten im Stahlruder steckte, ließ sich die Eintauchtiefe verändern; man konnte die Ruderblätter auch ganz aus dem Wasser kippen, wenn, wie in England, eine Ebbe im Schlamm verbracht werden mußte. Wo die Stahlplatten aus den hölzernen Ruderbacken austraten, waren sie bestimmt sehr hohen Schwingungsbeanspruchungen ausgesetzt gewesen, besonders bei jenen rasenden Fahrten durch die Wellentäler in der Biskaya und mit seitlichem Wellendruck. Natürlich waren beide Ruder hinter dem Pinnenansatz durch eine Stange miteinander verbunden, und die zu Allerseelen gebrochene Pinne tat uns nicht weiter weh.

Was aber nie wieder vorkam: die eine Stahlplatte war horizontal glatt abgebrochen, als sei sie durchgesägt worden. Da sie an einer Hebeleine hing, schleppten wir sie nach. Zuerst hielt ich die feuerverzinkte Platte für einen Fisch. Aber dann, was für ein Pech! Wir waren schon auf 38° 25′ N und 12° W. Der Wind wehte inzwischen aus Nordwesten. An Weitersegeln war nicht zu denken: die eine Pinne ohne Ruder, die zweite zur Not geflickt. Wo war die Estremadura geblieben? Am besten gingen wir gleich nach Setubal. Das lag am nächsten. Schade um die hundert verlorenen Seemeilen!

Wir segelten dann einen Tag lang durch eine verdrehte Welt: mit ausgebaumter Doppelfock nach Osten, als ob die Estremadura auf den Antillen läge! Aus Westen schoben uns fünf Windstärken voran. „Seht ihr", so oder ähnlich machte ich meine Mannschaft mit Passatwindsegeln bekannt, „so ist es immer, wenn man nach Antigua segelt. Genauso gemütlich!"

EILANDHOPPER segelte auch mit nur einem Ruder im Wasser. Was tut eigentlich ein Kielboot, wenn es das Ruder verliert? Aussteigen oder auf den Helikopter warten wie beim Fastnet-Rennen? Die Vorteile von zwei Rümpfen sind noch gar nicht genug beleuchtet worden!

Ich rede natürlich nur aus purem Galgenhumor so. Ich weiß ja schon, was noch nachkommt. Zuerst entdeckten wir in der nächsten Nacht das Leuchtfeuer von Kap Espichel und damit unseren genauen Standort. Warum also nicht direkt nach Lissabon segeln? Ich kannte den Yachthafen schon. Als ich vor einem Jahr von Antigua zurückgeflogen war, hatte nichts näher gelegen, als an Ort und Stelle gleich einmal den Bom vinho do Porto zu verkosten. Natürlich sah ich mir dann auch die Yachten im Hafen an, gleich hinter dem Belem-Denkmal.

Um die Mittagszeit steuerten wir auf die Tejo-Mündung zu. Wo das Fort Bugio im Flußdelta liegt, schien die Einfahrt wie mit Wasserwällen verrammelt. Über den Untiefen stand die Grundsee viele Meter hoch und bildete wandernde Wasserwände, in denen die Sonne gleißte. Lange würde sie nicht mehr dasein, denn über den Bergen von Cascais wuchsen bereits Gewittertürme hoch. Hoffentlich versagte jetzt wenigstens der Motor nicht! Die Allerseelendusche hatte er, ohne verschnupft zu sein, überstanden. Also lieber schnell Benzin aus einem Ersatzkanister in den Treibstofftank füllen, damit wir nicht im entscheidenden Augenblick ohne Motorkraft blieben! Das war mit einem Schlauch bald geschehen.

Doch der Motor tat nur noch einen Röchler. In den Seeankertagen mußte Wasser in den Benzinkanister geraten sein. Nun sahen wir schön aus: ein Ruder, das bei der neuen Segelstellung schwer ansprach, ein Motor, der überhaupt schwieg; um so lauter donnerte es schon oben am Sintra. In der kommenden Nacht sollte das Unwetter ganz Lissabon unter Wasser setzen. Dazu einlaufender Strom, zwischen Sandbänken!

Wir würden weitersegeln müssen, doch die Fock war zu klein dazu. Der Wind zog uns zum Gewitter hin. „Wo ist die Genua verstaut?" – „In welcher Vorpiek?" – „Wo ist ein Schraubenzieher? Wo ein Messer, den hartgewordenen Gummikitt zu lösen, damit sich die Klappen öffnen? Guter Fred, deine Moosgummistreifen!"

Hinter Brecherwänden wurden für Augenblicke Menschengruppen sichtbar, die uns wie gebannt entgegenzusehen schienen. „Mach schnell, die warten schon aufs Strandgut!" Sie hätten nicht viel gefunden, diese Grundseen hätten alles zermalmt. Der Strom trieb uns parallel dazu entlang.

Mit Genua und Großsegel bekamen wir das Boot wieder in den Griff, aber jede Wende war erinnerungswürdig. Alles, was wir bisher mit diesem Vorsegel getan hatten, war, es einmal zu setzen, um den Holepunkt für die Genuaschot zu finden und dort einen Beschlag anzubringen. Das war auf der Werft gewesen, an Land, als der Mast provisorisch aufgeriggt war! Jetzt mußte das große Segel mit seinen langen Schoten bei jeder Wende durch den schmalen Spalt zwischen den beiden Vorstagen gezogen werden, zu Fuß und per Hand!

Endlich schwand das Krachen der Brecher aus unseren Ohren, und der Bugio lag hinter uns. Da kam uns ein weißes Passagierschiff von

Lissabon entgegen, und wir hielten aufeinander zu. Sie wären auf dem Tejo nicht ausgewichen, selbst wenn die Fahrrinne breit genug dazu gewesen wäre. Das war ihr gutes Recht. Wir hatten nur noch das Recht der Schiffbrüchigen und Havaristen auf unserer Seite. Das portugiesische Wörterbuch war schon an Deck. Wir wollten jedem, der uns nicht aus dem Weg ging, mit dem Sprachrohr zurufen: Ruder gebrochen, Maschine defekt! Da oben auf der Brücke hätte das trotzdem keiner gehört. Deshalb konnten sie auch nicht unsere Geschicklichkeit würdigen, als wir uns an ihnen vorbeimogelten.

Die Uferböschungen des Tejo sind weiter stromaufwärts gemauert, meterhoch, mit schmalen Durchfahrten zu den dahinterliegenden Hafenbecken. Worauf ich dann zuhielt, das war nicht das Becken des Yachtklubs, sondern der Hafen für die Lotsenboote. Ich hatte dort ein paar Masten herausragen gesehen. Ein Boot lag genau vor den Einfahrt vor Anker und wartete auf Arbeit. Das Hafenbecken war sowieso voll, keiner würde die kaum zehn Meter breite Durchfahrt − so schmal kam sie mir vor − im Augenblick benützen. Für uns gab es kein Überlegen mehr, die Zeit drängte. Das Gewitter drohte fürchterlich. Notfalls sieht uns hier wenigstens jemand und kann uns rausfischen dachten wir und luvten an; die ersten Böen trafen uns voll von Backbord. Knapp schossen wir hinter dem Lotsenboot vorbei und erwischten genau die Kerbe in der Ufermauer. Kaum hindurch: Schoten los und Behelfsanker über Bord!

Proteste aus dem Lotsenhaus: Wir könnten da nicht liegen bleiben. Einer kam herangerudert. Unser Wörterbuch bewährte sich: Ruder gebrochen, Maschine kaputt! Da lag die Stahlplatte noch im Cockpit. Ich hielt sie hoch. Little-Rudys Kopf tauchte im Niedergang auf, neugierig geworden von den fremden Stimmen. Alle riefen: Was für ein blonder Junge! Der Molenkopf füllte sich. Andere Ruderboote kamen dazu und verholten uns vor den Bug einer frisch aus Hongkong eingetroffenen Edelholzschunke. Aber ohne Beiboot würden wir von da nicht an Land kommen. Egal, irgendwann mußten wir das sowieso lernen. Was hinter uns lag, waren nichts als Alpträume, wie auf eine Schnur gereiht. Und die letzten drei Stunden waren ein Höhepunkt gewesen, bei dem wir viel mehr riskieren mußten als auf der ganzen Reise übers offene Meer.

Zum Einklarieren motorte ich am besten mit dem Beiboot in den

Überseehafen, wurde mir empfohlen. Zuerst die Behörden, dann die Straßenbahn! Hinter einem Überseedampfer warteten auf einer langen Pier Hunderte von Auswanderern auf ihren Bündeln und Kisten aufs Einschiffen. Ein Dach schützte sie vor dem Regen, der eingesetzt hatte. Da waren diese armen Leute dabei, das bescheidene Dasein in ihren Bergdörfern der Estremadura einzutauschen gegen das noch viel armseligere Leben in der abgeholzten Fieberregion des Amazonasbeckens oder in den Slums von Rio oder São Paolo. Und wir?

Das Einklarierungspapier vom 6. 11. habe ich bis heute aufgehoben. Vier wichtige Stempel: zwei Polizeibüros, ein Arzt und der Zoll. Kein Beamter sah das Boot oder die Besatzung, nur mich. Was den erinnerungswürdigen Spaß ausmacht, ist der Titel des wichtigen Dokuments: Da steht, wenn man es recht übersetzt: Einklarierung von Booten, die der *Unterhaltung*, der *Erholung* und dem *Vergnügen* dienen!

Den Weg zurück zu meinem Vergnügungsschiff fand ich im dicken Regen nur noch mühsam. Wenn wir drei Stunden später beim Bugio angekommen wären, hätten wir die Einfahrt niemals geschafft! Nun aber erfuhr ich, warum ich ein Boot für Unterhaltung und Vergnügen besaß. Ich paßte nur noch mit Mühe in die Küche. Sie war vollgepfercht mit allen dienstfreien, fröhlichen Lotsen, die natürlich nur Rudis Blondhaar aus der Nähe sehen und anfassen wollten. Zwei Flaschen Whisky leerten sich dabei wie von allein. Aber uns blieb gemeinsam noch eine dritte.

Unter dem Turm von Belem

New York hat seine Freiheitsstatue, Lisboa seinen Bethlehem-Turm. Jene begrüßt die Ausgewanderten, diese verabschiedet die Auswanderer. Wie viele Menschen haben hier Europa den Rücken gekehrt, schon seit Johann II.! Nun waren wir dran. Unserem eigenen Johann Zwo wuchs wahrscheinlich vor Stolz ein Hahnenkamm.

Zuerst hatte ich einen zu finden, der ein neues Stahlruderblatt herstellen konnte und gleich noch ein zweites als Ersatz. Feuerverzinkung solle ich mir aus dem Kopf schlagen, hörte ich. Mehr als Spritzverzinkung gebe es hier nicht. Wie später auf den Antillen.

Meine Kenntnis der Landessprache nahm täglich zu. Wo war ein Eisenwarenhändler, der Schraubbolzen hatte, lang genug, die angebrochene Pinne mit untergelegten Holzstücken zusammenzuhalten? Die Tischlerschraubzwingen würden wir vielleicht bald für den nächsten Schlag brauchen. Nur ein Laden war groß genug, hatte aber zu und machte Inventur. Ich konnte so kläglich jammern, daß wir trotzdem kriegten, was wir suchten. Natürlich keine aus Bronze und nicht einmal aus verzinktem Eisen. Trotzdem sollten sie die Pinne zehn Jahre lang zusammenhalten, bis mir die Rostfäden aus der Bruchstelle zu lästig wurden auf meiner schönen Farbe und ich gleich völlig neue Ruder selber baute.

Peter Spronk auf St. Maarten stellte mir damals seine Bootswerft für diese Arbeit zur Verfügung. Er hatte dort eine stolze Flotte ganz großer Katamarane selbst gebaut; bis er zur Überzeugung kam, der Umgang mit britischen Gewerkschaften könne lange nicht so schlimm sein wie der mit olivgesichtigen Antillianern aus Curaçao. Für ihn war also zu guter Letzt die Tower Bridge zum Freiheitssymbol geworden. EILANDHOPPER aber kam noch rechtzeitig zu ein paar neuen Rudern, die – wären es Kleidungsstücke – das Firmenzeichen des besten Pariser Modeschöpfers verdient gehabt hätten.

Den Honda-Generator wollte die zuständige Vertretung in Ordnung bringen. Es waren nur die Kontakte auf der Schaltleiste angeschmort. Das Gerät hatten wir längst in Süßwasser gebadet. Sie tauschten aber, wie in modernen Zeiten üblich, das ganze Bauteil aus, an dem sämtlicher Krimskrams von Drähten, Spulen und Instrumenten hing. Die Rechnung brachte uns um unser letztes Bargeld. Deutsche Mark wollte damals keiner, weil eine Währungsumstellung in der Luft hing. Die Dollar, die wir hatten, waren eigentlich für den Durst auf Bier und Rumpunsch bei der Ankunft gedacht gewesen.

Wer will jetzt noch hören, wie der Vergaser des Bootsmotors entwässert worden ist? „Rudi, du machst dich in einschlägigen Kreisen unmöglich damit!" höre ich schon Zwischenrufe. Was soll's; was habe ich noch zu verlieren? Ich saß also an Deck, als die Regentage von Lissabon vorüber waren, und nahm den Vergaser am Cockpittisch auseinander. Sollte das da in der Schwimmkammer wirklich Wasser sein? Es roch wie Benzin. Das hatte ich vor ein paar Minuten auch schon gedacht, als ich eine Konservendose voll Treibstoffrest aus dem

100

letzten Leitungsstück über Bord gegossen hatte. Nein, deshalb schäme ich mich nicht! Das ganze Hafenbecken war mit einer dicken Schicht Dieselöl bedeckt, und wie wir schon seit dem danebengegangenen Sonntagsausflug wußen, reinigt Benzin sogar völlig mit Dieselöl verklebte Haare.

In mir war ein Verdacht aufgestiegen. Hatte ich vielleicht am Bugio bloß auf den falschen Knopf gedrückt beim Starten? Jetzt wollte ich es also genau wissen, tauchte ein Papiertaschentuch in den Flüssigkeitsrest, der noch in der Schwimmkammer war – da kann ja nicht viel passieren, dachte ich mir dabei – und hielt ein Feuerzeug drunter.

Es brannte sofort lichterloh –, und meine Finger brannten auch! Nichts wie über Bord damit! Dort hatte der Konservendoseninhalt bloß darauf gewartet. Es reichte, daß die Bordwand neben dem Motorraum im Nu ebenso lichterloh brannte und das Glasharz darunter Blasen zu werfen begann. Auch das Wasser im Hafenbecken schien zu brennen. Die schöne Edelholzdschunke! Wenn auch das Dieselöl noch Feuer fangen sollte, brannte gewiß der dichtgepackte Hafen leer, dann konnten wir in unserem Plastikboot sehen, wie wir da noch hindurchkamen!

Das Dieselöl brannte aber nicht. Die Bordwand hatten wir mit ein paar Eimern Wasser schnell gelöscht. Den Feuerlöscher hoben wir für noch größere Dummheiten auf.

Was ich übersehen hatte: Es konnte gar nicht viel Wasser im Kanister gewesen sein. Dieses war aber sofort nach unten gesunken und hatte die Zündkerzen außer Gefecht gesetzt. Nachdem wir zu dieser einleuchtenden Erkenntnis gekommen waren, leerten wir die restlichen Benzinkanister nicht mehr aus, weil es schade ums Geld war. Statt dessen hielten wir den ganzen Vorrat literweise im Bierglas gegen das Licht, ob noch Wasser darin wäre. Sehr zu unserer späteren Freude! Aber eine Dummheit reicht für heute!

Überflüssig zu sagen, daß wir zum Jerónimo pilgerten und den Kreuzgang bewunderten, und natürlich auch den Belem-Turm. Das war ja alles nur ein paar Schritte weit weg. Auf der Burg über der Stadt durfte auf Kanonenrohren geritten werden. und Little-Rudys Frage konnte nicht ausbleiben: „Wann verschießen wir denn wieder mal so schöne Leuchtkugeln?" Als wenn das vergnügliche Bad im

Hafenbecken nicht für lange Zeit genug Unterhaltung geboten hätte! Wir hielten damals noch die halbe Nacht lang die in Süßwasser durchgespülte Leica über die Gasflamme, bis uns einfiel, das könnten die von Lloyd's eigentlich bezahlen; wir wären doch sonst sparsam gewesen. Erst danach machten wir uns mit Benzin und Geschirrspülmittel an unser Haar.

Im Stadtzentrum lief uns jedesmal das Wasser im Mund zusammen. Es gab zwar keine Hummer mehr, aber Sardinen am Grill, so groß wie Makrelen aus dem Ärmelkanal! Doch mehr als den Duft vom Grill konnten wir uns nicht leisten. Bis sich in einem alten Wintermantel, der bald das Zeitliche segnen sollte, noch ein Zehntausendlireschein fand, gegen den die Bank beim Umtausch nichts einzuwenden hatte. Wir kauften auch gleich auf dem Markt eine riesengroße Muskatellertraube und aßen sie so andächtig, als gäbe es niemals wieder welche im Leben.

Ich mache mir nicht die Mühe, die inzwischen draußen vorbeigezogenen Tiefs aufzuzählen. Das eindruckvollste brachte Windstärke 9 und lag mit seinem Kern von 965 mb genau vor der Tejo-Mündung. Da werden am Bugio die Lichter ausgegangen sein!

Nach zwei Wochen voller Hafentage nahmen wir uns fest vor, diesmal aber ganz bestimmt auf direktem Weg nach Antigua zu segeln. Irgendwann mußten doch die Barographenkurven eine Form annehmen wie vor einem Jahr; damals ging die Linie wochenlang praktisch geradeaus. EILANDHOPPER funktionierte inzwischen wieder in allen Stücken und wir auch. In Lissabon hatten wir nichts mehr verloren – außer unser letztes Bargeld. Wir unterschieden uns kaum noch von denen aus der Estremadura und schlossen uns also den Generationen von Auswanderern an. Johann II. war Hahn im Korb.

Wenn Madeira in der Soße fehlt

Am 22. November um 9 Uhr früh standen alle dienstfreien Lotsen auf dem Molenkopf ihres gastfreundlichen Hafens und winkten uns nach. Eine Stunde später lag bereits der Bugio querab. Der Name erinnert an eine Kerze. Ein Leuchtfeuer also seit alten Zeiten, und sicher haben nicht nur wir Angst ausgestanden bei seinem Anblick.

Der BBC-Bericht reichte nicht mehr bis hierher. Um so mehr richteten sich unsere Blicke alle Tage zum Himmel und versuchten, sein Wolkenbild zu lesen; aber außer Zirren aus Südwesten standen da keine Zeichen. Fünf Tage lang segelten wir fröhlich nach Südwesten, wo wir hinwollten. „Na, seht ihr! Das ist hier unten immer so, und von nun an scheint nur noch die Sonne!" Zeitweise schlief der Wind völlig ein.

In solch einer Flaute kam uns am 25. November um 13.20 Uhr ein großes Schiff entgegen, ganz und gar schwarz angemalt und Angst verbreitend wie Wodan persönlich. An seinem Bug entzifferten wir gerade noch rechtzeitig ODIN aus Hamburg, rissen vor Begeisterung sofort unsere eigene Flagge aus der Backskiste und winkten wie irre. Unser Heimathafen! Da entfaltete sich nach kurzer Schrecksekunde oben auf der Brücke auch schon eine freilich viel größere Nationale, und wir drückten uns im Vorbeifahren sozusagen die Hände. Und dann noch dieses Wetter dazu! Segeln ist doch viel schöner, wenn die Sonne scheint und der blanke Wasserspiegel ohne Grimassen bleibt.

Endlich stand unser Radio an Deck. Ein portugiesischer Sender sorgte für gute Musik, und wenn man ihm glauben durfte, war der Wein aus Porto noch genausogut wie vor einem Jahr. Vielleicht würden wir bald Radio Madeira empfangen können. Das Soßen- und Suppengewürz brächte Abwechslung in die Küche. Vielleicht lag Madeira aber auch viel zu weit abseits für uns.

Wodan war kaum über die Kimm, da kriegte unser Gefühlsbarograph wieder Herzmuskelflattern, und das sollte drei Tage lang ein akuter Zustand bleiben. Das Azorenhoch sei gerade besonders stark ausgeprägt gewesen, stand später in der Krankengeschichte. Ein kleines Tief hätte sich wieder einmal vor dem Bugio festgesetzt und in den folgenden Tagen die ganze Iberische Halbinsel überzogen: typische Voraussetzung für den sogenannten portugiesischen Norder. Mehr als der achterliche Wind machte uns immer wieder der kurze Seegang zu schaffen. Unsere Kurslinie hatte, wie wir später feststellten, seit Lissabon über alle flachen Bänke geführt: 24 m tief, 40 m tief und 148 m tief. Zwischen den Bänken waren Löcher, in die der ganze Montblanc hineingepaßt hätte, also nicht nur von Courmayeur oder Chamonix aus gemessen.

Um einen genauen Standort hatten wir uns bis dahin nicht gekümmert. Wie auch, ohne Sonne! Wer 2500 Seemeilen offenen Ozeans vor sich hat, fragt doch nicht alle Tage nach dem Standort. Aber irgendwann mußte „schräg vorne links" bald Madeira in Sicht kommen, wenn der Starkwind in unserem Rücken weiter so schiebt. Wir segelten natürlich vor Sturmfock und diesmal nur einem Autoreifen. Die erschreckend großen Kreaturen, Haifische oder Delphine, deren zigarrenförmige Schatten sich beim Blick durch die steilen Wellenberge abzeichneten, schüttelten wahrscheinlich den Kopf, hätten sie unsere Gedanken gelesen.

Am 27. gegen Mittag hatten wir also die Seine-Bank passiert: 31° 17′ N, 16° W. Ein großes Passagierschiff kreuzte in der Nacht davor unseren Kurs von links nach rechts, kam also wohl von Casablanca. Es war illuminiert wie ein Weihnachtsbaum. Vor lauter Festbeleuchtung hatte man aber übersehen, daß die grüne Navigationslaterne nicht brannte. Das irritierte uns eine Weile sehr, weil wir seinen Kurs falsch einschätzten, und fast wäre Little-Rudy doch wieder zu seinem Feuerwerksspaß gekommen. Da verbrauchten kleine Leute wie wir ihren letzten Batteriestrom, wenn es um Kopf und Kragen ging, aber die Großen... Zu übersehen war das Lichtermeer aber auch so nicht.

Von wegen: Wetter belanglos! Wir segelten, grob gesagt, in einer Tiefdruckrinne lang, die bei Jan Mayen wieder mal mit einer Frontgirlande begann, in der Irischen See Zeitvertreib mit Ringelspiel hatte, vor der Tejomündung immer noch Kaltfront war und mit Regenwetter gerade über uns hinweggegangen. Was soll einer auch sehen können, wenn isländische Kaltluft auf marrokanische Verhältnisse stößt! Die Fernsicht war also gleich null; aber die Seekarte gab ja Einblick genug: in Bänke, Untiefen und vorgelagerte wüste Inselbrocken. All das zog sich östlich von Madeira nach Afrika hin. Hoffentlich blieb also Madeira möglichst weit links von unserem Zwangskurs. Ein Zwangskurs war es, weil wir uns sonst schräg vor die anstürmenden steilen Wellen hätten legen müssen und allein das Steuerbordheck dem ersten Anprall darbieten. Ob das ging, wollte ich nicht gerade hier testen. Der Reifen war längst wieder verstaut. „Wenn die Karte stimmt", hörte ich im Lauf des Tages Vermutungen laut werden, „müßte Madeira jetzt eigentlich in Sicht kommen."

Es war höchste Zeit. Doch mit dem Handfunkpeiler suchten wir die Insel auch in den Ätherwellen vergeblich. Hatten die wirklich keine Werbung für Madeira in Zwiebelsuppe nötig? Oder steckte im Kopfhörer nur noch das Seewasser aus Finisterre? Wir legten an diesem Tag 120 Seemeilen zurück und rechneten uns auf der Karte aus, wo wir sein mußten. Natürlich nur, wenn die Seekarte stimmt! Eigentlich hätten wir dann wie Noahs Arche um Mitternacht auf dem höchsten Berg Madeiras Grund berühren müssen. Es fand aber zu unserem Erstaunen keine Grundberührung statt, auch war weit und breit kein Licht zu sehen gewesen. Wir hatten also doch die Insel links liegen gelassen; wenn sie inzwischen nicht untergegangen war!

Ich besaß zum Glück in diesem Punkt Begabung und habe später noch öfter Inseln übersegelt. Vielleicht bahnte sich damals schon mein Hang fürs Drachenfliegen an. Einmal fanden wir nur schwer den Weg von den Jungferninseln nach Osten zurück. Statt der Thunfischbänke wie hier gab es dort die Saba-Bank, und wir konnten den Grund heraufleuchten sehen. Wir wußten also genau, wo wir waren. Saba selbst ist 850 m hoch und nicht zu übersehen. Aber das Augustwetter war hurrikan-diesig. Statt mir den rechten Weg an dieser unwirtlichen steilen und hafenlosen Insel vorbei zu zeigen, setzte die Sonne zwei scheinheilige Halos auf. Bei Morgengrauen am nächsten Tag ein Blick zurück: Da lag dann Saba nicht weit weg und genau achteraus! Es blieb gar keine andere Erklärung: Wir mußten darüber hinweggesegelt sein!

Und diesmal? Schauen wir uns das Logbuch an, was da am 29. 11. eingetragen steht: laut Konsulfunkfeuer Standort 60 Seemeilen südlich von Deserta grande. Was für eine reizende Insel für Schiffbrüchige mußte das sein! Die letzte östlich von Madeira. Afrika war gar nicht mehr so weit weg. Am nächsten Tag, sagt das Logbuch, habe es Zirren und Schäfchenwolken gegeben, aber auch bei mildem Südwestwind eine weite Sicht. Doch steht nirgends, daß es außer Schäfchen noch was zu sehen gab. Zum Beispiel wenigstens einen letzten Blick auf den Geschmacksverbesserer.

Eine wirklich weite Sicht bescherte uns der 1. Dezember. Da tauchten nämlich die Ilhas Selvajens voraus auf, die „wüsten Inseln", also auch so ein einladendes Wort! Wir waren schon darauf vorbereitet. Mittags konnten wir zum ersten Mal auf der ganzen Reise unseren Standort mittels Sonnenstand bestimmen. Das bestätigte nachträglich auch die Genauigkeit des so fern liegenden Konsolfunkfeuers, aber in erster Linie, wie genau das mittags mit dem Spiegeln der Sonne im Sextanten geklappt hatte.

Bei leichtem Nordwestwind trieben wir direkt auf diese wirklich wild aussehenden Inselbrocken zu. Damals besaß ich noch nicht den Mut, mir so was Geheimnisumwittertes aus der Nähe anzusehen. Später sollte ich das Boot manchmal riskieren, wenn es um die Entdeckung auf einer unbewohnten Insel ging. Das große Wrack am Ufer hatte wohl kein Glück gehabt beim Drachenfliegen über Inseln! Bei Mondschein und Sternenlicht motorten wir an dieser abweisenden Ansammlung von Inseln und Klippen vorbei.

Großer Schrecken im Morgengrauen: ein Aufklatschen im Wasser, nicht weit vom Boot, und ein starkes Pusten! Da trieb ein Mörderwal Frühsport. Er versuchte jedesmal, sein nasses Bett wie aus der Kanone geschossen zu verlassen, drehte eine Pirouette in der Luft, bis seinen weißen Bauch die Morgensonne von oben beschien, und freute sich wohl, wie das Wasser beim Aufschlagen laut klatschte. Vielleicht hatte ihn unser Motorengeräusch geweckt und neugierig gemacht, oder er war bloß auf Selbstdarstellung bedacht. Der kleine EILAND-HOPPER war bestimmt ganz schön eingeschüchtert davon. Auch wir Großen hielten nichts von seiner Nabelschau. Deshalb stellten wir den Motor ab und verzichteten eine Weile auf schnelles Vorwärtskommen. Genau besehen, dümpelten wir die nächsten fünf Tage laut Logbuch nach Südwesten, und die nördlichen Winde, die kaum noch fächelten, sind nicht erwähnenswert.

Unwirklich war eines Abends der Blick auf Teneriffas höchsten Berg, ein schneebedeckter Kegel im Abendrot und hoch über Wolkenbänken schwebend. Da lag die Insel noch gut 80 Seemeilen weit weg. Wir kamen im Mittel pro Tag kaum 20 Seemeilen von der Stelle. Das lehrt eigentlich schon ein Blick auf jede Atlantikwetterkarte. Das Azorenhoch kehrt mit seinem Nordostwind da unten die Ecke nicht gut aus. Deshalb war ich ja auf HOBBY etwa 300 Seemeilen weiter westlich geblieben und hatte mich schon auf der Breite von Lissabon halbwegs auf den Azoren befunden. Diesmal dagegen segelten wir nicht besser als alle anderen auch, die in die Neue Welt wollten. Wenn wir es so weitertrieben, kamen wir in La Palma raus, der westlichsten der Kanarischen Inseln. Auch egal! Eilig hatten wir es längst nicht mehr, seit die stürmischen Tage der Vergangenheit angehörten.

Am 4. 12. kam das hohe La Palma in Sicht. Natürlich steuerte Johann II. wieder, seit es was zu steuern gab. Als die Insel dann näher rückte, die nicht nur ihres schönen Namens wegen wie eine tropische Verheißung langsam höher in den sonnigen Tag wuchs, hatte die letzte Stunde für alle warmen Wintersachen geschlagen. Es nahm gar kein Ende, was sich da an Deck häufte. Jede Tasche wurde noch einmal nach vergessenen Geldscheinen umgedreht. Eine Schachtel füllte sich mit abgeschnittenen Knöpfen. Bald trieb im Kielwasser in langer Linie der Inhalt zweier Kleiderschränke. Little-Rudy machte große Augen. Da hatte er immer so aufpassen müssen, daß er sich beim Spielen nicht schmutzig machte, und jetzt warf seine Mutter den ganz sauberen Mantel weg! Im gleichen Maße, wie sich der Kleiderberg an Deck verringerte, quoll unbemerkt über der hohen, vulkanischen Insel eine drohende Wolkenbank in den Abendhimmel und nahm über Nacht noch zu.

Wir würden am 5. Dezember gegen Mittag im Hafen von Santa Cruz de la Palma einlaufen. Der war laut Unterlagen ein sicheres Loch neben einer Bergwand, das vor allen westlichen Winden abgeschirmt sein sollte. Gegen die See hin schütze ihn eine hohe Mole, die Bananenpier, wie wir später dazu sagen sollten. Unter Genua und Großsegel steuerten wir langsam auf den großen Ort zu, der sich über dem Küstenhang breitmacht.

Der Himmel wirkte von Stunde zu Stunde drohender. Das Unwetter schien auf der Westseite zu hängen. Wir sahen nur, daß vom Gipfelkamm der länglichen Insel eine Rolle windgepeitschter Wolken wie eine Lawine drohte, die jeden Augenblick losbrechen konnte. Es würde bald ein fürchterliches Unwetter geben. Das ist natürlich langweilig; aber es wiederholt sich alles immer wieder! Ich kann's wirklich nicht ändern. Das Lüftl hier unten kam nur von dem Sog, den der in Wolken kochende Gipfelgrat ausübte.

Vor einer Art Strandpromenade wäre eine Wende fällig gewesen. Wir hatten aber ohnehin vor, bald Segel zu bergen und das letzte Stück zu motoren. Warum also nicht gleich? Ob das Benzin noch reichte? Lieber einen Kanister voll nachfüllen! Ergebnis: Der Motor röchelte nur noch, so blieb ihm die Sprache weg. Das Zeug kannte er doch schon!

Unsere Lage war nicht beneidenswert. Der geringe, aber auflandige Wind trieb uns auf die Uferpromenade zu. Zum Ankern war es zu tief. Vielleicht sollten wir es wie Kolumbus machen, als er hier war: das Beiboot zu Wasser lassen und das Schiff an einer Trosse von Legerwall wegziehen. Wieder also die bekannte Hektik an Deck und der forschende Blick zum Ufer, ob sich schon Strandgutsammler einfanden. Aber das Beiboot war nicht nur angeschnallt, es war gefüllt mit Motorrad, Außenborder und Fendern. Alles unter den Sitzbrettern verstaut und schwer ranzukommen.

Trotzdem: Das schwere Beiboot landete unsanft neben der Bordwand. Den Motor hinunterreichen, der seit dem verregneten Lissabon nicht mehr gebraucht worden war: ein armausrenkender Seagull aus England. Kurz gesagt: Er sprang nicht an. Was nun? Doch segeln? Bis auf Camaret sur Mer hatten wir überall gezeigt, wie gut ein Katamaran in einen Hafen hineinsegelt. Wir machten also das unwillige Beiboot achtern fest, was uns zusätzlich beim Manövrieren behinderte, und setzten wieder Segel.

Den Rest kennen wir schon aus Lissabon. Für Überlegungen blieb keine Zeit mehr. Da erfaßte uns auch schon die erste Fallbö und machte uns Beine. Gleich hinter dem Molenkopf lag ein Bananentransporter längsseits und verdeckte den Blick durch die enge Einfahrt ins Hafenbecken bis zum letzten Moment. Mit Genua, Großsegel und dem Mut der Verzweiflung schossen wir also wieder einmal hinter dem Heck eines Schiffes rum in die Enge eines Hafens. Linker Hand eine senkrechte Felswand, durch die ein Straßentunnel führte, so steil war da die Gegend. Hinter dem Bananenschiff ein freies Stück Pier, wo keiner lag. Unsere Zuschauer rannten oben auf der Mole lang, um nichts zu versäumen. Wir hielten darauf zu. Katamarane laufen nicht mehr weit, wenn die Segel gefallen sind. Von oben kam ein langer Tampen aufs Deck geflogen, und ein Spalier von begeisterten Zuschauern rief olé wie in der Arena. Diese Alemanes! Unsere Fender lagen bereit. Es waren dicke Wurstfender von der größten Sorte, aus Skandinavien. Einer sollte schon in der Nacht seine teure Seele aushauchen. Aber wir wußten nicht, was uns noch bevorstand.

Der Hafenkapitän über uns, ganz in Weiß, schlank, jung und schön wie ein Torero, gab Anweisungen, wie wir sicher festmachen sollten. Sie hätten erst vor kurzem hier Fallböen mit 220 km/h gehabt, und die Wettervorhersage verkünde für die Nacht nicht viel anderes.

Also lieber gleich den Motor trockenlegen! Das gehörte ja schon zur Hafenroutine. Unsere Zuschauer oben ließen sich nichts entgehen. Es hatte sich schon herumgesprochen, daß wir gar nicht so schneidig hereingesegelt waren, um ein Schauspiel zu geben. Am Ende konnte das zweite Olé von oben nicht ausbleiben, als der Motor wieder willig ansprang. Er tat es wie immer, wenn er kein Wasser trinken mußte. Ich war ja auch kein Wassertrinker!

Damit hatten wir unsere Vorstellung beendet. Ab Lissabon waren wir 800 Seemeilen unterwegs gewesen und seit England schon 2500.

Das ging vorhin beim Einlaufen zu schnell. Ich habe die englische Yacht zu erwähnen vergessen, die mitten im kleinen Hafenbecken vor Anker lag – oder wenigstens zu liegen glaubte. Sie sollte die ganze folgende Nacht ihr Grundgeschirr hinter sich herschleppen; und die Frage blieb bis zuletzt offen, ob ihr Irrweg an der Felswand oder an unserer Bordwand sein Ende fände. Bei den Abmessungen dieses Stahlungetüms hätte das vermutlich auch das Ende von EILANDHOPPERS dünnen Rümpfen bedeutet.

Beim Einklarieren an Land stand schon ein Reporter der Inselzeitung da und wollte Neuigkeiten aus der großen Welt wissen. Ob wir ihm sagen sollten, daß die Portugiesen ihre Insel Madeira weggeräumt hatten? Es gelte jetzt nur noch, auf die Islas Salvages achtzugeben, wenn einer sich zum Mutterland einschiffen wolle!

Diese erste Nacht im Hafen gehört zu den mir unvergeßlichen. Die Fallböen vom 2300 m höheren Gipfelkamm hatten wirklich die vorausgesagte Geschwindigkeit. Wir wurden so gegen die Hafenmauer gedrückt, daß einer der Wurstfender platzte und wir unsere Bordwand nur retten konnten, weil mir eingefallen war, die Autoreifen dazwischenzuhängen. Eine Weile lang lag die britische Yacht ungewollt bei uns längsseits, was ihr aber nichts ausmachte. Von oben kam sämtlicher Dreck, der auf der Bananenpier gelegen hatte; auch Straßenschotter, Abfallkübel samt Inhalt und zuletzt die Paletten für die Bananenfracht. Überflüssig zu sagen: Wir verbrachten die Nacht nach bester Tradition dieser Sturmreise und holten alle Schrecken nach, die wir seit Lissabon versäumt hatten.

Das Wetter war kein lokales Ereignis, das uns in zwei Tagen Entfernung von Santa Cruz nicht mehr belästigt hätte. Tagelang war der ganze Schiffsverkehr zwischen den Inseln lahmgelegt. In Las Palmas lag ein Frachter hoch und trocken im Hafen, wie ein Pressefoto später zeigte. Wir verstehen bereits, warum Yachten, die Weihnachten in der Karibik feiern wollen und jetzt unterwegs sind, ihr blaues Wunder erleben können. Auch wir waren ja noch nicht dort. Wir hofften aber, es sei nun genug.

Für Deutsche Mark gab es Pesetas an Land. Gerade genug, um Benzin einzukaufen. Aber wir brauchten auch Milch, denn unsere H-Milch aus England ging zu Ende. „Wo denken sie hin? Hier gibt es nur Pulvermilch!" Es gediehen eben keine Kühe auf der Insel, nur Bananen. Hurra! Hier gab es endlich, wonach ich mich seit meiner Kindheit gesehnt hatte! Europa schien schon zu versickern.

Bei Sonnenschein überraschte uns der Besuch von Landsleuten, die hier ein Ferienhaus besaßen, aber von den mitgebrachten Kirschbäumen, wie sie sagten, nur Blütenzweige für die Vase ernten konnten; diese aber das ganze Jahr über. Die Hafenneuigkeit von unserer Ankunft hatte ja in der Zeitung gestanden. Unsere lieben Gastgeber wollten uns also die Vulkaninsel vom Auto aus zeigen. Lavaströme neben der Straße waren noch heiß vom letzten Ausbruch. Hinter hohen Steinmauern, vor dem Wind geschützt, gediehen also die Bananen. Bananen in einer Stein- und Lavawüste? Wer jemals auf der Südseite von Guadeloupe Frankreichs Bananengarten am Fuß des Regenwaldes durchfahren hat, versteht meine Verwunderung.

Natürlich hatten wir unterwegs auch das Wie und Warum unserer Reise zu berichten. Die liebenswürdige Dame, mit der ich den Fond des Wagens teilte, hörte mir begeistert zu, legte dann plötzlich ihre Hand auf meine Schulter und sagte: „Gell, Herr Wagner, Sie sind ein Abenteurer!"

Das hörte ich zum ersten Mal im Leben, und niemals wäre es mir selber eingefallen. Dann sah ich draußen die Luft über dem heißen Lavastrom flimmern und sagte: „Ich glaube, gnädige Frau, es gehört viel mehr Abenteuergeist dazu, unter einem aktiven Vulkan ein Ferienhaus für seine alten Tage zu errichten."

Aber war meine Sandburg, die ich an einem karibischen Strand trotz Sturmgefahr und Brandung zu bauen gedachte, wirklich verläßlicher?

Am Tag vor der Abreise gaben wir die letzten Pesetas für zwei Briefmarken aus. Eine Karte ging an Nicholson's in Antigua, an deren

Firma mein Umzugsgut geschickt worden war: „Wir haben uns verspätet, kommen aber nun bald! Es liegt bloß noch der Atlantik dazwischen". Die zweite Karte ging nach Europa auf die Reise: „Wir brauchen dringend Geld drüben bei der Ankunft!"

Auf zum Limbotanz!

Kaum mehr ist zu überblicken, was seit England schon alles hinter uns liegt. Was noch kommt, ist eigentlich nur ein Katzensprung. Aber von der gesegelten Entfernung her beginnt am 10. Dezember erst die zweite Halbzeit, und 2500 Seemeilen liegen ein zweites Mal vor uns. Das sind die Atlantik-Segeltage, von denen jeder träumt. Uns ging es nicht anders. Wo sonst kann sich einer endlich einmal grenzenlos räkeln und strecken! Da ist man frei wie ein Meeresvogel, und alle Erdenschwere fällt ab.

So verflossen auch die ersten Tage unserer Atlantikreise. Als La Palma im Osten zurückgeblieben war, brach ein Passatwindwetter aus, wie es im Buche steht. Über den Azoren lag das Zentrum eines Hochs mit 1030 mb. Es reichte im Norden bis Island, im Osten bis in die Biskaya und in die Sahara und im Westen bis nach St. John's auf Antigua. Das bedeutete für uns Ostwind und schwache bis mäßige Brise. Tatsächlich schwankte unsere Barographenlinie in den ersten zehn Tagen nur um eine mittlere Isobare von 1025 mb, überstieg niemals 1029, fiel aber auch nicht unter 1020 mb. In derselben Zeitspanne drehte der Wind langsam von NO über ONO auf O und blieb die letzten vier Tage lang so. Diese Beschreibung genügt, um sich unseren Reiseweg wie einen Höhenweg im Gebirge vorstellen zu können, der auf der Südflanke des Hochdruckbergs entlangführte.

Meine Passatwindbesegelung beruhte auf demselben System wie schon bei HOBBY: Jede einzelne Fock war „fliegend" zwischen einem Mastbeschlag in Fockstaghöhe und, je einem Augbolzen an Deck gesetzt. Die beiden Spinnakerbäume führten horizontal von einem Mastbeschlag zum jeweiligen Fockschothorn. Von ihren Nocken liefen Schotleinen über je einen Umlenkblock zur Mitte der Ruderverbindungsstange und glichen durch ihren abwechselnden Zug die Kursschwankungen aus. Veranlassung zu diesen Kurskorrekturen war jedesmal der unterschiedliche Winddruck, der das linke oder rechte Segel mehr füllte als das andere, sobald das Boot aus dem genauen Vorwindkurs lief. Ich habe schon im HOBBY-Buch beschrieben, wie sich durch einseitige angebrachte Gummizüge eine absichtliche Ablenkung vom Geradeauskurs erzielen läßt. Nach dem Setzen der Zwillingssegel war ich frei zu tun, was ich wollte.

Schon nach sechs Tagen verirrte sich der erste Fliegende Fisch an Deck. Little-Rudy würde in Zukunft jeden Morgen mit der Bratpfanne auf die Suche nach unseren unbestellten Gästen gehen, als wären es Ostereier. Aber wir kriegten diese Art Ostereier bald satt. Einer flog einmal durchs offene Schiebefenster ins Bett. Mag ihr Fleisch auch so gut wie von Makrelen sein; ihr Hautgeruch ist nichts für empfindliche Nasen, schon gar nicht auf dem Kopfkissen.

Am 20. Dezember grüßt von oben der erste Tropikvogel. Die hohe Stimmlage, wenn er seinen schrillen Zungen-R-Schrei ausstößt, verrät ihn sofort. Das mit dem Zungen-R hatte ich schon mit Cesira zwischen den Tomaten geübt. Für den tropischen Eindruck sorgen die beiden überlangen Steuerfedern im Schwanz. Bei den Kariben waren diese Federn sehr beliebt. Ich stieß eines Tages auf einer einsamen Insel versehentlich auf eine Bruthöhle, wo nur die herausragenden Federn den Bewohner verrieten. Wie die Tölpel war zu meiner Überraschung auch dieser Tropikvogel fluchtgehemmt beim Brüten und hörte sich geduldig meinen Zungen-R und die guten Wünsche für einen gesunden Nachwuchs an. Cesira hätte ihre Freude an mir gehabt.

Ein Vorteil der Passatwindbesegelung ist, daß das Großsegel aufgetucht bleiben kann. Wir spannten zwischen Wanten und Achterstagen unser Sonnensegel, das giebelförmig auf dem Großbaum ruhte. Das gab Schatten und einen kühlenden Durchzug, und es läßt sich schwerlich etwas Genußreicheres vorstellen beim Segeln als dieses gleichmäßige Auf und Ab im Passatwind auf einem Katamaran.

Noch ein Tag später, und wir machten mittags kaum mehr Fahrt. Die Hitze nahm zu.

„So ein Bad mitten im Atlantik; das wäre mal was! Dürfen wir? Wir halten uns auch an der Sicherheitsleine fest!"

„Und wenn ein Haifisch kommt?"

„Hier und Haifische?"

112

„Na, dann wartet mal! Ich will's wenigstens fotografieren, wenn euch einer frißt. Das wäre doch ein Bild für die Illustrierten!"

Kurz darauf stand ich auf der Backskiste und knipste die beiden von oben, die im Wasser plantschten, daß es ein Hai noch seemeilenweit gehört hätte. Ja! Und dann stand kaum der letzte mit den Füßen auf der Badeleiter, da zischte es dicht hinter dem Boot im Wasser, und eine große Rückenflosse schnitt quer durch unsere Kielspur! Ich hätte noch ihre Gesichter fotografieren sollen; aber meins war sicher genauso verdutzt.

Zwei Tage vor Weihnachten waren die zwei täglichen Buckel auf der Barographenspur weg, die vom Mond abhängen und bei schönem Wetter den Eindruck hinterlassen, selbst das Meer atme in den Tropen ruhig und gleichmäßig. „Laß mal den Plumpudding noch in der Dose! Wer weiß, ob wir dazukommen, ihn zu essen!"

Der Himmel veränderte sein Gesicht. Auf Zirruswolken folgten Bällchen. Dann wurde die Luft diesig. Später brachte eine Winddrehung Haufenwolken aus Südwesten. Wollten wir nicht wieder hinsegeln, wo wir hergekommen waren, bedeutete dies das Ende unserer Zwillingsbesegelung. Standort nach dem Mittagsbad mit dem Hai: 21° 17' N, 33° 30' W.

Die Hintergründe des Wetterumschlags sind schnell erklärt. Über Nordamerika hatte sich bereits am 20. 12. ein kräftiges Tief ostwärts auf den Marsch gemacht. Es war nur ein weiteres in einem langen Reigen von Tiefs, deren Fronten wie Girlanden ihre Zugbahn dekorierten. Die letzte Kaltfront hing fast bis Antigua hinunter und wurde von einem Tief nachgeschleppt, dessen Zentrum westlich von Irland lag. So klein ist der Atlantik, wenn es um Schlechtwetter geht!

Hätte nicht am 20. 12. ein großräumiges Hoch über Kanada und Grönland gelegen, hätte das amerikanische Tief keinen Umweg nach Europa zu machen brauchen. So aber setzte es sich statt nach Irland in Richtung Azoren in Bewegung. Weihnachten war damit für uns schon verdorben. Wir kannten zwar die meteorologischen Hintergründe noch nicht, aber der Himmel sprach mittlerweile Bände.

Sechs Windstärken aus Südwesten sorgten für einen kräftigen Auftakt. Von den Passatwindsegeln blieb vorerst noch eine Fock stehen. Unsere Augen hingen gebannt an einer einzelnen Haufenwolke, die zu einem immer größeren Pilz aufquoll und sich oben amboßartig auseinanderzog. Sie drückte dementsprechend aufs Gemüt. Dann teilte sich der Pilz über dem Meer in zwei stämmige Säulen, die ein Tor bildeten wie die Stützen des Eiffelturms. Anschließend wuchs die helle Öffnung in die Höhe; und wer jetzt lieber in Paris wäre, darf als nächstes an den Triumphbogen über den Elysischen Gefilden denken. Es schien, als segelten wir genau da hinein; aber natürlich war es umgekehrt, und der aufgerissene Rachen kam direkt auf uns zu.

Da glaubt vielleicht einer, Wolken seien das Vergänglichste, woran man sich erinnern könne. Diese Wolke aber werde ich nie vergessen, so wenig wie den Himmel am nächsten Abend. Das Wolkenmonstrum sah in seiner Isoliertheit am düster drohenden Abendhimmel wie ein Riese aus, der ein Spielzeug zum Zerbrechen suchte. Wir dachten natürlich, das sei die nächste Kaltfront; aber die ließ sich noch 24 Stunden Zeit. Es war bloß eine tropische Sonderdarbietung.

Unter Blitz und Donner bargen wir gegen Mitternacht die Fock und warfen einen Reifen über Bord. Ein Wolkenbruch stürzte auf uns herab, als bräche der ganze Amboß zusammen. Natürlich war von Schlaf die ganze Nacht keine Rede.

Bei Tageslicht – es war der 23. 12. – kamen die Sturmfock und der zweite Reifen wieder zu Ehren. Die Angstkurve war bereits seit zwölf Stunden am Abstürzen und zitterte dann im Leeren weiter, weil ich vergessen hatte, einen neuen Wochenstreifen aufzulegen. Die Nadel stand bei 1006 mb, der Kerndruck lag bei 975 mb. Alle westlichen Sektoren meldeten 8 bis 9 Bft. Uns fehlten davon noch zwei Windstärken.

Völlig unter im Getöse gingen bei der Crew meine Ausführungen über Sargassokraut, das es ausgerechnet jetzt zum ersten Mal zu sehen gab. Es zog seine langen Prozessionen wie goldgelbe Schlieren über die bleigrauen Wellenberge und war noch eindrucksvoller als bei Sonnenschein.

Mittags – wir saßen wie immer bei solchem Wetter angeseilt im Cockpit – war der ausgewachsene Sturm da. Der Ausruf, von dem schon die Rede war, da drüben rase gerade wieder eine Bö mit Windstärke 10 vorbei, war keine Übertreibung. Wir haben einen Zeugen, der ungefähr drei Breitengrade weiter nördlich von unserer Position sich offenbar ebenfalls über das Weihnachtswetter wunderte und etwa zur gleichen Ortszeit eine Meldung ans Seewetteramt absetzte, die am

114

24. 12. um ein Uhr früh GMT Windstärke 9 aus WSW erwähnt und 23 Grad Wassertemperatur. Das gab uns nachträglich doch einiges Vertrauen in meine Schätzungen. Nicht eingetroffen war der Zusatz auf der Wetterkarte vom Vortag: „Wir wünschen ein frohes Weihnachtsfest!"

Wir dürfen aber nicht vorgreifen. Für uns hat die Nacht zum 24. gerade erst angefangen. Das Schauspiel sollte noch furchterregender werden als am Vortag; denn die Kaltfront lag noch vor uns, die auf der Ein-Uhr-Wetterkarte schon östlich liegt. So einfach kamen wir nicht drunter durch. Wo drunter durch?

Ich wußte damals noch nicht, was Limbo ist. Was Limbotänzer vorführen, ist schlangengleiche Akrobatik unter einer Querstange, die auf zwei Stützen liegt und nach jedem Durchgang tiefergestellt wird. Ohne die Hände zu Hilfe zu nehmen, winden sich die gelenkigen Tänzer unter Musikbegleitung, Knie voraus, unten durch. Die Stange selbst ist mit Baumwolle umwickelt, mit Spiritus getränkt und brennt. Besonders, wenn kaum noch ein Viertelmeter Spielraum bleibt, sorgt das für Aufregung unter den Zuschauern. Als sei des Feuers immer noch nicht genug, hält der letzte, der das unmöglich Scheinende doch noch schafft, in jeder Hand eine brennende Fackel und eine dritte mit den Zähnen. Sie entzündet sich erst, wenn die brennende Stange über seinem Gesicht ist. Nur die schlanken Nachkommen indischer Einwanderer aus Trinidad können das wirklich gut. Die Überlieferung behauptet, die Sklaven hätten sich früher die Freiheit verdienen können, wenn sie es schafften, alle Regeln des Limbo zu erfüllen. Wie zu Neros Zeiten!

Nun fragt sich jeder, was Limbotanzen mit meiner Weihnachtskaltfront zu tun hat. Aber auch die Freiheit, die wir suchten, lag natürlich auf der anderen Seite, und das Sklavendorf Liberta war noch tausend Seemeilen weit weg. Was so eine richtige Kaltfront ist, darüber sollten uns in dieser Nacht einige Lichter aufgehen. Das Spektakel lief in Breitwandformat ab und bezauberte uns in den ersten Stunden durch seine Farbenpracht.

Zuerst sah es so aus, als verspräche der Himmel Besserung. Über die gesamte westliche Kimm zog sich auf dunklem Hintergrund ein hellblauer Riß hin. Eine Stunde später entdeckten wir, daß das blaue Band gar nicht auf der Kimm lag, sondern auf einer flachen Wolkenbank, die auf dem Meer zu ruhen schien. Aus ihr wuchs ein Wolkenturm neben dem anderen empor; jeder für sich ein kleines, quellendes Ungetüm wie ein ins Gigantische verzerrtes Michelin-Männchen. Viel höher zogen sich schräg über den Himmel lange Zirrusbänder. Ich weiß das noch genau, denn ich skizzierte es diesmal auf die Rückseite des Logbuchblattes. Die Wolkentürme wuchsen weiter, und ihre Höhe stand in gar keinem Verhältnis mehr zu der flachen Wolkenbank, aus der sie herausquollen. Das lag an der Erdkrümmung. Dann ging die Sonne unter, und wir durften daran teilnehmen, auch wenn wir sie selber nicht sahen.

Schwarz war das Wasser um uns herum und die Wolkenbank auch. Die Türme aber traf alle zusammen leuchtendes Abendrot von der blutigsten Sorte; sie sahen aus wie auflodernde Scheiterhaufen. Ein unvorstellbares Bild wahrscheinlich; aber so war es, so kam es immer näher und wurde immer größer. Unsere eigene Fahrt war durch Reifen und Sturmfock gebremst, trotzdem trieben wir nach Osten zurück. Der Feuerzauber folgte uns und mußte uns bald einholen. Vom Cockpit aus, über die anrennenden Wellen hinweg, bot sich uns die schönste Aussicht darauf. Aus den verglühenden Hochöfen qualmten mittlerweile oben dicke Wolkenfahnen heraus, stiegen aber nicht höher, sondern wehten wie lange Tücher weg und mischten sich mit der Rauchfahne aus dem Nachbarschlot. Dann ließ völlige Schwärze keinen Blick mehr durch die unförmigen Öffnungen zwischen den nur noch rauchenden Meilern frei.

Alles bisherige war aber nur der erste Akt des Schauspiels gewesen. Als dann die Wolkenbank immer näher kam, zeigte sich, daß ihr Bauch gar nicht auf dem Meer aufgelegen hatte, wie wir glaubten. Darunter blitzten immer wieder Lichtstreifen unregelmäßig auf, sobald ein nachfolgender Wellenberg den Blick kurz freigab. Das Feuer schien auf dem Wasser hin und her zu huschen.

In der nächsten halben Stunde löste sich, was anfänglich nur ein Lichtschein gewesen war, in lauter Einzelblitze auf. Mit Näherkommen wurden sie immer länger. Die Wolkenbank, die vor Stunden nur ein dunkler Strich am Horizont gewesen war, zog mit ihrem Höhersteigen die Blitze immer mehr in die Länge; so schien es jedenfalls unseren Augen. Das war kein einzelner Amboß mehr, sondern ein schwarzer Balken, der über dem ganzen westlichen Horizont schwebte, so weit das Auge blicken konnte. Von dieser im Dunkeln nicht mehr sichtbaren Querstange hing eine leuchtende Gardine zum Wasser herunter, die nur aus Blitzen bestand. Bald hörten wir auch das Rollen des Donners.

Ein scharfes Surren ließ mich zum Mast aufblicken. Neben dem Windanzeiger funkte es grünlich. Fast gleichzeitig hörte ich: „Dreh dich mal um und schau zum Backstag!" Unwillkürlich duckte ich mich; da wanderten auch schon Flammen daran entlang. Hätten wir nicht die Kapuzen des Ölzeugs aufgehabt, hätten uns wahrscheinlich die Haare zu Berge gestanden wie mir einmal beim Bergsteigen: vor Elektrizität und vor Schrecken! Wir hätten uns gerne in den Keller verkrochen. Kurz darauf steckten wir mitten drin – mitten unter der Limbostange! –, und es krachte und blitzte, daß uns Hören und Sehen verging.

Gegen zwei Uhr früh konnten wir es nicht mehr mitansehen. Es gab auch keinen Grund, selber zu steuern. Jeder verkroch sich in einen Rumpf und legte sich auf die Bilgebretter, als wären sie eine Art Keller. Das war wahrscheinlich blitztechnisch der dümmste Rat, aber vielleicht überlebt wenigstens einer dieses Trommelfeuer, dachten wir uns.

Am nächsten Morgen fand ich meinen Kopf zwischen zwei Stapeln Eierkartons, die ich im Dunkeln für ein Kissen gehalten hatte. Die Eier waren noch in England präpariert worden. Heute waren Spiegeleier auf Speck fällig! Der Frontdurchzug hatte sich bis zum späteren Vormittag beruhigt, die Freiheit winkte uns. Unter der Feuerstange waren wir funkensprühend hindurch! Neuerdings nahmen wir Fahrt nach Südwesten auf. Als in Europa die Kerzen an den Weihnachtsbäumen brannten, standen unsere beiden Vorsegel wieder. Wir verloren kein Wort über Weihnachten, obwohl wir jetzt wirklich Grund zum Frohsein gehabt hätten. Jeder kletterte auf seine Seite in eine Koje und holte den in zwei Nächten versäumten Schlaf nach.

Völlige Flaute zu Weihnachten! Die um sich schlagenden Segel weckten uns auf. Ein paar Stunden motorten wir, dann kam leichter Wind zurück. Einem stillen Verdacht nachgehend, begann ich in HOBBYS Logbuch zu blättern. Eigentlich mußten wir fast die alte Kurslinie erreicht haben. Eine Sonnenmessung zu Mittag war sowieso fällig. Wir waren tatsächlich kaum mehr als vierzig Seemeilen von der Stelle entfernt, wo ich auf HOBBY am 4. Juli 1967 vorbeigesegelt war. Es machte mir Spaß, daß ich zu Weihnachten auf HOBBYS Spuren gestoßen war, hier mitten im Atlantik und nach diesem Zacken auf der Seekarte, der uns wieder einen Tag weit nach Osten zurückgeworfen hatte. Deshalb schreibe ich hier die beiden Positionen auf:

HOBBYS Standort am 4. 6. 67: 23° 28,4 N; 38° 7,5′ W.

EILANDHOPPERS Standort am 25. 12. 68: 22° 56,4′ N; 37° 45′ W.

Wie mochte es HOBBY jetzt gehen? Stand das kleine Boot noch unter dem wackligen Holzdach am Ufer?

Die Ruhe nach dem Sturm und das genüßliche Zurücksinken in den gewohnten Trott lassen uns wieder Zeit, an was anderes zu denken. Auf dieser Reise zum Beispiel war die Elektronik, die das Navigieren so zuverlässig macht, noch nicht bis ins Kinderspielzimmer vorgedrungen. Ich hielt mich immer noch an meine alten H.O.214-Tafeln, die eines Tages bestimmt antiquarischen Wert bekommen werden, was bei elektronischen Geräten erst noch zu beweisen ist. Und auch, ob sie dauerhafter sind als Kinderspielzeug. Ich habe da in zwanzig Tropenjahren einiges erlebt. Das soll mal jeder selber ausprobieren, weil es doch keiner glaubt und hören will.

Schon auf HOBBY hatte ich davon geträumt, so ein UKW-Sprechfunkgerät wäre praktisch an Bord, und später war es das auch. Aber auf dieser Reise, die wir gerade noch einmal erleben? Wie wenig bliebe an Spannung noch übrig!

Das wäre schon mit den Thunfischern losgegangen in der Feuerwerksnacht. Nein, doch nicht, denn die Batterien waren ja leer. Also kein Funkverkehr trotz teurem Gerät!

Dann die Nacht, als das schöne Ankerlicht über Bord ging... Einem Havaristen muß geholfen werden! Kommen Sie längsseits, wir reichen ihnen ein Starthilfekabel zu oder bringen eine Batterie hinüber. Beschämend! Und der einzige Freudenschrei auf der Reise! Wo wäre er geblieben?

Hätten wir der HUGO STINNES erklären sollen, wie wir die beiden Feiertage verlebt hatten? Das hätte in der Heimatzeitung eine Menge besorgte Freunde erschreckt. Nur ein paar Segler mögen so was.

Die rote Leuchtkugel in der Allerheiligennacht hätte sowieso keiner gesehen. Aber auf die Seenottaste drücken, das hätte alle in Bewegung gesetzt. Die Leute abbergen! hätte einer von oben kom-

118

mandiert. Unser Boot hätte die Zerreißprobe des Abschleppens nicht ausgehalten. Aus der Traum und die ganze Zukunft schon zu Ende!

Später auf dem Tejo, hätten wir da der Brücke des weißen Schiffes unsere hilflose Lage telefonisch schildern sollen? Vielleicht hätten sie sich zu einem Ausweichmanöver des letzten Augenblicks entschlossen und wären womöglich auf Grund gelaufen.

Den Weihnachtsbaum ausschimpfen, weil sein grünes Positionslicht nicht brennt? Seine Antwort wäre gewesen: „Habt ihr denn sonst keine Augen im Kopf?!"

Oder die ODIN, ganz rätselhaft in Schwarz. „Wir haben eine Ladung Erz an Bord!" hätten wir vielleicht auf neugierige Fragen zu hören gekriegt. Wo wäre der ganze magische Zauber geblieben?

In La Palma hätten wir uns natürlich auf Anruf in den Hafen schleppen lassen können. Aber wer bezahlt das?

Selbst Madeira! War nicht eine Insel, die in der Nebelsoße untergegangen war, viel aufregender als eine, die tagelang in einem guten Kopfhörer piepst?

Bald würden wir dann schon eine Woche vorher auf Langwelle das ZDX aus Antigua hören. Die Insel lag dann nicht mehr Hunderte Seemeilen voraus, sondern kam täglich bereits an Bord. Da geht doch die ganze Spannung weg, und zuletzt ist man so eingelullt, weil ja gar nichts mehr schiefgehen kann, daß wieder mal über eine Insel weggesegelt wird.

Da träumten sie jahrelang von so einer Reise, und dann bringen sich alle um den zauberhaften Reiz dieser einmaligen Erfahrung. Da sollen später noch jährlich ganze Geschwader zu den Antillen aufbrechen. Nicht für Jahrzehnte, sondern nur für kurze Zeit. Statt mit der Lupe nach Krebsen im Sargassokraut zu suchen oder nach der Ursache des Meeresleuchtens in der Nacht, suchen sie täglich zu festgelegter Zeit eine Stimme im Radio und tauschen untereinander ihre Standorte aus. Andere sitzen inzwischen an Land, führen darüber Buch und verschieben die Fähnchen auf der Seekarte. Geht es eigentlich noch ohne Elektronik, wenn das abendliche Fernsehen einmal fehlt? Ist einer noch fähig, den ruhigen Augenblick zu genießen, oder ist alles bloß noch eine geordnete, von Interessengruppen inspirierte Art, Freizeit zu konsumieren?

Da bleibt unterwegs keine Zeit mehr, Atem zu holen, sich umzusehen oder gar bis in die Tiefe vorzudringen. Auf den venezolanischen Inseln habe ich Pazifiksüchtige gesprochen, die schnellstens nach Panama und Tahiti weiterwollten und auch nicht wußten, was sie taten. Von den Antillen hätten sie Barbados und Martinique gesehen; das reiche. Da könnte ich tausend Seiten allein über meine Seglererlebnisse auf den Antillen füllen, und ein anderer bringt es bloß zu einem enttäuschenden Brief von zwei Seiten. Selbst auf den Weltmeeren holt ihn die Vermassung ein, oder einer ist längst diesem Phänomen erlegen, den Traumbildern und Vorbildern – natürlich technisch abgesichert und möglichst risikofrei –, die ein scheinbar glückliches Dasein vortäuschen; und muß nur noch feststellen, ob wirklich alles so ist, wie es in Bildern, Büchern und mit anderen Mitteln nicht ohne Eigennutz beschrieben wurde. War es mir selber vielleicht anders gegangen?

Aber wir wollen unsere Weihnachtsfeier nachholen. Am Stephanstag war endlich der Plumpudding fällig. Der Dosendeckel ging über Bord, und wir sahen seinem langsamen, widerwilligen Absinken noch eine Weile nach. Endlich segelten wir wieder; aber ein Fußgänger hätte uns überholt.

Beim Blick ins abgrundtiefe, dunkelblaue Wasser blitzte es plötzlich goldgelb im Sonnenschein auf, und das rührte nicht vom Messingdeckel her. Ein ganzer Schwarm Goldmakrelen begleitete uns! Was für ein gefundenes Fressen! Aber woher eine Angel nehmen? Die waren alle noch auf HOBBY. Diesmal hatte ich nur ein Unterwassergewehr aus Italien mitgebracht, ein sehr starkes, für ganz beleibte Haifische. Unsere Begleiter zeigten inzwischen Geduld. Das Gewehr war ja erst zu suchen, dann aufzupumpen. Das Wasser lief uns schon im Mund zusammen: frischer Fisch! Nicht einmal auf HOBBY hatte ich damals einen gefangen. So große Fische sah ich jetzt überhaupt zum ersten Male im Wasser.

Wir hielten also vom Vordeck den langen Bootshaken über Bord, an dem ein acht Meter langer Bindfaden hing und an dessen Ende ein silberner Kaffelöffel. Alle unsere Begleiter sahen das Aufblinken und stürzten wie auf Befehl darauf los. Zum Zielen blieb mir keine Zeit; sonst wäre der Löffel weg! Der Speer sauste aus seinem Rohr, und ein Fisch, knapp einen Meter lang, raste wie irrsinnig im Kreis an der Speerleine herum. Unbeschreiblicher Applaus an Bord!

120

„Das war aber kein schöner Schuß!" mußte sich der Jäger später sagen lassen, denn das Bild, wie der arme Kerl im Cockpit lag und die Sonne sich in seinem Blut spiegelte, blieb haften. Es war ein Männchen. Das sind die mit der steilen Stirn. Man sagt ihnen nach, sie wären unter Wasser genauso schnell wie die Fliegenden Fische, die auf der Flucht vor ihnen hochspringen und in langen Sätzen fünfzig und mehr Meter weit fliegen. Die Bauchseite des wunderschönen Fisches ist von bläulich schillerndem Gold. Der Rücken ist so dunkelblau wie das Meer hier, wenn man nach unten blickt – und ihn übersieht. Rücken und beide Flanken sind übersät mit purpurfarbigen kleinen Punkten. Goldgelb sind die Flossen und der Schwanz. Ein schwimmender Regenbogen! Alexander von Humboldt sah ihn schon auf seiner Südamerikareise und sagte Goldbrasse dazu.

Kein besseres Fischfleisch läßt sich draußen im Atlantik fangen. Kein Wunder, denn er lebt bloß von Fliegenden Fischen, und die ernähren sich vom feinsten Plankton. Wir würden nun drei Tage lang nur Fisch verschlingen, gekocht, gebraten und als Fischsalat. Unmengen von Mayonnaise vertilgten wir dazu. Das Ereignis wiederholte sich nicht; aber auch Weihnachtsgans gibt es nicht alle Tage!

Dann nahm der Wind wieder zu und kletterte auf 4 und 5 Bft, wenn vorübergehend aus harmlosen Passatwolken Regenböen heruntergerauscht kamen. An Deck sah es wie in einem Kindergarten aus. Da hingen Leinen zum Schaukeln zwischen Mast und Wanten. Da stand im Cockpit ein großer Waschtrog voll Seewasser, denn der Hai von damals hatte erzieherisch gewirkt. Erzieherisch war es wohl auch gedacht, als eines Morgens der Teddybär nicht mehr da war. Er war beim Schlafengehen an Deck vergessen worden. „Den hat sicher der Wind über Bord geblasen, und nun ist er ertrunken! Oder er hat sich einen anderen Jungen gesucht, weil du ihn nicht in dein Bett mitgenommen hast."

Dicke Tränen hatte das zur Folge, aber noch mehr Freudentränen am Morgen danach. Da war der Teddy wieder da. Naß natürlich vom Hinterherschwimmen; aber das trocknete ja wieder.

Längst stand auch der in England gebaute, auseinandernehmbare Tisch im Cockpit. Little-Rudy hatte bald nach La Palma seine Kiste mit zusammensteckbaren Bausteinen an Deck gebracht, und der Tisch war sein Spielplatz dafür, wenn nicht gerade mit Spaghetti gehäufte Teller daraufstanden. Später habe ich der Firma geschrieben, ob das kein Werbefoto für sie sei. „Leider nein!" hieß es in der Antwort. Der Bootsmarkt sei gänzlich ungeeignet für ihr Spielzeug, da schaukele es zuviel! Katamarane waren natürlich kein Markt. Wahrscheinlich muß erst mit Katamaranen um den America's Cup gesegelt werden, bis es einer wird.

Am Silvestertag wurde der Sollkurs auf Antigua festgelegt: 275°. Vor Doppelfock ließ er sich nicht genau halten. Wir würden aber einen Trend bemerken, sollte sich der Kurs entschieden nach einer Seite hin ändern. Das war uns Navigation genug für die nächsten Tage. Von der letzten Passatwoche ist sonst nichts zu berichten. Sonnenhüte wurden Mode. Der erste von hundert, die im Lauf vieler Jahre auf EILANDHOPPER davonfliegen sollten, fand schon hier sein nasses Grab. Er stammte noch vom Wochenmarkt in Cherbourg. Was waren wir doch optimistisch gewesen! Auffälliges Zusammentreffen am selben Tag: Ein Franzose kreuzte unseren Weg, und ein Hai ließ sich sehen. Aber Zusammenhänge bestanden sicherlich nicht.

Während die letzten Passattage wie am Schnürchen ablaufen, habe ich mir Gedanken gemacht; damals an Bord und jetzt bei der Wiederholung. Warum gab es bis auf den einen Schlechtwetterdurchzug keine Klagen übers Wetter? Die gehörten doch fast schon zum Standardbericht aller Segler, die von den Kanarischen Inseln aus diese Reise angetreten hatten. Da ist von langen Flautenperioden die Rede; von Gegenwind, eine Woche lang. Da schrieb einer, in drei Wochen habe er nur einmal so etwas wie den sogenannten Passatwind gehabt, und ein anderer berichtet, unterwegs habe man alles vergessen können, was man über das Passatwindsegeln jemals gelesen habe.

Alle, die das geschrieben hatten, waren nach Barbados gesegelt und hatten sich vermutlich genau damit um das großartige Vergnügen gebracht, dessentwegen sie losgesegelt waren. Kolumbus, vergleichsweise, segelte das erste Mal zu den Bahamas, das nächste Mal kam er nördlich von Dominica an. Ich selbst wäre niemals mit dem Ehrgeiz aufgebrochen, Weihnachten auf Barbados feiern zu wollen, sondern wäre immer wieder im Frühsommer losgesegelt und hätte mich so weit nördlich wie möglich auf der Südseite des Azorenhochs entlanggehangelt.

Der Brauch, zu dieser völlig uninteressanten Insel zu segeln, hat sich eingeleiert, seit die ersten Weltumsegler die Route absteckten. Nichts gegen Barbados! Die Insel besaß früher die Reputation, die englischste, das heißt, die zivilisierteste aller Antilleninseln zu sein. Das war für die, die ihr nächstes Lebensziel in Butter und Hammelkeulen auf Neuseeland suchten, eine gute Vorübung. Konservativer als Neuseeland ist gar nichts. Das mußte doch eine Beglückung für alle sein, denen Mitteleuropas Enge den Hals zugeschnürt hatte!

Freilich sprach auch der Grund mit, daß im November die Hurrikanzeit angeblich vorüber war. Aber wer sich vorher die Mühe macht, sämtliche Zugbahnen der letzten hundert Jahre zu studieren, kann dabei eine Lektion über Statistik beziehen. Immerhin hat uns Hurrikan LILI 1984 die Weihnachtstage ganz schön vermasselt.

Natürlich ist der Atlantiksprung nach Barbados auch am kürzesten. Von dort geht's über Antigua nach Panama weiter; dann bleibt man mit dem pazifischen Wettergeschehen für die Weiterfahrt in Einklang.

Was das Atlantikwetter anging, so warf ich immer wieder einen Blick auf die Wetterkarten. Je weiter sich einer vom Azorenhoch entfernt, um so weniger darf er auf Nordostpassat hoffen. Dort unten, wo in der Konfusion zwischen Nordost- und Südostpassat die Wirbelstürme Westindiens geboren werden und eine ‚Easterly Wave' nach der anderen das Wetter auf den Antillen bestimmt, gibt es natürlich kaum noch Passatwind; außer in der Statistik!

Die große Versuchung besteht darin, von den Kanarischen Inseln nach Süden, Richtung Kapverden, zu steuern und dort den Südost-Passatwind zu suchen und nebenbei auch noch Inseln zu sammeln. Was aber den „kurzen Sprung" nach Barbados angeht, so war der lange Weg von England nach Antigua auf HOBBY kürzer als die Zeit, die schon manch einer da unten in kalmenähnlichen Verhältnissen versauert ist. HOBBY war praktisch am 10. Juni in Cherbourg losgesegelt und am 16. Juli in Antigua angekommen. Das zweite Mal lagen leider in England zu viele Prügel im Weg. Um so überraschter war ich aber, daß ich ab La Palma – und dem HOBBY-Kurs wenigstens da unten noch ziemlich nahe kommend – ein ähnlich gleichmäßiges Passatwindwetter auch im „Winter" antraf. Es liegt also womöglich nicht an der Jahreszeit, sondern am Breitengrad. Die dreißig Tage, die wir dann für die 2600 Seemeilen brauchten, gingen nicht nur zu Lasten der Schlechtwettertage; sondern sie lagen auch an der ungenügenden Besegelung in den ruhigen Wochen, als wir mit größerer Segelfläche hätten sportlicher segeln können, zum Beispiel mit Großsegel und Genua statt mit der Zwillingsfock, die dieselben Maße hatte wie jene auf dem 2 m kürzeren HOBBY! Aber wozu?

Seit dem 7. Januar nahm ich die Navigation nicht mehr so genau. Wir hatten da laut astronomischer Berechnung noch 150 Seemeilen voraus. Gut zwei Tage vielleicht. Wir brauchten nur auf das Radiosignal vom Flughafen loszusegeln.

Einen Tag später sahen wir hoch über uns Fregattvögel Passatwolken umkreisen, und nichts ließ mich verwundert nachdenken, was diese wasserscheuen Wesen so weit draußen auf dem Meer wollten. (Was ich erst später las: Sie können schlafend die Nächte in der Luft verbringen.) In der Nacht zum 9. Januar blieb der Wind eine Weile ganz weg, und die schlagenden Segel weckten mich auf. Um Ruhe zu schaffen, kletterte ich an Deck und sah mich gleich erschrocken um. Nördlich von uns schien eine ganze Flotte zu manövrieren. Wir hatten davon schon im Radio gehört. Da waren mehrere rote und auch weiße Lichter. Also abwarten, bis es Tag wird…

Beim ersten Lichtschimmer sah ich Land im Norden! Die Lichter stammten von Autos, die bremsten, von ihren Scheinwerfern und von den NASA-Antennen, die vor einem Jahr gebaut worden waren. Wir wären ohne das Klappern der schlaffen Segel an Antigua glatt vorbeigetrieben. In Landsicht, wohlgemerkt!

Desmond Nicholson, dem ich das dann als unser letztes Abenteuer beschrieb, meinte prompt: „Never mind, Rudy! Letzte Woche lief ein Trimaran, der auch über den Atlantik gekommen war, neben Green Island auf das Hufeisenriff, weil der Steuermann schlief!" Das Boot sei nicht mehr zu retten gewesen. Seit damals habe ich mir also auch diese alte Seefahrerweisheit gemerkt: Wo Fregattvögel in der Luft sind, ist Land in der Nähe denkbar!

Es wurde also Zeit, eine Wende zu machen – wir waren die letzten Tage mit Genua und Großsegel vorangekommen – und bei schwachen Winden nach Green Island hinaufzusegeln. Das ist die Südostecke Antiguas, wo ich schon mit HOBBY angekommen war, die letzte Würstchendose über Bord werfen wollte und erschrocken feststellte, daß es plötzlich nur noch fünfzig Meter tief war und ich gar nicht mehr „5000 Meter" zum Abschied hinterherrufen konnte. Dort wollte ich diesmal auch wieder ankommen. Es verging eine Weile darüber.

Endlich großes Festgeläute mit der Reffkurbel gegen den Mast! 500 Meter von der auf dieser Seite gar nicht grünen Insel entfernt war großes Wecken. Da standen dann alle staunend an Deck. Die Schiffsführung hatte ihre große Stunde: „Seht ihr: Das hier ist Antigua! Habe ich euch nicht ganz genau hergebracht?"

Von jetzt ab wiederholte sich alles für mich. Derselbe Sonnentag wie vor achtzehn Monaten! Dieselbe dürre Küste, ganz ohne Palmen! Die Buchten unzugänglich und versperrt von quer davorliegenden Riffen. Endlich die festungsbestückten Anhöhen von Shirley Heights über uns. Noch ein felsiger Küstenvorsprung, und da standen auch schon die Säulen des Herkules wie Sandsteingötter vor Pharaonentempeln.

Wir segelten durch die Einfahrt, obwohl diesmal bestimmt kein Motor gestreikt hätte. Die Außenbucht, Freeman's Bay, war so gut wie leer. Endlich waren auch wir freie Menschen! Wir segelten durch die zweite Enge, vor dem Admiral's Inn vorbei, nachsehen ob er noch da war; kehrten dann aber an die steinerne Hafenmole auf der Nordseite zurück und machten längsseits an der Stelle fest, wo am Ufer die alten Seilwinden stehen und wo schon Admiral Nelsons BOREAS kielgeholt worden war.

Angekommen!

Da schauten auch schon, keine fünfzig Meter weit weg, unter einem Schindeldach auf wackligen Säulen zwei spitze weiße Nasen hervor, wie um zu schnuppern. HOBBY war da! Wie hatte es doch vor langer Zeit geheißen? Wenn alles gut ginge, würden wir uns drüben bei HOBBY wiedersehen. Es ging alles gut!

„Ihr Rumpunsch ist serviert, Sir!"

Jedesmal fällt mir das folgenschwere Plakat im Mailänder Reisebüro wieder ein, wenn mir auf so vollendete Weise ein Glas von diesem Bernsteinsaft serviert wird. Bei ungezählten Gelegenheiten würde ich es später auch in Schwimmbecken versuchen, vor rosa oder immergrünem Hintergrund, mit oder ohne „Ma'am", im Sonnenschein und bei Vollmond, unter Palmen oder bis zum Hals im Wasser und auf viele andere Weisen. Aber es gibt keinen gemütlicheren Ort, Rumpunsch zu trinken, als auf dieser schattigen Terrasse, wo ich eben dieses hohe Glas serviert bekam! Ich kenne auf den Antillen keinen zweiten, der mir so gefällt.

Im Rücken die alte Backsteinmauer mit den hohen, schmalen, von Holzläden geschützten Zugängen ins Innere dieses gastlichen Hauses; vor meinen Augen der verschlafene Wasserarm dieser verschnörkelten Bucht. Höchstens rudert mal ein Segler im Beiboot vorüber, oder schwarze Buben schwimmen, so rasch sie können, hinter ihren selbstgebastelten Segelbooten her, die ihnen hoch am Wind schneller weglaufen als erwartet. Da vorn am Ufersteg legt jeden Vormittag ein Fischkutter an, der unförmige Säcke voll Barsche und Langusten dem Küchenchef abliefert. An diesem Steg liegt auch mein Beiboot, und zweimal habe ich hier nach wochenlanger Reise wieder festen Boden betreten. Vielleicht gefällt es mir deshalb in diesem beschaulichen Winkel so gut.

Da ist sicher was Wahres dran. Aber ist das alles? Gefällt es mir nicht vielleicht auch, weil das eigentliche Westindien erst hinter dieser hohen Mauer zur Linken beginnt und hier noch ein kleiner Rest vom alten Europa übrig geblieben ist?

Am Fuß der unübersteigbaren Mauer, die das jahrhundertealte Marinearsenal gegen die Außenwelt abschirmt, gedeihen in der gespeicherten Hitze stachelige Palmlilien, die übrigens gerade in diesen Wochen jetzt, drei Meter über dem Boden, ihren cremefarbenen Schellenbaum voll eßbarer Blüten entwickeln. Wenn sie so weiterwachsen, werden sie in ein paar Jahren über die Mauer nach draußen schauen können. Ihre dolchartigen Stachelblätter übernehmen dann die Aufgabe der vor zwei Jahrhunderten oder früher zum Schutz auf der Mauerkrone einzementierten Scherben von Gin- und Whiskyflaschen. Die kamen als notwendiger und angenehmer Ballast von England herüber, wie auch die ungewohnt flachen, auffallend gelblichen Tonziegel, aus denen hier alle Gebäude errichtet worden sind. Dieser Ballast mußte den fehlenden Kiel in den sonst leeren Schiffen ersetzen, denn die Zuckerinseln haben immer nur gegeben, aber niemals genommen; es sei denn im Dreiecksgeschäft über den Hafen von Liverpool die afrikanischen Sklavenarbeiter. In den zwei Jahren, bevor England den Handel mit Sklaven verbot, wurden noch schnell fünfzigtausend Schwarze auf diesem Weg verschoben, und an die zweihundert Schiffe waren allein zu diesem Zweck unterwegs.

Sonst stehen noch Mahagonibäume auf den Terrassen zum Ufer hinunter, ein Holz, das jeder Schiffszimmermann braucht. Meinem Stammplatz gibt ein verknorpelter Eukalyptusbaum Schatten. Fährt ein Windstoß zwischen seine Zweige, dann fallen die dünnen Blätter auf den Tisch. Auf all diesen verwitterten, aber massiven Holztischen stehen Vasen mit Hibiskusblüten. Sie wachsen gleich nebenan. Weil sich jede Blüte nur einen Tag lang an ihrem Dasein freuen kann, geht Etheline großzügig damit um. Etheline ist die farbige Wirtin, eine charmante, kaffeebraune und noch junge Dame. Wenn ihr danach ist, singt sie abends mit ihrer schönen Altstimme romantische Lieder aus alten Zeiten.

Beim ersten Besuch vor zwei Jahren hatte ich sie gefragt, ob wir nicht zwei Kokospalmen vorne ans Ufer pflanzen sollten. Aber Etheline, die abends Bar und Restaurant gern bevölkert sieht, antwortete mir: „Wo Palmen stehen, gibt es auch Mücken, Rudy. Vor den Hotels ist das was anderes. Ohne Palmen geht da überhaupt keiner hin."

Auf den bunten Prospekten sah man natürlich die kleinen Störenfriede nicht, und wo die Drucksachen hergestellt wurden, geriet eine Mücke nicht einmal aus Versehen zwischen die Seiten, zerquetscht wie bei mir an Bord in die Bücher.

Weil ich der einzige Gast war, machte ich es mir mit den Füßen auf den blauen Segeltuchpolstern gemütlich. Die waren alles, was schnell ins Haus geräumt werden mußte, wenn es überraschend zu regnen anfing.

„Prost, Rudi!" rief ich mir dann zu. „Du hast dir endlich den Mailänder Rumpunsch verdient!" Ich war schon frühmorgens beim Zollamt in der Hauptstadt gewesen. Der Rückweg von der Bushaltestelle in Falmouth bis hierher war heiß. An Bord hing die Wäsche zum Trocknen auf der Leine, das war vom Inn aus zu sehen. Warum sollte ich jetzt schon wieder zurückrudern? Meine zwei waren über die Insel unterwegs.

Aber schauen wir uns weiter um! Rechter Hand – wenn wir zum Wasser blicken – stehen nur noch die mächtigen runden Säulen eines Lagerhauses, wo bis vor 150 Jahren die Masten der Segelschiffe repariert worden sind. Dann hat ein schweres Erdbeben das zweistöckige Gebäude einstürzen lassen. Ein solches Erdbeben sollte ich selber in einigen Jahren hier erleben. Jetzt liegt die Wasserfläche noch ganz ruhig da. Wie mag es ausgesehen haben, als sich die gesamte britische Flotte der Leeward-Inseln hier in der Hurrikanzeit versammelte, sofern sie nicht zu größeren Überholungsarbeiten nach Europa gesegelt war? Eine riesige Kloake sei das, hat sich einmal ein Kapitän in London beschwert, weil ihm alle Seeleute an Gelbfieber wegstarben. Denn mangels größerer Gezeitenunterschiede säubert sich die Bucht nur wenig von selbst.

In jener kriegerischen Zeit entstand auch dort drüben über dem Wasser das unzerstörbare Pulvermagazin, das, von hier aus gesehen, gerade noch mit seiner giebelförmigen Panzerdecke über die Maibäume hinausragt. So heißen hier die Agaven, wenn sie blühen. Das daran angelehnte, einfache und noch nicht zwanzig Jahre alte Wohnhaus besaß lange Zeit für ausgewählte Gäste die größte oder zumindest wunderlichste Attraktion im ganzen Hafen. Der Besitzer hatte sich nämlich aus durchsichtigem Plexiglas eine Badewanne eingebaut, die von unten elektrisch beleuchtet werden konnte, auch wenn er später aus Wassermangel nur selten Gelegenheit gehabt hatte, darin seine Schöpfung zu genießen. Die Überraschung für die staunenden Besucher – sofern das Licht funktionierte: unter der Wanne wurde im freigelassenen Raum die wirklichkeitsgetreue Nachbildung eines Uferstreifens sichtbar. Da lagen auf weißem Sand sonnengebleichte Korallenstücke, Schneckengehäuse, Muschelschalen, ausgetrocknete Seepferdchen, ulkig verbogene Holzstücke, Puppenbeine und was der glückliche Hausbesitzer irischer Abstammung sonst noch alles zusammen mit seiner Frau und seinen Söhnen Rodney und Desmond bei ihren Spaziergängen gefunden hatten.

Auch so ein irrer Träumer also? Ganz und gar nicht! Fregattenkapi-

12

13

12 Trockenzeit, Blütezeit. Ein
Kolibri (l. u.) hat zu diesem
„Maibaum" auf Shirley
Heights heraufgefunden.

13 Freund Desmond auf Schatz-
suche: nur Scherben. Yacht-
volk und Einheimische staunen, wer vorher alles schon
da war: Siboney, Arawak und
Kariben.

14 „Unmöglich, in der Wal-
Bucht zu ankern", schreibt
der Segelführer. Endlich ein
Ankerplatz, wie wir ihn lieben, für uns ganz allein.

15 Zur Belohnung: Grande
Baleine! Nur wer jahrelang
kein fließendes Wasser erlebt
hat, versteht unser Glück.

16 Weihnachtsfreude: ein
Casuarina-Zweig in einer
200 Jahre alten Sodawasser-
flasche

17 Zum Andenken an alle Opfer, die Hurrikan DAVID auf
Dominica gefordert hat.
Lange ist es her, daß Insel-
gouverneure solche Bäume
für die Nachwelt pflanzten
oder Väter bloß Kokospal-
men für die eigenen Kinder.

18 Unvergleichliches Lateinamerika: „Habt ihr heute
schon Fisch gegessen? Nein?
Dann nehmt euch einen mit!"

19 Die Felsenklippe Redonda,
eine bergsteigerische Herausforderung, die nicht zu
umschiffen war. Treibt das
Boot ab, bleibe ich als Robinson zurück?

17

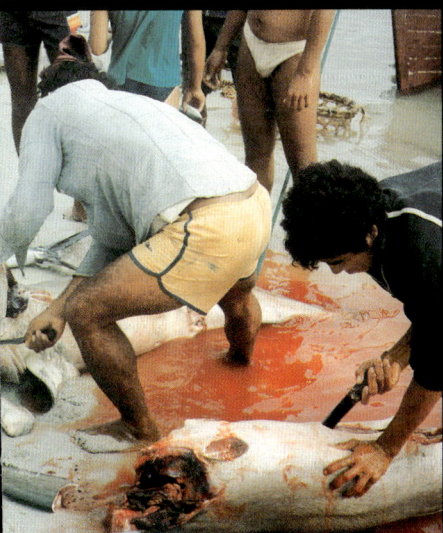

18

19

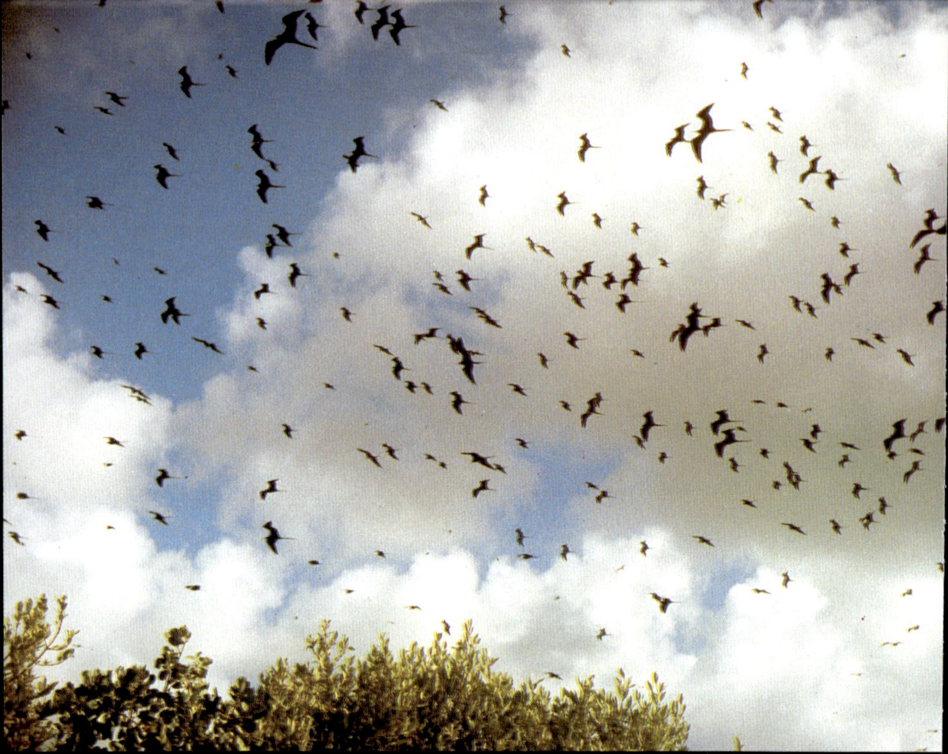
20

21

22

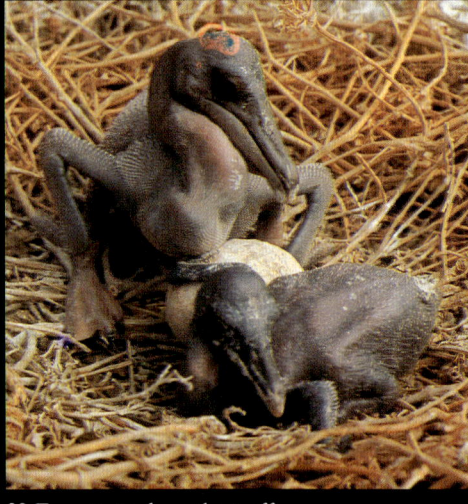

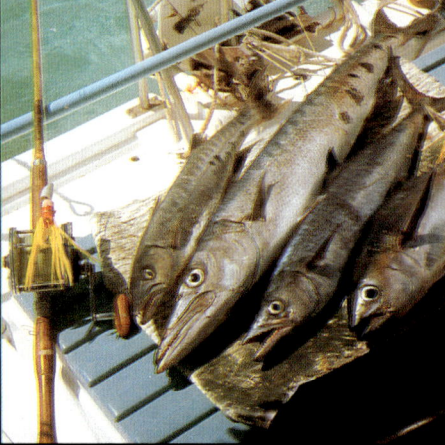

20 Fregattvögel, unübertreffliche Segler der Lüfte

21 Urvögel, kaum aus dem Ei geschlüpft: junge Pelikane

22 „Vielfraß!“ klagen vier Augen an. – „Selber auch

tän Nicholson war es, der hier mit seiner Familie nach dem Krieg trotz einer beabsichtigten Weltumsegelung hängengeblieben war; er fand die verlassenen Ruinen in der fast menschenleeren, aber wirbelsturmsicheren Bucht und gab den Anstoß dazu, daß hier nicht nur ein blühender Yachthafen entstand, sondern der einzige, historisch wirklich interessante Ort wiederhergestellt wurde, der von 200 Jahren englischer Geschichte erzählt, als es um den Besitz der Zuckerinseln ging und damit um die Seeherrschaft hier und in Europa. Das ist nirgends sonst so leicht zu begreifen. Hier kann es einer noch mit Händen fassen.

Da stand also das hohe Glas mit dem fruchtigen Inhalt. „Dank Ihnen, Philip, und auf Ihr Wohl!" Ich hob dem Kellner das neue Glas entgegen, nachdem er es mit den bekannten freundlichen Worten abgesetzt hatte.

Der es mir serviert hatte, sah nicht aus wie der schon so weit zurückliegende „schwarze Schwan", sondern wie alle biederen Männer dieser Insel, wenn sie am Samstag mittag im dunklen Anzug aus der Methodistenkirche in Liberta auf die Straße treten und so einen krassen Gegensatz zu ihren ganz in Weiß gekleideten Frauen darstellen. Mit seinen ein Leben lang vernachlässigten und mißhandelten Zähnen hätte er auch keine Reklame für Zahnpasta machen können.

„Oh, ich erinnere mich noch wie heute, Mr. Rudy, wie durstig Sie damals hier angekommen sind. Fünf Wochen lang war Sie allein auf dem Wasser gewesen, nicht wahr?"

„Ja, und dabei hatte ich die ganze Zeit gedacht, hier gäbe es höchstens Kokosnüsse zum Austrinken!" Wir lachten beide. „Aber dann überraschten Sie mich mit der Frage: Heineken oder Tuborg? Mann, das war ein Fest!"

„Kein Wunder, daß Sie froh waren, endlich bei uns zu sein! Keinen Menschen sehen von Europa bis hierher, das wäre nichts für mich. Ich habe später häufig an Sie gedacht, wenn ich da drüben bei dem Schuppen vorbeigegangen bin und Ihr Schiff liegen sah. Wie haben Sie es vorgefunden? Alles in Ordnung?"

„Alles in Ordnung! Es muß jetzt noch gemalt werden; dann soll es zurück ins Wasser. Das ist bloß alles nicht so einfach bei zwei Booten, von denen jedes auch noch zwei Rümpfe hat. Das ist schon eine richtige Flotte!"

„Ja, wie unser Admiral Nelson sie hatte! Den haben sie uns übrigens von der Wand gestohlen. Haben Sie schon gesehen, daß er fehlt?"

Ich wußte es nur zu gut. Vor zwei Jahren hatte ich ihn hier in der Gaststube noch fotografiert. Mir gefiel die alte Inneneinrichtung: die Bilder, Kupferstiche, vergoldeten Spiegelrahmen und Wandleuchter. Das paßte so gut auf die rohe Mauer aus ockerfarbenen Tonziegeln, die in 200 Jahren Geschichte eine Menge miterlebt hatte.

Aber Philip war noch nicht am Ende. „Bei der letzten Regattawoche waren viele französische Yachten da. Die haben nicht nur fast alle Preise gewonnen, sondern auch noch unseren Nelson mitgenommen. Mr. Desmond meint, sie hätten was gegen unseren Admiral. Dabei ist er doch schon so lange tot! Sie seien wohl sehr nachtragend wegen der verlorenen Seeschlacht. Im Museum hängt ein Bild davon: lauter in Brand geschossene Schiffe, und der Admiral liegt in seinem Blut. – Aber entschuldigen Sie, Mr. Rudy, ich muß die Tische decken. Heute kommt wieder so ein Kreuzfahrtschiff. Was täten wir ohne sie!" Und damit begann er, blaue Leinentücher auf die Tische ringsum zu legen, stellte dann aber den Blumenschmuck wieder an seinen Platz. Mit dem Fuß stieß er dabei einen Einsiedlerkrebs, der sein Haus über den Boden schleppte, ins Gras. „Damit keiner drauftritt, wissen Sie?"

Philip gehörte nicht zur jungen Generation. Eigentlich gehörte er in ein Postkartenalbum aus vergangenen Tagen. Er hatte seine Heimatinseln noch zu einer Zeit erlebt, als sich kein Mensch auf der Welt für die Antillen und ihre Bewohner interessierte. Einen Teil seiner Jugendzeit war er auf Arbeitssuche unterwegs und sogar in Martinique gewesen. Saßen wir abends nur noch in kleiner Runde beisammen, stimmte er kreolische Lieder aus jener Zeit an: Kirchenlieder, Liebeslieder, Matrosenlieder; alles durcheinander. Etheline ließ sich dann manchmal verlocken mitzusingen. Schöne Stunden!

Als Philip wieder an meinem Tisch vorbeikam, erinnerte ich ihn daran. „Was ist aus Ihren Long-time-ago-Songs geworden, Philip? Kennen Sie noch welche? Wie das eine? ‚If you'll find a love you can share; one you can call your own!' Das sich reimte auf: ‚You'll never be alone!'"

„Oh, Mr. Rudy, das sind wirklich very old songs! Ist es nicht so, wie es zum Schluß heißt: ‚Jeder darf davon träumen'?"

„Ja, Philip, jeder darf davon träumen!"

„Aber woher wissen Sie das noch alles so gut, Mr. Rudy?" Er versuchte sich zu erinnern.

„Das vergißt man nicht, Philip, weil es so wahr ist. Träumen wir nicht alle?"

„Ja, jeder träumt ein Leben lang, und wenn er aufwacht, hat er was dazugelernt."

„Ein anderes Mal sangen Sie: ‚Young woman I loved'. Etheline lachte bloß dazu, und wir hörten sie gleich darauf singen: ‚There was an old nigger' und: ‚There was a lonely girl'; es wurde ganz still in der Gaststube, als sie fortfuhr: ‚The tears ran down like the rain'. Da hätten wir sie alle am liebsten umarmt, nicht wahr? Aber sie lachte uns aus und machte uns allen klar: ‚I love the fiddle and the bow'. Was für eine schöne Zeit!"

„Oh, Mr. Rudy! Sie wird niemals wiederkommen. Aber seit wir abends so viele Gäste haben, brauchen wir uns wenigstens um unsere Jobs nicht mehr zu sorgen. Das ist auch was wert."

„Das freut mich, Philip, für Sie. Im übrigen: Wer es nicht anders kennt, vermißt auch nichts."

„Aber sagen Sie, Mr. Rudy: Haben Sie eigentlich den Schaden ersetzt gekriegt?"

„Sie meinen die Kisten aus dem Zollager in St. John's? Nein, noch nicht. Aber die Regierung müsse bezahlen, hat mir der Rechtsanwalt versichert."

„Die Regierung? Seit unsere Minister das Geld verwalten? Na, dann viel Glück, Mr. Rudy!"

„Ich kann warten, Philip. Heute morgen am Markt in St. John's hat mich die kleine Dicke angesprochen, die links hinten in der Ecke immer bei einem Faß eingesalzener Heringe steht. Als ich ins Faß schaue, sagte sie zu mir: ‚Sie! Ich glaube, ich kenne Sie. Ich habe Sie zu Hause auf einem Foto, das in einem Goldrahmen steckt. Da tragen Sie allerdings eine Krawatte!' Ich dachte zuerst, sie redet mit jemandem hinter mir; aber da war sonst keiner."

„Was für eine Schande für unsere Regierung! Nichts klappt mehr, seit wir unabhängig sind. Wollte sie Ihnen das Bild nicht zurückgeben?"

„Doch, Philip. Sie hat es vor ein paar Wochen hier am Markt

gekauft. Der Rahmen hat ihr gefallen. Damals wurde auf den Steinbänken, wo sonst das Obst liegt, der Inhalt eines großen Koffers ausgeleert: wenigstens zweimal so groß wie ein Heringsfaß. Was da alles herausgekommen sei: stapelweise Leintücher, Handtücher, Bettwäsche, ein Plattenspieler, Schallplatten, Fotoalben, neue Schuhe und Kleider, und jeder konnte kaufen, soviel er wollte. Es sei auch gar nicht teuer gewesen. Ich dürfe mir das Bild abholen, wenn ich das nächste Mal in die Stadt käme. Aber ich will nichts mehr davon sehen, Philip. Ich sagte ihr, sie solle es wie mit den Jasminblüten halten, und lachte dazu. Ein Bild von mir mit Krawatte ist das letzte, was ich jetzt brauche. Da fiel sie mir doch beinahe um den Hals!"

„Was haben denn Jasminblüten damit zu tun?"

„Wissen Sie nicht, Philip, wie man sie hier auf den Inseln nennt? ‚Halt-mich-und-küß-mich!' Dann stellte sich noch die Marktfrau mit den Ananas dazu und die andere, die immer die größten Kürbisse hat, und alle waren sich einig, es sei eine Schande für die ganze Insel, was da passiert ist. Ich wäre aber kein Einzelfall. Seit die Engländer weg seien, bekäme keiner mehr die dürftige Pension oder das Geld für die Medikamente, die sie alle so dringend brauchten. Es hieße einfach, es sei kein Geld mehr da!"

„Das tut mir wirklich leid, Mr. Rudy!"

„Never mind, Philip! Bringen Sie mir lieber was zum Lunch; aber bloß keinen Fisch mit Chips!"

Ich habe vorhin, als ich in den HOBBY-Erinnerungen auf meinen Tonbändern kramte, einen Gast zu erwähnen vergessen, der damals mit mir das Hafenbecken und die Abende im Admiral's Inn ein paar Wochen lang teilte. Das war Wolfgang Trauner aus Klagenfurt gewesen. Mir fiel gleich seine rot-weiß-rote Flagge auf, die hier frei wehen durfte. Dort wo ich herkam, aus Südtirol, trugen die hölzernen Fensterläden alter Herrenansitze und Burgen dieselben leuchtenden Farben; was aber die Landesherren in Rom veranlaßte, sie gerade damals übermalen zu lassen oder gar zu konfiszieren. Glaubt vielleicht einer, ich wäre auf HOBBY unter einer grün-weiß-roten Flagge losgesegelt, wie es sich eigentlich gehört hätte?

Wolfgangs winziges Boot also, in dem zur Not sein Eigner und eine liebe große Katze Platz hatten − und sonst nur noch ein ganz großer, sogenannter Weltempfänger −, trug am Heck den tiefsinnigen

Namen LEI, LEI LASS'N. Das klang sehr heimelig für meine Ohren, und wenn man es genau betrachtete, war es nicht weit weg von Getaway-from-it-all. Wolfgang hatte sein Boot in Kanada gebaut und wollte damit um die Welt. Sein Vorschlag war immer wieder: „Geh', komm doch, Rudi; fahr'n mir z'sammen um die Welt!" Sein Empfänger war wirklich sehr gut und seine Beziehung zu Radio Wien sicher auch, denn an einem schönen Nachmittag dröhnten die Wände des Admiral's Inn von ganz speziellen Grüßen an den angehenden ersten Weltumsegler der Alpenrepublik, und dazu erklangen Beethovens Götterfunken.

Eines Morgens stand dann die fröhliche Flagge nicht mehr vor meinem Bug, und ich sollte noch jahrelang an ihn und seine Katze denken und wie weit er es wohl mit diesem Winzling von Boot geschafft hatte. Viele Jahre später stieß ich auf eine Pressemitteilung, ein deutsches Forschungsschiff habe südlich der Azoren LEI, LEI LASS'N! gesichtet. Sein Eigner käme aus Kapstadt und wolle nach seiner Weltumseglung auf schnellstem Wege nach Bregenz am Bodensee. Do schaugst, Rudi! „Gratuliere, Wolfgang!"

Als Philip mir den nächsten Rumpunsch brachte, ließ er nicht locker, was die Liederabende von damals betraf. „Das verrate ich Ihnen gern, Philip. Aber Sie müssen mir dann auch sagen, was alles in diesem Rumpunsch drin ist." Das war ja nun schon der dritte! Kein Wunder, denn selbst das Glas, das aus der Tiefkühltruhe kommt, hält den Inhalt nicht lange kühl. Aber schön ist auch das: Frost am Glas statt an der Windschutzscheibe.

Von Bernsteinfarbe konnte ich weiter vorne, als es noch um das Plakat ging, nur schwafeln, weil ich noch nicht wußte, wie apfelsinenrot das süffige Getränk aussehen kann. Den kleinen Farbunterschied erklärte mir Philip beim nächsten Vorbeikommen. Das läge am Grenadinensirup.

„Wachsen denn in Antigua Granatäpfel?"

„Nein, hier nicht genug; aber in Dänemark!" Von dort kämen die Flaschen mit dem roten Saft. Dänemark läge auf den Jungferninseln. Er sei mal als Kind dort gewesen, weil seine Mutter in Frederiksted einem alten dänischen Doktor den Haushalt geführt habe, bevor die Nordamerikaner die Inseln vereinnahmt hatten.

„Eigentlich schade, Philip, daß es heute kein Dänemark mehr auf den Jungferninseln gibt. Die Dänen kämen sonst sicher genauso gern herüber wie die Franzosen. Das können Sie sich nicht vorstellen, Philip, die segeln im Frühjahr zwischen Eisschollen herum! Ich war auch mal dabei. Da ist das Wasser so kalt wie bei Ihnen in der Eiswürfelmaschine! Geht sie eigentlich wieder?"

„Nur eine. Die andere ist immer noch krank."

Den Eindruck von Orangenschale verursachen also die dänischen Flaschenabfüller. Wo der Rest herkommt, läßt sich auch in jedem Laden studieren. Der Orangensaft ist in Kalifornien verpackt worden, der Pampelmusensaft in Florida, und wer den Punsch noch schön abrunden will, schüttet Ananassaft aus Hawaii dazu. Da glaubt man leicht, das Getränk sei ganz woanders erfunden worden, vielleicht in Havanna, als es dort noch amerikanische Touristen gab. Rum und Zuckerrohrsaft sind Inselprodukte und zollfrei. Da geizt auch keiner damit. Am teuersten im Glas sind die Eiswürfel, solange die Isolierung auf den Kupferwindungen der Kompressoren den weißen Ameisen so gut schmeckt. Wer ernährt sich auch schon gern nur von alten Balken? Nicht zu vergessen das Wichtigste: Gegen den Dosengeschmack hilft ein Spritzer Angostura!

Immer wieder sollte ich in späteren Jahren gefragt werden: „Und was ist das für ein brauner Staub obendrauf, Rudi?" Jedesmal fiel mir an den Fragenden auf, daß sie dabei absichtlich ein freundliches Gesicht machten und mir ermutigend zunickten; so, als wollten sie es dem Gastgeber leicht machen und wären sowieso auf alles gefaßt. Zum Beispiel auf: ‚Ach, das rieselt halt so aus den Wurmlöchern in den Büffetbrettern, wo die Termiten drinsitzen!'

„Ach so, das ist geriebene Muskatnuß!" hieß es dann mit hörbarer Erleichterung. Hocherfreut trauten sie sich erst dann, mit einem tiefen Zug die Nase darüber zu halten, und merkten es gleich selber.

Jeder Urlauber schreibt das Rezept für Rumpunsch so fleißig auf, als ließen sich am Urlaubsende Paradiese im Koffer mitnehmen wie die rosa Muschel aus dem Andenkenladen.

Zu Hause dann, beim Blick durchs geschlossene Fenster auf den grauen Himmel, kommt Urlaubsstimmung kein zweites Mal auf. „Da muß doch noch was anderes hineingehören, was er uns nicht gesagt hat!" heißt es dann enttäuscht.

Natürlich fehlt alles, was nicht im Glas Platz hat. Nicht nur die

29 Grad im Schatten, die bloß keiner spürt, weil der Passatwind so schön kühlt. Überdies glüht der ganze Körper von der Sonne eines langen Tages und freut sich richtig auf ein eiskaltes Getränk. Natürlich fehlen auch die plötzlich ganz unbedeutenden Mückenstiche der Karibik; sie sind längst gar nicht mehr so schlimm, seit einen die heimischen Schnaken vom Rhein wiederhaben. Auch die Badehose fehlt, immer voll Sand außen und innen. Am meisten fehlt vielleicht der seligmachende Gedanke, daß all die Fleißigen zu Hause längst schlafen müssen, weil morgen wieder ein Arbeitstag ist, während man selbst dem Sonnenuntergang zuprostet und der Abend noch gar nicht begonnen hat. Die Stimmung ist auch nicht wieder heraufzubeschwören, wenn einer die im Urlaubsgepäck mitgebrachte Schallplatte auflegt. „Sag mal, Willi, hat uns das wirklich mal gefallen: Händels Allelujah, von der Steelband gespielt?" – „Natürlich, Inge. Du wolltest doch immer diese Platte." – „Das dürfen wir aber keinem hier sagen, Willi!" – „Nein. Du, ich glaube, da waren wir beide schön blau!"

Unter meinem Eukalyptusbaum war es auszuhalten. Die hohe Sonne verschwand schon in den späten Vormittagsstunden hinter der Hausecke über mir. Mehr als kurze Hose und T-Shirt hatte ich nicht an. Auf dem ärmellosen Hemd stand vorne in unverfälschtem Insel-Englisch: ANTIGUA ME COME FROM.

Bis zum Kaffee nach dem Lunch war die Welle der Kreuzfahrer schon wieder abgeebbt und machte sich zu neuen Ufern auf. Wo wird da eigentlich noch gekreuzt – mit Maschine auf direktem Weg von Insel zu Insel? Am ehesten doch im Zickzack durch die Ladenzeilen zollfreier Häfen! Von Kreuzfahrt kann auch sonst keine Rede sein, denn es ist doch wirklich kein heiliger Zweck, der armen Inselbevölkerung überall vorzuführen, wieviel Geld andere Völker für Whisky und Tabak, für Kameras, Edelsteine und Parfüm ausgeben können!

Da das Geschirr auf den Tischen nebenan noch nicht abgeräumt war, wurden die leeren Kaffeetassen, Milchkännchen und halbvollen Zuckerdosen von immer neuen Zuckervögeln unter die Lupe genommen. Irgendein von Haus aus steril gehaltener Gimpel unter den Kreuzfahrern hatte sich unlängst bei der Reiseleitung wegen dieses „unappetitlichen Benehmens" beschwert, dabei ist der gelbe Latz der harmlosen Vögelchen makellos und viel sauberer als die durchgeschwitzten Kreuzfahrerhemden!

Die farbige Bedienung aber fand eine salomonische Lösung. Statt Streuzucker füllten sie jetzt flache Zuckerbriefchen in die Dose. Zuckervögelchen konnte sich in Zukunft unbekümmert eins herausholen, gleich daneben auf dem Tisch aufpicken und sein Verlangen nach Süßem wie früher stillen.

Jedenfalls waren alle fröhlich wie immer und die überraschten Zuschauer an den Tischen, die nicht zu Schiffen zurückzueilen hatten, auch. Irgendwie beschlich mich immer das Gefühl, gleich müsse einer mit der Mütze kommen und für die Darbietung kassieren.

„Haben Sie das gesehen?" rief mir vom Nachbartisch ein Ehepaar mittleren Alters zu, das schon länger dasaß und keine Eile zu haben schien. „Das erinnert mich an meine Jugend", sagte die Dame, „wenn ich, bei Tante auf Besuch, ein Bonbon aus der Dose stibitzte".

„Ja, ich kann mich auch an solche Gelegenheiten erinnern", spann ich den Faden weiter, denn mir fiel das Lebkuchenhäuschen aus grauer Pappe ein, an das meine Mutter alle Weihnachten wieder die Pfefferkuchen mit Zuckerguß klebte, und das ich dann im Sommer in dem Karton mit dem Christbaumschmuck suchte, weil vielleicht noch etwas von der süßen Klebmasse daran war. Gleichzeitig suchte ich aber unter dem Tisch meine Sandalen, weil ich das übliche Verhör scheute. Aber es war schon zu spät.

„Sie müssen einer von den Booten sein, die hier ankern", nahm jetzt der Herr das Gespräch auf. „Stimmt doch, oder? Sie suchen sich hier einen schattigen Platz, und wir träumen oben im Norden davon, einmal im Jahr von unserem Schnee fortzukommen und tagelang nur noch in der Sonne zu liegen. Sind Sie der Skipper?"

„Ja, mich hat das Schicksal für einige Zeit in dieses warme Loch verschlagen; aber ich finde es bei diesen Getränken hier ganz erträglich." Ich prostete ihnen mit Philips nächster Anlieferung zu. „Sind Sie für länger auf Urlaub hier?"

„Leider nur bis Samstag, dann ist die schöne Zeit vorüber." – „Falls wir nicht noch früher abreisen müssen", ergänzte seine Frau. Auf mein verwundertes Kopfschütteln lieferte er die Erklärung nach: „Wir kriegen nämlich seit heute früh nichts mehr zu essen im Hotel. Deshalb sind wir jetzt auch hier. Aber warum kommen Sie nicht zu uns an den Tisch? Übrigens: Mein Name ist Will, und das hier ist Sally, meine Frau. Und wie heißen Sie?"

136

„Jeder Mensch hier sagt Rudy zu mir. Früher haben sie immer gelacht, wenn ich mich vorstellte. Ich sähe doch gar nicht so rude* aus! Daran werde ich mich gewöhnen müssen. Meine Mutter würde sich wundern."

„Was, Sie sind aus Germany! Das ist eine Überraschung! Sallys Großeltern kommen nämlich auch von dort. Buchstabier doch mal, Sally, wo deine Großeltern herkamen."

Sie tat sich, wie jeder sehen konnte, schwer damit. Deshalb wartete ich nicht ab und fragte lieber, ob sie bis zum Abendessen blieben. Da spiele hier draußen eine Steelband.

„Um Gottes willen, bloß kein Wort mehr von Steelband! Deshalb sind wir ja heute hier."

„Wieso? Mögen Sie keine Musik?"

„Doch, eigentlich schon. Aber nicht so laut."

„Ich kenne solche Beschwerden. Aber ich sage immer, wer nicht schlafen kann, soll einfach mitmachen."

„Schön und gut, Rudy; aber die Musik war beim Abendessen so laut, daß wir nicht mehr verstanden, was wir uns gern sagen wollten. Die Kellnerin verstand uns sowieso nicht, aber das war auch ohne Lärm so. Sie müssen nämlich wissen, wir wohnen in dem großen Hotel auf der anderen Inselseite. Dort ankert übrigens auch so ein Boot wie Ihres. Das ist doch Ihr Boot dort drüben, nicht wahr? Wer mit Kopfschmerzen aufs Zimmer ging, konnte vor Lärm nicht einmal schlafen. Morgens um sieben Uhr steht dann vor der Tür schon der Rasenmäher. Der qualmt und macht so einen Krach, weil wahrscheinlich keiner von den Kerlen imstande ist, die Zweitaktermischung richtig einzustellen. Wie soll einer da vergnügt auf dem Balkon frühstücken können?"

„Ich glaube, Will, da irren Sie sich. Der Lärm kommt vom Moskitokiller. Die sprühen jeden Morgen giftiges Petroleum in die Luft, eben damit Sie unbelästigt frühstücken können. Das ist in allen Strandhotels so."

„Da können Sie recht haben, Rudy. Heute früh jedenfalls gab es gar kein Frühstück. Da stand der Hoteldirektor mit seinem Assistenten allein in der Küche, kochte Kaffee für alle, und wir mußten vor der Durchreiche Schlange stehen. Es war wirklich keine glückliche

---

* rude (engl.) = grob, roh, ungehobelt

Idee von der Hotelverwaltung gewesen, diese einheimische Kapelle so nahe bei den Tischen aufzustellen. Wir beschwerten uns jedenfalls alle, drohten mit Abreise, und gestern endlich sollten sie ihre Blechtrommeln fünfzig Meter weg von den Tischen aufstellen, unter den Palmen, und jeder freute sich eigentlich schon auf das schöne Bild."

Kopfschüttelnd fragte ich: „Und dann kam so ein tropischer Regenguß aus heiterem Himmel?"

„Keine Spur! Sie holten ihre Trommeln gar nicht erst vom Lastwagen und fuhren wütend gleich wieder weg."

„Warum denn bloß?"

„Sie werden es nicht glauben: Das ganze farbige Personal streikt seit heute früh aus Sympathie zu den angeblich erniedrigten Landsleuten. Später tauchte ein Regierungsbeamter auf: ein Minister, wie wir hörten. Er würde das Hotel schließen lassen, wetterte er. Wir seien doch nicht in Angola, Rhodesien oder Südafrika! Die verdammten Gäste hätten wohl was an den Ausdünstungen der Musikanten auszusetzen gehabt. Das sei eine unverschämte Beleidigung für sein ganzes Volk. Wir dachten schon, nun würden gleich Köpfe rollen. Wir hörten nur noch, wie er schrie, die Leute gehörten alle zu seiner Gewerkschaft und würden spielen, wo sie wollten, und wenn das ganze Hotel leerstünde!"

„Tja, Will, das hätten Sie sich wohl in Ihrem verschneiten Norden nicht vorgestellt, wie scharf auch hier der Wind wehen kann!" Mir fielen aber auch die einschmeichelnden Verlockungen des Reiseprospekts in Mailand ein. „Sie dürfen das nicht so eng sehen, das ist eben so. Jeder denkt hier noch gerne an das Weihnachten zurück, als sämtliche Urlauber einer großen Insel im Süden zu den Bahamas und auch hierher ausgeflogen werden mußten, weil in allen Hotels gestreikt wurde. Da war ein Angestellter beim Stehlen erwischt worden und sollte entlassen werden. Diese Insel bekam also auch einen Teil des unerwarteten Touristensegens ab. Hier standen immer schon Zimmer leer, Sie können sich ja jetzt denken, warum. Aber wissen Sie, wie man hier sagt, wenn einem so unverhofft das Glück in den Schoß fällt? ,Über jede Schnecke, die stirbt, freut sich ein Einsiedlerkrebs!'"

„Sie müssen aber die Insel schon ganz gut kennen. Wie lange sind Sie denn überhaupt schon da? Sind Sie wirklich über den Atlantik gesegelt?"

Da war es, das Verhör. „Ja, einmal allein und ein zweites Mal mit anderen."

„Was, zweimal sogar! Das zweite Mal war die Familie dabei?"

„Nein, eigentlich nicht. Die ‚Familie‘ ist frei genug, das Weite zu suchen, wenn sich herausstellen sollte, wie leicht man hier einen Sonnenstich kriegen kann und wie leicht es einem schlecht wird, wenn das Boot vor Anker schaukelt."

„Aber wie lange dauert denn so eine Reise?" (Das war immer die zweite Frage).

„Was, fünf Wochen! Fünf Wochen allein? Aber Sie müssen doch in dieser langen Zeit auch einmal schlafen!"

Das genossene Vormittagsgetränk zeigte nun auch bei mir seine Wirkung. Auf meine vorlaute Antwort hin warf mir Sally mit geblähten Nüstern einen Blick zu wie ein Reitpferd, das gerade zum Sprung über die nächste Hürde ansetzt.

„Ach so, geankert haben Sie jede Nacht. Ja, das leuchtet schon eher ein als Ihr Traumboot voll schöner Girls."

Da kam mir Will zu Hilfe: „Aber Sally, merkst du nicht, daß dich unser Gast auf den Arm nimmt?"

Ich hakte nach, bevor es peinlich werden konnte. „Ja, Will, Sie haben recht. Geankert haben wir immer nur im Sturm. Bei schönem Wetter haben wir uns ohne eigenes Zutun vor dem Passatwind einfach herblasen lassen!"

Sally wollte sich kein zweites Mal blamieren: „Du, Will, jetzt schwindelt er uns doch schon wieder an, nicht wahr?"

Da bot sich mir eine Fluchthilfe. „Sehen Sie da drüben die schwarze Wolke über den Berg kommen? Der Regen ist in fünf Minuten da. Ich muß zurück an Bord. Ich habe alle Fenster und Niedergänge offen gelassen, und die Wäsche auf der Leine ist auch längst trocken. Hoffentlich gibt Ihnen jemand heute abend was zu essen! Und vielen Dank für den Rumpunsch!"

Ihr Bye-bye klang etwas enttäuscht, als ich ins Beiboot sprang. Ich schaffte es dann noch gerade rechtzeitig, an Bord zu kommen, bevor es mit Kübeln zu schütten anhob. Keine fünf Minuten später war der Himmel wieder so blau wie vorher. Passatwindwetter! Passatwindtage!

Bei den Erben des Admirals

Nun dürfen wir es wohl glauben, daß wir angekommen sind, wenn unser Flottillenchef einen Rumpunsch nach dem anderen zur Abkühlung in sich hineingießt. Endlich haben wir unseren Fuß wirklich auf dieses Antigua gesetzt. Der Boden ist wieder fest. Kein Schaukeln, kein Achterbahnfahren mehr und hoffentlich auch kein Erdbeben. Statt Blitzgardinen wie beim Weltuntergang, statt feuerroter Drohgebärden entfesselter Wolkentürme wie aus der Hand von Emil Nolde nichts als blankgeputztes Blau über uns. Die brennenden Feuerstangen sind aus dem Weg geräumt. Unsere Limbotänzer haben ihre Freiheit gewonnen.

Wie wird es jetzt weitergehen? Da ist von zwanzig Jahren die Rede, die der Held dieser Geschichte – oder der antike Dulder – auf seinem Inselhüpfer verbracht haben will. Inselsprünge haben wir schon einige miterlebt. Anfangs ging es immer glücklich daran vorbei, einmal sogar oben drüber; dann wieder genau drauf los, und zu guter Letzt wären uns beinahe Insel oder Inselhüpfer aus den Augen geraten und verlorengegangen – da würden wir Leser jetzt vor leeren Seiten sitzen.

„Drüben!" Das war bisher diese Insel Antigua, genau genommen bloß ihr englischer Hafen oder Nelson's Dockyard, wie er auch heißt. Da wollte einer zu fremden Ländern segeln, bricht in England auf, und wo kommt er an? Wieder bloß in einem englischen Hafen! So eine Art Brückenkopf vielleicht, wo es sich eine Weile aushalten ließe. Wenn er bloß nicht zu seinem Dünkirchen wird!

Würde man in seinen Unterlagen blättern, stieße man auf eine Notiz, daß er sich schon immer für die Überreste alter Geschichte interessiert hat. Damit meinte er nicht nur die mittelalterlichen Weinkeller in den Schlössern Burgunds. Beim ersten Besuch von Lissabon dachte er auch nicht daran, die hindernisreiche und versteckte Zufahrt zum Yachthafen auszukundschaften, sondern beschäftigte sich lieber mit der verwirrenden Verschmelzung maurischer und christlicher Kunst. So ginge es ihm auch mit Burgen und Museen, schreibt er. Wenn man in die Tiefe grübe, eröffnete sich vielleicht ein weiteres Museum an ausgefallenen Träumen und Steckenpferden.

Genauso einer war Desmond Nicholson, von dem wir schon hörten, daß er Vater beim Einsammeln von Strandgut für die Badewanne half. Ein Zufall, daß sich die beiden schon in den ersten Stunden an Land über den Weg liefen, gleich nach HOBBYS Ankunft. Als sie dann ihre gemeinsamen Interessen entdeckt hatten, hieß es: „Rudy, du glaubst es nicht, aber wir laufen täglich über eine verborgene Schicht von Arawakscherben* und britischen Uniformknöpfen! Mach es einfach wie ich mit meiner Familie: Wenn es zu regnen beginnt, ziehen wir los. Das Wasser wäscht die Erde fort, und darunter liegen tausend Jahre Inselgeschichte oder gar dreitausend, je nachdem, wo du langläufst!"

Sehenswert dann am nächsten Morgen Desmonds Schreibtisch in dem winzigen Zubehörladen, den er damals im Erdgeschoß der alten Zahlmeisterei besaß. Da stapelten sich Kataloge englischsprachiger Yachtausrüster neben archäologischen Veröffentlichungen über Herkunft und Bedeutung von Mustern auf alten Tonscherben. Da konnte einer abgebrochene Henkel von Tonschalen und ebenso abgebrochene Windanzeiger von Segelbootmasten sehen. Da lagen seine Firmenstempel friedlich neben Körperstempeln aus rotem Ton. Ein Abdruck sah wie ein elektrischer Schaltplan aus, war aber, genau besehen, ein Frosch, zum Fruchtbarkeitssymbol mystifiziert. Verlieren wir uns nicht über diesem Arbeitstisch! Wer weiß, ob sein Besitzer selber noch die Übersicht besaß und alles auseinanderhalten konnte; hier ein Flüssigkeitskompaß in alle Einzelteile zerlegt, dort ein Scherbenhaufen, der in der Steinzeit ein Teller zum Fladenbrotbacken war.

Wer Desmonds Sammlerleidenschaft kannte, ließ auf seinem Tisch ohne viele Worte zurück, was er an womöglich Interessantem gefunden hatte, auch wenn der Ladenbesitzer selber gerade nicht da war. So ging es auch einem Bruchstück aus rötlichem Ton, das vorne einen Aztekenkopf darstellte, mit prächtigem Federbusch, schwerer Jadekette und Ohrpflöcken. Als nämlich auf EILANDHOPPER ein Tropenkoller ausgeheilt werden mußte – was nicht nur einmal vorkam –, war ein Ausflug nach Mexiko fällig. Ein Tempelwärter hatte dem rucksackbepackten Gringo diese Scherbe angedreht, und sie war natürlich, wie gleich zu vermuten, nur nach einem echten Vorbild gefälscht. Die Hoffnung bestand darin, daß Desmond eines Tages freu-

* Arawak = Ureinwohner Antiguas

destrahlend berichten würde: „Schau mal, Rudy! Endlich habe ich das lange gesuchte Zwischenglied gefunden, das meine Landbrückentheorie bestätigt!"

Ginge man nämlich nicht bloß bis zu den Azteken zurück, sondern bis zur letzten Eiszeit, dann hingen plötzlich viele Inseln zusammen. Die Scherben, die Desmond gefunden hatte, wiesen jedenfalls auf Völker hin, die am Orinoko aufgebrochen waren. Sein größter Erfolg war die Entdeckung eines Ballspielplatzes, und die gab es früher wirklich unter den Gummibäumen an der Golfküste Mittelamerikas und sogar auf den Großen Antillen. Er hätte bestimmt jedes Ansinnen zurückgewiesen, die Bruchstücke könnten vielleicht auf Kricketspieler in Nelsons Mannschaft hinweisen.

Für Desmonds Landbrückentheorie sollte es später ein „Zwischenstück" als lebenden Beweis an Bord von EILANDHOPPER geben: die Schildkröte Matilda! Man dachte wohl bei der Taufe an Waltzing Matilda. Sie war ganz scharf auf rotlackierte Zehennägel, aber wahrscheinlich erst, seit auf ihrem Speisezettel rote Hibiskusblüten standen. Empfand Matildas Ziehvater keine Zuneigung zu seiner Besucherin, konnte es auch heißen, daß ihre Beißwut womöglich daher rühre, daß diese Füße anzüglich nach Fisch röchen, der schon länger in der Sonne gelegen habe. Auch diesen zweifelhaften Duft mochte Matilda nämlich gern. Man darf sogar annehmen, daß sie sich auf ihrer einsamen Insel hauptsächlich von angespülten, toten Fischen ernährt hatte und der plötzliche Hang für Hibiskusblüten nur von irregeführten Sehnsüchten herrührte. Man kennt das ja!

Schwimmend hätte Matilda jedenfalls keine Insel erreicht, und trotzdem gibt es ihresgleichen noch heute auf menschenleeren Eilanden Westindiens. Ein paarmal plumpste sie beim Versuch, unvorbereitet schwimmen zu lernen, über Bord ins Wasser. Sie verlor jedesmal das Gleichgewicht, wenn sie vom Vordeck bis zur Festmacherklampe achtern an der Scheuerleiste entlangbalancierte und dann feststellte, daß ihr Panzer zu lang war zum Umkehren. Jedesmal ging sie sofort wie ein Stein unter, denn sie wog fast zwei Kilo. Dann tauchte sie, durch die winzigen Nasenlöcher schnaubend, irgendwo wieder auf und wäre ohne Rettung vor dem Wind abgetrieben.

Natürlich hatte Desmond auch eine lückenlose Knopfsammlung aller Regimenter zusammengetragen, die jemals in dieser Festung

Dienst versahen. Dazu durften natürlich die kolorierten Uniformstiche nicht fehlen, die im Museum an der Wand hingen.

Aber da tritt der Skipper selber gebückt durch die niedrige Tür in den Laden, weil er nach langem Suchen im Zubehörladen gegenüber endlich die richtige Maschinenschraube für die Kurbelwinde gefunden hat und nun wohl hoffte, hier die passende Mutter zu finden.

„Willst du mitkommen nach Freeman's Bay, Rudy? Vielleicht finden wir zu zweit eher einen Uniformknopf, der zu dem Skelett gehört, das John mit seinem Bagger dort am Stand freigelegt hat."

„Willst du jetzt auch noch Skelette mit Knöpfen ausstellen, Desmond?"

„Aber nein, versteh doch! Der Schädel ist nach seinem Index ganz untypisch für einen britischen Soldaten. Mir läßt es keine Ruhe, wo dieser Rundschädel hergekommen sein mag, der hier so formlos begraben wurde."

Wir fanden also an diesem Nachmittag, mit dem Nudelsieb von EILANDHOPPER in der Hand, einen Knopf im Sand. Desmond brauchte nur seine Fachwerke aufzuschlagen: der Tote hatte zu einem Regiment gehört, das sich aus Zentralasiaten rekrutierte, die hier für England kämpfen sollten. Letzter Beweis für die richtige Jahreszahl: ein weißer Tonpfeifenstiel nicht weit vom Jackenknopf; denn an der Art, wie der Stiel durchbohrt war, erkannte Desmond seine Herstellungszeit.

„Wenn das so einfach ist, Desmond, dann kann ich mir auch einen wie dich vorstellen, der am Ufer des Schwarzen Meeres einen Toten ausgräbt. Einen Germanenschädel hat er nicht; auch keinen Tatarenschädel. Aber sein Uniformknopf verrät die Herkunft: das Westindia-Regiment! Der Schädel ist also afrikanisch!"

„Durchaus möglich, Rudy. Mit der Sklavenbefreiung, bei der wir es ja sehr eilig hatten im Vergleich zu allen anderen, wurden neben der Freiheit auch die Bürgerrechte verteilt, und damit bekamen auch die Sklaven das ‚Recht' auf Landesverteidigung. Das Todesjahr deines Afrikaners läßt sich auch ohne Pfeifenstiel ziemlich genau datieren, denn die hier in Antigua stationierten Einheiten wurden 1854 nach Europa eingeschifft und auf die Krim geschickt."

Ob sie mit ihrer English-Harbour-Erfahrung geeignet waren, den russischen Kriegshafen Sewastopol zu erobern? dachte ich mir nur im stillen. Vielleicht waren sie auch bloß die billigste Sorte Kanonenfutter gewesen.

Desmonds Hobby sollte ihm später noch Ärger bereiten, als er sich an die Spitze einer sogenannten Archäologischen Gesellschaft stellte und seine Entdeckungen unters Volk und in die Schulklassen bringen wollte. Die Regierung erließ zwar gleich ein Gesetz zum Schutz aller Grabungsfunde, wobei sie aber sicher an wertvollere Schätze dachte als an tausend Jahre alte Tonscherben. In was für ein schiefes Licht geriet jetzt die einheimische Bevölkerung! Da waren sie endlich dabei, sich unter neuer Flagge in der gewonnenen Unabhängigkeit einzurichten, als seien sie seit der Schöpfung der Welt auf Antigua ansässig gewesen, wenn auch leider nicht als freie Leute. Und da kommt doch, irritierend genug, ausgerechnet wieder so ein Brite und bringt ans Tageslicht, daß vor ihnen schon andere dagewesen und sie selber eigentlich auch nur Gäste und Strandgut sind wie alle anderen.

Wie sich jeder denken kann, hörte auch den Namen „English Harbour" bald keiner mehr gern. Da kutschiert jetzt also eine ganze Flotte von Taxis die Kreuzfahrttouristen zu „Nelsons Dockyard", denn dieser Nelson ist für die Insel zum Devisenbringer geworden. Die Zugkraft seines Namens hatte sich schon in England bewährt, als es darum ging, freiwillige Gelder zum Wiederaufbau dieser historischen Stätte aufzutreiben. Der Name Nelson erinnert andererseits kaum einen amerikanischen Besucher an die Zeit, als es noch gar keine Vereinigten Staaten gab und daran, daß die Admiräle Nelson und Rodney alles versuchten, ihre Entstehung zu verhindern. Gerade vom Dockyard aus wurde der empfindlichste Schlag gegen die abtrünnigen britischen Untertanen und ihr Unabhängigkeitsbedürfnis geführt.

Wer heutzutage seinen Eintritt bezahlt hat, darf sich wenden, wohin er will. Zuletzt finden sich dann alle dort ein, wo mancher gleich nach links abgeschwenkt ist, nämlich beim Rumpunsch unter dem Eukalyptusbaum. Natürlich hat kein Nelson hier jemals Fisch und Chips gegessen. Wer vor der Bar sein Glas hebt, wo auch HOBBYS Stander noch heruntergrüßt, steht auf zugeschütteten Gruben für Teer und andere Rohstoffe. Und wenn sich oben die Wirtin in ihrem Himmelbett räkelt, wie ich nur vermuten kann, liegt sie da, wo die Werftingenieure ihre Arbeitstische stehen hatten.

144

Unvergeßlich sind die Abende vor dieser Bar, einem massiven Gestell aus alten Schiffsplanken. Segler aus aller Herren Länder lehnten hier. Da lag einmal eine australische Rennyacht im Hafen, die weltweit von einer internationalen Regatta zur anderen unterwegs war. Die ganze Mannschaft strebte im Gänsemarsch hinter ihrem Skipper her zum Tresen, als ginge es um die Verleihung der Goldmedaille im Stadion. Dort machten sie, wie auf Befehl, links um! und bestellten für jeden ein Bier. Gleich aus der Flasche, versteht sich. Das gossen sie ohne Atemholen hinunter. Dann orderten sie die zweite Lage, die dritte, vierte und so fort. Sie kamen mir vor wie die Geschützbedienungen des großen Admirals, die damals eine Breitseite nach der anderen abfeuerten. Zu ihren Füßen häuften sich die leeren Kartuschen aus grünem Glas.

Die Wirkung konnte nicht ausbleiben. Im Verlauf des Gefechts entstanden schlagartig Lücken in der Phalanx. Einer nach dem anderen sanken sie wortlos in sich zusammen oder kippten einfach nach hinten weg. Was für ein Durst! Zuletzt stand nur noch einer auf scheinbar schwankenden Bohlen und hielt sich tapfer an der Flasche fest: ein Klotz von Mensch mit Händen wie ein Schafscherer. Er blickte um sich wie nach gewonnener Schlacht, wankte vor die Tür und fiel erst dort kopfüber in den halb mit Wasser gefüllten Kanal, wo früher die Langboote festmachten, wenn sie die schweren Masten zum Ausbessern an Land brachten. Wenigstens ein seemännisches Ende! lachten die Zuschauer. Ganz klar, daß solchen Helden die „Bodenlose Kanne" beim Kampf um den America's Cup zustünde!

Seit sich Commander Nicholson mit seiner Familie hier niedergelassen hatte, besaß English Harbour wieder einen Hausherren, der zufällig auch noch Marineoffizier war. Lief ein Segler auf eigenem Kiel den Hafen an, dann bedankte er sich beim Commander für die Gastfreundschaft mit einem Umtrunk an Bord. Oben im Pulvermagazin wurde die Einladung bald darauf großzügig erwidert. Die berühmte Badewanne hatte damals ihre beste Zeit.

Die Gästebücher, die die Nicholsons von Anfang an führten, dürften über zwei Jahrzehnte hinweg eine fast lückenlose Aufzählung aller Weltenbummler enthalten; Desmond, der bekanntlich für Altertümer was übrig hat, hob sie liebevoll auf. Doch als ich später einmal um diese Bücher bat, weil ich mich wenigstens nachträglich mit

HOBBYS Ankunft in dieser illustren Gesellschaft verewigen wollte, hatte Desmond schon Mühe, die aus dem Blick geratenen Dokumente auszugraben.

Die kleine Welt von English Harbour war innerhalb weniger Jahre eine andere geworden. Da gab es keinen Hausherren mehr, der die Honneurs machte und Gäste empfing. Die Veränderung war notwendig, wenn auch für alle Beteiligten schmerzhaft. Nach der Pionierzeit hatte schrittweise die Umwelt von ihren Vorleistungen Besitz ergriffen. Der Hafen war nicht mehr die gute Stube der Nicholsons und ihr alleiniger Geschäftsraum. Die Gesellschaft der „Freunde von English Harbour" hatte einen rothaarigen Briten mit Kaufmannsdiplom herübergeschickt, der aus dem ganzen Hafen etwas Gewinnbringendes machten sollte. Das Zahlmeisterhaus, Nicholsons „Burg" am Hafen, müsse restauriert werden, da einsturzgefährdet, hieß es. Später sei es dann wieder zu höherer Miete verfügbar. Seitdem ist ihre „Burg" beim Pulvermagazin.

In diesen Gästebüchern fand ich alle wieder, die irgendwann mal um die Welt gesegelt waren und natürlich noch viele andere. Mit Bootsabbildungen waren sie da, mit Lebens- und Reisebeschreibung der Yacht, kurz wie ein Steckbrief, als gälte es, bloß noch ein letztes Lebenszeichen zu hinterlassen, bevor einen wieder die unsichere See empfing.

Zu den treuesten Gästen gehörten die Hiscocks. Im Dezember 1975 sollte ich sie selber auf den Stufen zu Nicholsons Laden noch persönlich kennenlernen, und Eric schrieb mir eine Widmung in sein Buch „Segeln über sieben Meere", das ich schon lange besaß, bevor es HOBBY gab.

Nur einer stand gewiß nicht im Gästebuch. Als der Platzwächter auf ihn zuging und auf englisch bat, gleich nach dem Festmachen an der Mole eine geringe Landegebühr zu zahlen, warf er beleidigt auf der Stelle die Leinen wieder los und segelte hinaus, wie er hereingekommen war. Das war Marcel Bardiaux auf dem Weg nach Kap Hoorn und um die Welt. So konnten ihn die Hiscocks auch nicht in die Liste der ihnen bekannten Segler aufnehmen. Da hätten sie schon französische Segelbücher lesen müssen wie damals ich. Aber in England? Der Brennpunkt der Weltumsegelei war in English Harbour.

Wer über Land ins Dockyard wollte, mußte das dicke eichene Tor mit dem altmodischen Schloß passieren, wo man nach Mitternacht einfach ausgesperrt wurde wie einst vor der Kaserne. Wollte einer nicht zum Boot schwimmen, blieb ihm nur übrig, den Nachtwächter auf der Bank hinter dem Tor aus seinem Rumrausch wieder auf die Beine zu bringen, mit guten Worten und mit einem Trinkgeld als Vorschuß für die nächste Nacht. Hinter dieser Abgeschlossenheit war HOBBY zwei Jahre lang sicher vor fremden Händen.

Schon damals bot es sich an, einen hölzernen Verschlag zu mieten, wo ich alles aufheben konnte, was mir an Bord überflüssig erschien und was doch nicht verlorengehen sollte. Das kostete mich zwanzig Jahre lang monatlich soviel wie eine Garagenmiete in Europa. Das war aber alles, wozu ich an Land noch einen Schlüssel besaß: eine Art sicheres Verließ unter der Strandburg und natürlich mit allem drin, was mir wichtig war. Eigentlich fürchtete ich dann zwei Jahrzehnte lang keinen Hurrikan, sondern vielmehr, daß diese ausgetrockneten hölzernen Bauten eines Tages Feuer fangen könnten wie Zunder. Trotz der damit verbundenen Brandgefahr und des notorischen Wassermangels hatte man beim Bau nicht auf stilechte, handgespaltene Holzschindeln aus Kanada verzichten wollen; die natürlich ein Entwicklungshilfegeschenk waren.

Manchmal blieb ich ein Jahr oder länger weg. Bei einem Brand wäre ich noch einmal eine Menge Ballast losgeworden. Jeder konnte durch die luftige Lattenwand sehen, was ich dahinter aufhob: besonders viele Farbtöpfe, wenn nicht gerade an Bord gemalt wurde. Es hängen noch jetzt vier alte Autoreifen dort, und die Dockyardmäuse bauen wahrscheinlich Nester in meinen Seeankern. Diese Ankunft in Antigua war ja nicht irgendein Törnende, wonach ich wieder nach Hause fahren würde. Es war der erste Schritt in ein neues Dasein. In Antigua sagte man dazu: das Schneckenhaus wechseln wie ein Einsiedlerkrebs, wenn das alte zu eng geworden ist!

Auch an Land wurde anspruchslos gelebt, weil mehr nicht erforderlich war. Die Nicholsons hatten ihr Heim um die dicken Mauern des Pulvermagazins herumgebaut. Eigentlich nur einen großen Gesellschaftsraum, wie ein Schiffsdeck geplankt, mit sauber vergossenen Fugen und fast so groß. Fenster waren nicht wichtig, und wo das Dach über den ebenerdigen Raum nicht hinreichte, freuten sich darunterstehende Gummibäume über Regen und Licht. Die Küche befand sich auf einer Art überdachter Veranda, und die kühle Speisekammer lag gleich dahinter zwischen meterdicken Mauern. Man könnte glauben, da käme ja das Ungeziefer in die Küche, aber die Anlage war eher ein Anreiz, damit sich das Krabbelzeug hinausbegab. Allerdings kam das damit zusammenhängende und sprichwörtliche Heer aller Nicholsonkatzen nicht gegen das Kakerlakengewimmel hinter den Küchenmöbeln an.

Auf so einer Hafenparty beim Pulvermagazin, wo es immer hoch herging, lernte ich Maggie kennen. Damals war ich erst einige Wochen mit HOBBY im Hafen und versuchte trotz Mücken und Hitze die Beschreibung der ersten Reise festzuhalten. Maggie arbeitete als Serviermädchen auf einer Nicholson-Yacht und konnte die Zukunft weissagen: „Ein Jahr noch, Rudy, läßt sich hier ganz gut leben und Geld verdienen. Noch sind die Inseln englisch oder von England abhängig. Aber warte, bis sie unabhängig geworden sind! Dann wird hier eine solche Bürokratie und Mißwirtschaft ausbrechen, daß du besser weitersegelst."

War es jetzt schon so weit? Dann hätten wir drei Tage nach EILANDHOPPERS Ankunft schon wieder umkehren können. An jenem Abend kam Desmonds Bruder Rodney zu uns an Bord, und wir ahnten gleich nichts Gutes, weil er den Tränen nahe war. Er brachte uns schlechte Nachrichten. Wir hatten bekanntlich per Schiff von London aus unser Hab und Gut an sein Reisebüro in der Hauptstadt aufgegeben. Wir verstanden nicht gleich, als er sagte, alles sei weg!

Rodney hatte mit seiner Frau zusammen ein Chartergeschäft aufgebaut und damit verbunden das größte Reisebüro auf der Insel. Sowas war natürlich eine Verlockung für alle Möchtegerns. Kurz vor Weihnachten, die Hochsaison sollte gerade beginnen, stand er vor verschlossener Ladentür, als er zur Arbeit wollte. Kein Mensch da! Hätte er seine Angestellten suchen wollen, wäre der Weg nicht weit gewesen. Sie saßen bloß eine Straßenecke weiter in einem einheimischen Konkurrenzunternehmen. Dort arbeiteten von nun an all die farbigen Schönheiten, die Rodney in vielen Jahren ausgebildet hatte. Bestimmt dachte er in diesem Augenblick: Wäre doch damals unser Vater mit uns weitergesegelt!

An jenem Katastrophentag lag unter der Post eine Mitteilung vom Zollamt, er habe schnellstens die an seine Firma adressierten fünf

Kisten durch den Zoll zu bringen, da das Höchstmaß von drei Monaten Lagerzeit abgelaufen sei.

Rodney ging also zum Zollinspektor von Queen's Warehouse und erklärte anhand unserer Kartengrüße aus La Palma, wir kämen bald selber. Außerdem seien wir ein Boot in Transit, und es wäre unsinnig, jetzt den ganzen Kram zu verzollen. Damit war der Vierbuchstabeninspektor einverstanden, und alle meine Schrankkoffer wurden für einen weiteren Monat von der Liste der Zollgüter gestrichen, die nächstens für den Pappenstiel der aufgelaufenen Lagergebühr unbesehen und ungeöffnet versteigert werden sollten. Die Liste erschien in der Staatsgazette, und unsere Sendung war ordentlicherweise nicht dabei. Damit gab sich Rodney zufrieden.

Die Versteigerung fand am 12. Dezember um zwei Uhr nachmittags statt. Die öffentliche Bekanntmachung habe ich später vom Schwarzen Brett gelöst und als vergilbte Antiquität aufbewahrt. Hätte ich Rodney im Augenblick, als seine Firma für eine Weile zusammenbrach, nun dafür verantwortlich machen sollen, daß er nicht bei der Versteigerung herumsaß? Hätte er argwöhnen können, daß diese schwarzen Schlafmützen, die niemals selbständig zu denken gelernt hatten, meine Habe genauso unter den Hammer bringen würden wie alle anderen?

Ich höre jetzt einen fragen: verschlossen versteigert zum Preis der in drei Monaten aufgelaufenen Lagergebühr? Right, Sir! Zuerst sollten die Besitzer den Zoll bezahlen. Sind aber keine da, geben sie den Kram unbesehen weg; Hauptsache, die Abrechnung der Lagergebühr stimmt am Monatsende! Maggie war wirklich eine Hellseherin gewesen.

Manchmal bringt die Versteigerung schon etwas ein. Da war eine Yacht, die vor der Weiterreise in den Pazifik einen Außenbordmotor nach Antigua schicken ließ, die überholte Rettungsinsel oder bloß einen Stoß Bücher des eigenen Verlages. Aber die Sendung ging aus Versehen zuerst nach West-Indien, bis einer in Bombay merkte, daß die Westindischen Inseln gemeint waren. Bis die Nachsendung endlich klappte, feierte unser Segler schon Ostern in der Südsee, wenn auch mit hängendem Kopf. Er hätte den besten Rechtsanwalt auf der Insel, versicherte Rodney uns noch. Die Geschichte wäre keinesfalls schon zu Ende.

Ich suchte eine Woche später einen auf, der wie viele andere Einheimische darauf spezialisiert war, bei solchen Versteigerungen seinen Lebensunterhalt aufzubessern. Dem Dicken von gut zwei Zentnern Gewicht war auch der Koffer zugefallen, in dem ich unter anderem mein altes Zinn hatte und ein altes Holzschnitzwerk, alles sorgsam in einen schönen Teppich gewickelt. Am meisten tat es mir später um die vielen Dutzende alter Schnitzeisen leid, die einem längst verstorbenen Grödner Bildschnitzer gehört hatten, ein Weihnachtsgeschenk waren und für die ich mir einen Zeitvertreib ausgedacht hatte.

Ja, schnaufte der Dicke, es täte ihm leid für mich. Für die umgerechnet 200 Mark hätte er sich einen Koffer voll Ziegelsteine einhandeln können, aber natürlich auch eine Kiste mit Brillanten. Wer wisse das vorher? Er sei dieses Risiko eingegangen, habe dann aber alles sehr rasch verkauft und dabei seinen Profit gemacht. Leider sei nichts mehr da, was ich zurückkaufen könnte.

Einen Koffer voller deutscher Bücher habe ich später wiedergefunden, und die hätten für den neuen Besitzer wirklich nur den Wert von Ziegelsteinen besessen. Aber der Hausarzt des Dicken hatte in Heidelberg studiert und übernahm anstelle von Honorar den Hermann Hesse und Gefolge. Wir befreiten den deutschen Parnaß durch Zahlung des Arzthonorars in bar, und Freund Knulp war der Landstraße wiedergegeben.

Wie sind wir eigentlich auf dieses ärgerliche Thema gekommen? Richtig! Durch die hellseherische Maggie mit dem Glas in der Hand, das gar keinen Rumpunsch enthielt. Wie alle im Chartergewerbe Beschäftigten, war sie längst auf dem absteigenden Ast und trank nur noch R & W, was nicht etwa für ein bekanntes Autoren-Monogramm steht, sondern für Rum und Wasser. Vielleicht war Maggie deshalb geistig so erleuchtet. Maggie hatte 1967 noch mehr geweissagt: „Wenn du länger als einen Monat hier rumliegst mit deinem Boot, Rudy, dann bleibst du für immer hier hängen."

Nun, ich habe mich nach zwanzig Jahren wieder losreißen können; aber etwas ist für immer dort hängengeblieben.

Partys gab es auch nach meiner zweiten Ankunft immer wieder. Desmond und Rodney besaßen zusammen so viele Kinder, daß sie allein einen Kindergarten beschäftigen konnten. Kinder hatten auch alle die Frauen im Dockyard, deren Männer mit einem Charterboot als Skipper unterwegs waren. Bei den Kindergeburtstagen fand Little-Rudy spielend neue Freunde und die Vervollständigung seiner Englischkenntnisse, je nach Herkunft seiner Freunde mit südafrikanischem, australischem, rhodesischem, nordamerikanischem und lokalem Akzent. Denn „local", deutsch ausgesprochen, war, was die Negerbuben redeten, die ihre Beine über die Pier hängen ließen und mit einer Handleine nach bunten Schnappern angelten.

Jeden Morgen holte ein Bus die Dockyardkinder ab, wie sie auf der ganzen Insel hießen. Sie fielen natürlich mit ihren sonnen- und seewassergebleichten Haarschöpfen schon von weitem auf wie eine weiße Bohne zwischen einer Handvoll schwarzer. Kindergarten und Grundschule waren noch eine Privateinrichtung aus der Kolonialzeit; aber nicht mehr für lange.

Nicholsons, die damals an die 60 Yachten dirigierten, besaßen selber nicht einmal ihre MOLLIHAWK mehr, auf der sie angekommen waren. Desmond und Rodney segelten nicht lange als Charterskipper. Da hatten die Töchter wohlhabender Chartergäste sie auch schon geheiratet, weil ihnen das freie Leben auf dem Wasser wohl auch so gut gefiel. Natürlich war dies das Ende der freien Seefahrt. Jeder hatte ein Geschäft zu eröffnen. Der eine kümmerte sich um Zubehör und Lebensmittel, der andere um Schiffe und neue Gäste. Wie es der Zufall wollte: Ich, der ich nach jedem Buch greifen muß, das auf dem Müll liegt, finde eines Tages aus MOLLIHAWKS Bordbibliothek das beste Handbuch über die Vögel Westindiens, mit einer Widmung von 1953. Die Nicholsons hatten eben keine Zeit mehr für Steckenpferde.

Die Versorgung der Charterschiffe war damals sehr schwer. Rodney wird nachgesagt, daß er häufig mit seiner Privatmaschine, ohne die es gar nicht ging, seinen Yachten das Notwendige nachgeflogen habe und neben dem Schiff abgeworfen. Man stelle sich vor, da ging in Grenada die eine Gruppe verspätet von Bord, und auf der Pier wartete schon die nächste! Wo doch jedes größere Hotel seinerzeit noch Steaks und frisches Gemüse täglich mit der Linienmaschine aus New York erhielt!

Ähnlich sollte es mir selber später ergehen! Da hatte mich ein Gast gefragt, wo denn die Metzgerei auf der Insel sei, damit ich die Schweinesteaks kaufe, auf die er sich freute. Er habe doch am

Markt gesehen, daß überall Schweinsohren und Schweinepfoten angeboten würden. Da müßte doch auch der Rest zu finden sein!

Die zwischen den Ohren und Pfoten befindlichen Lendenstücke lagen natürlich in den Herkunftsländern, die nur den unverkäuflichen Abfall in Salzlauge packten und in Plastikeimern in die Dritte Welt verschifften. Erfreuliches Abfallprodukt: Jeder Haushalt freut sich über so einen weißen Plastikeimer zum Wasserholen. Wahrscheinlich könnte man ihn auf das Wappen aller Drittweltländer malen, natürlich mit gekreuzten Schweinepfoten und in den Ecken darüber zwei Ohrlappen.

Enttäuschte Gesichter auf ankommenden Yachten gab es schon damals. Bald nach unserem Landfall trafen zwei italienische Yachten ein. Auf der kleineren hatte der Besitzer von den Kanaren vier abenteuerlustige Mädchen mitgebracht, die sozusagen per Anhalter Westindien kennenlernen wollten. Als sich beim Einklarieren herausstellte, daß die jungen Damen hier abmustern wollten und der Bootsbesitzer nicht die Absicht hatte, so schnell weiterzusegeln, hieß es für die lebenslustige Besatzung, die weder Rückflugkarte noch Geld für die Heimreise vorweisen konnten: zurück aufs Schiff und ab! Der Kapitän hatte aber offenbar die schönen Segelwochen mit den vier Hübschen bereits vergessen und wollte nicht einsehen, daß er sie noch weiterfüttern sollte. Nur unter dem moralischen Druck aller war er schließlich bereit, seinen Spaghettivorrat anzugreifen. An Bord gab es also nur noch Spaghetti, aber natürlich ohne Tomatensoße. Das Wehgeschrei war weit übers Wasser zu hören und ebbte nur für kurze Zeit ab, wenn einer von uns mit erweichtem Herzen zur Bordwand hinruderte und vier warme Hamburger dortließ. Es gab dann für sie nur einen Weg: weiterzusegeln, eine weniger strenge Hafenverwaltung zu suchen und einfach den Mund über ihre Zukunftsplanung zu halten. Kein guter Rat war es jedoch für den Kapitän, die Mädchen heimlich von Bord gehen zu lassen. Dafür hätte er sein Schiff loswerden können. So mußte er seinen Harem auch noch nachts bewachen.

Die zweite Yacht war von der Sorte, wie sie seit Kriegsende in manchen Häfen noch herumlagen, ungepflegt, kaum seefähig und billig zu haben. Ein Figaro mit Freund traf darauf ein, weil er von Nicholsons Charterflotte gehört hatte. Die Brüder aber betraten das Schiff nicht einmal, als sie es mit einem Blick von außen gemustert hatten. Bis auch die Italiener zu neuen Gestaden aufbrachen, hatte der eine von beiden einen Stuhl an Land gestellt und schnitt für wenig Geld jedem die Haare, der das noch für nötig hielt. Sein Freund trieb sich inzwischen an der Hafenausfahrt herum und angelte jeden Tag soviel, daß sie gerade überlebten.

Wir dachten bald nach unserer Ankunft, das Angeln sollten wir eigentlich auch mal probieren. Auch Andy Copeland, der damals HOBBY an Land gesetzt hatte, motorte abends immer da draußen rum und brachte jedesmal eine riesige Languste am Spieß zurück.

Auf EILANDHOPPER hatte ich 100 m auslegbare Kiemennetze aus Italien mitgebracht. In der raffiniert erdachten Maschenwand verfinge sich rettungslos jeder Fisch, der so unvorsichtig wäre, den Kopf hineinzustecken, war mir damals erklärt worden.

Also raus aus dem Hafen und gleich links um die Ecke an den Säulen des Herkules vorbei, bis wir an der steilen Küste unter uns Ankergrund sahen. Unser seetüchtiges Beiboot war immer noch dasselbe; aber wir hatten seit Lissabon doch einiges dazugelernt. Später sollte ich trotzdem immer bloß den Kopf schütteln, wenn wir an dieser Stelle vorbei auf die Hafeneinfahrt zusegelten.

Damals warfen wir als erstes an langer Leine einen Faltanker über Bord, der viel zu tief fiel, wie es aussah, als daß ich ihn hinter den Korallenzacken jemals wieder herausbekommen würde. So tiefen Grund hatte ich unter mir überhaupt noch nie gesehen. Es geschah ja alles zum denkwürdigen ersten Male! Dann ging's an die Arbeit. Mannschaft über Bord und die Stellnetze hinterher! Es wimmelte nur so von hunderten handtellergroßer Streifenbrassen, die schon Figaros Freund mühsam mit der Angel Stück für Stück herausgeholt hatte. Der würde Augen machen, wenn er unseren Fang sah!

Groß sahen die Fische natürlich nur wegen der vergrößernden Optik der Maske aus. Kein noch so kleiner Dümmling steckte bei Tag seine Nase in dieses Netz, fanden wir bald heraus. Aber beeindruckend sah das schon aus, wie unser mit Blei beschwertes Netz im Meeresstrom wehte. Natürlich kamen wir uns wie geprellte Schmetterlingsfänger vor. Little-Rudy hatte das Netz wieder im Boot zu verstauen. Er hüpfte damit wie ein Korken über die heranrauschenden Atlantikwellen. Für seine Fußgröße hatten wir noch keine Flossen gefunden.

Mit Fischen war also nix. Dann eben auch so eine große Languste suchen! Die Felswand fiel unter Wasser genauso steil weiter ab, wie sie vom „Blockhaus" auf Shirley Heights bis zum Wasser heruntergekommen war. So ein kürbisgroßer Kugelkaktus, wie sie dort oben vereinzelt nur noch an einer Wurzel hingen, hätte einen beim Herabstürzen glatt erschlagen können!

Gar nicht tief unter Wasser schien eine Höhle in der Felswand zu sein, ein breiter, waagrechter Spalt. Ich tauchte also hinunter und bohrte den Blick von draußen ins Dunkel. Etwas bewegte sich drin. War es die erste der ersehnten Langusten? Jede Welle, die über mir krachend ans Ufer schlug, sandte Wolken kleiner Luftbläschen herab, die mir vorübergehend jede Sicht nahmen. Ein herrlicher Platz für Asthmatiker unter den Langusten, dachte ich.

Wer weiß nicht, was Jagdfieber ist, notfalls sogar schon nach einer Mücke! Nach ein paarmal Hinuntertauchen hatte ich erkannt, was sich da bewegte. Es schien bloß der abgerissene Zweig einer Kokospalme zu sein, etwas grünlich noch, etwas bräunlich gelb, wie eben Kokoswedel aussehen, die am Verfaulen sind.

Ich kann jetzt nicht mehr so flüssig weiterschreiben, weil mich zwischendurch Anfälle von Gänsehaut am Rücken irritieren. Das war später jedesmal so, wenn ich an den Ausflug zurückdachte. Der Zweig hatte sich also dort unten verklemmt, befand sich in halb aufrechter Lage und wedelte im Rhythmus der Wasserbewegung hin und her. Es gab natürlich größere Palmwedel. Dieser hier war vielleicht doppelt so breit, wie ein kräftiger Oberarm dick ist. Damals besaß ich noch keinen automatischen Umrechner im Kopf, der alles, was es unter Wasser zu sehen gibt, auf seine natürlichen Maße reduziert.

Der Spalt unter dem Überhang der Felswand schien tief zu sein und Platz für viele Langusten zu bieten. Immer mit dem Preßluftgewehr bewaffnet und jedesmal trotz Luftbläschen im Wasser bis zum Blauwerden unten bleibend, wollte ich noch ein letztes Mal runtertauchen und sehen, ob es mir gelang, einen Blick unter dem Palmwedel durch in die dunkle Grotte zu werfen.

Ich halte es nicht länger aus! Der Palmwedel – wie sollte er da auch hinkommen? – war die Großmutter aller damals noch lebenden Muränen! Sie bewachte ihr Loch und vielleicht auch eine dahinter sich sicher fühlende Languste. Sie wartete bloß auf Freßbares. Ihr

Wedeln, das wußte sicher schon Konrad Lorenz, war anders als beim Hundeschwanz eine Art Drohgebärde, ihr nicht zu nahe zu kommen. Hätte sie meine Gier nach der Languste mißverstanden und mit ihren einwärts gebogenen, nadelscharfen Zähnen zugebissen, wäre ich untengeblieben. Hätte ich auch noch auf sie geschossen, hätte sie gleichzeitig aus meinem dicken Speer so eine Art Korkenzieher gemacht, wie ich das ein anderes Mal erlebte. Geholfen wäre mir damit nicht gewesen.

Später sah ich einen Einheimischen so ein zwei Meter langes Ungetüm, tot natürlich, auf seiner Schulter ins Dorf schleppen, während der Schwanz dabei noch durch den Sand hinterherschleifte. Diese Muräne hatte sich in einer Fischfalle verirrt und den Ausgang nicht mehr gefunden. Völlig ungenießbar seien sie, heißt es, aber wer lange genug auf den Inseln gelebt hat, weiß besser, was alles eßbar ist. Muränen beißen natürlich nicht immer zu. Es gibt Fotos, auf denen sie ein Taucher mit toten Fischen füttert. Aber vorher möchte ich mich doch in einem ersten Informationsgespräch telefonisch mit ihr unterhalten.

Jetzt hätten wir beinahe Little-Rudy und das Beiboot mit Inhalt zurückgelassen. Den Faltanker wollte ich nicht schon beim ersten Ausflug opfern. An seiner Ankerleine hangelte ich mich Hand über Hand hinunter, das sparte Sauerstoff. Das Beiboot schien wie ein blauer Luftballon weit oben in der klaren Luft zu schweben. Dann sah ich so was wie grüne Streifenalgen, die das Maskenfenster zu überziehen begannen. An der Sonne besehen, war es Blut aus meiner Nase. Aber den Anker hatte ich wieder.

Etwa zur selben Zeit lief eine englische Stahlyacht ein, die mir bekannt vorkam. Natürlich, aus Santa Cruz de la Palma! Mir fiel auch gleich der Name der Schiffersfrau wieder ein. Sie hatte Humor bewiesen, als sie sich damals in der stürmischen Hafennacht mit einem Fender in der Hand beim ersten Anrempler so höflich vorstellte, wie ein anderer seine Visitenkarte überreicht: „Ich heiße Elisabeth!"

Meine Großmutter aus dem Thüringer Wald, die damals leider nicht mit aufs Schiff nach Honolulu kam, hatte auch so geheißen. Worauf mir nichts anderes einfiel — und die bange Frage, ob die Bordwand unter meinen Füßen gleich nachgeben würde oder nicht, mag dazu beigetragen haben —, als zu sagen: „Dafür, daß Sie so einen

schönen deutschen Namen haben, sprechen Sie ganz gut englisch!"
„Oh", antwortete sie, „es hat sich gerade so ergeben, daß wir bei
meiner Geburt eine Thronfolgerin hatten, die auch so hieß!"

Elisabeth war damals mit ihrem Mann einen Tag vor uns nach
Westindien aufgebrochen, aber über die Kapverden nach Barbados
gesegelt. Die Frage lag nahe: „Wie war denn euer Weihnachtswetter?" „Ich kann mich an nichts Besonderes erinnern, Rudy", war
seine Antwort.

Aber da fiel Elisabeth ihrem Mann ins Wort: „Weißt du nicht
mehr, wie plötzlich unser Plumpudding durchs Boot rollte?"

„Richtig!" meinte er nach einem Blick ins Logbuch. „Wir hatten
eine starke Dünung aus Nordwesten."

Sie waren damals etwa 200 sm weiter südlich als wir und vom
Schlechtwetter verschont geblieben. Trotzdem stellten wir alle vier
fest, wir hätten nicht die Absicht, die Reise zu wiederholen.

Natürlich saßen wir später bei Rumpunsch im Admiral's Inn. Da
passierte drüben bei EILANDHOPPER was! Wir konnten es deutlich
sehen. Im Nu war ich im Beiboot dort. In Little-Rudys Koje war einer
mit dem scharfen Bug seines Sunfish-Segelbretts gelandet. Mir war
gleich nicht wohl gewesen, als ich hörte, da habe so ein Geschäftstüch-
tiger mit dem Verleih von segelnden Untersätzen im Hafen begonnen. Ob einer segeln könne, wurde nicht gefragt. Hier im Hafen
könnten ohnehin alle segeln.

Wütend von mir zur Rede gestellt, kam dann heraus, daß er nur ein
schlecht bezahlter Bootsmann auf einem Charterschiff war und sonst
keine Ahnung vom Segeln hatte. Er würde aber morgen früh gleich
kommen und das Loch mit eigenen Mitteln reparieren. Das wollte ich
mir ansehen!

Als er wirklich mit einer rostigen Dose eingetrocknetem Fensterkitt und einem Stück Sperrholz auftauchte, schickte ich ihn gleich
wieder weg. Ich hatte dann für zwei Tage eine zum Glück schon
vertraute Arbeit.

Natürlich lungerten in all den Jahren, die kommen sollten, viele
junge Leute mit den Worten ums Boot: „Keine Arbeit für mich,
Käp'tn?" Hörte man ihnen zu, hatten sie ein ganzes Leben lang
Yachten gemalt und lackiert, spiegelblank poliert oder wenigstens die
Algenbärte unter Wasser abgeschabt.

In einem Anfall von Eigen- und Nächstenliebe rief ich auch mal einen an Bord, weil das Lackieren von Mahagoni unter der Tropensonne das ganze Jahr kein Ende nimmt und sehr mühselig ist. Der Cockpitboden war zu erneuern, Preis und Arbeitszeit wurden ausgehandelt; teuer genug! Statt um sieben Uhr kam dieser Elpert am ersten Morgen gegen acht. Um neun war ein Gang zum Waschraum fällig, eine Stunde später der Kauf eines belegten Brotes am Ufer, wohlgemerkt immer im Beiboot zwischen Ankerplatz und Ufer hin und her. Um elf kam ein Freund vorbeigerudert, der am Nachbarboot arbeitete, hielt sich draußen an der Scheuerleiste fest, und nun hörten sie nicht mehr auf, vom letzten Kricketspiel zu reden – und das zum Stundenlohn!

Nach einer Woche waren staubfrei – deshalb ankerten wir – fünf Lackschichten übereinander auf dem Cockpitboden aufgetragen. Da ließ Elpert beim Wegräumen die Blechdose mit dem scharfen Farbentferner fallen, die er gar nicht anzufassen gehabt hätte. Das Zeug brennt wie Säure, und im Nu war an vielen Stellen das blanke Holz wieder da und an den Wänden, die wir gar nicht lackiert hatten, auch. Das läßt sich nicht ausbessern, sondern nur bis aufs Holz abschaben. Dann ging es eine weitere Woche lang von vorne los.

Zugegeben, er hatte Pech gehabt; ich aber auch! Ich weiß nicht mehr, war es vorher oder nachher, daß durch die Seglerpresse ging, ein Skipper sei in Antigua wegen Zahlungsstreitigkeiten über Malerarbeiten an Bord erstochen worden. Mir fällt es jedenfalls seit damals schwer, auf „Any job for me, Cap?" eine freundliche Absage zu erteilen.

Die Trinkwasserversorgung war im Hafen immer ein Problem; aber dank Philip und Etheline brauchte keiner zu verdursten. Rum und Coke waren billig. In den kommenden Jahren, als der Hafen dann von Booten überschwemmt war, würden Neulinge schimpfen, weil ein Liter Wasser in der Marine zehn Pfennig kostet und ein Coke soviel wie in New York. Aber wer möchte mit den „paradiesischen Zuständen" tauschen, die ich 1967 noch angetroffen hatte? Denn ein Paradies war es natürlich trotz aller Mängel – oder eben wegen des Mangels an Booten.

Im Dockyardgelände gab es einen einzigen freistehenden Wasserhahn zwischen den Ruinen, die heute die Schränke beherbergen. Der schützenden Ruinenmauer wegen diente die Stelle gleichzeitig als willkommene Duschgelegenheit. Aber wann lief da schon Wasser!

Unter dem Hahn stand der Waschtrog, der dem Torhüter Lloyd gehörte, und füllte sich langsam bis zum nächsten Gebrauch. Da wuschen dann auf Wunsch seine Töchter die Wäsche der Segler, wenn sie bereit waren, dafür den geforderten Preis zu zahlen, obwohl ihnen das Wasser gar nicht gehörte. Es hätte sogar was gekostet, sie beim Waschen zu fotografieren. „Pay first!" riefen sie bösartig herausfordernd, aber so schön waren sie nun auch wieder nicht. Dabei schafften sie in der guten alten Zeit noch mit freiem Oberkörper.

Im Gefolge des Machtwechsels hatten die Lloyds samt Töchtern zu gehen, und ein ehemaliger Polizeioffizier kriegte den Posten, denn die Regierung war nicht imstande, seine Rente zu zahlen. Sollten ihn doch statt dessen die „Freunde von English Harbour" besolden! Auch Eintrittskarten- und Briefmarkenverkauf gehörten zu seinem Geschäft. Dabei verrechnete er sich wohl immer wieder kräftig zu seinen Gunsten, denn zuletzt kam die Regierung doch nicht darum herum, ihn wenigstens hinter Gittern auf eigene Rechnung zu verpflegen.

Dank Entwicklungshilfe besserte sich in den nächsten Jahren die Situation. Alles, was einem Segler an Waschräumen gefällt, entstand und funktioniert heute noch immer. Das heißt, es fehlen die Hähne, weil sie gerade einer mitgenommen hat; da ist es ratsam, die Rohrzange dabeizuhaben, weil das Drehrad vielleicht vom Vierkantzapfen abgefallen und im Abflußloch verschwunden ist. Am besten nimmt man auch einen 20-Liter-Kanister Süßwasser mit. Duscht nämlich einer, läßt beim Nachbarn der Wasserdruck bereits merklich nach. Wäscht dann vor der Tür noch eine verspätete Bordfrau bei letztem Tageslicht die Bordwäsche in den dafür installierten großen Becken, blieben alle, die sich eingeseift haben, ohne Spülung. Ich bin auch schon mit einem Schaumgebirge auf dem Kopf zum Boot gerudert, wo es immer Wasser gab.

Weidlich erlauben die neuen Duschen auch jenen das Vergnügen, die in der Umgebung hinter ihrem Haus nur eine meist leere Regentonne stehen haben. Die Duschräume wurden überhaupt zu einem internationalen Treffpunkt, der sehr zur Völkerverständigung beitrug. Das konnte mitunter auf beiden Seiten zu grüblerischen Gedanken führen. Da war gerade die Wikingerhorde eines Schwedenschiffes dabei, sich trocken zu frottieren; und da waren zwei einheimische Bootsleute ebenfalls dabei, ihre weit bescheideneren Handtücher über die nasse Haut zu reiben, aber sie brauchten sich dabei wahrhaftig nicht zu schämen. Trotzdem sagte der eine zum anderen, nachdem er sich gut umgesehen hatte: „Glaubst du wirklich, Brother, black is beautiful?"

Ein paar Wochen nach unserer Ankunft hieß es, die beiden Kisten aus Cherbourg lägen im Zollamt. Wir bekamen sie als Transitgut mühelos zum Dockyard gebracht. Aber sie hatten wohl schon eine Weile in St. John's gelegen, denn Legionen tropischer Küchenschaben hatten alles bereits in Besitz genommen. Kaum war die zoologische Fracht hinter dem eichenen Tor im Schatten abgesetzt, machten wir uns mit Hammer und Zange an die Arbeit. Die Kisten hatten Badewannengröße, waren sehr solide gezimmert und, wie sich jeder denken kann, für Exportgüter bestimmt gewesen.

Ein Fischer, der uns neugierig zuschaute und sich vermutlich bereits ausrechnete, daß die zweimal sechs Kistenbretter reichen würden, wenigstens zwei seiner Hauswände zu erneuern, bot uns hintergründig seine Hilfe an. Wir hielten das noch für überflüssig, sollten ihm aber bald für sein gutes Beispiel an Unerschrockenheit und Gelassenheit dankbar sein.

Uns schwante bereits Ungutes, als wir zwischen den Brettern lange Fühler herauslugen sahen wie die Antennen der Langusten unter Korallen. Dann fiel die erste Kistenwand ab. Das war, als hätte ich den Deckel der Zigarrenkiste geöffnet, in die wir als Kinder alle aufgelesenen Maikäfer hineingestopft hatten. Erschreckt von der plötzlichen Helligkeit, stürzte eine braune Lawine ins Freie und über unsere Füße hinweg oder hob schnurrend zum Flug gegen unsere fast so braune Haut an; jedenfalls suchte jedes Tierchen eine Stelle zum Verkriechen.

In dieser Kiste war die Vervielfältigungsmaschine drin und viele Kartons und Schachteln mit unzähligen Dingen. Aber was immer wir öffneten, zuerst kamen uns entgeisterte, knapp daumenlange, aber sehr flache Kakerlaken entgegen, so entgeistert wie ihre Zuschauer. Es war gar nicht zu verstehen, wo sie alle herkamen, denn ich hatte diese Kiste persönlich in Italien verpackt und war lange Zeit darauf stolz gewesen, wie raumnutzend ich alles eingeräumt hatte. War noch irgendwo ein Loch, und wenn auch nur ein Bleistiftspitzer Platz gehabt hätte: bitte sehr, wir hatten es ja im Büro! Genauso vollgestopft waren natürlich auch die verlorengegangenen Schrankkoffer gewesen; aber nach drei Monaten Lagerzeit im „Königlichen Zolllager" wenigstens genauso voller Leben.

Unsere freiwillige Hilfskraft, der Fischer, der unsere Bestürzung nur kopfschüttelnd begriff, entwickelte jetzt einen Eifer, den wir anfangs zu schätzen wußten: auch ein Erinnerungsbild, das für ein ganzes Leben reicht. Unvergeßlich, wie er mit seinen zwei dicken, überdimensional groß geratenen Daumen zudrückte, wo immer er eines flüchtenden Käfers habhaft werden konnte, und das war nun wirklich nicht schwer.

Wir mußten seinen Eifer bald stoppen, denn die Schmierflecken auf unseren Sachen waren ekelhafter als der Gedanke, die Tierchen einfach losrennen zu lassen. Was wir noch nicht sehen konnten: Der ganze Inhalt, einschließlich vieler neuer Tropenhemden, blieb für immer versaut von Tausenden wie mit dem Pinsel aufgetragenen Riesenkommas. Später würde es Leute geben, die nicht verstehen konnten, warum ich so unbequem draußen ankern wollte, statt längsseits an die Pier zu gehen!

Die Überlebenden durften dann also Verbrüderung quer über die Insel feiern, entdeckten bestimmt den dunklen Keller, wo Lorry und Jonathan ihre Rotweinflaschen lagerten und ließen sich die angemoderten Etiketten schmecken. Lorry und Jonathan, unsere herzlichen Gastgeber, die selbst zu Schweinshaxen Bordeaux servierten, wohnten damals noch in dem schönen Kolonialstilgebäude neben dem riesengroßen Sandbüchsenbaum; diese Stätte wird noch heute von allen Taxifahrern an die Touristen als die Residenz Admiral Nelsons „verkauft", auch wenn im Erdgeschoß des Museums jeder, der Zeit dazu hat, sehen kann, daß das Gebäude damals noch gar nicht stand. Wir wollen aber keine Zeit verlieren. Ich schreibe hier keinen Führer, und es wird wohl auch kein Verführer.

Überflüssig zu sagen, was für ein Reinigungsproblem bei diesem Wassermangel auf uns zukam. „Daß diese Kacker aber auch auf allem eine Lacke zurücklassen mußten!" schimpfte ich und kriegte zu hören: „Du hast da was ganz Tiefsinniges gesagt. Jetzt wissen wir wenigstens, warum sie Kakerlaken heißen!"

Ein paar Tage später lief mir in St. John's der glückliche Erbe der leeren Kisten über den Weg, wie ich dachte. „Wie geht's, mein Freund?" sprach ich ihn an und streckte ihm meine Hand entgegen, hoffend, die dicken Daumen seien wieder sauber. Wie alte Bekannte schüttelten wir uns die Hände. Nur an die Kakerlakenschlacht schien er sich nicht mehr erinnern zu können. Er ließ mich aber meinen Irrtum nicht spüren und unterhielt sich mit mir aus herzlichste übers schöne Wetter und wie mir seine Insel gefiele. Entweder war es nichts Besonderes für ihn, auf der Straße ein Schwätzchen mit einem völlig Fremden zu halten, oder er wußte aus eigener Erfahrung, wie schwer es ist, Gesichter der anderen Rasse wiederzuerkennen.

Niemand sei also verwundert oder gar abgestoßen, wenn ihm auf der Straße einer entgegengetorkelt kommt, schieflastig vermutlich wegen der halbleeren Rumflasche in der einen Hand, und die Arme wie in plötzlichem Erkennen ausbreitet und ihm mit: „Hallo, mein Freund!" um den Hals zu fallen versucht. Das liegt vielleicht bloß an der unterschiedlichen Sehweise. Rede übers Wetter, statt einen Streit anzufangen! Taucht windwärts eine dunkle Wolke auf, sag', es wird bald regnen. Er wird dir bestimmt zustimmen.

Warum habe ich nicht Segelmachen lernen dürfen, besser gesagt: Segel reparieren! Segelmacher sollte man sein oder Spezialist für reparaturbedürftige Bordelektronik. Die schwimmen alle in Geld. Die jungen Farbigen vor den Nähmaschinen im ehemaligen Kupfer- und Bauholzlager gehören schon zur zweiten Generation. Ihre Lehrer waren Graham und Rena aus Südafrika, die kurz nach uns angekommen sind. Sie besitzen jetzt das große Haus mit eigenem Atelier über dem Hafen. Ihre ehemaligen Lehrlinge werden auch bald eins haben. Hier richtet sich nirgends der Käufer nach dem angemessenen Preis. Hier zahlt jeder jeden Preis, der was dringend braucht, genauso wie im Zubehörladen. Und Segel braucht jeder immer dringend.

Umsonst wird in den kommenden Jahren überhaupt nichts mehr sein. Aber fragen wir nicht diejenigen nach ihrer Meinung, die seit zwei Jahrzehnten hier leben, sich eine Existenz aufbauten und eine Bleibe dazu; später wurden sie von der immer bankrotten Regierung aufgefordert, für diese zurückliegende Zeit Grundstücksmiete und Grundsteuer nachzuzahlen! Wo hatten wir so was eigentlich schon gelesen? Richtig! Als von Sandburgen die Rede war, von der Hausflagge über den Turmzinnen und dem Vermessungsbeamten mit der Bügeltasche, in der es klimperte. War das nicht auch nach dem Besuch der Mailänder Oper so gewesen, als die Damen dachten, sie müßten ihren Glitzerschmuck neben der Nachtigall eines Onassis sehen lassen?

Im Dockyard finden viele Frauen einen kleinen Verdienst. Die einen wollen ihr Gemüse verkaufen, die anderen wollen Wäsche waschen oder fädeln gefärbte Muscheln auf. Da höre ich doch im Vorbeigehen aus der Richtung, wo HOBBY immer noch auf seine Wiedergeburt wartet, das Deutschlandlied singen. Von diesen fleißig kettelnden Frauen während der Arbeit. Es muß wohl in ihrem Kirchenliederbuch stehen. Natürlich mit anderem Text!

Wie mag die Melodie dazu gekommen sein, in der anglikanischen Kirche von Falmouth gesungen zu werden? Die Hannoveraner auf dem englischen Thron haben sicher nicht – angeregt durch den patriotischen Fallerslebener – die Melodie in Westminster eingeführt. Da darf man ganz sicher sein. Aber vielleicht hat die Erinnerung an Haydn in London im Herzen der Queen Victoria eine warme Spur hinterlassen? So unmöglich ist das alles nicht; nicht ohne Hinterlist sprach ich eben vom Hause Hannover. War doch in English Habour zu einer gewissen Zeit – und durch Desmonds Knopfsammlung eindeutig bewiesen – auch eine Abteilung der Leichten Infanterie vertreten, die sich aus Freiwilligen, wie das so hieß, in Hannover rekrutiert hatte. Ich kann mir vorstellen, wie sie damals schon hier im Dockyard in einem Rumausschank hockten, auf ihren Georg III. anstießen oder auch nicht, und ganz bestimmt sangen: „Warum ist's an der Leine so schön?"

Was hat sich eigentlich geändert? Die Kneipen sind immer noch voll und laufen auch über von deutschem Liedgut; wie schön ist das doch für einen, der zu Hause englische ‚Songs' zu hören kriegt! Keinesfalls darf am Urlaubsende die stolze Feststellung fehlen, die auch schon Hompeschs Leute von der Leichten Infanterie verkündet haben dürften: alles wieder fest in deutscher Hand!

Shirley Heights heißt der immerhin 160 m hohe Berg über der Bucht, der eine weite Aussicht verspricht. Ein paar Tage nach HOBBYS Ankunft war ich zum ersten Mal oben und später noch unzählige Male. Ein Abenteuer für einen ganzen Tag! In kriegerischer Zeit hausten Fußvolk und Kanoniere auf dem Hügel. Diese längliche Kuppe war mit Festungsanlagen gepflastert. Der Blick nach allen Seiten macht Freude, und der ungehindert darüberstreichende Passatwind tut gut. Es ist ein Vergnügungsauflug gegen die kleinste Form von Tropenkoller. Der Fußweg hinauf ist zwar nicht jeden Seglers Sache, aber es gelang mir doch manchmal, jemanden hinaufzuschleppen.

Einmal war das sogar ein Weltumseglerpaar, Gert und Leni, die 1974 auf der Heimreise waren und zu denen gehörten, die keine laute Spur ihrer Taten hinterlassen. Wir lernten uns in Desmonds niedrigem Laden kennen. Merkwürdig, dachte ich mir, da spricht doch jemand deutsch! Das war seinerzeit noch ein Ereignis, und so sprach ich sie an.

Was für ein Szenenwechsel hier oben, nach Hafenwasser und der beschränkten Bootswelt! Ein Blick hinter Kulissen, wo Westindien eigentlich erst beginnt! Bäume, die keiner kennt; Pflanzen, die vorher keiner blühen gesehen hat; Kakteen ganz unbekannter Art, Schmetterlinge, Kolibris und Scherben! Scherben aus Porzellan, Keramik und Glas. Der ganze Berg ein Scherbenhaufen! Desmond wüßte an Hand der Farbskala von Beige bis Blauweiß, wann die Lasur hergestellt worden ist: schon zur Zeit der großen Elisabeth I., der Victoria oder erst nach der letzten Jahrhundertwende. Um 1920 fand es nämlich der britische Inseldoktor für richtig, aus dem ehemaligen Artilleristenquartier ein Irrenhaus zu machen. In der wasser- und baumlosen Einöde hier oben müßte auch noch der Fröhlichste depressiv zu machen sein, dachte er wohl.

Der Wanderer kann gar nicht anders, als sich ständig zu bücken, Scherben zu mustern und, wenn sie ihm gefallen, die hohle Hand damit zu füllen, bis sie zu klein wird. Zehntausende von Sodawasserflaschen müssen in hundert Jahren ihren Weg hier herauf gefunden haben. Wer die eingestülpten Flaschenböden zum ersten Mal sieht, denkt immer, da müsse ein tolles Sektgelage stattgefunden haben. Aber die Sektflaschenform war nötig, weil sonst die Kohlensäure beim Schaukeln übers Meer die Flaschen zum Platzen gebracht hätte. (Wie einmal in meiner warmen Bordküche und ganz ohne Schaukeln das Begrüßungsgeschenk aus Weißbierflaschen, die ich mir sehnlichst gewünscht hatte!)

Das Flaschenglas ist undurchsichtig schwarz geworden. Die Flaschenhalsform würde Desmond sofort erzählen, wie weit die Glasbläserei damals bereits fortgeschritten war. Niemand, der heute quer über die Insel fährt, braucht sich über die mit grünen Bierflaschen gefüllten Straßengräben zu ärgern. Das war schon immer so. Damals konnte sie bloß keiner aus dem fahrenden Auto werfen. Da landeten sie einfach in hohem Bogen hinter dem Haus und zerbrachen natürlich in dem steinigen Gelände; vielleicht auch durch die Sonnenhitze. Jedenfalls besitzt nicht einmal Desmond eine einzige heile Flasche. Auch im Museum steht keine. Nur auf EILANDHOPPER diente jahrelang eine von hier oben als ausgefallene Blumenvase. Sie hatte mich beim Ausbuddeln durchgeriebene Fingerkuppen und abgerissene Nägel gekostet.

Der Whisky zum Sodawasser traf wohl in eichenen Fässern ein und war bloß für die Offiziere, die oben im Schatten der Säulengalerie am Rand des Paradeplatzes vor der Tür des Kasinos in der frischen Abendbrise saßen. Dieses Offizierskasino ist so klassizistisch entworfen, daß man glauben könnte, es sei auch per Schiff, aber aus Griechenland hergekommen.

Damals wurde bestimmt auch ein anderes Westindiengetränk erstmals eingeführt: G & T. Ohne Gin kein Engländer und keine Tropenapotheke ohne Chinin, wie es die Tonik würzt. Die Medizin in Sodawasser gelöst, und 'Tonic water' war fertig. Gegen Gelbfieber hat es nicht geholfen. Auf dem großen Friedhof sollen zweitausend Leute begraben liegen.

Auf Shirley Heights kann also jeder ein Stück Geschichte selber vom Boden auflesen. Desmond fand ein beneidenswert schönes Stück hier oben: eine kinderhandgroße Perlmuschel, die ein Ureinwohner zu einer Seekuh geschnitzt hatte. Die merkwürdigen Seekühe lebten damals überall auf den Inseln in den Tangwäldern der flachen Buchten. Die Arawaks besaßen einen Namen für sie: Lamentin, natürlich nicht französisch ausgesprochen! Die drei Meter langen Mopsgesichter werden ihnen geschmeckt haben bei ihrer Diät aus Fischen und Schnecken. Es tut dem Erzähler leid, daß es immer wieder abwärts gehen muß, kaum ist ein Lichtblick sichtbar. So waren in fernen Tagen die Sumpfgebiete und Tangwälder östlich von Fort-de-France bestimmt ein idealer Lebensraum für sie. Heute liegt an derselben

Stelle der Flughafen. Sein Name Lamentin – Aussprache französisch!
– erinnert keinen Menschen mehr an Seekühe. Die letzten sind spätestens von den schwarzen Sklaven geschlachtet worden. Jetzt fristen die Überlebenden dieser Laune der Natur – wie man es nennt, wenn etwas nicht mehr ins gewohnte Bild paßt – ein klägliches Restdasein unter den Luftkissenbooten und tödlichen Schrauben der Bootsmotoren in den Everglades von Florida.

Der Rundblick von hier oben ist also der Mühe wert. Nach Süden sehen wir 40 Seemeilen weit bis Guadeloupe und, viel näher, im Südwesten bis Montserrat. Dem Ausguck wäre kein feindliches Schiff verborgen geblieben. Aber der herrliche Rohrkrepierer der in den Geschützstellungen zu bewundern ist, geht bestimmt nicht auf kriegerische Ereignisse zurück. Die kilometerlange Anlage war zu guter Letzt nichts weiter als eine Art Beschäftigungstherapie für Hompeschs Leute und alle anderen.

Wer sich in den Ruinen amüsieren will, kann stundenlang zwischen alten Mauern herumstreichen; Pulvermagazine, Gemeinschaftsküchen, Zisternen und Kantinen. Aber keiner hält das lange aus, und alle schrumpfen vor Hitze und Durst zusehends selber zu so einem abweisenden Igelkaktus zusammen, wie sie hier oben noch gedeihen.

Vom „Blockhaus" genossen wir damals über blühende Maibäume hinweg den weiten Blick, der Küste folgend, bis Green Island im Osten. Wenn ich jetzt alle Buchten aufzählen soll, die von hier zu sehen sind, müßte ich auch erzählen, wo wir in jeder in all den Jahren geankert haben, hinter welchem Riff geschnorchelt und was es zu sehen gab. Genauso eindrucksvoll ist der steile Tiefblick auf den gewundenen Hafen mit der engen Einfahrt und seinen Hurrikanschlupflöchern. Aber es fand ihn früher nur, wer sich auskannte. Der Hafen lag nicht im windstillen Lee der Insel. Er konnte unter Segeln angelaufen und wieder verlassen werden.

Auch für uns, wenn wir uns von Guadeloupe näherten, war es immer wieder spannend, mit den Augen den rechten Kurs zu erkennen, sobald sich die ferne Küste Antiguas aus dem Dunst schälte. Selten blieb da draußen mal einer in der Flaute hängen. Beständiger Ostwind und freundliche Atlantiksee von Steuerbord; wenn auch die eine oder andere manchmal gegen die Bordwand klatschte und Angst einflößen konnte. Wer da beim Segeln noch nicht an die Menschenfreundlichkeit von Katamaranen gewöhnt war, verlangte dann nach einem Sicherheitsgurt und rutschte vorsichtshalber aus der Sicht angriffslustiger Wellen in eine sichere Cockpitecke auf den Boden, wie einmal ein As unserer Luftwaffe. „Rudi", sagte bei anderer Gelegenheit ein Nordseesegler zu mir, „wenn bei uns das Meer so aufgewühlt aussieht wie jetzt, dann ziehen wir bereits Öljacken an, machen uns zum Reffen klar und warten auf die erste Sturmbö, die bald darauf übers Wasser gefegt kommt."

„Und fehlt dir das hier zum Segelglück?"

„Aber nein, Rudi! Hier merkt ja einer bald, daß keinerlei Ernst hinter der Drohung steckt. Das Meer ist unverdorben und das Wetter ohne Heimtücke. Es bleibt freundlich blau, und da oben ziehen unverändert die Passatwindwolken über den Himmel und sehen aus wie harmlose weiße Lämmer auf einer Wiese." (Hätte ich da sagen sollen: ‚Komm mal im September wieder'?)

Wer in späteren Jahren zum Ausguck über dem Hafen hinauf wollte, brauchte nur in ein Taxi zu steigen, zahlte irgendwo Maut und Eintrittsgeld und wurde oben von einem feinen Restaurant und einer Steelband erwartet, deren Musik schon über den ganzen Hafen zu hören war. Aber wer sich erst an Piña Colada gestärkt hat, ist zu keinem Schritt in den Busch mehr fähig. Ich weiß nicht, ob der Rumpunsch oben gut ist, ich war seitdem nicht mehr dort. Ich möchte mir nämlich die schönen Mitternachtsstunden dort oben im Gedächtnis bewahren, als sich höchstens ein paar Gleichgesinnte zu Lagerfeuer und Picknick einfanden, wenn der Hafen zu unseren Füßen längst schlief, nur noch Grillen und Baumfrösche ihr allnächtliches Konzert veranstalteten und sich die schattige, steile Küstenlinie gegen die Silberflut des mondbeschienenen Meeres anstemmte.

Dieser Hafen läßt einen nicht los, und sage noch einer, die Antillen seien völlig uninteressant oder gar enttäuschend gewesen! Das dürfen im äußersten Falle diejenigen sagen, denen wir bisher unterwegs begegnet sind. Dabei lasse ich Leute wie John, der den Tatarenschädel ausgebaggert hat, beiseite. Er hatte sein ganzes Vermögen aus einer Fabrik in Schottland auf dieser Insel verbuttert und war zuletzt mit seiner Gesundheit so fertig, daß er um jeden Preis eine ganze Flotte gemietet hätte und sämtliche Inselbewohner kostenlos nach

Afrika zurückbefördert. John hatte abolut nicht begriffen, was die Stunde geschlagen hatte, als er mir anvertraute: „Rudy, wir könnten mit unserem Geld ein Paradies aus diesem Inselfleck machen, wenn man uns ließe!"

Wie viele sind da mit unsinnig vergeudeter Energie gegen Windmühlenflügel angerannt wie jener irre Ritter aus der Mancha, der auch bloß zu viele Bücher gelesen hatte! Wie viele haben Jahrzehnte in der Hoffnung hier verbracht, es könne doch nicht noch schlimmer werden, sondern nur besser. Sie wurden enttäuscht bis auf die vielleicht, die für genausoviel Arbeit wie in kalten Gegenden wenigstens Trost in einem vergleichsweise einfachen Leben in diesem Wonneklima fanden und sonst weiter nichts.

Das war bei mir am Anfang vielleicht Liebe auf den ersten Blick, und darüber läßt sich sowieso nicht nachgrübeln. Mir fällt wieder ein, daß ich fast zwanzig Jahre lang begeistert in nicht viel mehr – oder weniger – als einer Badehose gelebt habe, barfuß. Bei soviel Laufen im Sand bleiben einem wenigstens Plattfüße erspart. Gegen ganz mieses Wetter helfe zu Hause ein Solarium, bekam ich zu hören. Als ob unter der Haut nichts wäre, was sich nach Sonnenschein und frischer Luft sehnt!

Rudi, höre ich jemanden mir zuflüstern, vergiß die müden Gesichter, die du nach Büroschluß in der U-Bahn einer Großstadt gesehen hast, als es schon zu Ende ging. Schon weil die sonnigen Tropen nicht Platz genug für alle haben. Du hast ja zwanzig Jahre lang miterlebt, was dabei herauskommt, wenn Träume von paradiesischen Inseln genährt werden. Bald werden es sogenannte Urlaubsparadiese sein. Dann bemächtigt sich ihrer die größte Wachstumsbranche der Welt. Was die Tourismusindustrie aus deinem Paradies macht, ist schlimmer als alle die lächerlichen Verfehlungen politisch Neugeborener der frühen Jahre. Die unbeteiligten Einheimischen werden bei dieser Überfremdung Angst kriegen wie wir bei Smogalarm; den Beteiligten wird ein Licht aufgehen, wie ungleich die Löhne auf der Welt sind. Irgendwann werden auch hier Autos brennen und Bomben hochgehen. Der Schrecken in der Marina von Guadeloupe und am Wochenmarkt von Point-à-Pitre sollte dir noch in den Knochen sitzen! Die Reihenfolge ist festgelegt durch die Hochspannung, die sich aus dem sichtbaren Gegensatz zwischen Arm und Reich ergibt. Wie oft hast du

167

selber gesagt: Seht doch nach Kuba, nach Jamaika und zu den amerikanischen Jungferninseln! Sie sind das Ergebnis amerikanischer Urlaubsparadiese der Anfangszeit und hemmungsloser Geldverschwendung vor den Augen der Habenichtse! Aber laß mal und reg' dich nicht auf! Wenn erst der billige Massentourismus kommt, der keinen Pfennig mehr verschenkt, dann werden deine lieben Einheimischen lernen, daß auch woanders nur mit Wasser gekocht wird!

Schön, das wäre draußen; soviel Platz mußte sein, bevor wir dem Hafen den Rücken kehren und zu unserem ersten Strandhotel aufbrechen. Wir könnten es auch unterlassen, denn eigentlich stecken die nächsten zwei Jahre alle schon in den vorhergehenden drei Absätzen. Doch reißen wir uns vorher noch zu einem einzigartigen Ausflug los!

Die Mutprobe hinter den Herkulessäulen gilt bestimmt als meine eigene Erfindung, schon weil Segler normalerweise nicht zu alpinen Exkursionen neigen, und seien sie noch so harmlos. Aber auf EILAND-HOPPER gehörten sie zum Bordprogramm, meistens deshalb, weil uns die Wartezeit an den gelben Riesenbojen in der Quarantänebucht zu langweilig wurde. Ausgerechnet dazu war Freeman's Bay nämlich von dem souveränen neuen Staatsgebilde erkoren worden. Außerdem kommt keiner an diesem Ausflug vorbei, der sich beim Erzähler um eine Koje an Bord bewerben will. Wer jetzt neugierig geworden ist, schwimme also mit seiner Schnorchelausrüstung zu dem kleinen Sandstrand östlich der Hafeneinfahrt ans Ufer, stecke sich aber vorher noch ein paar Gummilatschen hinter die Badehose, denn die braucht er, wenn er nicht schon zwanzig Jahre über bloße Steine turnt wie ich.

Es geht zuerst einfach am Ufer lang, über blankgespülte Felsen, durch Kies und Muschelreste und zuletzt über herabgestürzte Blöcke. Der Hafen ist inzwischen außer Sicht geraten, jeder ist mit sich und dem vorbeirollenden Meer allein und natürlich mit den hohen Sandsteinsäulen über ihm. Wer übrigens mit der Einfallslosigkeit englischer Namensgebung in Übersee vertraut ist, wird wie ich inzwischen vermuten, daß nur ein Humanist wie Desmond hier seiner Bildung freien Lauf gelassen haben kann. Die Säulen stehen auf einer Felsbastion über dem Wasser. An Tagen, wenn die Dünung stark gegen das Ufer schlägt, heißt es hier umkehren.

Die Querung der Sandsteinfelsen unter den lotrechten Türmen und an den tiefen Nischen vorbei ist kinderleicht. Einige Blöcke sind zu übersteigen, dann endet für uns das Felsband an einer Biegung, wo es nur schwierig weiterginge, und wir sind ja auch schon da.

Der Felssockel zu unserer Rechten zieht sich hier in leichter Schräge zur Wasseroberfläche hinab. In den schmalen Rissen, die manchmal von heraufschäumendem Wasser überspült werden, sitzen junge Seeigel, die aber zu verschmerzen sind. Was noch folgt, ist bloß eine Mutprobe; denn wo das Wasser ganz unten auf den Felsen trifft, stürzt dieser senkrecht ab, aber garantiert nicht zu eingeklemmten „Palmwedeln"! Keiner glaube, das sei nur was für Experten! Ich habe Mädchen aus der Südsee da hinunterspringen lassen, die ganz andere Abenteuer hinter den Herkulessäulen erwartet hatten; auch solche vom Titicacasee, wo Berge nichts Besonderes sind; aber auch Mädchen aus der Lüneburger Heide, wo sich hinter der höchsten Erhebung kaum ein Mümmelmann verbergen kann; selbst Kinder und angehende Großmütter, und wer mit mir jemals was vorhatte, kam um diese Mutprobe nicht herum.

Ohne klare Anordnung geht das natürlich nicht. Jeder schlüpfe dort, wo es noch bequem geht, mit den Füßen in die mitgebrachten Flossen und setze seine Maske auf die Stirn. Danach hat er den unteren Rand der Felsbrüstung zu erreichen, wenn es das Wasser erlaubt, und dann bloß nicht mehr zu zögern, denn die nächste Welle kann schon wieder viel zu hoch sein. Rein ins Wasser mit der auslaufenden Welle! Also gleich nach vorne springen, Füße voraus; die Maske mit beiden Händen vor die Augen schieben und abwarten, was geschieht. (Wie vom Penegal über Bozen beim Start zum Drachenflug.)

Keiner, der das zum ersten Mal tut, weiß, was ihn erwartet. Ich wußte es auch nicht, und das ist vielleicht der Spaß aller Pfadfinder. Einmal im Wasser, findet man sich als erstes in undurchsichtig schäumender Gischt wieder. Die nächste Überraschung ist phantastisch, denn das frisch vorbeiströmende Atlantikwasser ist glasklar. Der Blick geht gut 20 m über die steile Felsszenerie hinab. Sie ist von Rillen durchzogen und flachen Rinnen. Dort haben sich einzelne Korallen angesiedelt. Korallenfische aller Größen schauen nur kurz verwundert – wie Bergdohlen – nach oben auf den so überraschend Eingedrungenen. Hat einer Glück, segeln gerade die beiden Leopardenrochen gemächlich unter ihm vorbei, leicht flügelschwenkend und auch wie Deltaflieger anzusehen. Wir begegneten ihnen öfter.

Mehr hat man nicht zu tun. Der kaum spürbare Strom treibt einen ohne Flossenschlag in die Nähe der Hafeneinfahrt zurück. Jeder kann sich mühelos umschauen, die Hände auf dem Rücken verschränkt, damit bei den Unterwassergenossen keine Angst aufkommt wegen der beiden Fangarme. Einmal wieder im Hafen, ist es verzeihlich, wenn alle Teilnehmer leicht hochnäsig zu den ankernden Booten weisen, wo die weniger gut Beratenen im trüben Hafenbecken zwischen über Bord geworfenem Unrat am Meeresboden nach der verheißenen Unterwasserwelt wühlen.

Ich habe absichtlich bei der Rückkehr in den Hafen niemanden auf den riesigen Unterwasserkäfig aufmerksam gemacht, der als Touristenattraktion in späteren Jahren dort versenkt wurde. Frage jeder, der ihn findet, selber nach seiner Herkunft! Ich habe keine Lust, alles, was einmal schön war, mit einem Mißklang enden zu lassen.

English Harbour wird uns jetzt für eine Weile nicht mehr sehen. Die schönen Stunden bei Philips Rumpunsch waren nicht verschwendet. Auf der anderen Inselseite, vor Will und Sallys Hotel, lag auch so ein Katamaran wie meiner. Wir wollten ihn uns eigentlich nur ansehen, kamen aber am Abend mit einem Arbeitsvertrag zurück.

HOBBY würden wir also vorläufig an Land lassen müssen. Erst ein halbes Jahr später sollte ich Zeit haben, es innen und außen neu zu malen. Dann würde ich ihm auch die Marinetoilette einbauen, die in EILANDHOPPERS unergründlichen Rümpfen die zweite Reise mitgemacht hatte. Sogar das passende Seeventil hatte ich vorsichtshalber schon in England gekauft.

Viel sollte eines fernen Tages nicht mehr von HOBBY zu finden sein. Nur dieses Seeventil war zwischen zwei Korallen steckengeblieben. Das Holz der umgebenden Bordwand war schon lange weg. Nach HOBBYS Wiederentdeckung unter Wasser habe ich diese nutzlos gewordene Armatur gut sichtbar auf den Arm einer Geweihkoralle gelegt, damit ich bei Grabbesuchen die Stelle über dem Riff schneller wiederfand. HOBBY ruhte da schon seit ein paar Jahren auf dem Paradiesriff. Was wollte es mehr? Wir suchen ja alle bloß unsere Paradiese!

ZWISCHENSPIEL:
THEMA MIT
VARIATIONEN UND
(der Versuch einer) FUGE

Endlich segeln wir wieder! Wer hat die Hafentage in diesem English Harbour nicht genossen? Oder sollten wir vielleicht sagen: in dem vormals englischen Hafen? Dabei hat unser Inselhüpfer, wie er bescheiden bloß nicht ausplaudern will, noch einen Zettelkasten voll Geschichten verschwiegen!

Zum Beispiel war da kein Wort zu hören über die Heldentaten des großen Toten aus der St. Paul's-Kathedrale. Klafft da nicht schon eine Lücke? Gab es nicht damals tödlichen Streit im Hafen, wer das meiste zu sagen hatte; das heißt, wer abends dienstfrei hatte und zum Ball der schönen Pflanzerstöchter reiten durfte? Von den Streithähnen war der eine bloß Hafenkommandant, der andere zwar noch kein Admiral, aber der mit dem höchsten Rang unter den anwesenden Kapitänen. Zog doch, wie wir ganz sicher wissen, der spätere Heros kurzentschlossen seine Pistole und legte in althergebrachter Manier das Hafenoberhaupt um!

Unser Erzähler muß eben manchmal die Augen zudrücken und den Mund halten. Sonst schwört er womöglich diese vergessenen Bräuche wieder herauf, wenn einer erst zu lesen kriegt, wie das eines Tages in der sogenannten Quarantänebucht zugehen wird und wer dort behauptet, allein das Sagen zu haben. Da möchten wir doch wetten, daß unser Bojenlieger an einem der gelben Ungetüme, die einmal vielleicht die Themse-Schiffahrtsstraße betonnt hatten, auch drüber nachgrübelt, wie er sie am besten versenken könnte oder sonstwie aus dem Wege räumen. Da brauchte nämlich nur der Wind in der Leebucht hinter Shirley Heights zu drehen, und schon waren Rost und gelbe Bojenfarbe auf seiner frisch gemalten Bordwand! Möglich, daß er uns deshalb ersatzweise die Mutprobe hinter den Herkulessäulen geboten hat!

Natürlich war es auch mit dem Dornröschenschlaf auf diesem Gipfel über dem Hafen nicht ganz so, wie es berichtet worden ist. Kaum war nämlich 1803 Frankreich mit England neuerdings im Krieg, da drohte von See her ein Angriff, denn eine französische Flotte, die von Guadeloupe kam, wollte diesen Adlerhorst endlich ausräuchern. Nur wer so sein schnupperndes Unwesen in diesen Papieren treibt wie wir, kennt den beschämenden Ausgang des Unternehmens für die Angreifer, und weiß warum eine ganze Seite gespart werden durfte. Besser die Augen vor dieser ‚Blamage‘ schließen! Sonst ist womöglich bei der nächsten internationalen Segelwoche auch des Admirals Himmelbett aus dem Museum fort!

Dann ist auch die Geschichte von der Habe des Skippers noch nicht zu Ende erzählt. Immer nur tröpfchenweise! Wahrscheinlich zieht sie sich über alle zwanzig Inseljahre hin. Aber wir können auch schweigen. Jedenfalls wird er das wohl nicht so hingenommen haben. Es ist doch klar, daß die Regierung für den Verlust verantwortlich ist, weil seine Koffer ja gar nicht in der amtlichen Staatsgazette standen. Da muß er wohl irgendwann zu seinem Recht kommen! Die schönen Augsburger Zinnteller mit Rosenblattrand, Stückpreis vermutlich tausend Mark, sind sowieso futsch; aber wenigstens sein Recht muß ihm werden. Wo kommen wir sonst hin?

Etwas haben wir alle schon gemerkt: Zuckerlecken ist das da drüben keines. Von wegen: Zuckervogel und an allem Süßen nippen! Da müßte es bei einem ganz schön piepsen, der das noch für das „süße Leben“ hielt. Hoffen wir bloß, daß er weitermacht und jetzt nicht aus der angefangenen Geschichte aussteigt; etwa mit den Manuskriptseiten Bootchen spielt, unten im Tal auf einer der vielen Brücken, und die Kokosnüsse Richtung Mittelmeer treiben läßt! Zum Glück hat unser schreibwütiger Erzähler für eine Weile „seine“ Alm aus dem Blickfeld verloren. Sonst hieße es bestimmt: Blumen gibt es hier wie Sand am Meer! Anschließend würde er uns gleich eine Koppel von Haflinger Pferden vorführen, die oben auf dem Ritten – das ist gegenüber seiner Alm auf der sonnigeren Talseite – beim Weiden ist.

Da braucht er dann bloß noch den Spieß umzudrehen, die Zuckervögel aus seinen Gedanken zu verscheuchen und auszurufen: „Schaut mal die braunen Pferdchen an, wie genügsam sie sein können! Da drängeln sich alle um einen grauen Stein auf der grünen Wiese und lecken mit großem Behagen an diesem Salzblock! Ob das der Stein der Weisen ist? Muß denn unbedingt alles Gute süß schmecken?"

Auffallend war ja auch, daß meistens nur Leute zu Worte kamen, mit denen es eigentlich abwärts gegangen ist. Nicht nur mit Leuten! Auch mit diesem Steckenpferd HOBBY. Wir wollen aber nicht vorgreifen. Wir können sowieso nicht erwarten, jetzt Rudi Wagners gesammelte Tagebücher vorgeblättert zu kriegen. Eigentlich interessiert uns alles im Detail gar nicht so brennend. Er selber macht ja auch kein großes Aufhebens von seinem Privatleben; seine „Mutproben" mal beiseite. Wir wünschen es ihm jedenfalls alle, daß er es niemals bereut, wie er sein profitables Badewannengeschäft zwischen den Fingern hat durchrieseln lassen.

Doch erinnern wir uns, wie ihn die Strafzettel immer wieder geärgert haben und auch die Kisten mit dem Whisky an die einnehmenden Beamten zu Hause vor Weihnachten. Damals waren nur Flaschen mit schwarzen Etiketten gut genug. Aber hat er nicht auch mal tausend Dollar für ein halbes Jahr Arbeitserlaubnis an einen nicht weniger einnehmenden Minister gezahlt? Nicht jetzt, aber später einmal, und darüber wird er dann auch nicht reden wollen.

Und alle die abhanden gekommenen Autos? Ist dieses Herumgeschippere zwischen scharfkantigen Korallen nicht auch verlustträchtig? Von dem unbedarften Kleinstsegler sprach er ja schon, der ihm ein Loch durch die Bordwand gebohrt hatte, daß Little-Rudys Kopf bestimmt hindurchgepaßt hätte. Zum Glück war er von seinem Inn aus gleich zur Hand. Was aber, wenn er das alles von seinem zweiten Lieblingsplatz aus beobachtet hätte, diesem Berg über dem Hafen? Und wenn das Loch dann unter der Wasserlinie gewesen wäre? Seine Autos konnte er wenigstens noch steuerlich absetzen.

Dabei waren das ja wirklich noch goldene Zeiten! Warte mal einer, bis er die Charterflotten von allen Seiten anrücken sieht! Da liegt er nachts schlaflos mit dem Kopf neben dem offenen Fenster auf dem Plätzchen, mit dem er uns immer den Mund wässrig macht; dort, wo es den schönsten Blick auf die Dolomiten geben soll, will sagen: auf seine Antillen (Das kommt davon!), und was sieht er da: Bordwände aus rohen Alu-Platten in Reichweite und wortwörtlich der neueste „Schlager" für alle Skipper, die ihre Yacht noch mit Fast-Hundert-Dollar-Kilodosen weiß malen!

Da würde sich in seiner Abwesenheit mal eine halbe Nacht lang so eine Mietyacht mit Vierzehn-Tage-Seglern immer wieder im Kreis um EILANDHOPPER drehen und ihre Leine immer enger um seine beiden Ankerleinen wickeln, weil die anderen nur vor einem Anker an ganz langer Leine lagen, er aber wie üblich mit einem zweiten Anker nach hinten. Das war in Deshaies, wo der Wind jede Nacht Karussell dreht. Da sah bei Skippers Rückkehr die lackierte Scheuerleiste erbarmungswürdig aus.

Ob denn keiner an Bord wisse, wie man zu ankern habe, wollte der schmerzhaft Geprüfte bei seiner Rückkehr zum Boot wissen. „That's not the point, Sir! Uns ist gesagt worden, wir seien mit einer Million Dollar gegen alle Schäden versichert, die wir anrichten können."

Woher wissen wir das eigentlich jetzt alle? Auch bloß aus dem Zettelkasten? Wir werden doch nicht wie diese Maggie schon bei Rum und Wasser gelandet sein und hellsichtig geworden? Wunder wäre es keines, denn von nun ab gehören wir dazu; die ersten vier Wochen sind fatalerweise schon um.

Wie pietätvoll, diese Erwähnung von HOBBYS Grab! Was mag da bloß passiert sein? Den Grabstein aus Schiffsbronze auf dem Korallengeweih wollen wir uns näher ansehen. Ob das Seeventil versagt hat? Gegen Pumpklos hatte er ja schon immer was. Das weiß jeder, der damals auf HOBBY dabei war. Ob einer den Hebel falsch gelegt hat? Etwa wie damals bei den angehenden Hochseeseglern auf der NORD-SEE, als hinter Skagen in der Kajüte plötzlich die vor der Koje des selber wißbegierigen Quiz-Meisters abgestellten Seestiefel in der Brühe davontrieben und alle an Deck bestürzt aufmerkten, weil das schon seit Tagen bekannte ‚Luft, Luft, Clavigo!' immer schwächer zu vernehmen war?

Ganz klar: zu so einem Leben muß einer geboren sein. Das muß einem im Blut liegen. Wer hat nicht ‚Hört, hört!' gesagt, als herauskam, daß der Urgroßvater aus dem Thüringer Wald auch schon zu den Sandwichinseln ausgerissen war! Wir sollten es ihm einmal sagen, wie sehr wir ihm wünschen, daß er bis zuletzt auf den Inseln ausharrt. Wenn das zwanzig Jahre so weitergeht, hat er sich einen Orden verdient. Vielleicht gibt es bis dahin schon einen Pokal für Aussteiger, etwa auch so eine ‚Bodenlose Kanne‘. Im Sinne von: Das schlägt doch jedem Faß den Boden aus! Oder wenigstens einen ganz großen Narrenorden zur nächsten Fasnacht.

Ein bißchen peinlich ist das schon, wie er immer über die Schwarzen herzieht. Denkt er vielleicht zuviel an das „arme Heidenkind" zurück, das jedesmal dankbar mit dem Kopf nickte, wenn er ihm hinter der Kirchentür einen Groschen in die Sammelbüchse warf? Hier hieß es anfangs: „Give me a dime!" Das waren bloß 42 Pfennig. Später war mit fortschreitender wirtschaftlicher Entwicklung ein ‚Quarter‘ fällig, sobald einer die Hand aufhielt. Aber auch das war kaum eine Mark. Heute ist bestimmt ein ganzer Dollar das wenigste, was einer anständigerweise als Almosen geben muß, will er seine Spende nicht vor die Füße geworfen kriegen. Natürlich ist der Dollar inzwischen billiger geworden; aber die Ansprüche sind gestiegen. Heißt es nicht immer, man müsse die Rezession bekämpfen, weil dann keiner mehr Geld zum Rauswerfen hätte? Siehste!

Beim billigen Würstchengrill für die Bootsleute hörten wir vor ein paar Tagen einer Unterhaltung zu, die wir gern wiedergeben möchten, ganz formlos, so wie alle durcheinanderredeten zwischen einem Bissen in die Wurst und einem Schluck aus der Flasche. Da hieß es: Jetzt legt man uns bei Bryson's im Supermarkt frische Erdbeeren vor die Nase. Mann, das war ein Duft! Anders als der aus den Marmeladegläsern von Chivers; das ist ein Luxus, den uns wohl jeder gönnen wird. Weintrauben gab es auch, aus Kolumbien. Aber frag nicht nach dem Preis! Ob die auch so schmecken wie unsere von den Strandtraubenbüschen? Ja, wie schmecken denn Weintrauben? Vielleicht sollten wir uns einen Job suchen, wo sie wachsen. Trauben ernten! Bei uns hier sind sie unbezahlbar. Letzte Woche gab es Kirschen aus Kanada billig im Angebot. Vielleicht weil es Kirschen mit Kernen waren. Eigentlich könnte unser Landwirtschaftsminister auch solche Kirschbäume anpflanzen. Wir wissen ja schon, wie sie schmecken. Die liegen doch in jedem leergetrunkenen Rumpunschglas, weil sie alle Leute übrig lassen, als wären sie giftig. Aber bei uns in der Hotelküche ist noch keiner davon gestorben! Tja, Geld sollte man haben! Sam geht es jetzt ganz schlecht. Welchem Sam? Dem mit dem einen Bein, der den ganzen Tag auf der Straße hinter dem Blech mit glühender Holzkohle sitzt. Früher kauften ihm die Schulkinder für ein paar Cents in der Schale geröstete Erdnüsse ab. Aber seit es die erste Eisdiele der Insel gleich auf der anderen Wegseite gibt, wollen die Schulkinder nur noch Eistüten und dieses Backwerk, das sie Danish Pastry nennen. Immerhin: Äpfel sind nicht so teuer. Da kosten zeitweise zwei mittlere oder drei kleine bloß einen Dollar. Wißt ihr, was vor der Auslage ein Tourist zu seiner Begleiterin gesagt hat? „Die sind ja verrückt! Vier Mark zwanzig für das Fallobst!" – Egal, wir leisten uns jedenfalls manchmal welche. Kennt ihr auch schon die beiden Apfelsorten, die es gibt? Die einen sind grün und heißen Granny Smith, die anderen gelb, sie heißen Golden Delicious. Sonst gibt es keine, höchstens noch zerquetschte in Dosen. Die sind süßer. Jetzt wollte einer von den Yachties hier bei den Weibern Kartoffeln kaufen. Sie sagte ihm, das seien aber süße. Da antwortete er, nein, erfrorene Kartoffeln wolle er nicht. Verstehst du das?

So ist das also. Aber warum sollte nicht auch mal die andere Seite zu Worte kommen? Hat unser Erzähler doch Babys mit weißen Kulleraugen gern, den biederen Philip und die tüchtige Wirtin in seiner Stammkneipe. So ein neuer Staat ist halt nicht perfekt, und ob er nun 70000 Seelen zählt oder 70 Millionen, spielt doch keine Rolle. Wozu gibt es schließlich ein Planstellenschema für Staatsverwaltungen? So ist dann eben für alles auch ein Minister da, und irgendwo müssen sie ja herkommen und irgendwie bezahlt werden! Wo kommen sie überhaupt her?

Also, der eine hatte vielleicht ein Stipendium gekriegt, um in England die Rechte studieren zu können. Nur Geld, um hinzufliegen, besaß er nicht. Das lieh ihm aber ein wohlhabender weißer Pflanzer auf seiner Insel, weil er sich von dem hoffnungsvollen Jüngling später eine gute Rechtsberatung versprach. Keiner weiß, wie es dann geschehen konnte, daß der Pflanzer kaum zwei Jahre später seine Plantage los war; oder ein anderer die einzige Hühnerfarm der Insel; und der Chinamann sein Restaurant, andere ihre Spielkasino, ein Hotel oder gar eine ganze Ölraffinerie.

Als angehende Rechtsanwälte waren sie natürlich die einzigen Gewitzten auf ihrer Insel und wußten schon, warum sie in die Politik gingen. Reden konnten sie alle perfekt auf den Wahlversammlungen in den Dörfern bei den Hotels, als es um den Regierungswechsel ging. Die Hotelgäste hätten sich am liebsten unter den Tischen verkrochen, als es aus den Lautsprechern dröhnte: Diese Hotels, die werden nicht wiederzuerkennen sein, wenn wir erst einmal alle Weißen draußen haben und die Verwaltung selbst in die Hand nehmen können!

Es war ein Kinderspiel, den Analphabeten und Dummerjanen den Kopf zu verdrehen. So ging es überall: Zuerst kam einer an die Macht und dann in den Besitz von Ländereien und vermietbaren Sommerhäusern. Natürlich sind das heikle Themen. Wenn man später nicht auch noch in der Zeitung gelesen hätte, was längst die meisten wußten: Wie sie sich mit ihren Millionen ins Ausland absetzten oder vom Ministerpräsidenten abwärts für lange Zeit im Kittchen landeten, würde es wohl keiner glauben. Heute ist natürlich alles ganz anders. Klar doch!

Unser Heidelberger Doktor besaß als Regierungsarzt natürlich einen Mercedes, den einzigen weißen auf der Insel und auf den Nachbarinseln vermutlich auch. Aber er besaß auch eine Vorliebe für deutsche Dichter und vielleicht noch mehr für Alt-Heidelberger Trödel aus der Großmutterzeit. Damit richtete er sich später seine Villa über dem Meer ein. Die EILANDHOPPER-Bibliothek füllte passend seine Regale, besonders natürlich alle Heidelberg-Poeten und – kaum zu glauben – unser Aussteiger Oswald vom Hauenstein. Er war ja schon vor über 500 Jahren von Heidelberg hingerissen gewesen.

Aber das steht natürlich alles nur auf Zetteln, die gar nicht zur Veröffentlichung bestimmt sind. „Ich werde meinen Lesern nur das Schönste erzählen", hatte sich der Skipper vorgenommen. „Aber bin ich dann auch noch glaubwürdig?" fügte er nachdenklich hinzu. Eines werden wir mit der Zeit noch lernen: Auch in der Karibik wird nur mit Wasser gekocht!

Was höre ich da? Hier wird nur mit Wasser gekocht? Das ist doch die Höhe!

Es wird Zeit, daß ich den Faden wieder selbst aufnehme. Weiß denn da einer, wovon er redet? Soll doch einmal der Skipperkoch aus seiner fliesengeschmückten Küche plaudern, wo gerade eine Fischpfanne aus Nirosta auf dem Herd steht, die länger ist als der Herd oben breit? Noch nichts von kreolischem Blaff gehört? Da wird bei uns nicht mit Wasser gekocht! Das muß natürlich nicht jeder in Europa nachkochen. Sonst geht es ihm vielleicht wie mit dem Rumpunsch: trotz aller Zutaten nicht perfekt.

Da mariniere ich zuerst eine gute Stunde lang zarte Riff-Fische oder jedenfalls Fische mit weißem Fleisch. Fliegende Fische eignen sich auch. Bei größeren Fischstücken muß ich die Haut der Portionen mit einem scharfen Messer einschneiden. Einmal fingen wir einen riesigen Gelbschwanz. Das erkannte man nur noch am Kopf, der allein am Haken an Bord kam, weil von Schwanzende bis Hals alles von einem Futterneidischen schon abgebissen war. Wir setzten dann voraus, daß Haifischzähne bei soviel Salzwassergurgeln keimfrei sein müßten. Der große Kopf paßte dann allerdings nur in unseren runden Knödeltopf; aber Ewald und Ralf sind Zeugen, wie gut der Blaff vom Fischkopf war.

Nun zur Marinade: kein Wasser, nur Weißwein! Dazu der Saft von zwei ,limes‘, also von zwei grünen Limonen (Limetten meint er), eine ganz scharfe, frische Pfefferschote, Salz und viel Knoblauch. Soviel wenigstens für ein Kilo Fisch. Wir aßen Fisch immer nur kiloweise.

Inzwischen steht schon in dieser Fischpfanne ein Sud auf dem Feuer. Jetzt nehme ich anstandshalber zu einer Flasche Wein auch einen Viertelliter Wasser. Soll es ein richtiger Sud werden, gehört natürlich ein Bündelchen Suppengrün hinein. Das gibt es nur auf den französischen Inseln als ,Bouquet garni‘. Außerdem gehören drei Gewürznelken dazu und ebensoviel Nelkenpfeffer. Natürlich auch der Saft einer weiteren Limone.

Damit sind in Europa schon drei Mark weg allein für Limonen. Aber auf den Antillen kostet andererseits ein Sträußchen Petersilie, per Jumbo aus den Pariser Markthallen eingeflogen, auch drei Mark und nicht bloß 40 Pfennig wie genauso viel Peterle auf dem Konstanzer Wochenmarkt. 50 Gramm Olivenöl gehören noch in die Pfanne, eine nicht zu große Zwiebel in Ringen, ein Paar getrocknete Fenchelstiele und wenigstens zwei zerdrückte Knoblauchzehen.

Die Pfefferschote im Sud habe ich nicht vergessen; die gehört unaufgefordert in jedes kreolische Gericht. Wer also was gegen Knoblauch oder Pfefferschoten hat, entscheide sich lieber gleich für das Strandhoteldinner mit Forelle, tiefgefroren, aus England.

Vielleicht meint aber jemand, wie könne man bloß so einen guten, zarten Fisch mit Schotenpfeffer ungenießbar machen. Da schmecke man ja gar nicht mehr, was man ißt. Das ist natürlich Weltanschauung. Da muß man sich halt entscheiden, ob einem der Gaumen beim Essen das wichtigste ist. Kreolische Köchinnen sind nun mal nicht jedermanns Fall, und das seidene Madras-Tüchl aus dem Souvenirladen macht die Ehefrau noch zu keiner.

Ist der Sud schön durchgekocht, kommen die abgetropften Fische in die glasklare Brühe und dürfen nur fünf bis zehn Minuten lang ihrer Bestimmung entgegensimmern. Die Brühe sollte auch jetzt klar bleiben. Sonst ist es sinnlos, eine Kreolin zum Abendessen an Bord einzuladen. Sie wird den Blaff stehenlassen, wenn die Gelatine aus dem Fisch herausgekocht ist und die Gräten an den Fingern kleben bleiben.

Nicht vergessen: Zur Verzierung noch einmal Petersilie und Limonen darüber und eventuell ein paar weitere Tropfen Olivenöl. Das sei wohl die gelbe Sonnenbrille für die weißgewordenen Fischaugen, sagte mal einer.

Nur trockener Reis schmeckt dazu oder – ganz stilecht – ein kreolischer Reis, in dem braune Bohnen mitgekocht worden sind; man kann sie auch, was einen weniger unter Zeitdruck setzt, schon gargekocht warm daruntermischen. Fußnote: Der Reis hat nicht in Wein zu kochen!

Es muß keine Flasche Margaux zum Essen sein. Jeder trockene Weißburgunder, Rosé oder Blanc de Blanc tut es auch. Wo viele Pfefferschoten im Spiel sind wie hier, schmeckt auch der billige Wein aus der Plastikflasche für sieben Francs, den jeder auf den französischen Inseln trinkt. Fisch ist ja hier kein Luxusgericht. Fisch war für uns das billigste, was zu haben war; meistens zuviel davon.

Wem das als Einzelstehendem zuviel Arbeit ist, der kann sich natürlich von einer französischen Kreolin einladen lassen oder schlichtweg einen Blaff in einer Fischerkneipe hinter dem Markt von Fort-de-France bestellen. Aber in keiner ‚Fischerkneipe‘ für Touristen! Vielleicht wird er dann von der Köchin das Rezept haben wollen. Deshalb habe ich es oben gleich weitergegeben und zwar die Luxusausführung davon, wie auf EILANDHOPPER üblich.

Mit grünen Heringen geht es also nicht, auch wenn es ein eifriger Adept im Siegerland schon einmal damit versucht hat. Forellen dürften sich dazu eignen und Brassen von der Mittelmeerküste. Keine

Versorgungsschwierigkeiten sollte es auch dort geben, wo die Sonne immer scheint, wenigstens oberhalb der märchenhaften Nebelschicht; das kann nur am badisch-schwäbischen Meer sein! Da eignen sich auch junge Hechte, kleine Felchen und Kretzer oder Egli dazu, wenn einem das Herz dabei nicht blutet.

Schwierig wird es sowieso bleiben, sich grüne, rote oder gelbe Pfefferschoten zu besorgen, jene kleine Lampionsorte aus Westindien. Sambal und all das Kroppzeug aus der Flasche kann man vergessen. Es gibt nämlich auch bei Schotenpfeffer Gourmets! Vielleicht klappt die Suche das nächste Mal in einem Feinkostladen hinter dem Straßburger Münster oder in der Altstadt von Colmar, falls dort gerade wieder frische Produkte aus Martinique eingetroffen sind. Beim nächsten Gewürztraminereinkauf könnte man ja daran denken; aber Schongauer oder Grünewald tun's auch, wenn einer dem Meersburger im Glase die Treue halten will.

Kinder, Kinder! Jetzt frage ich mich bloß, wo wir da hingeraten sind! Ich denke, vor der Tür liegt Schnee und ich habe noch ein Bein im Gips! Das waren ja alles interessante Themen aus vielen Blickwinkeln. Aber sind wir denn schon bei der Fuge Allegro con brio, will sagen: mit den Gedanken schon auf der Flucht nach Deutschlands schönster Nebelecke als voraussichtlichem Traumland? Wird etwa gar der Lindauer Löwe zur Freiheitsstatue, von der wir unter dem Turm von Belem geträumt hatten, obwohl wir dann in die falsche Richtung losgesegelt sind?

KOKOSNÜSSE SATT!

Der Traumjob im Strandhotel

Das lasse ich mir gefallen! Wer immer diese mitsegelnden blinden Passagiere auch sein mögen, die da am Rad ihren eigenen Faden spinnen; sie erleichtern mir sehr das Geschäft. Die erste Fahrt durch Korallengewässer war anstrengend genug. Solange mich nur keiner auf die nächste Palme treibt wegen so häßlicher Maximen wie die von der Wassersuppe in der Fischsudpfanne! Niemand sollte aber unerlaubt meine Zettelkästen leeren! Sonst fehlen mir vielleicht für einen würdigen Schluß ein paar Seiten, und wir gehen für immer im Wasser verloren.

Da fällt mir noch ein: Hat das mit dem kreolischen Blaff denn geklappt? Auch bestimmt kein Sambal Oelek hineingekippt? Das wäre grausam im Vergleich zu den zarten Bissen der frischen bunten Schoten. Bei meiner karibischen Marktlady traue ich mich schon lange nicht mehr danach zu fragen, ob die farbenfrohen Früchte auch nach was schmecken; höchstens gönne ich von Fall zu Fall das Vergnügen den Neulingen, die mich begleiten.

„Wie kannst du bloß glauben, Daddy, daß meine Chilischoten nur scharf sind und sonst nichts!" fährt sie mich jedesmal an. „Hier, riech doch selber!" Und mit kräftigem Daumennagel hobelt sie aus der erstbesten, wie mit dem Kartoffelschäler ein Stück grüne, rote oder gelbe Haut ab und hält sie mir unter die Nase. Das duftet wie frisch geschnittenes Gras unter der Sense, denke ich. Wann roch das eigentlich zuletzt so? Oder fällt mir das bloß ein, weil auch Grashalme so die Zunge aufschlitzen können? Doch Gäste, die Mexiko kannten, waren nicht zu überzeugen. „Warum müssen die alles bloß so scharf würzen, Rudy?"

„Ja, um es kurz zu machen, meine Lieben: Hier muß man nicht erst Eisbeine kriegen, damit die Nase läuft wie bei euch in New

Jersey! Wie bekommt man sie hier sonst ohne Schnupfen sauber? Seht euch mal da drüben diesen ordentlich gekleideten Inselbewohner an, wie er das weiße Taschentuch zur Hälfte aus der Gesäßtasche hängen läßt! Das ist für unsere Art von Schnupfen. Und lästert bloß nicht über den weißen Zipfel! Auch dein weißes Schneuztuch in der Brusttasche des Jacketts, Joe, ist so ein Angebersymbol! Du schneuzt dich nicht mehr mit den Fingern, willst du uns damit sagen."

„Ja, Rudy. Lassen sie etwa deshalb auch ihren riesengroßen Kamm bei Nichtgebrauch in der Kopfwolle stecken?"

„Das finde mal selber raus, Anne. Vielleicht war bloß in der Hose kein Platz dafür."

Wir hatten auf diese Weise jeden Tag unseren Spaß mit den Urlaubern; immer mit anderen. Klar, daß wir 1968 nicht auf die Suche nach einer einsamen Insel ausgezogen waren! Sie besaß damals noch keinen Seltenheitswert. Nein, wir suchten einfach einen Arbeitsplatz, wo uns die Welt gefiele. Auch Weltumsegler legten sich gern wie wir vor eins der schon vorhandenen Hotels. Da gab es Trinkwasser, Eiswürfel, Unterhaltung an der Bar, eine verläßliche Postanschrift, später sogar eine Telefonnummer und vielleicht willkommene Dollar für die Bordkasse.

Das traf sich nämlich gut. „Wie unterhalten wir bloß unsere Gäste?" fragte sich händeringend die Direktion, und zwar nicht nur, wenn gerade der Stromgenerator versagte oder bloß die Klimaanlage; wenn das Personal streikte oder die Abendunterhaltung ausfiel. Irgendein Unglück passierte ja fast jeden Tag. Dann hieß es bloß noch, für abends sei Bingo angesagt. Oder der Tanzboden wurde zur Rennbahn für eilig zusammengesuchte Einsiedlerkrebse entfremdet. Jedes Schneckenhaus, groß oder klein, kriegte dann eine Nummer aufgeklebt, und auf die Nummern konnte mit Geld gewettet werden.

Little-Rudy sollte da später in seinem Element sein. Er gewann nämlich fast immer, weil er am Strand von den Negerbuben schon gelernt hatte, daß die kleinsten die schnellsten waren beim Laufen und Hürden-Überklettern und nicht etwa die großen kräftigen. Die schliefen häufig noch vor dem Ziel ein. Jeder von den großen Leuten, der konnte, schob Little-Rudy einen Dollar zu, gegen Beteiligung, versteht sich: „Setz du für mich, little fellow!" Zwei Damen hinter ihm nickten sich flüsternd zu: „Isn't he cute!"

Der junge Manager namens Andrew, den wir auf unserem Ausflug zu diesem Katamaran vor seinem Hotel ansprachen, war bereits ein geknickter Mann. In London noch schnell vor Arbeitsantritt heiraten (müssen) – weil Verheiratete keine Flausen im Kopf haben! –, dann zur Hochzeitsreise auf die Antillen und daselbst im Auftrag der britischen Entwicklungsbehörde ein Hotel führen! Seine Frau sah ihn nur in großen Abständen, und die Ehe hielt schon nach dem einen Jahr, das sie hier lebten nur noch der Form halber zusammen.

„Ihr kommt mir wie gerufen!" begrüßte uns Andrew. „Euer Vorgänger will, wie ihr ja schon wißt, in den Pazifik weitersegeln. Ihr müßt aber Reklame für eure Segelausflüge machen und womöglich abends zu einem Sun-Set-Cruise einladen, weil es um diese Zeit ohnehin keiner mehr am Strand aushält, wegen der Sandfliegen. Den Rumpunsch dazu liefere ich euch gratis. Hauptsache, ihr macht meine Gäste glücklich und haltet sie mir eine Weile vom Hals mit ihren täglichen Beschwerden."

So waren wir zu einem Jahresjob gekommen; aber wir wußten auch, daß noch neun Monate Zeit blieb, bis die nächste Hochsaison begann.

Die Hotelgäste, um die sich damals alles drehte, waren noch von der ersten Generation: die Nordamerikaner der Nachkriegsjahrzehnte, denen im Ausland nichts zu teuer sein konnte. Denn die Hotels waren teuer. Die Gegenleistung war miserabel. Die Gesichter des Personals blieben vorwiegend mürrisch, seit sichtbar geworden war, wieviel Geld es woanders offenbar zu verdienen gab, wenn es bei ihnen so hinausgeworfen werden konnte. Ein Serviermädchen sprach es aus: „Für eine Sektflasche, die sie zu allem übrigen in sich hineingießen, arbeite ich eine ganze Woche lang!"

„Warum sind die eigentlich so muffig zu uns, Rudy?" war eine häufig gestellte Frage.

„Sie sind ärgerlich, daß sie nicht auch soviel Geld ausgeben können wie ihr."

„Die sehen bloß unser Geld, aber nicht, wie hart wir dafür ein ganzes Jahr lang arbeiten müssen. Glaubst du, Rudy, ich könnte daheim etwa Staub wischen und gleichzeitig mit dem Transistorradio auf dem Kopf balancieren? Oder beim Bettenmachen Calypso tanzen? Als ich unlängst unser Zimmer betrat, weil ich die Sonnencreme vergessen hatte, da dachte ich, bei uns sei eine Party in Gange. Die können ganz lustig sein, wenn sie unter sich sind."

„Eben!"

„Gestern erlebten wir eine Demonstration in der Stadt. Gegen uns Amerikaner natürlich! Die treiben es hier so lange, bis wir wirklich zu Hause Urlaub machen. Aber die werden sich wundern, wer nach uns noch herkommt und so viel Geld ausgibt wie wir. Dabei hätten sie ohne uns heute noch keinen Flugplatz, keinen Überseehafen, kein Trinkwasser und keine Straße quer über die Insel. Die sollten sie lieber mal kehren und den Dreck aus den Straßengräben räumen. Da wird einem ja schlecht, wenn man das sieht!"

„Vielleicht warten sie noch auf eine Ladung Kehrbesen als Entwicklungshilfegeschenk!"

„Das sähe ihnen ähnlich!"

„Oder es steht bloß noch nicht fest, welches Land mit seinen Hilfsgeldern die Straßenkehrer besoldet wird."

Wir waren zum Unterhalter vom Dienst geworden. Der Gesprächsstoff riß nicht ab. Zusätzlich hatten wir nur darauf zu achten, daß uns keine Kokosnuß auf den Kopf fiel, wenn wir zwischen Strand und Hotel pendelten.

Unser neues Zuhause, das Hotel, lag im Zentrum einer alten Kokosplantage versteckt, die ehemals die ganze Bucht ausgefüllt hatte, aber überaltert war und längst von den Erben nicht mehr gepflegt wurde. Der tiefgestaffelte Palmenhain stand wie eine abschließende Wand über dem stillen Wasser. So bot es sich wenigstens einem dar, der weit nach Westen hinausschwamm und dann zurückblickte – und uns vom Ankerplatz aus auch.

Etwa in der Mitte des mondsichelartig geschwungenen Strandes waren im Hintergrund, gut versteckt, neunzig Zimmer über sechs einstöckige Häuser verteilt, die sich um das Halbrund eines gepflegten englischen Rasens scharten, wo Hibiskus und Allamandasträucher das ganze Jahr über blühten, wo feuerrot leuchtende Flammenbäume den Speisesaal einrahmten, der seinerseits, halb im Freien, eine Tanzfläche unter Sternen und hohen Palmwedeln umringte. Das konnte dort die schönste Stunde des Tages werden.

Am Ufer gaben Strandtraubenbüsche und schnell wachsende Mahagonibäume zusätzlich Schatten. Sobald die birnenförmigen Früchte in der Reifezeit platzten, trug der Passatwind die Fallschirmsamen mit sich hinweg, und einige fielen als weiße Flocken auch aufs Boot, wo sie aber lange nicht soviel von der Inselgeschichte erzählen konnten wie ihre schwarzen Schwestern, die Ascheflocken von den brennenden Zuckerrohrfeldern.

Am Tag, als Mervin Lippiat seinen großen Katamaran LONG SHIPS zum letzten Mal mit dem Heck auf den Strand vor dem Hotel setzte, standen wir dabei und sahen ihm mit gemischten Gefühlen zu. Gleich nach Ostern sollte aufgebrochen werden. Die Fidschiinseln seien noch das wahre Revier zum Chartern, schwärmte er. Hier sei er mit seiner Saison gar nicht zufrieden gewesen. Am meisten hätten ihn die Roller im Winter geärgert. Das fing alle Jahre vor Weihnachten an und hörte erst nach Ostern auf. Kein Wunder, daß diese Schlechtwettergrüße aus dem hohen Norden zur gleichen Zeit hier eintrafen wie die Nordländer selbst auch! Keiner, der nicht muß, segelt freiwillig in diesen Monaten in den Kleinen Antillen, wenn er ruhige und ungefährliche Ankerbuchten erleben will.

Mervin war Seemann gewesen. Er hatte in Bristol sein Schiff selber gebaut. Es war nicht nur das größte, das ich bis dahin gesehen hatte; es besaß auch viel Stauraum in den Rümpfen. Da war Platz genug für unser tapferes Zweirad aus Cherbourg.

Kaum waren die Ostergäste fort, gingen auf LONG SHIPS die beiden Vorsegel hoch, und langsam knirschten sich die Rümpfe aus dem flachen Ufersand frei. „Stellt euch vor: von hier mit dem Passatwind bis Suva!" hieß es. Wir standen unter den Palmen und sahen ihnen nach wie einem Traum, der entschwand, oder wie in einem Heimatfilm, kurz bevor der Vorhang fällt. Mobilette, auch dir adieu! Noch viele Stunden lang waren die beiden spitzen Segeldreiecke über der Kimm zwischen Montserrat und Redonda zu sehen, bis die Sonne endlich ganz in ihrer Nähe unterging. Im gleichen Augenblick sahen wir auch zum ersten Male den ‚Green flash', den grünen Lichtblitz bei Sonnenuntergang.

Mir schien, ich war dabei, Wurzeln in den sandigen Boden zu treiben: keine tiefgehende Pfahlwurzel, aber ein dichtes Oberflächennetz wie das der Palmen, von denen aber leider gerade in diesen Tagen wieder einige der schönsten an der Uferböschung von den anstürmenden Rollern freigespült worden waren und in nächster Zeit, kopfüber, ins Wasser stürzen sollten. Eine blieb ein paar Tage noch in einer überhängenden Lage, als wolle sie nicht umfallen. Merkwürdig! Palmen, so schräg übers Wasser gebeugt, greifen womöglich noch mehr an Gemüt und Schönheitssinn als die ganz aufrechten.

In English Harbour gab es damals eine zweite schwarz-rot-goldene Flagge. Sie gehörte dem Trimaran LORELEI. Kleine Kinder spielten an Deck. „Wir segeln lieber weiter, Rudi. Werdet mal ihr hier seßhaft!" LORELEI segelte weiter, wohl wie alle nach Westen, hinter anderen Luftschlössern her. So schnell hatten wir also Fuß gefaßt, nachdem wir an jenem denkwürdigen Tag English Harbour zum ersten Mal wieder mit EILANDHOPPER verlassen hatten und zwar mit der Angst aller Neulinge, die bisher nur in tiefem Wasser gesegelt waren. Waren wir mit dem Boot in Küstennähe geraten, hatte es meistens Ärger gegeben. Auf hoher See gesunkene Schiffe verschwanden wenigstens aus dem Blickfeld. Hier aber lagen die Gescheiterten nach einem Jahrzehnt noch auf Riffen und Stränden als warnende Gerippe herum.

Alles war neu. Wie nahe dürfen wir ans Ufer ran unterwegs? Wie weit reicht ein Uferriff ins Fahrwasser? Auf unserem Kurs zum Hotel lagen Riffe rechts und links. Wie tief mochten sie sein? Laut Seekarte war es hier viel zu flach, ein Schiffsfriedhof! Das erlebte ich in den zwei Jahrzehnten, die kamen, mit. Mußten wir außen rum, oder konnten wir innen an Cades-Riff vorbei?

„Klar doch, Rudi! Sogar nachts!" Das hatte mir noch der ehemalige U-Boot-Kapitän im Dockyard versichert. Übrigens einer der wenigen, die den Krieg überlebt hatten, und endlich mal einer, mit dem es aufwärts gegangen war. Bis zum Kapitän einer großen amerikanischen Luxusjacht! Von ihm stammten die bisher unterdrückten Ausdrücke wie: „Jetzt sind wir dran, uns in diesem Geschäft zu prostituieren, und alles bloß wegen der schäbigen Dollar!" Also doch abwärts statt aufwärts?

Mit „Sogar nachts!" hatte er gemeint: auf seinem Radarschirm war das zwischen den Riffen eine beleuchtete Parkstraße. „Da denke ich mir eine Linie", hatte er mir auf der Karte gezeigt, „von dieser vorspringenden Felsnase schnurgerade bis nach Johnson's Point."

Als dann die Felsnase im Vorbeisegeln rechts rasch zurückblieb, weil uns Strom und Wind noch mal so schnell vorantrieben, fragte ich mich, wie ich ohne Radar gleichzeitig nach vorn und hinten sehen sollte. Die Fähigkeit von Fischaugen sollte ich erst zehn Jahre später der Taschendiebe in Südamerika wegen entwickeln. Natürlich, mit dem Peilkompaß ginge es auch. Aber im Peilkompaß sieht man nicht die langen Leinen der Fischreusen, die überall herumlagen und nur darauf warten, sich in einem der beiden Ruder zu verhängen. Wir vertrauten lieber dem durchsichtigen Wasser und unseren Augen.

Die Küste war bisher steil und unwirtlich gewesen. Das Hotel, mit der Yacht des Besitzers davor, lag schon hinter uns. Rechter Hand brach Wasser über Korallen vor den Strandbüschen. Aber linker Hand brach es auch über gut sichtbaren, grüngelben Korallenköpfen. Immer der Linie nach, Rudi!

Daß links von uns schon ein anderer Bobcat von EILANDHOPPERS Maßen gescheitert war, wußten wir noch nicht. Auch nicht, daß fast an derselben Stelle HOBBY zum ersten Mal nasse Füße kriegen sollte. Der sicherste Weg, in einem Korallengebiet zu scheitern, ist, mit achterlichen Winden darauf loszusegeln. Genau das taten wir. Da rief auch schon der Ausguck beim Vorstag erschrocken in höchster Not: „Ein Felsbuckel gleich vor dem Boot!" Aber es wäre ohnehin viel zu spät gewesen. Hoffentlich nicht für die große Schildkröte, die am hellen Vormittag an der Wasseroberfläche geträumt hatte!

Endlich die Ecke mit dem Inselchen davor, wo die Pelikane hausten. Darüber am Hang das grüne Haus mit der Einrichtung aus Alt-Heidelberg. Der gute Doktor! Mit seinem Heidelberg-Diplom fand er keinen Beifall unter den Mitgliedern der Britischen Medizinischen Gesellschaft, die auf seiner Insel noch das Sagen hatte – bis hin zum Einfuhrverbot für italienische Salami. „Wir werden diese Regierung stürzen müssen, damit ich auf meiner Heimatinsel als Arzt arbeiten kann!" rief er kämpferisch, was bei seiner unbeholfenen Leibesfülle recht komisch wirkte, denn er war von derselben Statur wie sein Patient, der unser Zeug verhökert hatte. Wir gönnten es ihm später, daß er es zum Amtsarzt der neuen Regierung brachte. Leider nicht bis zur jungen Heidelbergerin! Die hätten wir ihm auch gegönnt, denn er hatte in Heidelberg mehr als nur Medizin studiert. An meinem Text für die Suchanzeige in der F.A.Z. hat es hoffentlich nicht gelegen. Die Unglückliche wäre längst eine reiche Witwe.

Endlich hinter der Ecke die ruhige Westküste, wo unser Hotel

liegen sollte. Strände mit Palmen und Tamarindenbäumen wechselten sich ab. Diese sahen aus, als habe sie einer mit der Gartenschere
von unten geradegestutzt. Aber viel später sollten wir feststellen: So
hoch reichten gerade die Kühe beim Fressen, wenn sie den Hals lang
machten, denn was am Boden an Grünem wuchs, war nicht wert, sich
deshalb zu bücken.

In der nächsten Bucht eine alte Windmühle, aber ohne Flügel.
Dafür das im Torbogen aus Stein noch erhaltene Wappen der ehemaligen Zuckerrohrpflanzer. Aber auch das sollten wir erst viel später
entdecken. Es blieb in den beiden Jahren überhaupt wenig unentdeckt an dieser langen Küste. Einschließlich der fast 4000 Jahre alten
Muschelwerkzeuge gleich hinter dem Hotel: der älteste datierte Fund
überhaupt auf den Antillen! Es war immer wieder nicht zu fassen,
welche Berge von leergegessenen Schneckengehäusen und Muschelschalen da rumlagen. Überall in Küstennähe! Verhungert ist damals
keiner.

Da öffnete sich endlich zur Rechten die bisher größte Bucht. Wir
hielten den Atem an. Die schöne Strandkurve war aus der Entfernung
gesehen nur ein gerader weißer Strich, als solle sie die durchlaufende
Wand dunkelgrüner Palmen noch extra unterstreichen. An beiden
Enden der Linie setzten flache kahle Hügel einen Schlußpunkt. „Soll
hier das Hotel liegen?" fragten wir uns, als wir schon hoch am Wind
darauf zuhielten. Das war unser erster Eindruck von See aus. Da war
vor lauter Palmen kein Hotelgebäude zu sehen. „Hier schläft doch
alles!" wunderten wir uns. Diesen ersten Eindruck schien ein felsiger
Höhenzug im Hintergrund noch bekräftigen zu wollen: ein zur Ruhe
ausgestreckter Frauenkörper, mit angezogenen Knien, mit Kopf und
Kinn und mit lang über die Hügelflanke herabwallendem Haar. Dazu
ein Busen, der sich ungeniert weit übers Meer sehen lassen konnte.
„The sleeping Indian", sagten später die Fischer am Ufer und drückten gleichzeitig ein Auge zu, wenn sie mit dem Finger darauf hinwie-
sen.

Das geheimnisvolle Ufer lag fast noch eine Meile weit weg, aber
schon hier war das Wasser glatt wie Glas und ebenso durchsichtig.
Zwischen dem Schildkrötengras, kaum drei Meter unter uns, lag Seestern an Seestern, alle von derselben blaßgelben Farbe und mit braunen Tupfern. Wäre am Ufer nicht der eine unbedeutende helle Fleck

einer Hütte sichtbar geworden, wir hätten geglaubt, wir seien die ersten Menschen in dieser wundervollen Bucht. Ein Kirchlein, halb versteckt rechter Hand hinter einer Friedhofsmauer, stand verlassen und allein am Ufer, weil es keine Zuckerrohrplantagen mehr gab, deren Besitzer es erbaut hatten. Immer von neuem glitten unsere Augen suchend über den dichten Zaun hoher Palmen.

Was ist es eigentlich, das uns an Palmen so reizt? Eine Erinnerung ans Paradies? Die Bilder von einst in der Kinderbibel, mit vielen Tieren unter Palmen, und alle lebten friedlich zusammen? Seht bloß, wie ein Stamm so ordentlich neben dem anderen steht! Aber das verdanken sie wohl dem Ordnungssinn ihrer Pflanzer. Alle gleich hoch über der Uferlinie und alle gleich lang, wie die Schulklassen hier in ihren wunderlichen englischen Einheitskleidern. Oder wie wohldressierte Soldaten beim Appell.

Dann aber blitzt Schadenfreude auf, weil die Baumwipfel dieser ordentlichen Stämme wie ungekämmte, struppige Haarschöpfe aussehen. Geht es vielleicht gar nicht so steif zu, wie die Stämme vorgeben? Oder schauen alle bloß auf die Stämme, weil nur über sie der Weg zu den Kokosnüssen hinaufführt? Und dann steckt die tropische Nuß hinter einer harten Schale und gibt sich nicht ohne Anstrengung preis!

Da wurde einst einem kleinen Jungen gesagt: „Weißt du, das heiße Fett, in dem die süßen Faschingskrapfen schwimmen, kommt von Kokosnüssen!" Oder lag es an den köstlichen Kokosmakronen, die alle gezählt worden waren, damit keine beiseite geschafft werden konnte? Lauter verbotene oder schwer erfüllbare Wünsche! Und liegt erst einmal einer im Halbschlaf träumend unter ihnen und er lauscht dem beruhigenden Geräusch der hohen Kronen, die der Wind in einer leichten, raschelnden Bewegung hält, dann schmeichelt sich in jedermanns Ohr eine ganz neue Sehnsucht nach Palmen und verstummt nie wieder. Hier mit geschlossenen Augen einen Urlaub verträumen!

Merkwürdig, daß der Hang zu Palmen und Sandburgenbau so alt ist wie die Massenbewegung der „aufblühenden" Industriegesellschaft im letzten Jahrhundert an die nahe Küste, auch wenn Badehose und Bikini erst noch erfunden werden mußten.

So in Gedanken weit weg, übersahen wir fast, wie flach es schon war. Später sollten wir immer wieder eine Yacht beobachten, die es uns gleichtun wollte und auch dort ankern, wo wir lagen. Das Ende war jedesmal vorauszusehen. „Schaut, da mäht wieder einer das Schildkrötengras und pflügt mit seinem Kiel Furchen zwischen die Seesterne!" Bis der Mast so schief überhing wie ein Uhrpendel, das eine Geisterhand plötzlich in einer lächerlich unnatürlichen Stellung angehalten hatte! „Wie mögen sie jetzt da draußen die Nacht verbringen?"

„Wahrscheinlich wie auf hoher See: in der engen Koje an die Bordwand geklebt wie die Mauersegler!"

Am Strand zogen gerade drei Fischer ihre Boote das Ufer hinauf und ließen es neben einer grün gestrichenen Holzhütte liegen, die das Bootszubehör des Hotels enthielt. Hier ankerten wir. Wir waren an unserem Traumstrand gelandet. Jetzt sahen wir auch, daß in der Mitte dieses fast zwei Kilometer langen Sandufers Liegestühle unter Sonnenschirmen aus Palmzweigen standen. Als unser Anker ins Wasser rasselte – zwei Meter tief! –, hob ein Gast verwundert den Kopf. Was für eine Abwechslung! Aber: „What kind of flag is that?"

Es konnte nicht ausbleiben, was sich noch ungezählte Male wiederholen sollte: Badende näherten sich.

„Kommt ihr wirklich über den Atlantik?"

„In that thing?"

„How long did it take you?"

Am späten Nachmittag kehrte der große Katamaran LONG SHIPS von seinem Tagesausflug mit Gästen zurück. So sah bald unsere eigene Zukunft aus.

Unsere Bucht war nicht namenlos. Wir tauften sie nach alten Karten wieder neu: *Lignum Vitae*. Das ist ein kleiner Baum, der wer weiß wie lange braucht, um zu wachsen. Seine hellblauen Blüten sind unscheinbar und werden leicht übersehen. Sein Holz, das schwerste aller Hölzer, sinkt wie ein Stein. Wo ein Stück davon ins Wasser fällt, bleibt es liegen. Mir würde es auch bald so gehen.

Von diesem heiligen Baum der Indios gab es hier natürlich schon lange kein Exemplar mehr. Schiffszimmerleute und Windmühlenbauer hatten alle abgeholzt. Wir konnten es damals noch nicht ahnen; aber mit den Palmen am Strand würde es auf ähnliche Weise abwärts gehen. (Hört, hört! Wie mit HOBBY und all den Pionieren in der Bucht des Admirals!) Deshalb habe ich hier zum letzten Mal für die Nachwelt und alle, die vielleicht hinterhersegeln wollen, aufgeschrieben, wie es einmal war, als wir ankamen. Weil es sonst keiner glaubt. Für uns war diese Lebensbaumbucht der Inbegriff eines tropischen Paradieses.

Palmen, Rum und Zuckervögel

Einer, der es wissen sollte, sagte, in Bora-Bora sei es auch nicht schöner. Ein anderer wird vielleicht die tropische Überfülle vermissen, den Regenwald über den Palmen bis zu den hohen Bergspitzen hinauf, wo jede Passatwindwolke und alle paar Stunden ein anderer Regenbogen hängenbleiben. Dominica ist so eine Insel.

Doch da steckt auch der Haken! Unsere Insel gehört nicht zu der noch tätigen Vulkankette und ist nur 400 m hoch. Von hohen Bergen aber geht es über steile Flanken genauso steil ins Meer hinunter. Wohin also mit dem Anker? Was nützt beispielsweise der überwältigend schöne Ankerplatz bei den Pitons in St. Lucia, wenn der Anker keinen Halt findet und Fallböen aus allen Richtungen an den Leinen zerren, die zum Glück bereitwillige Einheimische an der nächststehenden Palme festgemacht haben. Vor Roseau in Dominica ist es nicht anders, vor Basse-Terre in Guadeloupe genauso, und versuche es mal einer in der Walfischbucht von St. Vincent, die deshalb zum Glück immer nur uns allein gehörte!

Und die lavagrauen, aschefarbenen und deshalb glühend heißen Strände unter all diesen tropischen Vulkanlandschaften von Guadeloupe bis Tahiti? Unser Strand in Antigua besteht aus den Blättchen verschiedener urzeitlicher Kalkalgen, die wir später natürlich alle in leeren Gläsern gesammelt haben. Wenn sie von den Wellen abgerissen werden, zerbröseln sie am Strand zu weißem Mehl. Da verbrennt sich keiner die Füße, und jeder wälzt sich nackt mit Vergnügen im Sand!

Unser Hotel war also mit britischer Entwicklungshilfe gebaut worden. Es sollte, wie auch zwei auf anderen Inseln, für Arbeitsbeschaffung sorgen, wenn die Engländer erst abgezogen wären, weil die Inseln ja unabhängig werden wollten, was ihnen nach 300 Jahren Kolonialherrschaft auch jeder gönnte. Gewinn war nicht eingeplant, eher der Konkurs. In Schichtarbeit sorgten immerhin an die 300 Arbeitskräfte für halb soviel Gäste; aber die waren nur in den wenigen voll ausgebuchten Wochen im Jahr da. Die kleinen Privathotels schlossen in der übrigen Jahreszeit einfach. Unser Hotel durfte sich das nicht leisten.

Gespart werden konnte nur noch bei der Qualität des Essens für die teuer zahlenden Gäste. Uns ging es gut, abgesichert durch Aufenthaltsgenehmigung und Arbeitserlaubnis. Der Sommer war gar nicht so übel. Wir gehörten zum Hotel, aßen und tranken billig, bezogen kostenlos ofenfrisches Brot aus der Hotelbäckerei, und die Wäscherei war für unsere Kleidung zuständig. Als Gegenleistung verteilten wir die gefangenen Fische unter dem Personal, wenn wir sie nicht selber aßen.

Little-Rudy fuhr mit den Kindern des Hotelingenieurs zur immer noch existierenden Privatschule, wo er auch seine Dockyardfreunde wiedersah. Kam seine Direktorin an einem freien Nachmittag zum Strand, ruderte er sie selber auf sein Boot. Wie er dann die Pompanos mit Haken und Brotstücken aus dem Wasser hervorlockte, einen nach dem anderen: das mußte auch eine Schulmeisterin überzeugen, daß sich Bootskinder in der Schule nicht wie Stubenhocker betragen. Schon der erste Schultag hatte für genügend Inselgesprächsstoff gesorgt: noch nicht einmal sechs, und schon mit der Lehrerin boxen! Diese aber, an einiges gewöhnt, setzte den Knirps als nächstes mit einem technischen K.o. außer Gefecht, wie er später kleinlaut berichtete, und stellte damit auch das rechte Verhältnis zu denen, die neuerdings das Sagen über ihn hatten, wieder her.

Ein Spiel des Zufalls wollte es damals, daß auch mein leider auf See gebliebener Namensvetter Jürgen zur selben Zeit vor unserem Schwesterhotel in Grenada mit seinem Katamaran den Wassersport zu organisieren begann. Wir lagen, wie es schien, in vielfacher Beziehung auf der gleichen Welle. Vielleicht weil Jürgen auch bloß einer von den vielen war, deren Liebe zum Katamaran sich schon im großen W ausprägte. Unter den Hotelgästen, die damals ihren Urlaub abwechselnd in einem unserer beiden Hotels verbrachten, war allerdings nicht so sehr von der Namensgleichheit die Rede. Vermutlich kannte gar keiner unser beider Nachnamen. Was allen aber auffiel und wovon wir nur dem Hörensagen nach wußten: das waren eben die Gleichheit der Bootsformen und anderer Sinneseindrücke fürs Auge, die die weibliche Besatzung beider Boote zu liefern schien.

Wie war doch unser beider Zukunft auf Sand gebaut! Da wollte Jürgen noch kurz vor Saisonbeginn seine Wassersportflotte um einen Finkenwerder Kutter vergrößern und verlor vor der Wesermündung bei schlechtem Wetter sein Leben. Jahre später wäre seine ganze Arbeit Kubas strategischen Plänen zum Opfer gefallen und sein Werk in den Wirren der folgenden Jahre untergegangen.

Seit Jürgens Weltumseglung auf WORLD CAT, einem Rudy-Choy-Entwurf, hatte ich über ihn nur noch gelesen, daß er bei der Regatta nach Honolulu Buddy Ebsens eigenes Rudy-Choy-Boot als Skipper zum Sieg gesegelt hatte. Er besaß damals bestimmt die größte Erfahrung überhaupt mit diesen schlanken kalifornischen Katamaranen und hängte beim Rennen alle die stolzen Namen ab, mit denen der internationale Ruf schneller Katamarane erst begründet wurde. Was für ein Zufall: Eines Tages sollte mir Buddy Ebsen beim Rumpunsch im Admiral's Inn gegenübersitzen.

Unsere Ausflugsgäste hatten wir vormittags am Strand aufzulesen, das heißt: anzusprechen und Konversation zu treiben bis zum Geht-nicht-mehr. Segelten wir nachmittags nicht, ging das den restlichen Tag so weiter und endete erst, wenn abends nach dem dritten Glas bei der Rum-Punch-Party des Managers alle nur noch lallten und nicht mehr klar zu verstehen war, ob sie morgen nun mitkommen wollten oder nicht. Wir kassierten anfangs nur zehn Dollar pro Person, die für uns aber 42 Mark waren; nur eben leider nicht, sobald wir sie auf der Insel wieder auszugeben hatten.

Nach dem Mittagessen segelten wir mit den Leuten zum Schnorcheln am Riff, zum Angeln mit der Schleppangel oder auch zu einer von Riffen umgebenen wilden Sandinsel weiter draußen und brieten am Grill und im Sand Thüringer Rostbratwürste aus der Dose. Manchmal segelten wir auch schon am Vormittag los und suchten uns für weniger Sportliche eine ruhige Bucht für ein Picknick am Ufer. Eine solche Bucht hatten wir deshalb in Spaghetti Bay umgetauft. Uns selbst kamen die Nudeln aus Europa schon langsam zu den Ohren wieder heraus. Wenn wir abends an der Boje vor dem Hotel festmachten, winkte Little-Rudy vom Rücken eines kleinen Esels am Ufer. Lieber noch, als Schulaufgaben zu machen, wäre er mit den

Strandbuben, die so jung waren wie er, auf die Palmen geklettert und hätte die Nüsse an die Faulenzer im Liegestuhl verkauft.

Was wir taten, war bis dahin einmalig. Nur ein flachgehender Katamaran wie unserer konnte mitten ins Riff hineinfahren, wo es für Anfänger nicht nur einfach, sondern auch wunderschön war, schnorcheln zu lernen. Das blödsinnige Herumschippern bei Sonnenuntergang vor der Küste hatten wir gar nicht erst angefangen. Da fielen zuletzt bloß alle betrunken über Bord; aber es war ein beliebtes Vergnügen auf sogenannten Piratenschiffen, denn Gläser vollschenken macht die wenigste Mühe. Natürlich hatten wir viel Geld für teuer importierte Masken und Flossen anzulegen. Es hätte ja sein können, daß zehn Leute an Bord kamen, alle mit Schuhgröße 44.

Im Hotelbetrieb gibt es keinen Feierabend. Hatten wir unterwegs einen großen Fisch gefangen, dann verehrten wir ihn unseren Gästen. Der Küchenchef freute sich auf ein Trinkgeld und nahm sich in einer Sonderschicht des Hammelschnappers an. Ehrensache der so beglückten Gäste: „Aber euer Dinner müßt ihr heute abend mit uns zusammen einnehmen!" Wir machten uns also an Bord fein, wie es sich gehört; schwammen dann aber manchmal, weil wir bei diesen Grundseen im Beiboot unmöglich an Land rudern konnten, mit dem Kleiderbündel auf dem Kopf nackt an den abendlichen Strand. Dann ging es mit viel Hallo! und Hi! los, wobei letzteres immer in den Ohren klang wie ein Hai, genüßlich mit Schwung die erste Welle nehmend. Dann: „Darf es als Starter ein G & T sein oder ein Wodka mit Tonic?" Unsere Gastgeber hatten sich bis dahin schon an ein paar Gläsern Bloody Mary gestärkt. Zum Fisch dann Rosé aus Portugal.

Endlich – die Plattenparade trat aus der Küchentür! Auch jene klatschten Beifall, die nur aufgetaute Scholle aus dem Ärmelkanal vorgesetzt bekamen. Wir ersparten uns auf diese Weise viele Werbegespräche am nächsten Vormittag und saßen vermutlich am nächsten Abend wieder hier, nur an einem anderen Tisch.

„Aber du machst den Fisch besser!" mäkelte der kleine Rudi, denn wir besaßen zum Glück nicht so einen Backofen, der den schönsten Fisch nur halbvertrocknet wieder herausließ.

Zum vorläufigen Ende: „Jetzt müßt ihr aber mit uns zum Abschluß des schönen Tages eine Flasche Champagner trinken!" Das war dann wirklich Champagner. Was hätten wir sonst tun sollen? Die Musik war viel zu laut, besonders die kleinen Tanzmusik-Ensembles hatten viel zu große Lautsprecherboxen. Jede längere Unterhaltung wäre ungehört im Lärm untergegangen. Zwischen zwei Stücken hieß es dann: „Und jetzt noch einen Crème de Menthe! Oder lieber einen Tía María?"

Die Nächte waren kurz auf diese Weise. Fielen Worte von ‚Skinny dipping', gerieten sie noch kürzer. Alles rannte zum Strand. Vollmond auch noch! „Warum ist nachts das Wasser bloß noch wärmer als bei Tage schon?"

Die Badewannentemperatur blieb natürlich immer dieselbe. Bloß die Luft war bei Mondschein kühler. Erst recht ein Grund also, sich bis zum Hals im warmen Wasser zu aalen. Schwarze machten es bei Tag genauso, wenn ein Regenschauer aufzog, aus Angst vor Schnupfen! Ich sollte das auch noch lernen, nachdem ich ein paarmal wegen fünf Grad Temperaturgefälle für eine Woche erkältet war. So schnell geht der Wandel zum empfindlichen Tropenpflänzchen vor sich.

Natürlich blieb uns jede Woche noch genügend Zeit, Kokosnüsse zu reiben und Kokosmakronen selber zu backen. Auf der Marktstraße in St. John's stand an jeder Straßenecke eine Frau und verkaufte ihre eigenen. Kokosbusserln mag jeder gern.

Bevor dann am nächsten Morgen die ersten Gäste wieder ansprechbereit zu ihrem Liegestuhl am Strand kamen, war ich schon auf unserer neuen Vespa in der Stadt gewesen und hatte unseren Flaschenvorrat für den nächsten Ausflug ergänzt.

Langusten? Ein Stockwerk tiefer, bitte!

Während das so aufs Papier fließt, summen mir natürlich die Ohren. Wer gibt da nicht alles seine Kommentare dazu! So schöner Fisch und ganz umsonst! Ganz ohne den Leichengeruch von Fisch, der eine Woche lang auf Eis liegt! Was für (ehemals) glückliche Fische! In glasklarem Wasser aufgewachsen, bio-ernährt ohne Schwermetalle, ohne heimliches Leuchten und ganz bestimmt ohne Würmer! Und dann, schon der Abwechslung wegen, dieses „tägliche Brot" einmal kreolisch, einmal nach dem besten italienischen Kochbuch für Meeresgetier zubereitet!

Ja, meine Damen und Herren, gefällt Ihnen Ihr Urlaub? Wollen Sie dann nicht auch einmal einen Nachmittag mit uns am Riff verbringen? Das ist doch was anderes, als immer nur in der Sonne zu braten! Angst vor Sonnenbrand? Unterwegs sitzen Sie im Segelschatten und beim Ankern unter einem Sonnendach! Sie können aber gar nicht schnorcheln? Wir werden es Ihnen beibringen! Sie brauchen auch keine Ausrüstung zu kaufen; wir haben alles umsonst an Bord! Menschenhaie? Daß ich nicht lache! Wovon sollen die denn am Riff leben? Die stießen sich zwischen den Korallen – halb blind, wie sie sind – höchstens die eigene Nasenspitze platt! Ja, natürlich: Drinks sind im Preis eingeschlossen, sogar EILANDHOPPERS Rumpunsch, eine Spezialität des Hauses! Wieviel das kostet? Nicht mehr als das Buch, mit dem Sie sich gerade die Augen in der Sonne verderben! Und unter uns gesagt: Sie brauchen uns auch wirklich nicht zum Dinner einzuladen, wenn uns auf dem Heimweg ein Fisch an den Haken geht. Um ehrlich zu sein, uns hängen diese Fische schon lange zum Halse heraus. (Natürlich nur die im Hotel zubereiteten!) Warum kommen Sie nicht alle mit? Platz haben wir genug auf unserem Boot. Jedesmal, wenn Sie zu Hause durch die Fischabteilung schlendern, werden Sie an diesen Urlaubstag zurückdenken.

Darf ich ein paar Druckseiten opfern, bloß um wegzutauchen? Nur für Wasserfarbenmalerei? Denn was sind diese vergangenen zwei Jahrzehnte anderes als Blätter aus einem Bilderbuch! Ein Bild genügt, und ganze Jahre kehren zurück. Es hat in all der Zeit soviel Schönes zu erleben gegeben, immer neue Höhepunkte. Allein dieses Riffes wegen war es kein vergeudetes Leben. Es war mir wie eine neue Heimat. Ich nannte es „Unsere kleine Stadt". Mein Alltagsleben unter Wasser spielte in einer Kleinstadt, wo jeder jeden kennt.

Also, auf geht's! Heute ist sowieso schon ein lustiger Tag: *Rudy's Water Sport* verlost Freifahrten! Nicht ganz freiwillig, es ist nämlich Ostern; schon das zweite in Westindien. Wie immer, wenn Feiertage sind und das Hotel ausgebucht ist, bleibt das Personal lieber zu Hause oder in der Dorfkneipe. Man muß ihnen auch was gönnen. Die Direktion kehrte also wieder einmal schweißtriefend aus der Küche zurück und hatte wenigstens Kaffee gekocht. Aber nun?

„Wie halten wir jetzt bloß unsere 180 Gäste bei guter Laune?" Das war auch meine Sorge.

„Ostereier suchen lassen!"

„Mein lieber Andrew, die Mehrzahl deiner Gäste feiert heute Passah; da müßtes du schon ganze Osterlämmer verstecken!"

„Sei bloß still, Rudy! Erinnere mich nicht an den Geruch in unserer Kühlzelle, seit wir den letzten Stromausfall hatten!"

Irene, seine vom Schicksal gebeutelte und selten sichtbare Ehefrau, kommt erst jetzt aus der Küche, wo sie guten Willen zeigte und noch aufgeräumt hat. „Wir könnten doch ein Crab Race veranstalten."

Andrew winkt überlegen ab. „Das heben wir uns lieber für heute abend auf, anstelle des Dinners, falls bis dahin keiner vom Küchenpersonal aufgetaucht ist."

Andrew war aus Yorkshire und besaß Schottlanderfahrung. „Wenn es was umsonst gibt, Rudy, machen wir auch ohne Ei auf Speck alle fröhlich!" Und zu seinem Assistenten gewendet: „Tony, stell alle Sektkisten, die wir im Kühlraum haben, neben die Strandbar! Wir geben eine Passah-Party!" Zu mir: „Und du, Rudy, trommelst alle Beach Boys zusammen, die einen Esel haben: Wir machen ein Donkey Race! Die Gewinner dürfen bei dir heute umsonst mitsegeln!"

Das Osterfest war bald in vollem Gange. „Es gibt am Strand was umsonst!" Das sprach sich schnell herum.

Der erste Hotelgast war schon ausgeschieden und würde heute auch kein Dinner mehr brauchen. Sein Esel hatte sich wohl gedacht: Viel zu heiß für mich, in dieser Sonne mit so einem Fettkloß auf dem Rücken durch den weichen Sand zu rennen! Beim nächsten Sonnenschirm bog er vom Strand nach links in der Schatten ab. Aber für seinen Reiter war der Schirm nicht hoch genug gewesen und das Holzgerüst, auf dem die Palmwedel lagen, war zu hart. Das Nasenbein! Ich sah Andrew nervös seine Bierflasche zwischen den Lippen drehen und kannte seine besorgten Gedanken von ähnlichen Unglücksfällen her. „Meine Versicherung wird sich freuen, wenn sie eine Schönheitsoperation für die ehemalige Nasenform bezahlen muß!"

Natürlich gehörte Little-Rudy längst zu den Gewinnern; aber er war außer Konkurrenz gestartet. Als Sieger und damit kostenloser Ausflügler stellte sich Nummer zwei vor.

Zwischendurch an mich immer wieder dieselbe Frage: „Ist es wahr, Rudy, daß es heute bestimmt nichts kostet?" Deshalb ein flehender Blick zu Andrew und Irene, bis sie mich mit einem Wink erlösten.

„Du mußt ja durstig sein wie deine Donkeys!" sagte Irene und drückte mir mit mitfühlendem Blick einen Plastikbecher in die Hand. „Komm und greif zu!"

Jetzt war ich am Staunen. „Gibt's das hier wirklich, und auch noch umsonst?" Deutsche Sektmarke, trocken! Als britische Entwicklungshilfe? Wo sich doch damals der britische Europamarkt noch darauf beschränkte, dänische Kochsalami und diese Art Gummikäse in Ziegelsteinform zu importieren! Deshalb hatte ich ja eine Kiste echter Salami aus Italien einfliegen lassen wollen.

Andrew, der den Betrieb schon eine halbe Stunde lang kannte, hielt sich vorsichtshalber an seiner Bierflasche fest und prostete jedem mit seinem breiten Lächeln zu. Mir dagegen ging es nicht so gut. Jeder, dessen Esel die fünfzig Meter durch den Sand geschafft hatte, mit den Boys dahinter natürlich, die feste draufdroschen, stellte sich beglückt als neuer Mitsegler vor und wollte, weil es ja umsonst war, mit mir anstoßen. Mit Plastikbecher natürlich nur, damit die Füße vor Scherben verschont wurden und nicht noch mehr Blut floß. Andere Gäste fragten nach dem reellen Preis für morgen, und da war es dann an mir: „Cheers!" zu rufen, weil es mich ja auch nichts kostete. Für Stimmung war also gesorgt.

Langsam kriegte ich Sehnsucht nach einem Spiegelei auf Speck. Die immer anwesenden Beach Boys – sie waren ja sozusagen freie Unternehmer ohne Lohnabhängigkeit und kannten deshalb keinen Feiertag – hatten ihre große Stunde, banden die schweißgebadeten Esel an der erstbesten Palme fest, kletterten hinauf und warfen ihren Genossen die vollen Trinknüsse runter. Dann schleppten sie sie zur Strandbar: pro Nuß einen Dollar!

Da fehle aber das wichtigste drin, reklamierte einer. Keine Sorge! Andrew stand schon da und signierte für eine Rumflasche nach der anderen zum kostenlosen Auffüllen der ‚Jelly Nuts'. Grimmig brach es dann aus ihm heraus: „Da soll mal ruhig der meistgelesene amerikanische Hotelführer schreiben, das Essen sei nirgends auf den Antillen so schlecht wie bei uns!" Selbstzufrieden sah er sich dabei um. „Ich sorge für Urlaubsstimmung, auch unter Millionenverlusten – und eigentlich sollten wir aus Geldmangel längst zusammengebrochen sein!" Aber den letzten Gedanken flüsterte er mir nur noch zu.

Was Andrew noch gar nicht wissen konnte: Wenn erst seinem Küchenchef, der aus einem Londoner Vorort stammte und auch bloß von einem Leben außerhalb des Londoner Nebels geträumt hatte, später die Arbeitserlaubnis entzogen sein würde, dann sollte das Abendessen ohne diesen vorletzten Entwicklungshelfer im Hotel schon gar nicht mehr wiederzuerkennen sein.

„Kommt!" rief ich meiner Crew zu. „Laßt uns an Bord wenigstens was essen, bevor wir lossegeln!"

Eine Stunde später segelten wir also alle Richtung Cades-Riff. Das heißt diejenigen, die schon wieder ausgenüchtert waren, und dann natürlich alle Getreuen.

Cades-Riff! Wir sahen es schon im Vorbeisegeln aus nächster Nähe. Es liegt eine Meile vor der Südküste, verläuft parallel zu ihr und ist an die fünf Seemeilen lang. In einer guten Stunde sollten wir dort sein.

Wir segelten zuerst im Insel-Lee lang, schwachwindig, ohne Schaukelei, die große Genua rechts, also bei Bedarf Schatten. Die übliche Begleitmusik aus meinem Munde wie ein Reiseführer: Die Windmühle mit dem Wappenstein, die Tamarinden, die wie mit der Schere beschnitten aussahen und das grüne Alt-Heidelberger Schloß. Dann mit einigen gewagten Schlägen auf jeder Seite bis an die Korallenbänke heran, zwischen das ufernahe Mittelriff und das eigentliche Cades-Riff.

Einmal hatte ich dabei nicht genau auf die Peilung geachtet und schrammte die Ecke. Da flog hinten auch schon das schwenkbare Ruder hoch. Segeln hatte ich hier also längst ‚the hard way' erprobt, wie es so sinnvollendet heißt. Da wollte mir doch früher einmal einer einreden, ich sollte mir Schwertkästen unter meine Rümpfe bauen lassen. „Du kommst dann viel höher an den Wind ran, Rudi" – Abwärts gegangen wäre es hundertmal!

Über dem Riff weht fast immer ein steter und manchmal auch kräftiger Ostwind. Der Seegang bricht schon über der Riffkrone, und die ist beim Ankern noch hundert Meter weit weg. Jeder an Bord hat trotz der verwirrenden Kreuzschläge (Rangeln mit dem Wind, das sind die Kreuzschläge der Segler!) am Generalkurs bald gemerkt, wo die Reise hingeht: dorthin, wo von fern das weiße Brecherband zu sehen ist. In der Luftspiegelung über dem Wasser wirkte es dreimal so hoch.

„Was! Dort sollen wir ins Wasser? Nein, Rudy! Da schnorchle ich lieber im Rumpunschglas weiter mit dem Strohhalm!" Er ließ sich auch gleich noch einen einschenken.

Am Ankerplatz war es immer, trotz der kleinen Windwellen, ruhig. Ankern zu sagen, ist nicht genug. Ich habe Ankern immer als Verankern verstanden. Die wenigen Löcher, wo eine Flunke meines Stockankers griff, bleiben meinem Gedächtnis für immer eingegraben. Das sieht nämlich von oben wie lauter Sand aus; aber darunter ist nur an wenigen Stellen verläßlicher Halt.

Schwoien können wir uns nicht leisten. Aber seit wann dreht der Passatwind am hellichten Tag? Und dann bliebe immer noch der gleichmäßige Strom, der übers Riff läuft! Seit der dürre Christbaum vom letzten Jahr – eine eigene Geschichte! – über einem Korallenkopf in die Luft ragte, fanden wir unsere Ankerstelle, auch wenn die Sonne hinter einer Wolke verschwand und unser buntes Riff nur noch wie flüssiges Blei aussah.

„Rudy! Weißt du, daß deine Kiele kaum ein Fuß hoch über den Korallenspitzen schweben?" rief entgeistert der Erstbeste aus dem Wasser, weil es ja immer einen gab, der sich größere Sorgen um das Schiff machte als der Kapitän selber.

„Ja!" rief ich vom Ankerpoller aus hinunter, wo ich noch beim Belegen der Leine war. „Und jetzt bücken sich die Korallen noch vor Angst. Du solltest mal herkommen, wenn wir nicht hier sind!"

„Dürfen wir die Korallen eigentlich anfassen?"

„Nur mit Handschuhen!"

„Aber die haben wir doch in Boston gelassen!"

„Im Cockpit steht eine Kiste voll Taucherhandschuhe!"

Ich hatte es gar nicht gern, wenn dort ohne Taucherausrüstung herumgeschwommen wurde, seit sich einmal einer ohne Maske mit nacktem Bauch quer über ein Beet von Feuerkorallen legte, als sei er bei sich zu Hause in einer Löwenzahnwiese.

Während alle eingekleidet wurden, zog ich noch mit den Händen an meinem Anker herum und schleppte ihn auch mal unter Wasser zu einem besseren Halt. Falls EILANDHOPPER in meiner Abwesenheit unbemerkt abtrieb, war ich mein Boot unwiederbringlich los. Wind und Strom würden es in der Riffnische, wo wir steckten, immer höher auf die zusammenbrechenden Geweihkorallen schieben, und kein

23 Die große Versuchung:
Segeln vor dem Wind, weiter
und immer weiter

24 Ankern, wo es am schönsten
ist. Hinter der kleinen Insel
führt eine Blauwasserpas-
sage zwischen Riffen in den
Atlantik hinaus.

25 Ist EILANDHOPPER noch da?
Das große Abenteuer, bei
dem einer alles vergißt: Entdeckungen auf unwegsamen
Inseln.

26 „Der glaubt, wir verstehen
ihn. Ob er uns ein Kompli-
ment machen will, weil wir
so schön sind?"

27 „So ein bunter, exotischer
Fisch!" dachte der Tölpel –
und hing am Haken. Nach
geglückter Behandlung flog
er ohne schiefen Schnabel

28

29

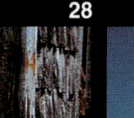

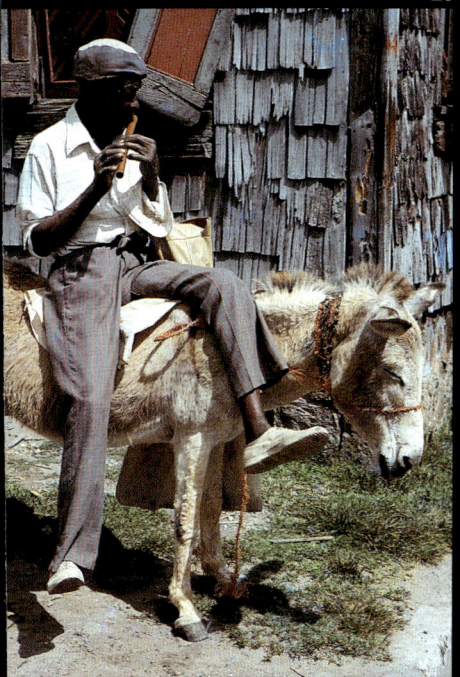

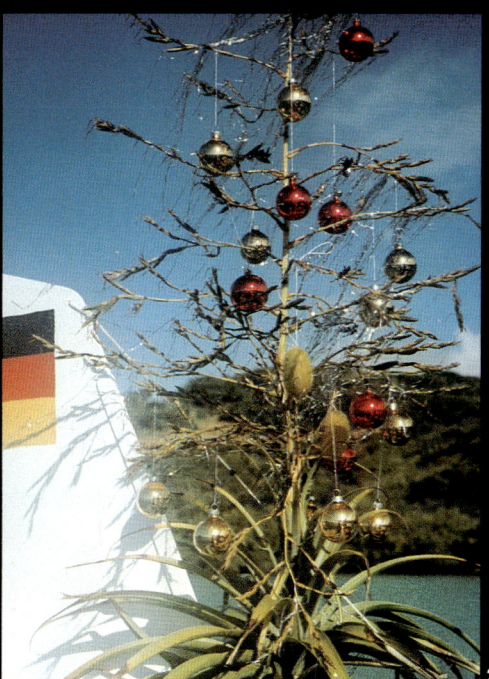

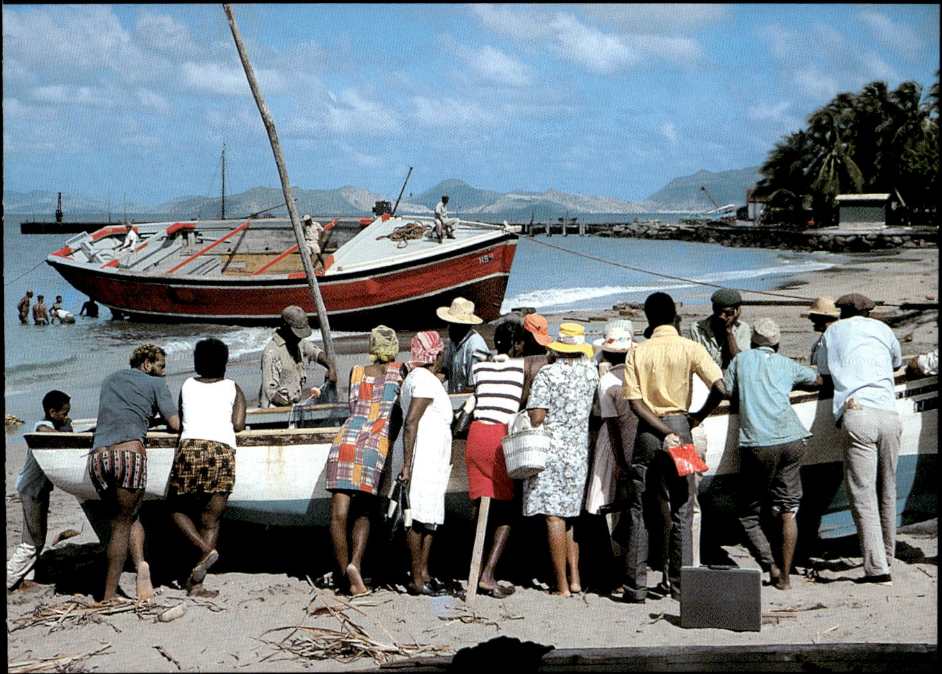

30

Mit dem Esel ins Konzert. Höhepunkt eines Lebens in Nevis: der Königin vorspielen dürfen.

29 Nicht für möglich gehalten: Rex, eine Tillandsia utriculata, blüht über Weihnachten auf Johanns Arm.

30 Auf Nevis, meiner liebsten Insel

31 Tintamarre. Inseln, die uns
   alleine gehörten, solange
   das Trinkwasser reichte.

32 Dreizehn Palmen auf einer
   Sanddüne, von Riffen umgeben: einst ein Juwel. Auf die
   Touristenboote warten jetzt
   hier Würstchen- und Bier-
   buden. Die Riff-Fische brieten am Grill, bis es keine
   mehr gab.

anderes Boot brächte es da wieder runter. Jeder merkt schon: Der Skipper war seinem Riff um jeden Preis verfallen!

Tatsächlich: Im Umkreis von einer Seemeile kannte ich diesen Korallengarten längst besser, als ihn die Riffische kannten, die hier lebten. Riffische schwimmen alle nicht weit von ihrem Geburtsort weg. Vielleicht weil das täglich immer neue Überleben davon abhängt, wie rasch sie ein wohlbekanntes Versteck finden, wenn morgens oder abends der große Barrakuda die Fluchtreflexe kontrollieren kommt. Warum sollten sie auch weg wollen? Sie brauchen noch keine Sehnsucht nach fernen Küsten zu haben.

Die Fischer aus den Dörfern am Ufer drüben wissen das nicht und legen ihre Fischfallen systematisch immer tiefer ins Riff hinein. Sie werden sich später wundern, daß ihr Selbstbedienungsladen leergefischt ist. Die dann bei den Fischen vermutete Krankheit hatten sie aber bei sich selber zu suchen, weil es doch soviel Verlockendes in den wirklichen Läden zu kaufen gab, wofür allen das Geld fehlte. Für sie allein und ihre kinderreichen Familien hätte es immer genug Fische und Langusten gegeben. Aber: Caribbean Sea Food! Deshalb kamen doch alle Touristen in die Hotels und Restaurants; und nur die Aufkäufer, die täglich die Langusten und Roten Schnapper säckeweise mit der Linienmaschine nach New York verfrachteten, zahlten noch mehr.

Viele Gäste schnorchelten auf so einem Ausflug wirklich zum ersten Mal und waren schon glücklich, wenn sie in Bootsnähe bleiben durften. Für die anderen hieß es: „Macht euch keine Sorgen! Es gibt unterwegs flache Stellen, wo ihr stehen könnt und das geschluckte Wasser wieder loswerden. Jeder folge mir einfach nach!"

Wie ein Pfadfinder mußte ich allen in dem Wirrwarr von Korallenköpfen und Riffbänken vorkommen; dabei bewegte ich mich wie über längst bekannte Parkwege. Hinter mir folgten in einer auseinandergezogenen Reihe fünf bis zehn Schwimmer oder auch mehr. Wir rasteten manchmal, wo sich einer hinsetzen konnte, weil es stellenweise so flach war. Aber was Feuerkorallen sind, wurde jedem gezeigt.

Eine Durchsage nach hinten: „Gleich kommen wir zu einer Gehirnkoralle, die so groß ist wie ein VW-Käfer!" Daß diese Durchsage stimmte, war genausowenig verwunderlich wie die nächste vom Wrack eines gescheiterten Inselschoners. Maschine, Schraube, Anker und Kette, sonst war nichts mehr da. Aber halt! Hier steht es doch auf meinem Schreibtisch als Briefbeschwerer und Bleistifthalter: ein drei-äugiger Wantenspanner aus Eisenholz, den ich damals mühevoll aus der verrosteten Kausch gelöst hatte.

Der Abstecher in die Nähe der Überreste unterbleibt heute. Der ist wirklich nur was für Experten. Die Riffkrone ist nämlich kaum einen halben Meter hoch von Wasser bedeckt. Jede darübergehende Welle hebt einen auf und ab. Kommt eine mehrfach so hohe, bricht sie mit Getöse und läßt den Schwimmer in einem unvorstellbaren Schaum-bad und Sog zurück. Wer da mitgerissen wird, gleitet wie eine rohe Kartoffel über ein Reibeisen.

Zum Langustenfang ist es noch zu früh, sonst würde ich jetzt zu diesem Überhang unter dem Korallenstock hinuntertauchen, der über und über mit einer anderen Art Feuerkoralle bewachsen ist, und käme ganz bestimmt mit einer Languste wieder herauf. Es gibt gar nicht so viele Verstecke, die Langusten zusagen; und merkwürdigerweise rückt immer wieder eine nach, wenn die Vormieterin in unserer Fisch-pfanne gelandet ist.

Zu früh also. Deshalb stochere ich bloß von hinten mit dem Speer unter derselben Koralle, bis zum Erschrecken aller vorne ein dicker Zackenbarsch in einer Staubwolke herausschießt. Er lebt dort, ist schwarz gefleckt und gilt als giftig. Wenn erst genug Fische ungenieß-bar sind, werden sie die Menschheit vielleicht doch noch überleben.

„Hinter der nächsten Ecke dürft ihr nicht erschrecken", heißt es. „Dort haben die Riffbarrakudas ihren Kindergarten!"

Ein Junges kommt auch schon neugierig auf mich zu. Wahrschein-lich hat es ihm meine silberglänzende Harpune angetan. Die sieht wie ein naher Verwandter aus! Da schießt aber auch schon aus dem Hintergrund ein großer Schlacks herbei, und das Kleine flitzt weg. Aus Aufseherpflicht oder aus Futterneid? Jedenfalls drohte ihm keine Gefahr. Ich lasse mich doch nicht mit Barrakudas ein! Die hängen zwar immer so verschlafen unter der Wasseroberfläche herum, als ließen sie sich von der Sonne den Rücken wärmen, und kauen mit offenem Mund Wasser, als hätten sie irgendwo hinten einen Kau-gummi sitzen. Wirklich! Bei jedem, den ich Kaugummi kauen sehe, fallen mir seit damals Barrakudas ein.

Barrakudas rühren sich also kaum von der Stelle; aber wenn sie losschießen, dann wie der Blitz. Mir war eben trotz Schnorchel der

Mund doch ein bißchen trocken geworden. Das ging so schnell, daß ich den Alten überhaupt erst beim Wegschwimmen richtig wahrnahm. Barrakudas beißen sich mit ihrem Hundegebiß fest und drehen sich dann um sich selbst wie ein Wirbelwind. Bei einem Meter zwanzig eine ganz schöne Hebelwirkung! Das hält die kräftigste Wade nicht aus.

Aber die Schnorchler hinter mir kriegen nicht jede Aufregung mit. Dazu sind sie noch viel zu sehr mit ihrem Schnorchel beschäftigt. Solange einer durch die Nase ausatmet, ist keine Maske dicht! Einmal schwammen wir wie heute durch den sogenannten Korridor, eine enge, tiefe Rinne zwischen Korallenwänden, die bis an die Oberfläche reichen. In diesem schmalen Gang passen an einer Stelle bei einer Wegkrümmung keine zwei Leute aneinander vorbei.

Natürlich war dieser Durchschlupf nicht nur für mich und meine Karawane sehr praktisch. Außer mir gab es noch einen anderen Ortskundigen, und ausgerechnet hier sollten wir uns kennenlernen, der kleine Hai und ich. Natürlich war keine Zeit für Komplimente und: „My name is Rudy!" Der Hai machte einen Satz an mir vorbei und ich genauso erschrocken an ihm. Dann traute ich mich nicht umzusehen, denn hinter mir im Gänsemarsch: alle meine Entchen! Was für eine Panik mußte jetzt ausbrechen! Aber keiner bemerkte ihn, weil er an allen genauso schnell vorbeisauste. Jeder guckte bloß vor sich auf den Boden und sorgt sich um seine Knie. Es sieht doch unter Wasser alles so täuschend flach und nah aus!

Nächste Durchsage: „Hinter dieser Ecke ist ein Feilfisch zu Hause! Ganz hellblau, einen halben Meter lang, mit Streifen im Gesicht wie lauter Greisenfalten; wenn er uns erblickt, wird er sich ungläubig auf die Seite legen. Lacht ihn nicht aus! Ihr seht mit dem Schnorchel auch komisch aus!"

Hinter dem nächsten Korallendickicht wohnt seit Jahren ein uralter, purpurblauer Papageifisch. Um den alten Opa brauche ich mir keine Sorgen mehr zu machen. Er ist längst über die Größe hinaus, die noch durch die Öffnung der Fischfalle paßt. Außerdem mag er bestimmt keine luftgetrockneten Hundefelle oder aufgeschnittenen Pampelmusen als Köder. Darauf fallen nur Langusten rein.

„Rudy!" meldet sich endlich das Publikum zu Wort. „Hast du etwa einen Vertrag mit diesen Viechern abgeschlossen, daß sie zu einer bestimmten Nachmittagsstunde hier zu sein haben? Wollte vielleicht vorhin der kleine Barrakuda bloß seinen Kaugummi, den du ihm das letzte Mal versprochen hattest, und nun war seine Mutter gegen diese Art Raubtierfütterung?"

„So ist es! Nur heute, zu Ostern, hatte eigenlich keiner mit meinem Kommen gerechnet."

Schade, nun muß ich unseren Ausflug bremsen. Wir können uns nicht immer so weitertreiben lassen. Das Boot ist über den Wellen kaum noch sichtbar. Wir müssen deshalb leider vor dem Durchschlupf umkehren, wo es durch eine andere, aber wirklich grandiose Passage auf die Außenseite des Riffes geht und damit natürlich ‚ins Tiefe'!

Auch den Fasnachtsumzug kriegen wir nicht zu sehen. Da hätten wir in die entgegengesetzte Richtung und noch viel weiter schwimmen müssen. Außerdem, zu Ostern... Wer erinnert sich da noch an den ‚Schmutzigen Donnerstag'? Aber schildern will ich wenigstens, was nun alle aus Zeitmangel versäumen.

Der Fasnachtsumzug besteht aus einem guten Dutzend ausgewachsener Papageifische in den buntesten Farben. Die sehen aus wie lauter Narren. Einer heißt sogar seiner bunten Tracht wegen Regenbogen-Papageifisch. Die anderen sind wie mit bunten Fetzen bedeckt: in Braun, Blau und Rot. Was diese Riffbewohner so auszeichnet: Sie sind viel dicker als andere Fische, und ihr Schuppenkleid ist von besonderer Art. Als echte Riffische brauchen sie einen dicken Panzer als Schutz gegen Verletzungen. Schließlich fressen sie den ganzen Tag Korallen und sonst nichts. Sie haben deshalb keine winzigen Schuppen wie alle schnellen Fische, sondern jede einzelne ist sehr dick und so groß, daß sie sich deutlich von ihrer Nachbarin unterscheidet. Von Kopf bis Fuß also nur dieser Schuppenpanzer, und wenn nicht der dicke Schnabel wäre, könnte man glauben, sie hätten eine Maske auf. Oder ist der Schnabel die Maske?

Wenn es nicht alle geschichtlichen Tatsachen auf den Kopf stellte, würde ich jetzt behaupten, der schon öfter zitierte Aussteiger-Oswald hätte hundert Jahre länger gelebt. Da wäre er beim Konstanzer Konzil mit: „Ho Narro!" zur Fasnacht durch die Niederburg gezogen und ein Jahrhundert später auf Kolumbus' Spuren nach Amerika ausgewandert. Schiffbruch also statt im Schwarzen Meer auf den Antillen! Bei der Rast am Cades-Riff hat er von der Fasnacht in Konstanz erzählt und seine Minnelieder gesungen, und welcher kaltblütige Fisch hätte da nicht auch gern so eine Schuppenblätz zum Überziehen gehabt!

Ich weiß schon, ich war eben zu tief unten, phantasiere im Tiefenrausch, und alles ist bloß vorgegaukelt. Aber wer meine fischäugigen Hanselen und Blätzlebueben am Cades-Riff in ihrer Flecklehäs gesehen hätte, würde mir bestimmt zustimmen, daß da eine karibische Blätzlebuebe-Zunft durch die Gassen der Korallenburg marschierte.

Andere Riffbewohner stelle ich absichtlich nicht vor. Die Grüne Muräne zum Beispiel, die immer gleich herausschaut, wenn ich im Vorbeischwimmen bei ihr anklopfe. Aber nach ihrem Anblick sehnt sich wohl keiner.

Dafür ist mir der Publikumserfolg an einer anderen Stelle gesichert. Gleich hinter der Riffkrone gibt es einen Platz, wo der Boden mit einem moosigen Algenposter bedeckt ist. Wenn ich was davon zerkrümele, tanzen mir die gelb gestriften Fischchen zwischen den Fingern herum und suchen Eßbares. Ich glaube langsam, sie warten schon darauf, wenn sie mich herbeischwimmen sehen.

Gleich darüber, auf der Riffkrone selbst, stehen fast unbeweglich und nur mit den Wellen auf und ab schaukelnd unzählige scheibenförmige Drückerfische von einer blauen Art, die mein Fischbuch verschweigt. Sie scheinen wie angewurzelt und blicken unverwandt übers Riff nach draußen. Sie warten wohl auf herantreibendes Futter, aber ich glaube natürlich, sie halten nach Strandgut Ausschau. Als ob man sie gefragt hätte, wie die Geschäfte gingen, wackeln sie ständig im Gegentakt mit Rücken- und Bauchflossen, wie ein Südfranzose mit den Händen wedelt: „Soso, lala!"

Nach zwei Stunden heißt es endlich: „Jetzt schwimmen wir durch unseren Garten nach Hause." Der „Garten" ist kaum dreiviertel Meter tief, und sein Boden besteht vorwiegend aus schneeweißem, in der Sonne blendendem, zerfallenem Korallenschutt. Auf diesem Untergrund spiegelt sich in tausend zitternden Reflexen das von den Plätscherwellen gebrochene Sonnenlicht. Dort also wachsen wie kleine Inseln zartblaue, kurze Fingerkorallen wie ein Topf voll blühender Veilchen, wenn er untergetaucht in der Badewanne stünde und die Sonne darauf schiene. Alle stoßen ein „Oh!" durch den Schnorchel, sobald sie entdecken, daß es diese reizenden Bucketts sind, um die sich alles drängt.

Die schönste Überraschung: wenn in diesem Augenblick ein ganzer Schwarm Doktorfische, plötzlich um eine Ecke biegend, in langer Prozession an uns vorbeizieht. „Wie der Maiausflug der Höheren Töchterschule!" fällt einer die Jugendzeit ein. Es sind bestimmt über hundert, und sie haben überhaupt keine Angst. Nur merkwürdig: Eben waren sie noch in Matrosenblau und jetzt sind sie in Schwesterngrau! „Sind das immer noch dieselben, Rudy, die da zurückgeschwommen kommen?"

Soll ich antworten, sie seien auf einer Seite blau und auf einer grau? „Ja, es sind dieselben", reiße ich mich zusammen. „Wenn die Sonne hinter einer Wolke verschwindet, ziehen sie sich jedesmal schnell um!"

Nur jetzt keine jungen Schildkröten mehr auf der Weide! Sie sind so mit Fressen beschäftigt, daß sich schon öfter eine von hinten ergreifen ließ. Dann hatte ich sie jedesmal zum Boot mitzunehmen, bis jeder sein Erinnerungsfoto im Kasten hatte. Das war bestimmt das einzige Mal, daß sie ungeschoren aus Menschenhand entkommen durften. Leider konnte ich ihnen nicht sagen, besser aufzupassen; sie glauben es auch dann noch nicht, wenn sie erst auf dem Rücken an Land liegen, wenn einer mit tiefem Schnitt die Halsschlagader freigelegt hat und sie, zwischen Daumen und Zeigefinger zusammengepreßt, herausholt. Alle Umstehenden vom Küchenpersonal, denen das anschließende Gelage Kraft geben soll, lassen sich in der Runde den Becher mit frischem Blut füllen, mit oder ohne einen Schuß Rum – bis die Quelle versiegt. Verletzte Gefühle, lieber Leser? Keine Sorge! Es ging bloß der Schildkröte unter die Haut. Gefühle wurden sonst keine verletzt.

Frage mich jetzt keiner, wieso hier überhaupt ein Riff entstehen konnte! Dann müßten wir draußen übernachten, ehe ich zu Ende wäre. Aber vielleicht hat jemand Lust, nachts noch einmal hinter mir herzuschwimmen? Mit der Unterwasser-Taschenlampe natürlich! Dann könnten wir dableiben. Zu essen gibt es heute vermutlich sowieso nur an Bord von EILANDHOPPER was.

„Du wirst doch hier nicht in der Nacht rumschwimmen, Rudy?"

„Aber sicher, da ist es am schönsten; da blühen die Korallenpolypen auf!"

„Kehren wir lieber zurück, auch wenn es heute abend nur Einsiedlerkrebse geben sollte."

Aber der Ausflug ist noch gar nicht zu Ende. Da gestikulierten eben zwei weiter hinten mit weit auseinandergehaltenen Händen. So groß seien die Langusten unter dem Arm der Geweihkoralle! Und auch noch zwei, gleich nebeneinander! Ich muß an unser Abendessen denken. Einmal abdrücken, und beide stecken am Spieß. Es geht nur so. Die zweite wäre sofort über alle Berge. Mit den Riesendingern im Arm muß ich aber nun wirklich zurückschwimmen.

Früher wenigstens war es so. Dann wurde mir jedesmal der Weg weiter. Eine Zeitlang schleppte ich unter Wasser unser Futter in einer Plastiktüte mit mir herum. Auf der großen Tragetasche stand die Werbung eines Feinkostladens am Kurfürstendamm. Machte sich doch gut, nicht! Aber ob es bei Rollenhagen überhaupt so große Langusten gab?

Dann bürgerte es sich ein, kurzen Prozeß zu machen: Mit einem vom Barrakuda abgeschauten schnellen Drehgriff riß ich den fleischigen Schwanz aus der zu Tode getroffenen Languste heraus und steckte ihn vorläufig hinter die Badehose. Die restlichen Leckerbissen blieben für viele dankbare Nutznießer zurück. Der Zackenbarsch, auch so ein Langustenschlecker, zog wahrscheinlich schon in seinem tiefen Loch das Aroma durch die Nase. So ging es dann weiter. Steckte erst einmal die Badehose ringsum voll Langustenschwänzen, war Schluß mit dem „Einkaufsbummel"!

Es sollten Jahre vergehen, bis mir im Anschluß an so einen Ausflug Manieren beigebracht wurden. „Wie kannst du das Beste wegwerfen!" rief auf italienisch Mareva, die in Rom Tauchen gelernt hatte und vermutlich bei dieser Gelegenheit auch, wie man Langusten zu essen hat; vor allem, wenn sie nicht umsonst sind.

Wirklich unglaublich, was an so einem Vorderteil alles eßbar sein kann! Einmal kam ich auf dem Rückweg wieder an der liegengelassenen vorderen Hälfte vorbei; da steckte eine Muräne mit ihrem ganzen Kopf in der leeren Hülle und machte sich vielleicht gerade über den sogenannten ‚Spinat' in der Bauchhöhle her. Das sei das Beste, wußte auch Mareva, deren polynesisches Gebiß viel zu schön war, als daß es hätte echt sein können. Meine Zähne aber waren noch echt und hielten auf Dauer das Aufknacken der Beine nicht aus. Meine Zahnärztin sollte später noch viele verwunderte Fragen stellen, als ich ihr meine Sägezähne herzeigte.

Die folgenschwere Krönung der Tischutensilien an Bord war seitdem die rot gestrichene, leicht angerostete Rohrzange aus dem Motorraum – für die Röhrenbeine natürlich! Die bei Kempinsky hätten das nicht sehen dürfen; aber keine Vorwürfe bitte, wo es sogar an Zahnstochern fehlt! Und dann steht dort auch vor dem Restaurant keine Bougainvillea auf der Straße wie hier überall. Hier bricht sich nämlich jeder nach dem Pfeffersteak einen Dorn als Zahnstocher ab, nachdem er es lange genug auf die feine englische Art versucht hat: wie ein Putzerfisch an den eigenen Zähnen saugend.

Jetzt müssen wir sehen, wie wir noch vor Dunkelheit aus dem Riff wieder rauskommen. Später werden wir es auch bei Mondschein noch schaffen. Hauptsache: Die Peilung steht! Zum Fischen ist diese Stunde ideal, und schon klingelt es auch hinten an der Schleppangel. „Fiiiisch!" rufen alle gleichzeitig. Wir können hier aber keinen Aufschießer machen; sonst verschwinden Fisch und Leine zwischen den Korallen, und das täte keinem gut. Lieber ehrlich ums Leben kämpfen lassen!

Während wir vor dem Wind segeln, zieht es unser armes Opfer nach oben. Solange es sich wehrt und unterzutauchen versucht, verschlechtert es bloß seine Lage. Das ermüdet. Aber bei unserer Geschwindigkeit muß der Fisch hochkommen und gleitet, auf der Seite liegend, übers Wasser. Ein Hammelschnapper!

Als es ihn über einen Wellenkamm in die Luft schnellt, kriegt die Leine einen Augenblick Lose. Wir wissen schon, was folgt: ein Schütteln mit dem Kopf: „Ich will nicht!" Der Haken fällt raus, und unser Fisch darf zurückschwimmen. „Tut mir leid, meine Freunde! Jetzt hat es schon heute früh mit dem Osterlamm nicht geklappt, und nun ist auch der Osterhammel weg!"

Das war also „unser" Riff. Auf der Heimfahrt brauche ich nur noch Geschichten zu erzählen. Als wir die ersten Male dort ankerten, kam manchmal ein Fischer vom Ufer in seinem Boot angerudert und dachte wohl, wir seien bloß wieder so ein Wrack, wo es noch was zu holen gäbe, bevor der Strandvogt die Hand drauflegte. So mag es damals am benachbarten Mittelriff gewesen sein, als der 10 m lange Bobcat ausgesegelt hatte. Wo das passierte, ist übrigens auch so eine Barrakudaspielwiese: sehr flach und mehr Sand als Korallen, die sich wie Wedel und Fächer im Strom bewegen. Diese Gorgonien, also

Hornkorallen, lieben nämlich genauso wie die um ihre Atemwege besorgten Barrakudas das sauerstoffreiche Oberflächenwasser. Ideal also für einen Schiffbruch.

Am leichtesten findet einer die Stelle, der es dem Bobcat-Eigner nachmacht: aus English Harbour raussegeln, und nach der vorstehenden Ecke nicht ganz so gerade der nur gedachten Linie folgen, von der er natürlich nichts wissen konnte. Das Schiff war erst in Barbados von einem Bananendampfer abgeladen worden. Vielleicht sagte der glückliche Eigner zu seinem Freund, als es in England an der Zeit gewesen wäre, auf ein Ale in den Pub zu gehen: „Nimm mal du das Steuerrad! Ich will uns unten einen Gin & Tonic mixen." Von dem Riff vor dem Bug hatten beide noch nichts gehört, bis sie neben ihrem fast neuen Gefährt in hüfttiefem Wasser standen. Große Aufregung, denke ich mir, im Kindergarten der Barrakudas!

Die Auflösung des Rätsels erfuhr ich erst später in allen Details aus England. Ich war damals so neugierig und oft stundenlang auch allein auf diesem Riff unterwegs, weil ich noch die abgelegenste Koralle kennenlernen wollte und mich dabei nach günstigen Ankerplätzen umsehen. So stieß ich einmal an diesem meilenlangen Riff auf verbeulte Wassertanks, wie sie nur in Bobcats eingebaut wurden (nicht in meinem!). Auch das kaputte Klo war die übliche Marke aus Glasgow. Blieb nur noch das Knäuel einer Stahlschiene bemerkenswert, die auf der Werft schön gerade unter jede Kielleiste dieser Boote geschraubt wurde, damit es bei Ebbe im Schlamm keine Schrammen gab. Dieser kläglich verkrümmte Überrest ließ ahnen, was für ein Todeskampf hier stattgefunden hatte. Auch von Hobby sollte ich eines Tages und genauso zufällig zwei solcher Stahlknäuel entdecken.

Das war kein Einzelfall. Eine wunderschöne Mahagoni-Yacht, diesmal unter französischer Flagge, war ebenfalls am Cades-Riff gescheitert. Mir war sie ein paar Tage vorher in English Harbour aufgefallen, weil das naturlackierte und auf Hochglanz gebrachte schöne Holz vor den Sonnenstrahlen geschützt werden sollte, indem man an der Reling ringsum große Leintücher wie Gardinen runterhängen ließ. Aus auch dieser Traum! Die Franzosen hatten geglaubt, eine Straßenkarte täte es wohl von English Harbour nach St.John's. Häufig gab es auch gerade keine Seekarte zu kaufen; und sich auf englisch verständlich zu machen, fällt sowieso vielen Franzosen schwer. Ich habe oft neben französischen Nachbarn geankert. Die sind stumm wie Fische, wenn es um Boote mit fremder Flagge geht. Aber ich meine heute, das liegt auch daran, weil sie gar nicht glauben können, daß einer ihre Sprache versteht.

Beim Strandvogt im Hotel am Ufer, von wo das ganze Riff zu übersehen ist, gab es dann jedesmal viele Einzelteile zu kaufen. Ein deutscher Segler trug fröhlich für wenig Geld eine sehr teure, aber nutzlos gewordene Selbststeueranlage weg. Im übrigen gab es Kaskorümpfe oder auch halbe Schiffe zu kaufen; dann nämlich, wenn das ganze Wrack zu groß war, in einem Stück abgeborgen zu werden. Dann sägten sie es vorher in zwei Hälften, wie einmal eine gut 14 m lange Kunststoffyacht. Auch die fand ihre Liebhaber. Umgekehrt hinter die Hibiskusbüsche gestellt: endlich ein wasserdichtes Hausdach!

Nach Abzug des Bergungslohns fiel der Überschuß vom Erlös sowieso bloß dem Staat zu. Ich habe da Tragödien miterlebt, weil Schiffbrüchige, nachdem ihr Boot abgeborgen war, wie aufdringliche Fremde behandelt wurden, die diese Trümmer überhaupt nichts mehr anzugehen hätten. Schon deshalb würde ich niemals ein Hurrikanloch auf einer Insel aufsuchen, wo der Staat auf das armselige Strandgut angewiesen ist, sondern nur auf einer zollfreien Insel.

War das Wrack bloß ein Holzboot und sehr lädiert, landete es zwecks romantischer Beleuchtung am Hotelufer des Strandvogts neben dem Grill und vertrieb mit Feuer und Rauch die Mücken. Wie bei den Strandpiraten! Wir waren dort gerade einer Einladung gefolgt, als Howards baltisches Holzboot dieses Ende erleiden mußte.

Howard war eigentlich Rechtsanwalt gewesen, brachte es aber nicht übers Herz, als Verteidiger einen Angeklagten vor dem elektrischen Stuhl zu retten, der ihn ganz eindeutig verdient hatte. „Alles hinter sich werfen!" war gerade in Mode gekommen. So ging er auf die Suche nach einem kräftigen Holzboot für die Karibische See. Es wirft ein Licht auf jene fernen Tage, daß er zu diesem Zwecke bis Stettin flog, wo er fand, was er wollte. Am Ende der langen Reise von Guadeloupe nach Antigua unterwegs, wollte es sein Pech, daß sich bald das Wetter verschlechterte. Darauf verlor er zuerst die Richtung nach English Harbour und bald auch seinen pommerschen Bleikiel am Cades-Riff, wo er heute noch besichtigt werden kann.

Als ich mit HOBBY ankam, lag das noch nicht lange zurück. Howard hatte gerade einen kleinen Laden gemietet und angefangen, Muschelkettchen, schöne Schnecken und angetriebenes Strandgut an die Touristen zu verkaufen, was alles nicht viel kostete. Er machte von allen, die ich kenne, das Beste aus seinem Schiffbruch: Er kaufte sich eine Zweimotorige, flog in Zukunft nur noch von Insel zu Insel und eröffnete quer über die Kleinen Antillen die führende Ladenkette mit Reiseandenken. Sie geriet sich selbst zum Souvenir ihrer Geburtsstunde und konnte gar nicht anders heißen als „Ship Wreck Shop".

Howard hat nicht nur mir geholfen, wann immer Not am Mann war, sondern auch unzähligen anderen Seglern und sonstwie Gestrandeten, wenn sie ihn um Rat fragten. Howards Laden in Antigua war leicht zu finden, denn wer nach St. John's kam, kehrte bestimmt mittags im Kensington Garden zu Ananas-Diaquiri und Steelband-Musik ein. Zum Segeln hatte Howard niemals mehr Zeit; aber immerhin ist er endlich wieder mal einer, mit dem es nicht abwärts, sondern steil aufwärts gegangen ist. Galant will der Erzähler verschweigen, daß sich auch Flugzeuge zu Wracks segeln lassen, wenn über St. Lucia der Treibstofftank plötzlich leer ist.

So sind wir plaudernd wieder zurück zu unserer Eisenholzbucht gesegelt. Eigentlich wäre jetzt wieder einmal so ein großer Augenblick für die Fischpfanne gekommen, auch wenn jede Languste zu groß ist, auf einmal darin Platz zu finden. Ich kann das Festessen schreibend nicht noch einmal nachvollziehen. Was soll's auch! Jedem läuft bloß das Wasser im Mund zusammen, und diese Zeiten kommen sowieso nicht wieder. Nur nicht traurig sein! Die Langusten, wenn sie noch mitreden könnten, würden ihr Aussterben am Cades-Riff noch mehr bedauern als wir.

Unser glückliches Heidenkind

Vor vielen Jahren standen, wie schon erwähnt, krausköpfige Heidenknaben aus schwarz bemaltem Pappmaché, mit rotem Mund und beweglichen Kulleraugen in dunklen Kirchenräumen gleich neben dem Ausgang. Schon bei jedem Fünfer „für die armen Heidenkinder" nickten sie dankbar, sobald das Almosen, deutlich klappernd, durch den Schlitz in die Holzkiste gefallen war, die dem bittenden Mohren gleichzeitig als Podest diente. Diesmal stand – von der Regie bisher absichtlich übergangen – unser „Heidenknabe" in vollem Sonnenschein vor uns am Strand der Pokholzbucht, als wir den ersten Schritt an Land und in unser neues Dasein machen wollten; er stellte sich auch gleich, freundlich lächelnd, mit dem ungewohnten Namen Keithroy vor.

„Sie dürfen mich ruhig Keith nennen, Rudy. Ich bin selbstverständlich immer für Sie da. Auch dieser Strand hier ist ohne mich nicht denkbar!"

Auf diesen Seiten führt also kein Weg an Keithroy vorbei, von EILANDHOPPERS Alpha bis zu HOBBYS Omega. Das will was heißen.

„Kieß", wie wir ihn also vom ersten Tag an riefen, zeigte gleich mit ausholender Gebärde über Strand und Palmenhain und sprach dazu: „Wissen Sie, Mr. Rudy! Ich habe meine ganze Kindheit und Jugend an diesem Strand verbracht. Arbeit gab es ja keine. Hier habe ich also für meine Mutter und Geschwister die Fische vom Ufer aus gefangen. Hier unter den Palmen gingen wir nachts auf Erdkrabbenfang, und hier gab es grüne Kokosnüsse gegen den Durst und reife zum Reinbeißen." Endlich wir, zu den Palmen hinaufschielend: „Und das klappt noch mit dem Klettern zu den Kokosnüssen?"

„O ja! Mit fünfundzwanzig ist man noch nicht zu alt dazu. Aber das viele Bier tut mir nicht gut!" Und er streichelte dabei die pralle Gegend über dem landesüblichen Nabelbruch.

„Manchmal hat mir sogar eine Getränkefirma in St. John's ein paar Shilling gegeben, wenn ich einen Sack voll Fruchtkapseln eingesammelt hatte, wie sie dort drüben an den Tamarindenbäumen hängen. Damals dachte noch keiner daran, daß in dieser Wildnis hinter dem stinkigen Salzsumpf einmal ein Hotel entstehen könnte. Später kauften mir dann die ersten Hotelgäste die Kokosnüsse ab. Das war schon ein großes Glück für mich, als dieses Hotel gebaut wurde. Schade natürlich um die Kokospalmen, die damals umgehackt werden mußten. Aber so ist es ja immer: Da stirbt eine Schnecke, und schon freut sich ein Einsiedlerkrebs auf ein neues Haus! Ist das nicht so?"

Während Keith das alles ohne Verklemmtheit von sich gab, reckte er seine dunkelbraune Kraftmeiergestalt. Er hatte sie, wie das damals gerade als äußerer Ausdruck eigener Rassenstärke Mode wurde, beim abendlichen Gewichtheben mit Gleichgesinnten im Dorf erworben. Zum Glück hatte er damit aufgehört, als er Michelangelos David-Maße erreicht hatte.

Vom ersten Tag an hatten wir also Keithroy als Gehilfen am Strand. Gegen Prozente, versteht sich; aber natürlich auch nur, wenn ihn seine vielen anderen Beschäftigungen nicht gerade unauffindbar gemacht hatten. War er aber zur Stelle, dann sprang er auch gleich hilfsbereit und immer lachend auf uns zu und zog unser Beiboot so schnell den Strand hinauf, daß keine Zeit blieb, selbst noch anzufassen. Sah man ihn sich wie einen antiken Diskuswerfer im Sand bewegen, glaubte man gerne dem damals weit verbreiteten Spruch: Black is beautiful! Uns konnte sein starker Arm nur willkommen sein.

Hatte Keithroy Lust auf eine Kokosnuß, kletterte er wie alle hier ohne jedes Hilfsmittel und ohne zusätzliche Sicherung auf eine Palme. Mit ausgestreckten Armen umfaßte er den Stamm, und mit den fast durchgedrückten Beinen ging er auf Gegendruck. Ganz wie ein eleganter Felskletterer! Was er von einer sichernden Brustschlinge mit Prusigknoten um die Palme hielte, fragte ich ihn in den ersten Tagen, als er sich um unseren Kokosnußbedarf kümmern wollte. Ich zeigte ihm die Vorzüge dieser rutschfesten, aber auf Schub beweglichen Schlinge.

„Viel zu gefährlich, Rudy! Denken Sie bloß, wenn einer den Knoten falsch legt! Dann lieber das da!" Und er haute lachend mit der linken Faust auf den rechten Bizeps; das genügte.

Keith war von den Schwarzen einer der schwärzesten. Dieses abendliche Gewichtheben war in erster Linie für Leute wie ihn; schwarze Kraftmeierei im engsten Kreise. Wer einen Betrieb auf den Inseln mit einheimischen Arbeitskräften bestücken wollte, setzte besser vorher die Sonnenbrille ab, damit ja keine Farbschattierung an der falschen Stelle der Rangordnung eingeordnet wurde.

Unser Keith aber war über jede Hackordnung erhaben, die vielleicht von heller Getönten ausging. Da störte ihn eines Vormittags dieser lästige Strandjunge, dem er beim Laubzusammenrechen im Wege saß. „Was hast du zu mir gesagt?" fauchte er ihn an. Dann erprobte er lachend nur kurz seine linke Faust auf dem rechten Bizeps, und diesmal konnten die Abfälle von seinen Holzschnitzarbeiten im Sand liegen bleiben.

Hier treffen wir Keith wieder. Er hatte auch anderswo an sein jahrzehntealtes Gebrauchsrecht an diesem Strand erinnert und machte das Beste daraus, seit das Hotel stand. Das heißt, er rückte sich also jeden Vormittag einen der Liegestühle unter den größten Strandtraubenbusch und schnitzte aus armlangen Mahagoniplanken ein Brettspiel, das seine Vorfahren aus Afrika mit herübergebracht hatten und das jeder auf dieser Insel spielte. Weil es so einfältig aussieht, als brauche man bloß bis zwölf zählen zu können, ließ sich jeder, der Keithroy im Vorbeigehen beim Schnitzen zuschaute, lachend herausfordern; er verlor natürlich und kaufte so ein Brett. Worauf Keith anschließend Privatstunden erteilte, entweder unter dem Traubenbusch oder unter einem Sonnenschirm, auf alle Fälle bei Freibier, eine Lebensweise, die ihm angemessen schien.

Natürlich hatte auch die Hotelleitung längst seine Fähigkeiten als Unterhalter am Strand schätzen gelernt und drückte beide Augen zu. Was hätte sie auch sonst tun können? Ob Zimmermädchen, Gärtner oder Koch, ob Bäcker, Barmann oder Mechaniker; sie waren alle mit Keith verwandt oder wenigstens aus demselben Dorf, was nach Jahrhunderten auf das gleiche herauskommt. Keith schleppte also kübelweise Eiswürfel herbei, wenn seine Verwandten zu den Fischen, die sie hinter dem Bootshaus brieten, etwas Kühles trinken wollten. Das Bootshaus selbst hatte ich in wenigen Wochen zu Werkstatt, Büro und Getränkelager umgewandelt. Da gab es also Coke und Fanta jede Menge zum Zugreifen. Keith griff auch nach einem herumliegenden Strandbadetuch, wenn er an seinem Uralt-Buick die Ölwanne säuberte, oder er nahm ein eben abgezogenes Bettuch vom Rollwagen eines Zimmermädchens und riß es in Streifen für irgendeinen anderen praktischen Gebrauch. Alles natürlich mit der größten Selbstverständlichkeit und ohne eine Spur von Gewissensbissen. Deshalb können wir ihm auch keine Vorwürfe machen.

Als wir ein halbes Jahr später mit Keith nach Martinique segeln wollten, stellte sich beim Ausklarieren heraus, daß er auch mit seinem eigenen Namen sehr großzügig umgegangen war. Er hatte ihn sich selber gegeben. Sein wirklicher Name war blaß und nichtssagend und gefiel auch mir nicht. „Wissen Sie, Mr. Rudy, meine Mutter hat es mit mir nicht leicht gehabt. Ich war damals ungefähr ihr zwölftes Kind, die schönen Namen waren alle weg; und so sehr sie auch ihre

Bibel durchblätterte, sie fand keinen anderen. Aber mir ist das Standesamt völlig gleichgültig. Ich verlange von meinen Kameraden, daß sie mich mit dem Namen meiner eigenen Wahl rufen."

Keith ragte also in jeder Weise unter seinen Gleichaltrigen heraus, und alle die ihn kennenlernten und sich vorher schon umgesehen hatten, beglückwünschten uns zur Wahl dieses Mitarbeiters. Ja, wir glaubten es bald selber, daß es keinen zweiten wie ihn auf der Insel gab, keinen von so freundlichen Umgangsformen, so unverklemmter Offenheit und so auffallender Intelligenz.

Es war klar, daß Keithroy mit seinem lachenden, Zufriedenheit ausstrahlenden Gesicht überall angenehm auffiel, besonders weil alle im Hotel Angestellten so mürrische Gesichter machten.

„Warum ist das eigentlich so?" fragte ich ihn endlich.

„Ganz einfach! Ich bin ein freier Mensch und kann arbeiten, wo und was ich will. Die anderen sind alle Sklaven mit einem festen Dienstplan."

Keiths Bruder arbeitete übrigens in der Backstube des Hotels. Für Keith war dort auch sonst gut gesorgt. So ein charmanter Farbiger! Das war ganz in seinem Sinn. „Wenn ich einmal Kinder kriege, Rudy, dann nur mit einer Frau, die nicht so schwarz ist wie ich. Meinen Kindern soll es besser gehen als mir!"

Keith war auch ein Philosoph. Sein Zitatenschatz brachte uns zum Lachen, bis auf ein einziges Mal. Da hing bei unserer abendlichen Rückkehr vom Riff das Beiboot nicht mehr an unserer Ankerboje, wo es immer zu hängen hatte. Es war an diesem Nachmittag auf Nimmerwiedersehen abgetrieben, was keiner für möglich gehalten hätte, es sei denn, alle schliefen wirklich außergewöhnlich fest, einschließlich Keithroy selber. Er hatte also ‚den Knoten falsch gelegt'. Nach dieser ihn selber treffenden Vermutung waren seine nächsten Worte: „Never mind, Rudy! Das ist wie mit den Einsiedlerkrebsen: Irgendwo wird sich einer über dieses Geschenk freuen!" Sein sonniges Gemüt war wirklich bemerkenswert.

Little-Rudy und Keith wurden gleich die besten Freunde. „Schau, Rudy: so fängt man von oben mit der Hand die großen Erdkrabben. Dann können sie einen mit ihren gefährlichen Zangen nicht kneifen." Aber das war nur die Grundausbildung. Bald zogen wir alle zusammen nachts durch den Busch auf Krabbenfang, immer hinter den vordersten Palmen am Ufer entlang, wo der Boden modderig ist. Fledermäuse huschten uns lautlos um die Ohren und haschten nach den Nachtfaltern, die jedes Licht anzog. In eine mit Brennstoff gefüllte Bierflasche hatte jeder von uns das ausgetrocknete Herz eines Maiskolbens gesteckt und angezündet. Mit diesen schwach flackernden Fackeln in der Hand, warteten wir lautlos zwischen den Palmen, bis die Krabben aus ihren tiefen Schlammlöchern vom Licht angezogen wurden. Geblendet ließen sie sich dann von oben mit dem erlernten Griff fassen und in einen mitgebrachten Sack werfen.

Jeder in Ufernähe ankernden Yacht mußten wir mit unseren Irrlichtern in diesem unwegsamen Gelände vorkommen wie übles Gelichter, das lautlos gerade einen Überfall auf die Besatzung plant. Schnellfeuergewehre gehörten damals noch nicht zur Bordausrüstung von Weltumseglern, wie später von Erfahrungsreichen beschrieben. Sonst hätten wir froh sein können, daß wir keinen Feuerstoß um die Ohren kriegten.

In ähnlichen Fällen verbrachte die verstörte Yachtbesatzung zähneklappernd den Rest der Nacht an Deck auf Posten. Später stand die Geschichte noch als ernste Mahnung in der Heimatpresse, gewisse gefährliche Ankerbuchten zu meiden. Wie sollte einer auch bei diesem Reisetempo hinter alle Geheimnisse rund um die Welt kommen!

Keith besaß auch unter Wasser eine ausgezeichnete Ortskenntnis. Schließlich war er ja oft genug mit seinen älteren Brüdern zum Fischen unterwegs. Als wir zum ersten Mal mit einer Deckslandung von Gästen zum Riff segeln wollten, um dort zu schnorcheln, durfte Keith mit. Gegen Prozente, versteht sich. „Sie müssen da auf ein paar Peilungen aufpassen, wenn Sie zwischen beide Riffe segeln wollen!" Wir waren ihm dankbar. Dann zeigte er uns, wo wir ankern konnten, und war auch schon mit seinem Gewehr über Bord gesprungen.

Leider konnte an diesem Tag keiner unserer zahlenden Gäste ins Wasser. Bis jeder die richtige Flossengröße gefunden hatte, kam Keith mit einem bewundernswerten Klimmzug über die achterliche Reling schon wieder an Bord. „Schauen Sie, Rudy, was ich heute für einen guten Tag gehabt habe!" Damit zog er an der Leine seines Speers einen bluttriefenden Stachelrochen mit kraftvollem Schwung ins Cockpit, das davon ausgefüllt war. „Das Ungeheuer lag genau unter dem Boot!"

Waidgerecht schnitt er ihm gleich die beiden eßbaren Flügel ab und warf den Rest wieder über Bord. Nun wußten wir alle, wieviel Blut in einem Stachelrochen steckt. Keith goß verständnisvoll einen Eimer Seewasser nach dem anderen ins Cockpit, bis es wieder betretbar war. Aber ins Wasser wollte jetzt keiner mehr. Wer sich über Bord beugte, sah in Reichweite den blutigen Kadaver zwischen Korallenarmen hängen, und das Blut daraus zog in langen Fäden mit dem Strom weg.

Keith ging am Abend mit ein paar Kilo Fleisch glücklich nach Hause, was wir ihm gönnten. Aber als wir wieder zahlende Gäste an Bord nahmen, mußten wir ihn leider am Strand lassen.

Keith kannte auch die Peilung zu einer einsamen Unterwasserklippe, gut eine Meile vor der Küste. Stand ich auf ihrem Gipfel, schaute gerade noch mein Kopf aus dem Wasser. Einem Mehrrumpfboot konnte die Klippe gleichgültig sein, und bei Grundsee brach es meterhoch darüber. Am Fuß der Klippe hatte ich zwischen den Wrackteilen von Inselschonern flache Höhlen mit lebendem Inhalt entdeckt.

Da langweilten sich nach dem Mittagessen lauter liebe Landsleute bei uns im Cockpit, nachdem der Rumpunschtopf leergetrunken war. „Was machen wir bloß mit dem angefangenen Nachmittag?"

„Ganz einfach: ans Abendessen denken! Wollt ihr Langusten?"

Keiths Peilung zu diesem einsamen Unterwasserfelsen, den keiner da vermutete, bewährte sich. Wir ankerten nicht weit weg davon; ich tauchte unter und kam mit einer Languste wieder an Bord. So errang ich einen Ruf, den ich gar nicht verdient hatte.

Keith machte mich auch auf Klippen aufmerksam, die nicht so tief unter Wasser lagen, sondern jedesmal mit der Nasenspitze herausschauten, wenn das Meer besonders tief Luft holte. Ein Wunder, daß daran noch keiner gescheitert war. Aber außer uns kreuzte wohl niemand dort herum. Überhaupt gab es bald keine noch so kleine Bucht mehr, wo wir nicht geankert hatten, im Wasser geschnorchelt und am Ufer Hühnerbeine gegrillt. Antiguas Westküste verriet uns mit der Zeit jedes Geheimnis. Wir lernten unseren neuen Lebensraum ganz wörtlich von Grund auf kennen und klammerten uns mit der Zeit an diesem gewundenen Ufer so fest wie die Panzerschnecke an ihren Felsen in der Gischt der darüberbrechenden Wellen.

Keith war einfach ‚unser bestes Stück'. Daß er eines Tages HOBBY auf dem Gewissen haben sollte, darf ihm keiner anlasten. Er konnte nicht anders, auch wenn diesmal kein falsch gelegter Knoten im Spiel gewesen war. Oder wie ein anderes Mal, als ich ihm gerade die selber erst erworbene Weisheit weitergegeben hatte, wie festgefressene Ventile in unserem Stromerzeuger mit dem Schraubenzieher wieder gängig zu drehen waren. Lachend hörte Keith zu, dann: „Ein Kinderspiel!", schlug sich auf den Bizeps, und anschließend waren alle Ventile für immer krumm. Die nächste Reparaturwerkstatt lag damals in Martinique. Im kommenden Herbst würden wir ja hinsegeln! Oder da war eine Mutter mit dem Schraubenschlüssel zu lösen. Keiths Bizeps wölbte sich, und der abgescherte Bolzen kam auch gleich mit. Kein Mensch auf der Insel besaß das nötige Werkzeug, das zurückgebliebene Bolzenstück herauszuoperieren.

Wie sich jeder denken kann, war unsere Bucht ideal zum Wasserskifahren: flaches, ruhiges Wasser und keine anderen Boote im Weg. Wollten wir verhindern, daß ein anderer die Lizenz zum Wasserskifahren bekam, mußten wir selbst ein Boot anschaffen. Zu verdienen war nichts damit, aber auf diese Weise würde kein Mitbewerber Schnorchler zum Riff transportieren. (Eine Bank gab den Kredit, der pünktlich abzuzahlen war). Wir kauften also ein rassiges Wasserskiboot mit einem starken Motor dazu. Ein halbes Dutzend Skier, und was sonst noch an Zubehör nötig war, fiel daneben geldlich kaum mehr ins Gewicht. Keith würde sich von nun an um die Wasserskifahrer kümmern, wenn wir zum Segeln unterwegs waren. Überflüssig zu sagen, daß er es bald am besten konnte. Seit wir einen Strandjungen als Bootsführer angelernt hatten, konnte Keith üben, so lange er wollte. Für manche war das eine Verlockung, es auch zu versuchen.

Das schöne Sportboot besaß eine Windschutzscheibe vor dem Fahrersitz. Keith kletterte immer vom Sitz nach vorne, wenn er das Boot an der Boje festmachen wollte. Dann kam er über das Vordeck wieder zurück, ersparte sich aber einmal den langen Schritt über die im Weg stehende Windschutzscheibe und trat kurz darauf. Damit war diese Unbequemlichkeit ein für alle Mal beseitigt. Wo hätten wir eine Ersatzscheibe herkriegen sollen? Sie war bei diesem Wetter auch tatsächlich überflüssig. Wie HOBBY, das immer noch in English Harbour lag, im Grunde genommen ebenfalls!

Nun will ich nicht eintönig werden, aber es ging vor diesem Hotel Jahre später noch eine zweite Windschutzscheibe kaputt. Da hatte inzwischen einer der Strandkehrer, von Keiths ansehnlichem Nebenverdienst beeindruckt, auf eigene Rechnung einen Wasserskibetrieb eröffnet. Niemand konnte ihn als Einheimischen daran hindern. Eigeninitiative ist ja der Sinn jeder Entwicklungshilfe! Alles, was er brauchte, war ein Wasserskiboot mit Skiern. Ein Flughafenangestellter hatte eins, das wochentags sowieso ungenützt herumlag. „Laß uns doch halbe-halbe machen!" hieß es. Seit Pan Am die Flüge auf die Insel eingestellt hatte, übernachtete das fliegende Personal der verbliebenen britischen Linie im Hotel. Dem konnte es nirgends billig genug sein. Rudolph, so hieß der junge Wasserski-Unternehmer, würde von nun an auch an den Briten ein paar Dollar verdienen.

Als es dann passierte, ankerte gerade ein englischer Kunststoffkatamaran neben EILANDHOPPER. An Bord war ein junges Paar auf Hochzeitsreise, eben aus England eingetroffen, und das Boot ein Geschenk des betuchten Schwiegervaters. Dann ein ohrenbetäubender Knall. Ich schoß an Deck, aber von meiner Seite aus war nichts zu sehen. Also Kamera einstecken und hinrudern!

Da steckte das Wasserskiboot bis über die zersplitterte Windschutzscheibe im achteren Backbordrumpf meines Nachbarn! Der Fahrer war außen an der Bordwand hängengeblieben. Mit geflickter Nase, wenn auch noch ein Stück platter, sollte es Rudolph überleben. Die wasserskibegeisterte Hostess berichtete, was passiert war: Beim Start war ihr ein wichtiges Kleidungsstück weggerissen worden und Rudolph wollte sich totlachen über die Eindrücke, die ihm seine neue Tätigkeit vermittelte. Ihr warnendes Fuchteln faßte er wohl eher als Befehl auf, noch einen Zahn zuzulegen, bis es kurz darauf krachte. Ohne den Nachbarn zu meiner Linken wäre er in Little-Rudys Koje gesaust. Ich war damals ohne Besatzung; aber ich hätte dann auch mein Segelboot am längsten gehabt.

Die Hochzeitsreise fand abrupt ihr Ende. Ein halbes Jahr später lag das Boot immer noch als Wrack im Hafen. Natürlich war keine Rede davon, daß irgendeiner für den Schaden aufkam. Aber zurück in die Vergangenheit!

Als die Hurrikanzeit nahte und das Hotel praktisch leer stand, segelten wir nach Martinique und nahmen Keith mit. Es war seine erste Reise nach Übersee, aber auch für uns die erste Reise nach Süden. EILANDHOPPER stand in der Folgezeit drei Wochen in der Werft von Grant an Land. Wie lange kannte ich doch schon diese Werft! Annie van de Wiele, die mich mit dem Seglerbazillus infiziert hatte, stand auf ihrer Weltumsegelung mit OMOO 1951 auch schon zur Überholung bei Grant.

Für Keith gab es genug zu tun. Die von außen aufs Glasharz geschraubten Kielleisten waren aus englischem Weichholz gewesen und von Toredowürmern schon im ersten Jahr in eine Art Schweizer Käse verwandelt worden. Der tüchtige Sohn des Werftbesitzers hatte sich damals noch nicht von seinem etwas schwierigen Vater getrennt. Mit unbezahlbarem Verschleiß an Bandsägeblättern schnitt er aus dem härtesten Holz, das Frankreich in Guayana besitzt, neue Leisten. Dieses „Angelique" ließ sich nicht über den Bugsteven biegen. Er mußte es in bereits krummer Form als Kurvenstück aus einem dicken Brett herausschneiden. Die Schraubenlöcher wurden zu glühenden Kratern, als sich der Bohrer hineinsenkte.

Mit dieser neuen Unterwasserpanzerung konnten wir es in Zukunft mit jeder Koralle und jedem Holzwurm aufnehmen. Keith hatte endlich mal Gelegenheit, seine Muskelpakete voll einzusetzen, ohne daß es gleich Bruch gab. Die Verschwendung von frischem Gebirgswasser unter der kochtopfgroßen Dusche genossen wir alle zusammen in den Tropen zum ersten Mal.

Für Keith war vieles neu. „Denk dir, Rudy, ich spreche heute einen Werftarbeiter an, der genauso schwarz ist wie ich, und der versteht kein Wort Englisch! Kommen wir nicht alle aus Afrika?"

Von einem Bummel zum Markt von Fort-de-France hatte er einen richtigen Schock mitgebracht. „Wenn es in Antigua bloß eine einzige Frau gäbe, die so schön hellbraun ist wie hier alle sind!" Noch schlimmer: „Die Polizei wollte meine Papiere sehen. Es gäbe jetzt so viele illegale Schwarzarbeiter von der Nachbarinsel St. Lucia."

Die sähen alle wie er aus, wurde ihm übersetzt.

Dann nahmen wir ein Auto für eine Inselrundfahrt. Auf einem ländlichen Friedhof entdeckte Keith im Vorbeifahren lauter tempelartige Grabstätten aus weißem Marmor. „Das ist doch nicht zu glauben! Hier wohnen die Toten schöner als in Antigua die Lebendigen!"

Wir besuchten einen Freund, dessen Hotel wir uns ansehen wollten. Er stammte aus einer alten Familie französischer Zuckerpflanzer und war wie alle mit langer Erfahrung im Umgang mit Andersfarbigen auf einen Ton eingestimmt, der sich wohl mit der Zeit zwangsläufig ergibt. „Euer Keith kann in der Küche mit meinem Gärtner essen. Kommt, meine Lieben! Wir gehen jetzt in den Speisesaal, zu meinen Gästen."

Keith nahm das nicht sichtbar übel, wir schon eher. Ihm hatte die französische Küche bereits am ersten Abend nicht geschmeckt. Glücklich über die gelungene Ankunft, waren wir alle zusammen dort essen gegangen, wo es am feinsten war. Die allgemeine Aufmerksamkeit galt jedoch mir: „Der kann sich vielleicht einen Kraftprotz als Leibwächter leisten!"

Auf der Rückreise hielten wir Mittagsrast in Portsmouth auf Dominica. Diesmal war das Mittagessen nach unseres Bootsmanns Geschmack: gebratener Fisch, Süßkartoffeln und Yam, dazu eine ganze Flasche Hot Sauce. Da fühlt er sich wie zu Hause. Hier verstand ihn jeder – und vor allem jede. „Schade, Rudy, daß wir die Bäume und das viele Wasser, das hier bloß ins Meer läuft, nicht nach Antigua mitnehmen können!"

Wir bummelten durch das Bruchbudendorf. Bei aller Liebe: mehr war es nicht. Vor einer der Holzhütten hingen auffällige Umhängetaschen. Eine Karibenfamilie habe sie zum Verkauf dagelassen. Mir gefiel die Machart auf den ersten Blick: Yuccablätter zu flachen Zöpfen gedreht und diese in Beutelform miteinander verbunden. Ich würde hier in allen folgenden Jahren immer wieder so eine billige und praktische Tasche kaufen, bis ich bei meinem letzten Besuch erfuhr, daß die beiden alten Leute gestorben waren. Inselauf und inselab gab es nur mich mit so einer Umhängetasche. Jeder erkannte mich daran schon von weitem oder sogar hinter allen Regalen im Supermarkt. Da deponierten Bekannte ihre Einkaufstaschen am Eingang und riefen sich zu: „Schau mal, die Tasche dort in dem Fach! Rudi muß auch da sein!"

Endlich wieder in Antigua! Wir gingen zum Einklarieren längsseits an die Pier. Bis auf den Skipper, der die Papiere zur Polizeistation zu bringen hatte, mußten alle an Bord bleiben. Ich kehrte aber gleich mit einem Behördenvertreter zur Mole zurück. Weiter als bis drei kam er beim Zählen nicht. „Wo ist Ihr Bootsmann, Cap?" – „Da drüben an der Bar!" Keith saß bereits mit einem Bekannten, den er gesehen hatte, beim Bier.

Nun wurde er zur Rede gestellt, aber nur kurz. „Wie können Sie ohne Erlaubnis…?" Da stieg Keith von seinem Hocker, baute sich vor dem Polizisten auf, führte den bewußten Schlag auf den Bizeps vor und schmetterte ihm seine besten Schimpfwörter entgegen. Noch schlimmer: Der Polizist war als Ausbilder von der befreundeten Regierung in Barbados nach Antigua abgestellt worden, was jeder Einheimische sofort merkt, sobald so ein ‚Bajan' den Mund aufmacht. Keith tobte: „Du lächerlicher Ausländer willst mir auf meiner Heimatinsel vorschreiben, wann ich mein Land wieder betreten darf?" Es kam noch schlimmer und hätte zu diplomatischen Verwicklungen zwischen beiden Inselreichen führen können. Aber der Offizielle überdachte kurz seine Lage; fragte sich vielleicht auch, was er eigentlich in Antigua zu suchen hatte, das jeder ‚Bajan' für ein ‚rotten island' hält; und dachte wohl auch an seine Familie in Bridgetown, die er mit heilen Knochen wiedersehen wollte. Auf Antigua schlug ihm von allen Seiten nur Haß entgegen. Keiner traute sich hier, Polizist zu werden. Die seien fähig, ihre eigenen Brüder ins Gefängnis zu werfen, hieß es. Aber wer konnte denn schon auf legale Weise überleben. Falls einer für den uralten Chevy aus dritter Hand keinen neuen Scheinwerfer mehr im Handel fand, dann mußten eben alle die Augen zudrücken, wenn er ohne Licht fuhr. Fußgänger verließen sich doch auch auf Mond- und Sternenlicht. Man konnte doch deshalb das Auto nicht einfach im Straßengraben liegen lassen! Der alte Karren ernährte als Taxi immer noch wenigstens drei kinderreiche Familien!

Tropenkoller, leicht gemacht

Wo immer wir mit Gästen oder allein hinzusegeln hatten, zum Riff oder zu windstillen Buchten; im letzten Augenblick brauchten wir zum Manövrieren den Motor. Als Bobcats vom Markt verschwanden, ging auch der Motorhersteller ein. Keine Antwort mehr auf dringend notwendige Ersatzteilbestellungen.

Eines Tages, ganz ohne Wind und schon rings von Korallen umgeben, ein Schrei: „Der Motorraum brennt!" Vor Qualm war nichts zu sehen. Endlich: Der Kühlwasserschlauch war in der Hitze wegge-schmolzen. Aus der Öffnung schoß nur noch überhitzter Wasser-dampf. Die Wasserpumpe war ausgefallen. Der Qualm stammte vom Öl und der verbrannten Kopfdichtung. Während alle im Wasser plantschten, schwitzte ich beim Kopfdichtungswechsel im Motorraum, schmorte vorher noch am heißen Geräuschdämpfer meine Wade an, und die Erinnerung an diesen Tag habe ich auch ohne Datum dane-ben ein Leben lang am Bein.

Die Tücke des Objekts hatte sich mit meinem Motor was Besonde-res ausgedacht. An der Wellendurchführung trat wegen einer defekt gewordenen Ringdichtung etwas Öl aus dem Kurbelwellengehäuse, geriet von dort durch die Fliehkraft auf die Keilriemenscheibe und machte den Keilriemen schlüpfrig. Klare Folge: Die Wasserpumpe meldet sich ab.

Pan Am-Piloten sprangen mit Keilriemenkleber ein. Von nun an fiel die Wasserpumpe nach undurchsichtigen Gesetzen aus, einmal ja, einmal nein. Beim Motoren stand ich künftig neben der offenen Motorklappe und hatte mehr auf den Keilriemen zu achten als auf das Korallenriff. „Ihr könnt deshalb nicht einfach eure Ausflüge zum Riff absagen!" drohte die Hoteldirektion. Irgendein Glasbodenboot würde bald in die Lücke springen. Wie hatte Keith gesagt? Über jede tote Schnecke freut sich ein Einsiedlerkrebs!

Der Zufall wollte es: Ein Urlauber aus England hatte den gleichen Motor in seinem Boot und kannte die Anschrift der neuen Firma, die ihn wieder produzierte. Der Rest ist eine Westindien-Story, wie es sie zu Hunderten gibt. „Die Ringdichtung", stand in dem Antwortbrief aus England, „kostet nur ein paar Pennies. Aber wir bezweifeln, daß Sie sie allein einbauen können. Sie müssen dazu den ganzen Motor auseinandernehmen, bis Sie an die Dichtung herankommen: Zylin-der, Kurbelwelle, Dynastart und alles!"

Das glaubte ich ohne weiteres, als ich mir die Bauzeichnung ansah. „Schwieriger ist noch das Zusammenbauen", warnte der Brief weiter. „Es geht nur mit unseren Spezialwerkzeugen und jahrelanger Erfah-rung." Das glaubte ich ebenfalls, seit unser Mercury-Motor eine „kranke" Wasserpumpe gehabt hatte, wie Keith das nannte, und das Wasser dann noch unter seiner Mithilfe ins untere Ölgetriebe geraten war. Wasserskifahren war für Monate vom Programm gestrichen.

Sollte ich nun den Motor ausbauen und nach England schicken? Das sei das beste, hieß es zum Abschluß in dem Brief. Per Schiff sah ich ihn vielleicht in einem halben Jahr wieder. Vielleicht auch nie, wie es mir mit der Ankerkette aus Schottland ergangen war, als in England ein Streik der Hafenarbeiter einige Monate dauerte. Schickte ich den Motor per Luftfracht, hätte ich mir für das Geld auch einen neuen kaufen können. Unsere Existenz hing davon ab. Statt einer Dichtung für ein paar Pfennige bestellte ich also nach zwei Jahren den zweiten Motor!

Im Laufe der Jahre lernte ich dann rechtzeitig vorsorgen. Heute gibt es am Boot nichts, was nicht doppelt vorhanden wäre, und was irgendwo auf den Inseln verstreut in einem Depot ruht wie zur Völkerwanderungszeit die Streitäxte der Bronzewarenhändler. Nur einen zweiten Mast hatte ich mir nicht anzuschaffen. Viele Jahre lang hätte ich HOBBYS Mast kaufen können, der, weithin sichtbar, bei der Slipway im Dockyard zum Verkauf hing. Wie gut, daß Masten keine Seele haben! Wie oft bin ich mit HOBBYS altem braunen Segel, das EILANDHOPPER noch jahrelang wie alte Kleider auftrug, in Sichtweite daran vorbei in den Hafen gesegelt oder wieder heraus!

Merkt jeder, worauf ich hinauswill? Die ewige Sonne und das badewannenwarme Wasser haben auch ihren Preis! Aber deshalb die Flinte ins Korn werfen und ins alte Büro zurückkehren?

Wochenlang ließ uns dann die Sorge nicht los: Wie kriegen wir bloß den neuen Motor zollfrei aufs Boot? Wir waren ja keine Yacht in Transit mehr. In den Paß war die Arbeitserlaubnis gestempelt worden. Unser Zweitakter war eigentlich ein Automotor. Autofahrer hatten den zwei- bis dreifachen Rechnungspreis bei der Einfuhr an Zoll zu zahlen, wenn sie Ersatzteile brauchten. Ich hatte Sumlogs kommen lassen und noch mal soviel an Zollgebühr draufgelegt. Das hätte uns noch gefehlt! Auf einer Insel, wo es kein Einkommensteuersystem gab, weil keiner rechnen konnte, hielt sich der Staat an denen schadlos, die was einzuführen hatten; den Geschäftsleuten also. Das ließ sich kontrollieren.

Eines Tages lag der Motor im Zollamt. Wie immer, wenn der Tropenkoller drohte, waren wir auf ein paar Tage zur französischen Nachbarinsel gesegelt und hatten uns von allem die Seele streicheln lassen, was dort gut ist. Wieder zurück im Dockyard, ließen wir beim

Zollamt wissen, wir lägen gerade mit unserer Yacht im Transit in English Harbour. Generalstabsplanung war notwendig. Schön längsseits an die Mole gehen und bequem für die Behörden zu erreichen. Malerische Familienszene an Deck: Mutter und Kind im Liegestuhl, der bei uns immer an Deck steht, die eine spärlich bekleidet, der andere in ein Kinderbuch vertieft.

Zwei Kisten waren gerade auf der Mole neben dem Boot abgeladen worden, als der wichtige Herr vom Zoll aus dem Überseehafen extra für uns angerückt kam. Wir sahen ihn schon spöttisch lachen, als habe er uns durchschaut, weil er dachte, die näherstehende und viel größere Kiste gehöre uns; das hätte nun wirklich nicht zu unserer vorsichtshalber schon zurechtfrisierten Rechnung gepaßt. Doch schien er selber froh zu sein, als sich sein Irrtum aufklärte und er bei dem hübschen Anblick, der sich ihm bot, keinen Tatbestand aufzunehmen brauchte. „Willkommen an Bord, Mister J.!"

Wohlbehalten ins Cockpit bugsiert, nahmen wir Mister J. in die Mitte: Kaffee und Kuchen von links, mein gerade erst eingetroffenes Belegexemplar von „Weit, weit voraus liegt Antigua" von rechts. „Dieses Buch, Mister J., möchte ich Ihnen verehren!" Ich übersetzte wenigstens den Titel.

„Was für eine Überraschung, Mr. Wagner! Den Namen meiner Insel auf einem Buch, das Sie geschrieben haben!"

„Ja, ich war vor zwei Jahren schon einmal in Antigua und lag damals auch hier an der Mole! Ich glaube, es gibt sonst kein Buch, das Antigua schon auf dem Titelblatt so bekannt gemacht hat. Und das hat doch diese Insel verdient, nicht wahr?"

„Aber wie kann ich mich für das schöne Buch erkenntlich zeigen?"

„Überhaupt nicht, Mister J.! Außer Sie wollten noch ein schönes Stück deutschen Apfelkuchen akzeptieren!"

Ich wollte in diesem Augenblick wirklich nicht sagen, das Zollamt von Antigua hätte sich schon bei unserer Ankunft erkenntlich gezeigt. Wir waren ja nur auf der Durchreise!

Keine Frage nach den Pässen. Wir bekamen die Frachtpapiere mit seinem „J.", bedankten uns, und dann wünschte er uns noch: „Einen ganz reizenden Aufenthalt in Antigua!" Ach ja: „Und bauen Sie den neuen Motor gleich hier an der Mole ein!" Zu fragen vergaß er, was wir eigentlich mit dem alten Motor vorhätten.

Den alten Motor ausbauen und den neuen ein, war dann nur noch mein eigenes Problem. Es war ein bißchen viel, ihn aus dem Motorraum hinaufzustemmen, dazu hätte ich Muskeln wie Keith gebraucht, den ich aber nicht rufen wollte, damit es kein Hafengeschwätz gab. Aber ich durfte den Motor auch nicht einfach fallen lassen. Er hätte den Motorraum durchschlagen und wäre erst dort zur Ruhe gekommen, wo schon die Nähmaschine nur noch schwer wiederzufinden gewesen war.

Der Nabelbruch vom Heben verschwand später auf wunderliche Weise wieder. Das war mir lieb. Ich war zwar mittlerweile schon fast so farbig wie alle Farbigen; aber beim Nabelbruch würden wir uns in Zukunft doch unterscheiden.

Antigua – deine Zuckervögel

Wir schrieben damals schon 1970. HOBBY war endlich wieder zu Wasser gelassen worden und glänzte nach wochenlangen Malerarbeiten innen und außen von neuer Farbe. In den bisher leeren Waschraum hatte ich das Pumpklo eingebaut, das in EILANDHOPPERS Stauräumen die zweite Reise mitgemacht hatte. Ich weiß noch, als wäre es heute, wie ich an HOBBYS Bordwand den großen Bohrer ansetzte, um jenes Seeventil einzubauen, das ich viele Jahre später wiederfinden sollte. Endlich lag meine Flotte in der Lignum-vitae-Bucht versammelt: zwei Katamarane, ein Motorboot, Ruderboote, Tretboote und eine Schar von dazugekauften Sunfish- und Sailfish-Surfbrettern. Auf einem neuen Hotelprospekt zierte alle meine Habe die erste Seite und nahm ihren Weg zu den Urlaubsreifen um die Welt. Auf einem anderen Foto stand ich mit geschulterten Wasserskiern neben Büffettellern, die mit Palmzweigen dekoriert waren und hinter weißgekleideten Serviermädchen mit roten Blüten im Haar. Noch ein anderes Bild: da zog ich gerade gegen den Sonnenuntergang das Beiboot den Strand hinauf, und zwei hübsche Mädchen halfen mir im Gegenlicht dabei. Wie lange wird es noch dauern, bis ich bei Sonnenuntergang das Beiboot zum letzten Mal ins Wasser ziehe?

HOBBY war gerade recht, um unter Segel oder bloß mit Motor zum Fischen zu fahren, zwei Schleppangeln hinten draußen, oder auch als gemütliche Urlaubsbleibe für jemanden, der keine großen Ansprüche stellte. Keith wurde das nötigste beigebracht. Das konnte natürlich nur eine Notlösung sein, denn es kamen immer weniger Gäste zum Hotel.

Kein Wort habe ich bisher von den Rollern erzählt, die überraschend in bestimmten Wintermonaten über die flache Bucht hereinbrachen und auch schon unseren Vorgänger zur Verzweiflung gebracht hatten. Aber er besaß bloß ein einziges Boot. Wir hatten manchmal, nachdem die halbe Nacht schlaflos durchgeschaukelt, zu zweit die ganze Flotte in die ruhigere Nachbarbucht zu verholen, die uns an solchen Tagen wie ein Sanatorium vorkam. Natürlich war es dann auch unmöglich, Leute zum Segeln vom Ufer an Bord zu bringen. Am Strand vorne kippten die Palmen reihenweise ins Wasser und später die Strandbar hinterher. Eigentlich ein Glück, daß mir ein Weihnachtsurlauber die Grippe mitgebracht hatte. Da brauchte ich mir keine Vorwürfe zu machen, daß ich bis Neujahr im Bett lag. Natürlich war auch das smaragdgrüne Küstengewässer zu Erbsenbrühe geworden; aber weiter draußen und am Riff war es schön wie immer.

Unter unseren Segelgästen war alle paar Wochen auch Wayne, der Pilot einer weltweit fliegenden Gesellschaft. Immer nach einer Tour um die Welt kam er zur Erholung ins Hotel und brachte auch gleich eine ebenso erholungsbedürftige Braut von der Besatzung mit.

„Was hast du denn mit deinem HOBBY vor, Rudy?“

„Verkaufen natürlich.“

„Wieviel?“

„Ein Pappenstiel für dich, Wayne!“

„Okay, Rudy! Das nächste Mal bringe ich dir die Dollars mit.“

HOBBY war ich seitdem los und allen, die es hören, wird ein Stein vom Herzen fallen. Aber wir kamen nicht so schnell auseinander. Mitte August nahte Antigua der tropische Sturm *Dorothy*. Wir hörten es in den Abendnachrichten. Da hieß es: „Auf nach English Harbour, und sei es auch mitten in der Nacht!“

Wayne kam auf HOBBY mit Braut Patsy hinterher. Außerhalb von Cades Riff war vermutlich hoher Seegang, besser, wir kreuzten zwischen Ufer und Mittelriff hoch. Da war es geschützter. Ich kannte längst den sicheren Weg so gut wie der U-Boot-Kapitän, der uns beim ersten Mal eingewiesen hatte, auf seinem Radarschirm. Wayne gab ich noch genaue Instruktionen: „Wo du uns wenden siehst, Wayne, wendest du auch!"

Schläge von etwa 200 m Länge am Anfang. Wayne wendete nicht, wo wir vor dem Uferriff wendeten, sondern schon als er uns in die neue Richtung segeln sah; das heißt: hinter uns. Beim Mittelriff kam er entsprechend 50 m vor uns an!

Wir erkannten einander nur an den Navigationslichtern. Da höre ich plötzlich Hobbys Außenborder aufheulen. Wayne rief im Vorbeimotoren herüber: „Rudy, wir sinken!" Patsy, die eigentlich eine schöne Mondscheinnacht erleben wollte, schüttete bereits Eimer voll Wasser über Bord.

Nun durfte ich auf meine schlüpfrigen Keilriemen keine Rücksicht mehr nehmen, startete ebenfalls den Motor und rief ihnen zu: „Motort genau hinter uns her!" Mit einer zuverlässigen Wasserpumpe hätten wir gleich motoren können und uns viel erspart. Wir schafften es bis zum Hotelstrand neben der Pier, wo sonst das Motorboot des Strandvogts lag; aber das war längst im Dockyard in Sicherheit.

Hobby wurde vorne auf den Strand gesetzt. Sinken war ausgeschlossen. Wir legten uns daneben. Noch zwei Stunden bis Mitternacht! Und wie viele, bis der Sturm eintraf? Womöglich waren ihm dann beide Boote an der schutzlosen Küste preisgegeben! Meine Schiffbruchkiste für solche Erste-Hilfe-Fälle leerte sich. Es war schwierig, an die eingedrückte Stelle ganz unten in *Hobby* heranzukommen, das Wasser herauszuschöpfen, dann einen Spezialkitt auf vorbereitete Brettchen zu streichen, die ich längst in allen Größen besaß, und sie anzuschrauben. Das schlimmste Loch war beseitigt. Fünf Stunden hatte ich was mitgemacht, meistens Kopf unten, auch unter Wasser, und Füße oben!

„Tausend Dank, Rudy!"

„Keine Ursache, Wayne! Ich tat's gern für Hobby!"

Zwei Stunden später lagen wir sicher zwischen den Mangroven von English Harbour. Zur selben Stunde zerstörte bereits die inzwischen eingetroffene Sturmsee die Pier des Strandvogt-Hotels, wo wir ein paar Stunden vorher noch am Ufer gelegen hatten. Ohne meine rasche Hilfe hätte Hobby jetzt schon neben der Strandbar gestanden. Frei Haus war dort sicherlich noch kein Wrack angeliefert worden.

Am nächsten Morgen kam HOBBY auf einen Slipwagen und wurde zum zweiten Mal in diesem Hafen an Land gesetzt. Armes Boot!

Nicht von ungefähr hatte ich Waynes Dankeschön zurückgewiesen. Es war klar, daß er während seiner wochenlangen Abwesenheit einen Bootsmann brauchte, der sich um HOBBY kümmern konnte. Wäre da Keith nicht der richtige Mann? Dem konnte das nur recht sein. „Geh doch auch mit Tagesgästen segeln und schnorcheln! Wir machen dann halbe-halbe!"

Jetzt war also *Hobby* schon zum Mitbewerber um die immer spärlicher werdenden Hotelgäste geworden. Dazu kam der Regierungswechsel im Februar 1971. Endlich hatte Oberwasser, wer behauptete, die Wirtschaft der Insel müsse von Schwarzen verwaltet werden. Einer hatte auch Keith den Kopf verdreht. Er forderte jetzt statt Prozente einen festen Lohn, auch wenn nichts zu tun war. Er wollte eben beides sein: freier Unternehmer und Lohnempfänger! Sonst bekäme ich es mit seiner Gewerkschaft zu tun. Hotelbesitzer, die noch kein Boot vor dem eigenen Strand liegen hatten, besorgten sich jetzt eins als letzten Fluchtweg übers Wasser. Zweimal holten mich Polizisten zum Verhör in der Kaserne ab. Doch meine Papier waren in Ordnung, und eine weitere Arbeitserlaubnis für ein halbes Jahr war erst in ein paar Monaten fällig.

Dann kam die Vorladung beim neuen Arbeitsminister, der endlich sein Ziel als Gewerkschaftsboss erreicht sah. Die Füße auf dem Schreibtisch, saß er da, den Blick im rechten Winkel von mir weg zum Fenster hinaus, als könne er sich an mir die Augen beschmutzen. Aber vielleicht geniert er sich bloß, dachte ich mir, weil böse Leute behauptet haben, sie hätten ihn eine Banane quer essen sehen. Ein großes Mundwerk hatte er jedenfalls. Es konnte natürlich auch sein, daß er zum Fenster hinaussieht, um nicht bemerken zu müssen, was man auf der anderen Seite seines Schreibtisches im Briefumschlag liegen ließ. Mit ein paar ins Leere gesprochenen Worten fand mein Belegexemplar Nummer zwei in Antigua einen neuen Herren, und das tut mir heute noch leid. Aber wir schieden wenigstens ohne Mißklang. Ich würde von ihm hören.

Die Hotelleitung hatte sich entschlossen, auf Biegen und Brechen durchzuhalten. Aber die Entscheidung lag längst nicht mehr bei Andrew allein. Sollte er etwa Entwicklungshilfe an den Arbeitsminister zahlen? Andrew war mit dieser Einstellung schon seinen Chefkoch losgeworden, das heißt, dieser seine Arbeitserlaubnis. „Weißt du übrigens, Rudy, daß Keith bei mir um die Wassersportlizenz angesucht hat? Diese dummen Kerle merken gar nicht, wie sie von ihren Ministern zum Narren gehalten werden, und wenn wir es ihnen sagten, würden wir wegen Verleumdung eingesperrt."

Wir hörten Andrew nur noch vor sich hin fluchen. Jahrelang hatte er seine ganze Energie und sein Familienglück in dieses Unternehmen gesteckt; ein junger Manager, der verschlissen worden war. Seit Pan Am die täglichen Flüge von New York nach Antigua eingestellt hatte, war das Hotel so gut wie leer. Höchstens die Langusten konnten sich darüber freuen, weil keiner mehr wußte, wohin damit.

Sie würden sich nicht ihre Personalpolitik vorschreiben lassen, argumentierten die Amerikaner, das Leben ihrer Passagiere stünde auf dem Spiel. Hinter vorgehaltener Hand erzählten sich die Amerikaner auf der Insel, unter tausend Dollar sei keine Arbeitserlaubnis mehr zu haben. Pan Am hatte gerade am Flughafen eine Großküche gebaut, um alle internationalen Flüge mit Fertiggerichten versorgen zu können. Das Gebäude, nutzlos geworden, brannte später ab wie viele Gebäude auf der Insel. In unserem Hotel wurde einer aus dem nächsten Dorf Küchenchef. Keith hat es bestimmt geschmeckt.

Wir hatten schlaflose Nächte. Was sollten wir bloß mit unserer Flotte machen, die wir jetzt am Halse hatten und in der unser Verdienst steckte, wenn uns die Arbeitserlaubnis entzogen wurde? Oder wenn das Hotel schloß, was auf dasselbe herauskäme? Zu meinem Geburtstag scharten sich alle anderen um meine Torte. Ich aber machte Rollkur gegen Gastritis und lebte wieder von Haferflocken.

Diesmal segelten wir allein nach Martinique zur Werft. Wir brauchten eine neue Motorwelle. „Was, etwa englische Maße, Monsieur, hier in Martinique?"

Freund André vermittelte mir einen Schulflug mit dem Aero Club nach St. Lucia. Beim Landen kam ich mir wie ein Pelikan im Sturzflug vor, nur leider ohne Wasser vor der Nase! In Castries empfingen mich nur dumme Gesichter. Vielleicht gab es eine Welle in Barbados? Peter am Telefon: „Warum lebst du auch auf so einem ‚Rotten island'! Bei uns in Barbados kriegst du jede Welle, die du willst!"

Peter wollte sie per Luftfracht schicken. Das war damals die unverläßlichste Fluglinie, die einer sich denken kann. Aber ich konnte doch nicht den Aero Club hinschicken, sie abzuholen!

Die Welle kam, wie nicht anders zu erwarten, niemals in Martinique an, und wir warteten umsonst auf der Werft. Sie sei diesmal sogar aus nichtrostendem Stahl, hatte Peter noch betont, um die Einkaufsmöglichkeiten auf seiner Insel hervorzukehren. Wir sprachen später darüber und kamen zu der Überzeugung, daß einer von der Flugzeugbesatzung das blanke, glänzende Stück Metall wahrscheinlich für ein abgefallenes Flugzeugteil gehalten und weggeworfen hatte.

Dann schleppten wir wieder Leute zum Schnorcheln, solange es noch ging. Mit der alten Welle. Vor dem Dockyard wollte eine Gruppe verkommener Drogensüchtiger ihrem Haß auf alles Weiße Nachdruck verleihen. Keiner traute sich mehr, den Hafen zu verlassen. Pausenlos paukten sie auf ihre Trommeln und warfen mit Steinen auf alles, was sich sehen ließ. Babylon! Die Insel den Schwarzen! Der Negus, der Löwe von Juda, ist unser Gott!

Der einzige große Steuerzahler der Insel, die Erdölraffinerie, war bereits verstaatlicht worden. Sie stellte hauptsächlich Flugzeugbenzin her. Die Betriebsingenieure wurden weggeekelt. Seit damals steht das große Werk still. Auch im Hotel gab es nur noch Hiobsbotschaften. Alle Eiswürfelmaschinen, kaum acht Monate alt, waren schon außer Gefecht gesetzt. Die Kiste mit den Ersatzteilen war im Zollamt nicht auffindbar, obwohl sie angekommen sein mußte. „Vielleicht ist sie bloß versteigert worden", versuchte ich, mit Galgenhumor auf meine Kosten andere zum Lachen zu bringen.

Jeder Weiße im Hotel fühlte sich überfordert. Schade um das schöne Geld! dachte ich mir, als ich die Bilanz vom Vorjahr einsehen durfte. So hohe Verluste! Sie hätten trotzdem nicht einfach schließen dürfen, um Löhne zu sparen, hieß es. Der Besitz wäre verstaatlicht und von Leuten wie Keithroy geführt worden. Wenn die Schnecke stirbt…

Eine Woche, nachdem es keine Eiswürfel mehr gab, brach die Waschmaschinenanlage zusammen. Die Ersatzteile seien aus Versehen vom Hafenamt nach British Honduras weitergeleitet worden. In Honduras war wahrscheinlich auch meine vorausbezahlte neue Ankerkette aus Glasgow auf Nimmerwiedersehen gelandet. Noch eine Woche, und der Heißwasserboiler ging kaputt. Im ganzen Hotel gab es nun kein heißes Wasser mehr, keine kühlen Getränke und keine frische Bettwäsche. Die letzten Gäste reisten erbost ab. Sie hätten bleiben sollen und noch einmal das urtümliche Westindien erleben können, wie es am Anfang war, als unter unbeschreiblichem Einsatz von Geld und gutem Willen ein inselweites Ferienparadies geschaffen wurde. Aber der Pioniergeist war jetzt abgewürgt.

Was für eine Reinfall! Da besaßen wir endlich für weitere sechs Monate die teuer erkaufte Arbeitserlaubnis, und wenige Wochen darauf ließ die Hoteldirektion verlauten, ihr Betrieb müsse zum Monatsende wegen dringender Überholungsarbeiten für ein halbes Jahr geschlossen werden. Das nächste halbe Jahr war aber auch die nächste Hochsaison! Ein reiner Unglücksfall, wie es scheint, half dann nicht nur im Antigua-Hotel nach: Eines Tages brannte bis auf die Zimmer alles nieder, was bis dahin noch funktioniert hatte. Die Kakerlakenheere hinter der Backröhre kamen vermutlich bei dieser Aktion auch um. Dann stellten die Briten den Betrieb aller drei Hotels ein, denn es war auf den anderen Inseln auch nicht besser.

Vielleicht hätten wir einen Dritte-Welt-Laden aufmachen und versuchen sollen, den Schrott einer bisher bescheiden blühenden Insel loszuschlagen. Aber wir hätten bis auf EILANDHOPPER auch die ganze Flotte samt ungeheuer viel Zubehör zu verschleudern gehabt. Unser neuer Arbeitsminister machte damals bereits den Anfang, ließ die wirklich alte Zuckerfabrik demontieren, weil sich kein neuer Investor fand, und auf ein Schrottschiff laden. Die Opposition würde später fragen, wer eigentlich das Geld dafür kassiert hatte. Was einmal Zuckerrohrfelder gewesen waren, sollte nun zu einer Weidelandschaft werden, wie er sie in Südengland vermutlich bewundert hatte. Wer die entsprechende Rentabilitätsrechnung auf den Nachbarinseln lesen konnte, mußte nur lachen. Aber die Rinder, die bald am Verhungern waren, hatten nichts zu lachen.

Da haben wir das Dilemma! Schwarz färbt also doch ab, wenn auch bloß vor Ärger! Aber sollte ich das alles aus lauter Feingefühl überspringen? EILANDHOPPER macht auch keine Sprünge über Riffe, und an die Sprünge über Inseln hinweg hat hoffentlich keiner im Ernst geglaubt. Das war keine Freude am Segeln mit dem großen Löffel, sondern ein Zähne-Ausbeißen an steinhartem Schiffszwieback und als

Zugabe ekelhaftes Dörrfleisch mit Maden drin. Da hatte ich mir einmal „Kokosnüsse satt!" gewünscht. Wie lange mochte es noch dauern, bis ich Kokosnüsse satt hatte?

Wenn die Schnecke stirbt, freut sich der Einsiedlerkrebs

„Hallo, Daddy! Keine Kokosmakronen heute?" In der Marktstraße von St. John's ging das Leben weiter wie immer.

„Doch, natürlich, Ma'am! Was glauben Sie, warum ich sonst hier bin!" Einer Zukunft voller Kokosbusserln wegen, hatte ich einstmals gedacht.

Auch Howard wußte diesmal keinen Rat. „Schau dir den Passatwindwolkenhimmel an. Auf Regen folgt bald wieder Sonnenschein." Er kannte wenigstens jemand, der mein Motorboot kaufen würde. Es lag seit Monaten nutzlos am Strand, weil die Ersatzteile für den Motor noch nicht da waren. Ich hatte sie selbst importieren müssen und dafür einen hohen Dollarbetrag vorausbezahlt. Dazu kam noch der teure Zoll, und alles nur zum Verschenken. Wann hatte ich eigentlich selbst Gelegenheit gehabt, Wasserski zu fahren?

Natürlich gab es auch bei uns was zu lachen. Die Ahnungslosen würden nicht aussterben. Wirklich ein Karneval ohne Ende! Gerade in jener turbulenten Zeit, als alles zusammenbrach, lag in deutschen Geldinstituten eine Werbung aus, sich womöglich mit Zehntausendmark-Anteilscheinen am Bau eines Ferienprojektes zu beteiligen. Das Handelsblatt hatte in seiner Nummer 129 eine Entdeckung publiziert: ‚Das unberührte Ferienparadies der Karibik: die Insel Antigua! 8,50 DM pro Quadratmeter!' Das zum ‚Nationalen Entwicklungsprojekt' (Antiguas) hochfrisierte Unternehmen brach zum Glück für alle noch rechtzeitig zusammen und das nicht nur, weil der Premierminister später für länger hinter Gitter geriet. Eine einzige Palme von vielen hat den Zusammenbruch überlebt. Sie waren noch schnell am Ufer des bereits parzellierten Geländes angepflanzt worden, weil dieser hübsche Anblick doch so leicht Geld flüssig macht, wie ja jeder nicht nur von den Hotelprospekten weiß!

Endlich durften wir uns an Bord wie Urlauber vorkommen. Wir

setzten Segel und wollten uns auf den südlichen Inseln nach Arbeit umsehen. In St. Lucia war ein neues Hotel im Entstehen; aber der Strand war nicht nach unserem Geschmack. Wir waren verwöhnt. Dann segelten wir zur Marigot Bay, die in keinem Bildwerk über die Antillen fehlen darf. Die Bucht war so einsam, wie später nie wieder. Das Hotel war geschlossen, und außer EILANDHOPPER kein zweites Boot! Am Ufer abweisender Regenwald, gegen die offene See hin eine Landzunge, wo Palme neben Palme stand und die britische Flotte sich in kriegerischen Zeiten vor feindlicher Sicht beschirmt fühlen durfte.

Unser nächster Ankerplatz lag unter den 900 m hohen Piton-Felsen. Ins Tagebuch schrieb ich: „Wir entdeckten hier den schönsten und zugleich unberührtesten Ankerplatz, den sich einer vorstellen kann. Tagelang kein anderes Boot und kein Mensch! Gleich neben dem Ankerplatz steigt die Südwand auf, und kühle Luft streicht von oben herab. Verlockend zum Klettern? Ein Buschmann, der Holz zum Köhlern suchte, warnte uns: Auf den Felsbändern schlummern die Lanzenschlangen. Wir werden die Finger vom Gipfelstürmen lassen müssen. Es sind eben doch giftige Paradiese!"

Bis wir nach Antigua zurückkehrten, war unsere Heimatbucht in ihren Urzustand zurückgekehrt. Niemand säuberte den Strand mehr am Morgen. Keine bunten Lampen spiegelten uns im nächtlichen Wellengeflimmer einen Lattenzaun vor, der die Grenze zwischen uns und dem Hotelbetrieb markierte. Was steckte eigentlich hinter diesem Hartholz Guaiacum officinale? Schweißtreibend sei sein Harz! Das hatten wir gemerkt. Ein Reizmittel für die Haut! Von Hautkrebs wußte ich damals noch nichts. Ein edles Holz für Intarsien und ein Duft, den die Frauen lieben! Blutflecken ließen sich damit analysieren.

Einmal, als unser Motorboot noch nicht ‚krank' war, hatten wir der Polizei zu helfen, die vermutlich ins Wasser geworfene Kleidung eines Mörders zu suchen. Er war einer von den vielen illegalen Einwanderern auf den Jungferninseln, die in Handschellen nach Antigua zurückgeschickt worden waren. Drogensüchtig geworden, brauchte er Geld und hackte im Dorf hinter dem Hotel einer alten Frau den Kopf ab. Als deren Tochter ihn überraschte, wurde auch sie ihren Kopf los. Fünf Jahre brachte ihm das ein. Er stammte aus demselben Dorf wie Keith. Als die Insel hohen Besuch vom Königshaus erwartete, wurden

Palmzweige für die Triumphpforte gebraucht. Die Geeignetsten kletterten unter Bewachung hinter dem Hotel auf Palmen und hackten mit ihrem Haumesser die langen Wedel ab. Keith erzählte mir die Vorgeschichte des Mörders, von der auf einer Insel ohne Zeitung sonst keiner erfuhr. Dann deutete Keith auf eine Palme: „Dort oben sitzt er und hackt, damit er nicht aus der Übung kommt!"

Gärtner und Werkstattpersonal hatten bleiben dürfen, damit aus der ehemals so schönen Hotelanlage keine Wüstenei wurde, denn irgendwann fand sich bestimmt ein anderer ahnungsloser Unternehmer. Für Andrew war besser gesorgt. Seine Gesellschaft würde ihn zu einem neuen Hotel auf den Seychellen schicken. „Weißt du, Rudy, dort ist alles noch ganz anders als hier. Komm doch auch hin mit deinem Boot!"

Am Abschiedsabend setzte ich mir selber die weiße Kochmütze auf, heizte den verwaisten Hotelgrill unter den Palmen am Strand noch einmal an und pflasterte ihn mit Fleischbrocken. „How would you like your steak, Andrew?" – „Ziemlich roh, Rudy. Ich muß unbedingt heute noch Blut sehen!"

Wir Weißen kamen uns wie die letzten Überlebenden nach einem Schiffbruch vor.

Der Abschied aus der Eisenholzbucht nahte, als wirklich alles verschleudert war, was sich nicht in EILANDHOPPERS Rümpfen verstauen ließ. Wie viele Einsiedlerkrebse durften sich freuen! Für uns war alles bloß noch Ballast. Da war nicht nur für die Kopiermaschine kein Platz mehr an Bord. Schon gar nicht für die Vespa. Da hatte ich doch allen Ernstes und getreu meiner Erkenntnisse aus Hiscocks ,Segeln über sieben Meere' tatsächlich eine ganze Dunkelkammerausrüstung dabei gehabt. Über den Vergrößerer aus dem Südtiroler Werk freute sich ein Fotolabor in Antigua. Er war wirklich das letzte, was ich in den Tropen brauchte, besonders nachdem ich herausgefunden hatte, was sonst noch alles dazugehört: ein gut gekühltes Badezimmer in einem Hotel; eine Kiste voll Eiswürfel zum Herabsetzen der Badewannentemperatur. Da hingen dann alle Filme an der Schnur über der Wanne zum Trocknen. Leider war die Klimaanlage bis zu meiner Rückkehr wieder einmal ,erkrankt' und die Gelatine von den Filmen lag in der Badewanne.

HOBBY war schon mit seinem selbstsicheren Bootsmann zur Nordküste motort. Dort funktioniere noch ein Hotelbetrieb, sagte uns Keith beim Abschied, und wir wünschten einander alles Gute.

„Never mind, Mr. Rudy!" Er haute zur Abwechslung in aller Freundschaft *mir* auf den Bizeps. „Es gibt so viele bedürftige Einsiedlerkrebse, die bloß darauf warten, daß eine Schnecke stirbt!"

Keith würde es bei seinen Muskeln schon schaffen. Unser Ziel war Sint Maarten, die freieste aller Inseln bis dahin: halb niederländisch, halb französisch, und das schon seit dem Ende des Dreißigjährigen Krieges ohne ernsten Streit miteinander. Und was war sie noch? Zollfrei!

Alles, was wir in den beiden Jahren von Antigua gesehen hatten, waren sämtliche Ankerplätze zwischen English Harbour und St. John's, sonst nichts. Also wollten wir wenigstens einen Tag lang in Barbuda ankern, der kaum bewohnten Insel, die zu Antigua gehört. Sie lag ja am Weg nach Norden.

Um nach Barbuda zu segeln, war es eigentlich völlig überflüssig, die enge Passage zwischen Salt Fish Tail Riff und Diamond Riff zu wählen. Wir wollten bloß keine Höhe verschenken. Der Strom aus Osten triebe uns später noch genug ab, dachten wir uns. Die Segelanweisung war deutlich: eine bestimmte Klippe mit einer Windmühle an Land in Deckung bringen. Auch die Fischerboote aus Barbuda hielten das so, wenn sie zum Markt kamen.

Am frühen Morgen war dann die Ruine der Windmühle im Dunst nur zu ahnen, genauso wie die Stromstärke. Lieber etwas vorhalten, abfallen konnten wir immer noch! Unser alter Spruch. Schoten dicht und hoch am Wind los. Im glitzernden Morgenlicht von vorn war nicht viel zu sehen. Wie hatte ich einmal geschrieben: der sicherste Weg, auf einem Riff zu scheitern, ist, mit achterlichem Wind darauf loszutreiben. Heute war es umgekehrt: hoch am Wind!

Seit jenem 12. Dezember weiß ich, was jeder mitgemacht hat, dessen Schiff auf ein Riff gebrummt ist. Wir brummten zum Glück nicht tödlich auf. Die ersten Korallen brachen noch ab. Es wummerte von unten durchs Boot, als schlüge einer die Pauke; aber es blieb bei diesen ersten vier Schlägen der Schicksalssymphonie. Es gab also doch einen Vorteil bei hoch am Wind: wir standen!

Ein Blick über Bord: unter der glitzernden Oberfläche lag so was wie geronnene Senfsoße. Lauter Geweihkorallen. „Das schöne Senfgelb vor Karibikblau!" Wie oft hatte ich davon geschwärmt. Nun aber nichts wie Segel bergen und Anker über Bord! Egal wohin, diesmal. Er fiel nicht weit.

Jeder freie Raum an Bord war vollgepackt mit Umzugsgut. Wollte ich sehen, wo das Wasser hereinkam, hatte ich über Bord zu gehen. Die Schnorchelausrüstung war greifbar; sie gehörte zu jedem Anker-manöver. Mir schlug das Herz im Halse. Wie lange wird es noch dauern, bis wir zwischen den Korallen am Grund lagen?

Unter Wasser – was für ein Kontrast zu dieser glitzernden, von der Sonne eben erst aufgeweckten Wasseroberfläche! EILANDHOPPER und ich schwammen in einem windstillen, schummrigen Märchenwald. Die Schiffsrümpfe wirkten wie ein verwunschenes Schloß, von dessen bemoosten Mauern wie Efeuranken grüne Glasharzstreifen herabhin-gen. Sie waren bei unserem Darübergleiten von vorne bis hinten abgeschält worden, zum Glück nur an wenigen Stellen.

Es hatte ein paar böse Kratzer gegeben, aber nur ein einziges, daumengroßes Loch, in welchem freundlicherweise eine Koralle stek-kengeblieben war, wie ein Rehgeweih an der Wand des Försterhauses; nur falschrum, Spießer in der Wand. Ringsum tauchten jetzt zwischen den Korallenstöcken wie aus Gassen neugierig herbeigeeilte bunte Papageienfische auf, wie Heinzelmännchen, und ließen sich über-haupt keinen Schrecken anmerken. Mit der Erfahrung späterer Jahre hätte ich gedacht, sie riefen mir alle „Ho Narro!" zu. Doch sie erleb-ten wohl so einen Schiffbruch nicht zum ersten Male hier. Vielleicht dachten sie im stillen: Dich lassen wir mit deinem Hopper noch einmal laufen. Wir kriegen ja bald dein HOBBY für länger zum Spie-len! Dann wandten sie sich ab, jeder suchte ganz unbeteiligt ein frisches Stück Koralle mit dem Schnabel und pustete wie immer den zermalmten und verdauten Kalk hinten wieder heraus.

Auch jedes Schiff ist nur ein Krug, der irgendwann bricht! Wir waren oft genug damit zum Brunnen gegangen und kokettierten immer wieder mit der Gefahr. Ein Boot ohne tiefe Kiele ist eine ständige Versuchung: Wo wir auflaufen können, ist das Wasser bloß knietief! Ertrinken tut keiner!

Den Rest kann sich nur vorstellen, wer weiß, wieviel Stauraum wir unter der vorderen Koje an Steuerbord haben. Der war zu leeren. In der Schiffbruchkiste fand sich gleich ein Brettchen in der richtigen

Größe, einschließlich aller bereits versenkten Schraubenlöcher und der mit Klebeband darin festgehaltenen Schräubchen in der zur Bordwandstärke richtigen Länge. Auf das Brettchen wurde ein Wundermittel von Zweikomponentenkitt gestrichen, wie Salbe auf eine Mullbinde. Dann alles über die nasse Stelle von innen angedrückt und festgeschraubt: Schiffbruch behoben!

Der Kitt härtete in kurzer Zeit. Denselben Kitt drückte ich dann noch von außen über alle Risse und Kratzer wie Fensterkitt mit den Fingern. Es blieb nicht einmal was davon an den Händen kleben. Erst zwei Jahre später sollte ich das nächste Mal mit dem Boot wieder an Land gehen und fachgerecht die Risse im Glasharz ausbessern.

Was nun? An einem schon neugierig gewordenen Superbarrakuda vorbei, suchte ich schnorchelnd einen schiffbaren Weg aus dem Schlamassel in tieferes Wasser. Viele Stunden waren vergangen, bis wir mit der Sonne hoch über unseren Köpfen im Schrittempo losmotoren konnten, aber wir kamen ohne weitere Kratzer raus. Hätten wir gleich so vorsichtig motort und nicht Russisches Roulette zu spielen versucht, wären wir jetzt schon in Barbuda gewesen. Wir hatten noch jahrelang zu lernen und zu üben. Wie oft dachte ich mir zum Beispiel in späteren Jahren, aber mit der gleichen Sorglosigkeit, daß zwar Keiths Peilung zum Cades-Riff noch stimmen mochte, aber die Korallen in fünfzehn Jahren auch gewachsen sein konnten!

Barbuda lag jetzt sehr weit weg. Hoch am Wind, wie es notwendig gewesen wäre, segelten wir nur noch ungern. Bei jedem Wellenschlag von vorne gegen die Rümpfe sprangen wir erschrocken auf: saßen wir schon wieder in der Senfsoße? Dieser Schrecken lag uns noch tagelang in den Ohren. Bis wir endlich die Entfernung nach Barbuda abgesegelt hatten, war es Nacht. Aber nun erst recht! Wir machten einfach rechts um und motorten darauf los. Stundenlang. Ich näherte mich später einmal bei Tag diesem Strandstück, wo wir damals endlich den Anker über Bord gehen ließen, und bekam einen Heidenschreck. An diesem Küstenstück hatten schon die Nicholsons eine ihrer schönsten Yachten verloren. Naja, er war eben brav gewesen, unser lieber Schutzengel!

Wir ankerten also mitten in der Nacht, fünfzig Meter weit von einer sehr hohen Sanddüne entfernt. „Komm, Rudi! Wir Männer schwimmen jetzt an den Strand. Wir sind schließlich Eilandhoppers!"

Gar so viele Inseln hatten wir noch nicht in unserem Inselalbum. Eine mehr!

Mutter dagegen meinte: „Wenn ich den Mut hätte, hier um Mitternacht bis zum Ufer zu schwimmen, brächte mich keiner mehr lebend auf dein Boot zurück, du Spinnaker!" Aber dazu hätte es wenigstens einen Flughafen an Land geben müssen, mit Anschluß nach Europa.

Wie gesagt, es war ein langer Tag gewesen, und er hatte wie „Der längste Tag" im Film auch mit vier akustischen Schicksalsschlägen begonnen. Es hatte uns tüchtig gebeutelt.

Ein unvergeßliches Bild, wie wir zu zweit um Mitternacht die steile Sandböschung hinaufkletterten: Wie zwei trächtige Schildkröten auf allen Vieren. So hoch brach also hier im Winter manchmal der überraschend eintreffende Sturmschwell aus Norden! Da mußte jedes draußen ankernde Boot wie ein Surfbrett vor der großen Welle an den Strand sausen. Hatten wir jetzt nicht Dezember? Bloß schnell weg von hier!

„Komm, Rudi! Die Rehe von Barbuda (die es dort wirklich gibt) schlafen schon längst. Laß uns zurückschwimmen und direkt nach Philipsburg segeln."

DIE FREUNDLICHE INSEL

Antigua me come from (T-Shirt-Aufdruck)

Sobald die Hafeneinfahrt von Philipsburg vorauslag, hoben wir die Nase: Melasse! Wird hier Rum destilliert?

Philipsburg war damals noch nicht einmal halb so groß wie heute. In den Segelanweisungen hieß es: Wer durch die Lücke in der Barre vor dem Hafen will, peile das hohe Haus an. Es stand damals nur eins da. Dafür wuchsen noch viele hohe Bäume. Natürlich gab es noch keine Spur einer Marina, kein Wasser und kein Eis. Wer Wasser brauchte, holte es sich kostenlos mit dem Beiboot neben der alten Pier in einem sagenhaft schmutzigen Waschraum, den bloß die Besatzungen der Inselschoner benutzten. Nach Sint Maarten kam sonst keiner per Boot. Man flog hin, zog in eins der Spielcasino-Hotels, und wenn vom Roulettespiel noch genug übriggeblieben war, wurde es in einem teuren, aber zollfreien Schmuckstück angelegt. In jedem Laden gab es Schmuck und Parfüm, Kameras und Radios. Alles zollfrei! Ein Inder stellte gerade ein Schild vor seine Ladentür: Goldketten, ab heute 30% billiger!

Am nächsten Morgen überbrachten wir ein Einführungsschreiben von einem Freund aus Antigua an den Mitinhaber des ersten und damals größten Hotels auf der niederländischen Seite. Wir erhielten auch gleich einen Einführungskurs in den Hotel- und Charterbetrieb auf der Insel: Mafia unter den Hotelbesitzern, unter den Gästen und unter den Charterskippern! Vor einer Woche habe sich ein französisches Ehepaar mit einer schönen Holzyacht bei ihm beworben. Als sich das rumgesprochen hatte und abends keiner an Bord war, flog von einem vorbeifahrenden Motorboot eine brennende Benzinflasche ins Cockpit. Wir sollten uns gut überlegen, ob wir der nächste Anwärter sein wollten.

Die anderen Hotels, alle noch in Bau, waren eine Schuhnummer zu groß. „Hören Sie, Mr. Wagner", begann die Verhandlung, „ich weiß ja nicht, wieviel Kapital Sie einbringen können. Wir wollen unsere Wassersportaktivitäten nur einer Interessentengruppe überantworten, die genügend Mittel besitzt, um für jede Art Wassersport zu garantieren, und zwar in derselben Qualität, wie sie unsere exklusiven Gäste von den allerbesten Erholungsgebieten in den USA gewöhnt sind. Wir stellen uns eine Kalkulation vor, bei der ein Teil der Wassersporteinnahmen als Lizenzabgabe zu einem tragenden Pfeiler in unserem Betriebsergebnis wird."

Und das in einem Spielcasino-Hotel! Wieviel hätten wir da verdienen müssen! Von soviel Geld im Kopf schon ganz verwirrt, stiegen wir vor der Tür in ein teures Taxi und ließen uns quer über die Insel zur französischen Seite bringen. Unter der Burg von Marigot stießen wir auf ein Strandhotel, das einem Hotelbesitzer aus Martinique gehörte. Ein über die Maßen sprachgewandter und charmanter Herr aus Wien leitete das Unternehmen und schloß uns beglückt in die Arme. Wir einigten uns schnell.

Mit Mißbehagen stapften wir danach durch den Sand des steilen Ufers: Nordküste, für alle Roller offen! Wir würden mit dem Heck zum Ufer hängen. Dort stand auf hohen Betonpfeilern ein Defiliersteg im Wasser, für Modeschauen. Sollte sich die Kette auf dem felsigen Grund durchscheuern, saßen wir da drunter! Trotzdem blieben wir. Die Kette hielt später, aber unser Ankerpoller lockerte sich.

Wieder zurück nach Philipsburg, wo außer uns nur noch ein amerikanisches Hausboot ankerte. Im Supermarkt sah es aus, wie in den großen Geschäften von Martinique, nur wurde dieser noch bereichert durch das Angebot aus Holland und besonders aus den USA. Eigentlich hatten wir vor, Weihnachtsstollen zu backen. Aber wie auch in späteren Jahren: Es gab gerade keine Butter und kein Mehl. Nur Gold gab es auf der Insel!

Als ich dann suchte, welcher seit Jahren nicht mehr gesehene Spekulatius wohl der beste sei, drängte sich an mir ein kleines Mädchen vorbei. Es hatte gerade „Mutti!" gerufen und dabei auf die süßen Pakete mit dem Finger gezeigt. Ein hellblondes Kind! Aus dem Dockyard? Von welcher Yacht? „Na, du Kleine! Zu welchem Rockzipfel gehörst du denn?"

„Da drüben, das ist meine Mutti! Ich heiße Svenja!"

Wir gingen zusammen zur Mutti. Nein, sie seien nicht von einem Boot. „Wir sind aus Flensburg, und unser Vater stellt hier auf der Insel Rum her."

„Wir konnten es schon bei der Ankunft riechen. Wir haben übrigens auch so ein blondes Kind an Bord und sind auf der Suche nach einer neuen Zukunft. Emigranten aus Antigua!"

„Dann kommt doch zu Weihnachten bei uns vorbei. Zuerst immer dem Geruch nach gutem Pott folgen, und dann links den Berg hoch, bis es irgendwo nach nicht weniger gutem Pfeifentabak duftet."

Ich freute mich über diese Begegnung. In den Einkaufswagen legte ich zu allen Arten von Spekulatius noch einen aus Deutschland importierten Weihnachtsbaum aus Papier, und dank fortschrittlicher Inselwirtschaft durfte sich der kleine Rudi in den nächsten Tagen über eine elektrische Eisenbahn freuen.

„Eigenartig", berichtete ich später an Bord." „Ich glaube, wir sind wieder in Europa."

So lernten wir in den nächsten Tagen bei Truthahn die ganze Pottrumkolonie kennen. Hier redete jeder wie in Glücksburg auf der Yachtschule, und es kam mir vor, als hätten wir schon immer dazugehört. Für einen der kommenden Tage hatte ich großes Segeln angesagt: die ganze Küste lang bis Marigot, viele Stunden ein Sandstrand nach dem anderen.

In Antigua vermißten uns inzwischen die alten Gäste, die in ein anderes Hotel umgezogen waren. „Kommt uns doch wenigstens besuchen!" hieß es. Little-Rudy und Mutter flogen für eine Woche hin. Ich glaube, sie sahen sich schon bei Tante Mary oder Aunty Anne als amerikanische Staatsbürger und mich als Brummifahrer in Uncle Teds großem Fuhrunternehmen. Armer großer Rudi!

Bis es Neujahr war, hatte ich in einer schier endlosen Silvesternacht eine Liste von Urlaubern zusammen, die alle mit dem Einsiedler nach Anguilla segeln wollten. Anguilla liegt fünf Seemeilen weg und genau gegenüber im Norden. Zu bieten war weiter nichts als meilenweite leere Strände und angenehmes Segeln bei seitlich einfallenden Winden. Einen Tag lang keine anderen Leute am Strand sehen, das reichte auf dieser von Touristen überschäumenden Insel für den Entschluß.

Aus dem Gourmet Shop, der auch zu Fuß leicht zu erreichen war, holte ich am frühen Morgen noch grünen Salat, der per Kühlschiff ankam, und ein paar Flaschen Blanc de Blanc. Sonst hatte ich noch tiefgekühlte Langustenschwänze aus Kuba gekauft, die aber bestimmt schon ein paar Stromausfälle hinter sich hatten. Wir konnten mittags darauf verzichten, denn diese Passage zwischen den Inseln schien eine Durchzugstraße für alle pelagisch lebenden Fische aus dem Atlantik in die Karibische See zu sein. Alle Augenblicke klingelte die Schleppangel.

Während sich die Gäste am Strand von Anguilla beim Wandern erholten, richtete ich im Cockpit die Tafel mit ganz frisch zubereitetem Fisch her. So eine Bedienung hatte keiner erwartet. „Sie müssen uns heute abend unbedingt Gesellschaft leisten, Rudy. Wir führen Sie aus!"

Es gab ein gutes Restaurant in der Nachbarschaft, und − Vive la France! − ich hatte laut genug von Clos de Vougeot geschwärmt. „Dank euch, Donald und Al, für diesen genußreichen Abend!"

Als Mitte Januar für die Pottrumkinder wieder die Schulzeit begann, durfte der kleine Rudi daran teilnehmen. Sogar der Lehrer kam aus Flensburg. Rudi wurde zum Pendelschüler zwischen Frankreich und den Niederlanden. Daran mußte er sich erst gewöhnen. Überhaupt war ihm alles verdächtig an Land. Niemals hatten wir ihn abends mit ans Ufer genommen, außer wenn eine der „Tanten" gar zu sehr drängte. Immer schlief er allein im offenen Boot und ohne jede Angst. An Land gibt es Räuber! hatte er irgendwann aufgeschnappt.

Das ging bis nach Ostern gut. Wir segelten über fünfzig Mal nach Anguilla. Dann sollte das Hotel wegen Umbauarbeiten für eine Weile schließen. Meine Mannschaft entschloß sich, eine Zeitlang Europa wiederzusehen. Ich hätte mitfliegen können. Ein paar Herren aus der Bundesrepublik, die auch einmal nach Anguilla mitgesegelt waren, wollten mich ernsthaft als ihren Kapitän anheuern. Sie hätten eine Motoryacht in Cuxhaven liegen, und ich brauche nur übers Wochenende ihre Geschäftsfreunde spazieren zu fahren. Das sei doch ein Angebot. Ich wäre dann natürlich auch krankenversichert! Ich bin aber gar nicht krank, dachte ich mir, wenigstens nicht im Kopf. Über meine Ablehnung schienen sie richtig gekränkt zu sein.

Bei unseren letzten gemeinsamen Ausflügen war uns auf einer einsamen Insel eine große Landschildkröte über den Weg gelaufen. Zuerst dachten wir, sie könne vielleicht bei Little-Rudy einen erzieherischen Zweck ausüben. Als die beiden weggeflogen waren, entdeckte ich einen guten Gesellschafter in ihr. Ich sage ,ihr', denn sie hieß vom ersten Tag an Matilda. Matilda würde in keinem Kochtopf landen, wie es sonst üblich war, und niemand würde ein Loch durch ihren Panzer bohren und sie an eine Kette hinter dem Haus an einem Baum festbinden. Wir zwei sollten noch inselbekannt werden. Da betrat ich später einmal mit lieben Segelgästen ein feines Restaurant in Virgin Gorda, und der Kellner sprach mich zu meiner Verblüffung an: „Sind Sie nicht der Segler, der vor vielen Jahren – es waren damals genau zehn – mit einer Schildkröte hier war, die Matilda hieß? Wo ist sie jetzt?"

„Sie ist wieder auf ihrer Insel und lebt hoffentlich noch."

Es ist hier nicht der Ort, über unsere neue Lebensgemeinschaft in Einzelheiten zu gehen. Privatsache! Matilda taucht alle Augenblicke in meinen Tagebüchern auf: „Matilda frißt nichts! Matilda hat gebrochen! Was mag sie bloß gefressen haben? Sie hatte heute Durchfall!" Dann erläuterte sie mir ihren Küchenzettel anhand ihrer Vorliebe: Hibiskusblüten, gekochten Schinken und Spargel aus der Dose. Kein Kind kann seine Eltern mehr enttäuscht haben, als Matilda mich, als ich sie einmal am Strand bei ihrer Leibspeise erwischte.

Seit das Boot leer war, konnte ich mich einer sinnvollen Beschäftigung widmen. Ich malte innen alles neu, kaufte würdige Vorhangstoffe für die Fenster und ließ mir von geübter Hand endlich den Umgang mit meiner Nähmaschine erklären. Dann riß ich mich los und segelte über die Hurrikanzeit zu den Jungferninseln. Ich ließ kaum eine Insel aus, und natürlich begegnete ich in Manfreds Segelmacherei auch Jack und Nancy aus Kalifornien. Wir lachten über das Zusammentreffen, das ich vor Jahren mit ihrem Freund Bob im Speisewagen nach Verona gehabt hatte. Aber dann wurden sie ernst. Bob war längst einem Herzschlag erlegen. Nancy schenkte mir von ihrem Basilikum einen Ableger, und das wäre eigentlich der Anfang zu einer anderen Geschichte, die EILANDHOPPER als Schrebergarten heißen sollte. Aber ich möchte meinen Verleger nicht vergrämen; das paßt wirklich in kein Segelbuch.

In Virgin Gorda ankerte eines Tages ein Trimaran, der von Miami kam und das gleiche braune Vorsegel besaß, wie ich es auf HOBBY so geliebt hatte. Mit Matilda im Arm lief ich an Land und begegnete dem Skipper. Es war Andy Copeland aus English Harbour. Er hatte sich gerade den Trimaran in den USA gekauft. „Weißt du, Rudy, daß dein HOBBY an einem Riff nördlich von Antigua gescheitert ist?"

„Wie soll ich das wissen? Mich wunderte nur euer braunes Segel, das mir bekannt vorkam."

„Es ist von deinem Boot! Ich kaufte es vom Strandvogt in Dickinson Bay."

„Und warum dieses Ende?"

„Keiner weiß es eigentlich genau. Keith wollte auch nicht alles sagen. Er hatte seine schwarzen Freunde eingeladen, und da wird Rum nur in langen Zügen aus der Flasche getrunken. Einer sei mit den Füßen aufs Klo gestiegen. Du weißt ja, sie können anders nicht, weil sie zu Hause auch bloß ein Loch im Boden haben, über das sie sich stellen. Wie es scheint, ist das Klo dieser Belastung beim Schaukeln nicht gewachsen gewesen und umgekippt; dabei hat sich der Schlauch des Seeventils gelöst. Der Unglücksheini hat wohl ‚Wasser im Boot' gerufen, und alle stürzten hinunter. Keiner stand am Ruder. Im nächsten Augenblick waren sie schon aufs Riff gekracht. Mit Sicherheit weiß ich nur, daß in den folgenden Tagen alles ausgebaut worden ist, was sich ausbauen ließ. Sogar das Klo steht beim Strandvogt zum Verkauf."

So war es also mit HOBBY abwärts gegangen. Wenn ich wieder nach Antigua kam, wollte ich die Unglücksstätte suchen. Wayne, der HOBBY-Besitzer, war alles losgeworden. Das Wrack gehörte ihm nicht mehr.

In Chocolat Hole, einer winzigen Bucht auf den Jungferninseln, hörte ich zum ersten Mal das Dritte Programm von Radio Puerto Rico. Sie spielten gerade Gustav Mahlers Auferstehungs-Symphonie, und so etwas war es auch für mich. Unsere Verbindung riß nie mehr ab. Viele Jahre lang würde ich nun von morgens bis abends diesen spanisch sprechenden Sender hören. Manchmal übertrieben sie ihre Verehrung für Beethoven und eröffneten schon morgens um halb acht den Tag mit seiner Neunten. Ganz ausgezeichnete Sendungen gaben sie auch vom Übersetzungsdienst der Deutschen Welle weiter. Ich war dabei, eine neue Sprache zu lernen. Seit ich wußte wo, fand ich den Sender auch in St. Maarten, denn dort lag ich bald wieder in der Bucht unter der Burg.

Deutsche Unternehmen schickten jetzt öfters Gäste, die ihren Urlaub zwischen diesem Hotel und einem zweiten in Guadeloupe teilten. Glänzende Erinnerung aus jener Zeit: ein liebenswerter Arzt, einst in Suleikens Land zu Hause gewesen, fragte mich, ob er nicht mit seiner Frau einen Tag lang Bootchen fahren könnte. Wir fingen unterwegs wie bestellt einen guten Fisch. Der Wein stand schon kalt. Anguilla sah uns in fröhlicher Runde den schönen Tag feiern. Die Zuneigung war wohl gegenseitig gewesen. Jahre später sollte der Sohn dieser lieben Familie für viele Wochen als erster Chartergast zu mir kommen. Frank und ich erlebten unglaublich viel zusammen.

Bis es soweit war, hatte ich auf vielen einsamen Segeltörns alle nur irgendwie erreichbaren Inseln besucht. Segeln begann für mich erst, als ich ruhelos von Insel zu Insel steuerte und noch gar nicht wissen konnte, daß ich zu diesen ausgefallenen Ankerplätzen einmal zahlende Gäste segeln würde. Ein hochgestecktes Ziel war die Besteigung der Felseninsel Redonda: pure Felskletterei und eine lange Geschichte, wenn sie genußvoll erzählt sein soll. Nevis war eine Entdeckung und ein Geheimtip, den ich nie damals weitergegeben hätte. In Nevis konnte einer zum Hippie werden, bunte Glasperlen auf Kettchen ziehen, um Hals und Handgelenk legen und mit Schaudern an die Schmuckläden in Philipsburg denken.

Die Ladder Bay im Windschatten von Saba ist kein Ankerplatz für Zauderer. Mein Anker fiel zwischen große Felsen auf grauen Sandboden, von dem sich überraschend die weißen Konturen der Sanddollars abhoben. Ausgewachsene Barrakudas waren gleich da und wollten mir beim Einsammeln dieser Seeigelart helfen. Die Sicht reichte bei guter Beleuchtung über 50 m tief ins Wasser. Aber meine Ankerleine schabte an den Felsen. Beim Durchzug einer tropischen Störung rettete ich mich einmal dorthin, weil das die einzige Möglichkeit war. Über uns der 900 m hohe Gipfel, also in jedem Fall auflandiger Wind. Zwei Tage lang saß ich fest, konnte nicht weg und kam auch nicht an Land. Danach waren zwei Ankerleinen nur noch die Hälfte wert, also gar nichts mehr.

An einem 24. Dezember entdeckte ich meine Weihnachtsinsel: menschenleer, nur Schildkrötenspuren auf einem immensen Sandstrand! Am Weihnachtsmorgen schwamm ich an Land, ohne Sandalen, denn ich wollte nicht weit. Aber ich lief auf kaum sichtbaren Ziegenpfaden immer weiter; über harte Steine und Dornen, die im Gras versteckt lagen. Nach einer Stunde kam ich zu einer Stelle, wo sich offenbar alle Tölpel und Fregattvögel der Antillen in der Luft verabredet haben.

Dann stieß ich hinter einem eigentlich undurchdringlichen Feigenkaktusgestrüpp auf die Brutkolonie der Tölpel. Hunderte von Nestern! Ich habe sie später noch öfter gezählt. Das gab es sonst nirgendwo auf den Inseln. Die Mütter blieben auf ihren Eiern oder bei ihren daunenbedeckten Jungen sitzen. Ich legte mich auf den Bauch dazu, lernte ihre Zischlaute, und wir unterhielten uns bald, so gut es ging. Kam ich der Alten zu nahe, hob sie mit dem Schnabel ein Reisigstück aus dem einfachen Nest hoch. „Willst du mir sagen, wir sollten das nächste Nest zusammen bauen?" Ich hütete mich, auf das Gebärdenspiel einzugehen. Ich versprach aber, wiederzukommen und nachzusehen, was aus dem Jungen geworden war.

Gern möchte ich die Geschichte dieses Tölpelvolkes niederschreiben, aber das könnte falsch ausgelegt werden. Jedenfalls war ich selten so glücklich, seit ich meine stummen Freunde am Cades-Riff zurückgelassen hatte.

Ohne auf den Weg zu achten, lief ich auf der anderen Inselseite weiter. Ich war am Verdursten wie die Ziegen, die hier schon das Zeitliche gesegnet hatten: von der Sonne fast angekohlt, nur in Badehose und von oben bis unten von Dornen zerkratzt. Ein gestrandeter Wal stank bestialisch. Meine Fußsohlen brannten längst wie Feuer, ich lief nur noch auf den Fußkanten. Dann fand ich ein paar reife Feigen an einem Kaktus! Roter Saft, der köstlich schmeckte. Ob das der Grund war, warum Matilda eine Vorliebe für Rot hatte? Morgen würde ich sie mit an Land nehmen und es ausprobieren.

Aber am nächsten Tag sollte ich überhaupt keine Schritt mehr laufen. Meine Füße waren krankenhausreif. Ich lag die beiden nächsten Tage auf einer Decke in einem kleinen Wäldchen gleich hinter dem Strand und verschlang das Buch über die RA-Expedition, das einer weggeworfen hatte. Thor Heyerdahl beschreibt darin eine Himmelserscheinung, die ihm wie das Letzte Gericht vorgekommen sei. Das war am 30. 7. 70 gewesen, als sein Floß RA II. noch auf dem Atlantik nach Westen trieb.

Mein Tagebuch konnte es bestätigen. Wir saßen damals zur gleichen Zeit gerade im Cockpit und ließen uns aus der Küche den Duft einer Spaghettisoße um die Nase streichen. Da sahen wir plötzlich, wie sich in der Richtung von St. John's über dem schlafenden Inselleib der Indiofrau ein silbergrauer Schein emporwölbte und wie eine Seifenblase immer mehr aufblähte. Der erste Gedanke: Flugzeugabsturz! Der zweite: Die Ölraffinerie ist in die Luft geflogen! Aber wo blieb der Knall? Der Schein wuchs und wuchs und dehnte sich über den nördlichen Himmel immer weiter nach Westen aus. „Seit wann gibt es Nordlichter in den Tropen?" – „Das kann nicht sein!" – „Atombomben über Nordamerika?" – „Paß auf, die Tomatensoße brennt an!" – „Sieht so der Weltuntergang aus?" – „Quatsch! Was nicht sein darf, kann auch nicht sein!" Mittlerweile verblaßte die Wolke, die keine war, und löste sich auf. So hoch war die Erscheinung gewesen, daß sie noch von weit entfernten Standorten aus beobachtet werden konnte.

Diese Weihnachtslektüre sollte noch Folgen haben. Der Bericht hatte meine Aufmerksamkeit auf die Aymara-Indios am Titicacasee gelenkt, die ihre Boote auch aus Schilfrohr bauten wie Heyerdahl sein Floß. Wer hat das nicht alles schon gelesen! Aber mir reichte das nicht. Ich wollte es eines Tages selber sehen. Aus dem gleichen Antrieb schloß ich später beim Nachbestellen von Seekarten auch jene der Osterinsel und von Pitcairn mit ein. Jaap und Nan, holländische Freunde aus der Philipsburger Bucht, sollten sich eines Tages darüber freuen. Da landeten inzwischen auf der Osterinsel schon Jumbos mit amerikanischen Touristen. Doch die beiden Holländer waren kühn genug, zu beiden Inseln zu segeln, und treu genug, mir später ausführlich zu beschreiben, wie sie alles vorgefunden hatten. Ob sie jemals in Japan angekommen sind?

Deutsche Yachten stießen schon bis Sint Maarten vor. Eine verewigte sich im Besucherbuch als GRÄFIN BUTERA. Später las ich, sie sei mit einem Landsmann bei Kap Hoorn verschollen. Das Schicksal läßt sich herausfordern, aber nicht zwingen; zwingt uns aber selber, bescheiden zu bleiben.

Ob ich keine Bücher zu tauschen hätte? Immer wieder verneinte ich bedauernd. Was hätte ich auch hergeben sollen? Den Siebenkäs dem Unverständnis ausliefern, Joseph samt seiner Brüder verschachern, Odysseus von Skylla verschlingen lassen, Van Gogh von der Sonne ohne Gnade verbrennen? Sie werden mich alle für einen Büchermuffel gehalten haben.

Zurück zur Weihnachtsinsel! „Matilda frißt wirklich mit Begeisterung die blutroten Feigen der Opuntien," notierte ich im Tagebuch.

Was soll ich von den Monaten erzählen, die ich einer kleinen Havarie wegen in Nevis ankern mußte? Dort lag zum ersten Mal Mareva auf ihrem wunderschönen alten Gaffelkutter HOPE aus Neuseeland hinter EILANDHOPPER. Mareva war auf einer stürmischen Fahrt bald nach Montserrat das nachgeschleppte Dingi verlorengegangen. Sie wollte sich hier ein neues bauen. Mein Beiboot reichte solange für zwei. Statt zu schlafen, saßen wir nächtelang im Cockpit unter den Sternen, suchten mit den Augen Alpha Centauri und erzählten uns Lebensgeschichten. „Mareva, dein Leben ist im Vergleich zu meinem eine blutrote, mit Glut angefüllte Kugel. Würde ich meines darstellen müssen, was wäre es mehr als ein dicker Kreidekreis auf dem flachen Cockpitboden?"

„Aber vergiß nicht, Dou-Dou, daß es Millionen andere gibt, bei denen es höchstens zu einer dünnen Bleistiftlinie reicht, und selbst die wird manchmal kaum sichtbar!"

Von Kindsbeinen an liebte Mareva die Engländer nicht. Zuviel war sie ihres exotischen Aussehens wegen in der Schule als ‚Brownie' gehänselt worden. Es half nichts, daß ihr mütterliches Erbe aus dem schottischen Hochland kam; ihren Vater verriet die braune Haut der Südsee und ihre Liebe zu einem Leben unter lohfarbenen Segeln in Freiheit. Gauguin hätte sie nicht gemalt. Ihr Körper war nicht vierkantig, sondern schlank, und aus ihrem kleinen Gesicht sahen einen die verängstigten großen Augen Ostasiens an. Mareva, die „Stillen Wasser der Lagune", war ein Name, den ihr nach polynesischem Brauch Adoptiveltern gegeben hatten, als sie auf unbedeutend kleinen Inseln die Spuren ihrer Herkunft suchte.

Mareva besaß die Hautfarbe, von der alle Schwarzen bloß träumen können. Mit ihr war man in ihren armseligen Dörfern und Hütten willkommen. Wir lernten zusammen Nevis kennen, wie es keiner kennt. Ein paar Kilometer von unserem Ankerplatz entfernt gab es eine heiße Quelle. An der künstlich vertieften Stelle, größer als eine Badewanne, versammelten sich die Frauen der in der Nähe wohnenden Familien mit Waschtrögen und schmutziger Wäsche. Wir waren in der Mittagszeit dorthin gelaufen, als sonst niemand da war, zogen das bißchen aus, was zuviel war, und setzten uns in die ziemlich warme Kuhle. Seife hatten wir mitgebracht.

Zu spät bemerkten wir das Nahen von Frauen, die mit ihren Töchtern die Wäsche heranschleppten. „Nur nichts anmerken lassen!" tuschelte mir Mareva zu. „Das ist alles ganz normal!"

Wir taten also, als badeten wir täglich nackt mitten auf dem Dorfplatz und wünschten den Ankömmlingen „a very good day!" Die Frauen legten ihre Blusen ab und machten sich halbnackt über ihre anstrengende Arbeit her. Zwei junge Mädchen zogen sich aus und setzten sich zu uns in den warmen Naturtrog. Wir sahen, daß sie zum Schrubben ihrer Haupt abgerundete Bimssteinstücke aus der Böschung herauszogen; wahrscheinlich seit Jahren immer dieselben. Mareva bat, sie uns zu leihen, und wir boten im Tausch unsere Seife an. Aber Bimsstein sei doch soviel besser, versicherten wir ihnen. Wie schmeichelte das ihrer bescheidenen Armut, die sich keine duftende Seife leisten konnte!

Alle lachten wir fröhlich wie Kinder, und das waren wir natürlich auch. Selten lag Westindien so abseits vom Rest der Welt wie an diesem sonnigen Tag. Die Südsee, oder was einer dafür hielt, war zu mir gekommen. Keine neuen Enttäuschungen mehr!

It's better in Sint Maarten! (T-Shirt-Aufdruck)

Insel an Insel reihte sich wie an einer langen Kette, und über jede ließe sich viele Seiten lang plaudern. Aber St. Maarten sollte in den kommenden Jahren mein fester Punkt in der Karibischen See bleiben. Das war schon der Post wegen nötig geworden, damit keiner glaubte, er müsse mir seine Charteranfrage per Flaschenpost zuschicken. Aber es schrieb mir nicht nur, wer einmal zu zweit die Inseln kennenlernen wollte.

Da fällt mir zum Beispiel der Brief des fanatischen Sammlers alter Autonummernschilder ein. St. Maarten fehle ihm noch. Was dachte der sich eigentlich? Ich konnte doch nicht einfach Nummernschilder abschrauben und per Luftpost wie Almosen verteilen! Alles war längst vergessen, da hieß es ein paar Wochen später, in Philipsburg läge für mich ein Einschreiben bei der Post. Vielleicht die Vorauszahlung für einen Urlaub?

Den Brief beim Postamt abzuholen, kostete mich einen ganzen Tag. Der Fußweg bis zur Haltestelle war heiß, der Bus quer über die Insel noch viel stickiger. Hatte ich die Schlange in der Wärme vom Postamt erst hinter mir, gab es nur eins: Front Street überqueren und in der Eisdiele bei der kleinen Pier versumpfen! Sie kannten dort schon mich und meine Vorliebe für Pistazieneis. „Still like that green stuff?" – „Sure, man!"

Es war bloß wieder der Schildersammler gewesen. Er schrieb, wenn keiner antwortete, immer eingeschriebene Briefe. So stand es in einem beiliegenden Zeitungsbericht über diesen Steckenpferdreiter. Auf diese Weise habe er sogar schon vom Oberlauf des Kongo ein seltenes Nummernschild herbeigeschafft. Das hätte mir gerade noch gefehlt: eine Tagesreise weit im Kanu den Kongo hinunter fahren, um einen Brief dieses Inhalts abzuholen!

Eine Unverschämtheit? Ach wo! Stand nicht auf dem Nummernschild von St. Maarten: *The friendly Island?* In der Silvesternacht nahm ein Nummernschild von seinem Besitzer Abschied. Der Wagen lag am Straßenrand und sah so demoliert aus, daß er sowieso den Weg aller Inselautos gehen würde: über einen hohen Felsen und ein Stück Rutschbahn ins Meer! Wohin sonst damit? Ich hatte jedenfalls keine Lust, einen weiteren Nachmittag in der Eisdiele zu verträumen.

Mir fallen noch mehrere Silvester auf St. Maarten ein, an die ich gern zurückdenke: Pointe Blanche, Fourche Island, Tintamarre, Oyster Pond, die Kuhbucht! Nur einer von vielen: Da wollte ich mich mit Seglerfreunden aus Amsterdam bei der ‚Fliegenden Mary' zum Galadinner in ihrem Strandhotel treffen. Ich traf viel zu früh ein, weil schon der erstbeste vorbeifahrende Wagen auf mein Daumenwinken hin den Anhalter mitgenommen hatte. (Ein Taxi hätte soviel gekostet wie das ganze Abendessen!)

Mary war eben aus St. Thomas von den Amerikanischen Jungferninseln eingetroffen, wo sie – knapp an einer Bruchlandung vorbei – einen Korb voll frischer Austern fürs kalte Büfett eingekauft hatte. Sie sah mich gelangweilt herumstehen. „Wie heißen Sie?" wurde ich gefragt, und nach meiner Antwort fuhr sie fort: „Well, Rudy, dann könnten Sie eigentlich den Rumpunsch mischen! Hier ist ein großer Topf; an der Bar finden Sie die Getränke. Denken Sie, es kämen dreißig Gäste. Ich verlasse mich auf Sie."

Well! dachte ich mir nun auch. Wenn ich schon so aussah, als verstünde ich was von Rumpunsch, dann durfte ich auch die viel zu unbequemen schwarzen Halbschuhe wieder ausziehen; ich schob sie ganz hinten unter die Bar. Vielleicht stehen sie heute noch dort. Ich vermißte sie erst im nächsten Jahr, viele Monate später.

KARIBIK –
DEINE NARREN!

Eines schönen Tages lag ich auf der Durchreise in English Harbour. Das hatte sich bald zu Howard herumgesprochen, und er wollte mir wohl was Gutes tun. Jedenfalls stand ein junger Herr am Ufer und winkte mir zu: „Ahoi, EILANDHOPPER!"

Er sei als Direktor von seiner Londoner Gesellschaft herübergeschickt worden, den Neubau eines Hotels zu überwachen, das an der Stelle des alten Caribbean Beach Clubs errichtet werden sollte.

„Haben Sie sich das auch gut überlegt?"

„Ich bin nur gekommen, Sie zu fragen, ob Sie bei mir den Strand übernehmen wollen: Wassersport, Beach Boys, Sauberkeit, Ordnung. Sie wissen ja, vom Strand hängt alles ab. Meine Firma bietet Ihnen ein interessantes Managergehalt. Die Eröffnung des Hotels soll kurz vor Weihnachten sein."

„Ich müßte aber noch vorher auf die Werft in Martinique."

„Das können Sie. Vor dem 1. Oktober brauchen Sie nicht dazusein. Bis dahin wird das Wassersportgerät aus England eintreffen. Das ist dann als erstes auszupacken."

War das eine Chance? Ein geregeltes Leben unter Tropensonne! Ich sagte zu.

In Martinique lag ich wie üblich bei Grant, kam aus der Stadt zurück und las auf einem weggeworfenen Stück Schmirgelpapier, mit gelber Farbe aus der erstbesten Dose geschrieben: „Tanti auguri!" Es war mein Geburtstag, und das konnte nur Mareva sein. Sonst verschenkte sie bei solchen Gelegenheiten mit viel Liebe nur eine leere Muschel, die sie gerade am Strand aufgehoben hatte, und schrieb mit Bleistift ihre Wünsche darauf. Mareva kam gerade noch recht, mir beim Wasserlinienziehen zu helfen und meine Einkäufe zu erledigen.

Von einem Gang in die Stadt kehrte sie ohne Einkaufstasche zurück. „Tut mir so leid, Dou-Dou. Aber es war ja nur Brot in der Tasche, das ich gerade gekauft hatte. Ich stellte die Tasche einen Augenblick ab, um mir ein Coke aus dem Automaten zu ziehen. Da schlich sich eine alte Frau herbei, die ich schon vorher bemerkt hatte, als ich das Brot kaufte. Ich sah absichtlich weg. Im nächsten Augenblick war keine Tasche mehr da. Sie hatte bestimmt mehr Hunger als wir!"

Am letzten Tag brachte sie aus der Stadt einen ganzen Beutel voll Glasperlen mit. „Aber du siehst doch schon wie eine Maori aus!"

„Die sind für dich, Dou-Dou! Du wirst so ein Glückskettchen in deinem britischen Hotel gut brauchen können." Die Arme wußte nicht, daß alle Glasperlen der Welt ihr eigenes Leben nicht verlängert hätten.

Als sie hörte, mein Hals sei krank, weil ich mich bei einem Ausflug zum Vulkan erkältet hatte, brachte sie von ihrem Boot eine Flasche mit Buckley's Hustensirup. „Das schmeckt ja schlimmer, als ein Konzentrat von Fichtennadelbad!" kommentierte ich bissig.

„Wie kannst du so reden, Dou-Dou! Hast du denn niemals Tannennadeln gegessen wie wir als Kinder in den Wäldern Neuseelands?"

„Nein! Das kannst nur du. Du warst dort ja auch eine braune Wilde unter lauter braven Weißen!"

Mareva wollte bald nach Florida segeln. Ihr Kiel brauche neue Bronzebolzen. Franzi, der schwarze Kurzhaardackel, sollte wie immer, ihr einziger Reisegenosse sein. Matilda war traurig, sie liebte Franzi und besonders seinen hölzernen Reisekoffer als Höhle.

Als Franks langer Segelurlaub zu Ende ging, begann meine Arbeit als Strand-Direktor.

Bootshaus und Steganlagen waren zu bauen, ein Informationsstand war mit bunten Fischbildern zu schmücken, in einem Glasbodenboot die dicke Scheibe wasserdicht einzukitten; eine tropische Pflanzenwelt hatte ich hinzuzaubern, Pedalos zusammenzuschrauben und die schnellen Motorboote aus ihren Transportverschlägen zu befreien.

Bei der Auswahl der Strandjungen hatte ich nicht viel mitzureden. Der Arbeitsminister – wir kannten uns! – saß täglich im Hotel, aß natürlich kostenlos, und die Leute, die das sahen, fragten schon, ob ihm das Hotel gehöre. Noch nicht ganz! Sein Vertrauensmann und

Geheimpolizist war der Obergärtner. Wer nicht bei seiner Gewerkschaft war, besaß keinen Anspruch auf Arbeit. Das sei früher auch so gewesen. Was ich am Ende als Hilfskräfte hatte, waren bis auf wenige Ausnahmen die schlimmsten Halunken. Mit meiner deutschen Gründlichkeit stieß ich auf allen Seiten auf bösartigen Widerstand. Ich darf getrost sagen: So hart habe ich vorher und nachher nie wieder in meinem Leben gearbeitet. Ich kann voll mitreden, wenn einer seine Geschichten erzählt, den es beruflich zu den Zuckervögeln verschlagen hat. Die Umgangssprache war hart. Was immer ich anordnete, sie hielten es für Schikane wegen ihrer Hautfarbe: „You white man, me black man!" (deutsch ausgesprochen mit klarem A) Oder: „Eines Tages bringen wir Sie um!"

Das war alles gut denkbar. Sheila Tompson, die als Sekretärin Andy Copelands über ein Jahr lang auf HOBBY aufgepaßt hatte, sollte später auf gräßliche Weise ums Leben kommen. Aber ich schreibe ja hier nur über die lieblichen Inseln.

„Komm!" sagte ich eines Tages zu einem der Arbeitswilligsten, „laß uns dieses Kistenbrett wegtragen, bevor einer auf die herausstehenden Nägel tritt!" Ich hielt es auf meiner Seite auch schon hoch, mit den Nägeln nach unten. Der Mann sprang herzu und ohne Bösartigkeit direkt aufs Brett, das natürlich meinen Händen wie von der Feder geschnellt, entglitt. Ein Nagel ging mir zwischen den Mittelfußknochen hindurch und sah unten wieder raus. Wollten sie mich kreuzigen?

Der arme Kerl hatte wirklich nur guten Willen zeigen wollen; aber sein Kopf konnte nicht folgen. Ich stand noch zu den Weihnachtsfeiertagen nur auf einem Bein, und die Schmerzen blieben jahrelang.

Unsere Motorboote brauchten zum Teil reines Benzin, zum Teil Zweitaktermischung. Die Tanks waren nicht zu verwechseln, sollte man glauben. Als das Weihnachtsgeschäft begann, flog der Zweitakter aus Ölmangel auseinander, weil er nur Benzin gekriegt hatte. Mit dem letzten heilen Boot fuhr ein Bootsmann nur mal schnell nach St. John's, sich einen Kuß abholen. Am Rückweg raste er in der Mittagssonne über ein gut sichtbares Riff vor der Küste und sank genau bei der Ankunft vor unserem Hotel. Auf dem Glasbodenboot waren die beiden Bootsleute vor allen Gästen mit Messern aufeinander losgegangen, weil der eine, der nicht ganz so schwarz war, nicht nur Hilfsdienste für den anderen leisten wollte. Dabei ging der Glasboden über einer Koralle zu Bruch.

Das sind alles nur Stichworte. Keine Rede natürlich, daß ich nebenbei mit EILANDHOPPER Hotelgäste zum Paradiesriff hätte segeln können, denn damit hätte ich wirklich was verdient. Dafür stand ich am Weihnachtsfeiertag von früh bis spät am Strand neben dem Motorboot mit dem aufgerissenen Rumpf, hatte den Sonnenschirm über mir aufgespannt und versuchte, mit Glasharz das Loch so schnell wie möglich wieder zu schließen. Alles auf einem Bein, aber ohne die einrastenden Kniegelenke eines Flamingo! Es war vorauszusehen, daß sich die Lage zu Weihnachten zuspitzen mußte, schon wegen der Feiertage im Dorf.

Es ging damit los, daß sich die Gäste über die schmutzigen Toiletten am Strand beschwert hatten. Die Hoteldirektion verbot also Gärtnern und Strandpersonal, die Gästetoiletten zu benutzen. Sie hätten ja ihre eigenen; nur leider weit weg! Damit waren die Weichen für den Aufstand gestellt. Es ging natürlich nicht an, daß sich die Gärtner mit ihren erdigen Schuhen und die Beach Boys mit den sandigen Fußsohlen auf die Brille stellten. Wie hätten sie das einsehen sollen! So ein erhöhtes Klo war unbequem genug, und ein „Stuhl" war zum Essen da und zum Fernsehen!

Apartheid wie in Südafrika! war der Schrei der empörten Massen. Der Hoteldirektion wurden die großen Fensterscheiben eingeworfen. Wo alle nur Säcke und hölzerne Fensterläden haben, ist dies das lauteste Zeichen der Volksempörung. Die Gäste reisten eingeschüchtert ab. Der „Stranddirektor" kam wegen seiner unverschämten Forderung nach getrennten Klos für Weiße und Schwarze in die Abendnachrichten.

Die Hotelleitung sah ein, was eigentlich alle Hotelbesitzer wissen: Es läßt sich der Wassersport nicht in Eigenregie durchführen. Sie konnte niemanden von den Kerlen, die entweder klauten oder kaputtmachten, entlassen. Sollte sich ein ,Privatunternehmer' mit ihnen herumärgern!

Wir kamen überein, daß ich meine Arbeit niederlegen, aber noch einen Monat weiterbezahlt würde. Damit löste sich das Problem von allein. Alle Schreihälse kehrten zu ihrem armseligen Leben zurück, das sie vorher geführt hatten. Es gab keinen Wassersport mehr!

Bald gab es auch kein Hotel mehr. Die große Gesellschaft, die ursprünglich nur Reparaturwerften in England besaß, hatte im Tourismusgewerbe eine Zukunft gesehen. Ein zweites und noch viel größeres Hotel war bereits im Süden von St. Lucia in Bau. Die Gäste reisten in einer eigenen Chartermaschine an. Nicht genug damit, kaufte die Gesellschaft auch noch die einheimische Fluglinie dazu, die zuverlässigste der Welt, wie ja schon jeder weiß. Nur die in England nicht! Die Streiks im Hotel schafften den Rest.

Ich hatte wenigstens noch mein Gehalt ausgezahlt bekommen. Die anderen, die bis zuletzt dabei waren, gingen so leer aus wie die Tausende, die in England Vorauszahlungen auf ihren Karibikurlaub geleistet hatten. Courtline wurde an der Londoner Börse gehandelt. Es gab viele feuchte Augen, aber ich war wieder frei! Die betroffenen Inselregierungen nahmen die Aktien aus der Konkursmasse für einen Apfel und ein Ei in Eigenverwaltung. Wieder eine Schnecke weniger, dachten sich wohl die Einsiedlerkrebse. Selten habe ich so fröhlich meinen Anker aus dem Grund gebrochen.

Da wir schon beim großen Aufwaschen in Antigua sind: Was ist eigentlich aus dem Schadenersatz für die Koffer geworden. Darf ich vorlesen, was der Oberste Richter am 4. Mai 1973 zugunsten des Klägers entschied? Die unten genannte Summe sei einschließlich der Spesen, die er hatte, dem Kläger zu ersetzen! Es fehlte nur noch die Unterschrift des Schatzmeisters der Insel. „Na und?" fragte ich den Rechtsanwalt, der das durchgezogen hatte. „Das weiß ich auch nicht, Mr. Wagner. Sie wissen ja, unsere Regierung lebt im permanenten Staatsbankrott. Vielleicht haben Sie Glück, wenn wir eines Tages eine andere Regierung kriegen, die wieder internationales Ansehen genießt, weshalb uns dann auch wieder Gelder aus dem Ausland zum Verwalten zufließen. Dann können wir unsere Schulden zahlen."

„Bis dahin ist wahrscheinlich meine Forderung verjährt." Das war sie dann auch.

Sollen wir endlich das Kapitel abschließen? Einer hatte vor Zeiten gesagt: Sein Recht müsse ihm doch werden, wenn schon sein Zeug futsch sei! Das war auch das letzte, was ich zehn weitere Jahre später zu hören kriegte. Ich solle mich doch zufrieden geben. Ich hätte den Verlust schließlich überlebt! „Und bedenken Sie, Mr. Wagner! Sie haben ein rechtskräftiges Urteil in Händen. Wir sind ein ordentlicher Staat. Sie haben Ihr Recht bekommen!"

Das stimmte; ich hatte wirklich recht bekommen, wie längst befürchtet. Dürfte ich sogar sagen: Mir war recht geschehen?

Das Aufwaschen geht weiter: Schiffbruch Nr. 3, HOBBY! Endlich hatte ich Zeit, EILANDHOPPER wieder einmal lossegeln zu lassen; vom Ankerplatz vor dem Hotel die Nordküste hinauf, Richtung Ostküste, wo sich für Narren unter den Felsen von Great Bird Island eine Passage für EILANDHOPPER befand, hinaus aufs offene Meer! Eine andere Passage durchs Hufeisenriff wieder herein und hinter Green Island erholen.

Auf dem Rückweg ankerten wir in Lee vom Paradiesriff, das die Regierung, seit es keine Fische mehr gab, zum Nationalen Naturschutzpark erklärt hatte. Vielleicht wuchsen deshalb die Korallen so kräftig, weil keine Papageifische mehr ihre Schnäbel daran wetzen konnten. Wir schnorchelten also auf verschlungenen Pfaden im geschützten Wasser zwischen Korallenköpfen nach Osten, fanden eine Passage über flache Stellen nach draußen und ließen uns mit dem Strom an der Korallenwand entlang zurück zum ankernden Boot treiben.

Zuerst fiel mir ein langes schwarzes Schlauchstück auf. Gleich darauf ein völlig unter Korallen zerquetschter Wassertank und, kaum noch unter anderen Korallenblöcken zu finden, eine der supergroßen Batterien, die ich extra für HOBBY gegen Preisaufschlag angeschafft hatte. Natürlich fand ich nach längerem Suchen auch die zu einem Knäuel zerknüllten Kielleisten. Da lag auch das Seeventil, das einer wohl ausgebaut und vergessen hatte. Zur Erinnerung nahm ich mit: HOBBYS Sumlog-Impeller, an dem noch unlösbar ein Kabelstück hing. Die Kunststofflügel sahen wie durch den Wolf gedreht aus; sie hatten das meiste abgekriegt. Jedesmal, wenn mich eine Reise wieder nach Antigua brachte, würde ich künftig nachsehen, ob das Seeventil noch auf seiner Koralle lag. Es lag immer dort! Niemand hat HOBBYS letzte Ruhe gestört.

EILANDHOPPER –
HEIMAT AM WASSER

Ich hatte Gäste an Bord. Nach der ersten Nacht hieß es beim Frühstück im Cockpit: „Rudi! Wir machen uns Sorgen um deinen EILAND-HOPPER. Weißt du, daß du Holzwürmer im Boot hast?" – „Nein, das ist mir neu!" – „Ganz bestimmt! Wir sind heute früh davon aufgewacht. Ganz deutlich haben wir es unter dem Bett in der Bordwand knistern gehört, wie wenn feine Zähnchen im Holz knabbern; siehst du, so…" Und sie knipsten mir mit den Fingernägeln was vor.

Natürlich kannte ich meine ‚Untermieter'. Wenn ich alle paar Monate mit dem breiten Spachtel die Rümpfe unter Wasser von Algenbewuchs befreite, stoben die Ausquartierten in alle Richtungen und suchten sich ein neues Obdach. Sie fanden es auch gleich in meinem Haarschopf, in den Ohren und den Achselhöhlen. Am sichersten, dachten sie wohl, sei es unter der Badehose. Die größten Kostgänger waren zeigefingergroße Langusten. Sie hausten am liebsten im toten Winkel über dem Propellerschaft. Die kleineren waren daumennagelgroß, genauso flach, und besaßen zwei Zangen. Die ganz kleinen waren nicht mehr als Wasserflöhe. Jedem Aquarienbesitzer wären die Tränen gekommen, wie das gute Fischfutter beim Abbrausen und mühevollen Auskämmen durch den Abfluß im Cockpitboden entschwand. Aber ich war froh, wenn ich die kleinen Dinger von meinem Trommelfell wieder runterhatte.

Klar, daß EILANDHOPPERS Mitessern ebenfalls die Tränen kamen. Ich hatte ihnen ja ihre Wiese abgemäht, wo sie zwischen Algenfäden ihr Futter fanden wie die Amseln ihre Regenwürmer im Gras. Noch schlimmer: Ich wurde von handtellergroßen Fischen umschwärmt, die sich bei jeder Armbewegung auf die davonstiebenden Krebse stürzten wie das Straßenpublikum auf die Hände voll Süßigkeiten, die der Karnevalsprinz unters Volk wirft.

Ich selber wachte auch häufig sehr früh auf, besonders in jenen einsamen Buchten, wo die Pelikane noch zu Hause waren. Kaum hatte ich irgendwo geankert, sprach es sich wohl unter den Schwärmen junger Fische herum, was für ein bombensicherer Unterstand so ein breiter Katamaran sei. Da drängelte sich bald alles zusammen. Futter gab es ja an den Bordwänden genug. Die einen, die Wachtmeister genannt werden und daran gewöhnt sind, Seepocken von Mangrovenwurzeln und Uferpfosten abzusaugen – und die nebenbei auch Brustwarzen von Schwimmern und Schwimmerinnen nicht verachten –, zeichneten sich besonders aus. Es war jedesmal deutlich von innen zu hören, wenn sie mit einem richtigen Schmatzkuß einen dicken Krebs verschlangen. Da hörte ich schon gar nicht mehr hin.

Hatte sich aber ein unvorsichtiger Fisch aus dem Bootsschatten ins Sonnenlicht gewagt, schoß auch schon von oben so ein Sturzbomber auf ihn los, gerade noch knapp an der Bootswand vorbei und manchmal sogar schräg unters Boot selbst. Das Spritzwasser, das dann durchs ovale Fenster kam, weckte mich spätestens auf. Vielleicht schrieb ich auch schon zu früher Morgenstunde einen Brief neben dem Kopfkissen. „Du wirst doch nicht beim Schreiben geweint haben, Rudi?" las ich dann ein paar Wochen später.

Was für eine ungewöhnliche Begründung hatte ich nachzuliefern: Mich hätte beim Schreiben ein Pelikan im Bett naßgespritzt!

So ist es eben, wenn einer die ganze Karibische See zu seinem Bettvorleger macht. Was für ein Schlafzimmerteppich! Ganz helles Grün, denn der weiße Sandboden leuchtet hindurch. Weiter weg wechselt der Ton zu Smaragdgrün, wenn sich der wolkenlose Himmel darin spiegelt. Die kleinen Einschlüsse im Kristallgrün rührten früher von Seesternen her oder von großen Schnecken. Als es später keine Schnecken mehr gab, konnten die schwarzen Flecken nur von Seeigeln stammen. Die waren ihre natürlichen Gegner losgeworden. Die Souvenirläden hatten ihnen dabei geholfen, ebenso die neue Vorliebe für Feinkostfutter aus glitschigen Schneckenleibern für Potenzschwache. Wahrscheinlich hätte jeder darauf verzichtet, wenn er die Delikatesse vorher am einheimischen Markt zu Gesicht bekommen hätte. Aus dem Blickwinkel der Diademseeigel, deren Stacheln Stricknadellänge haben, war es aufwärts gegangen. Denn seit zu jedem Strandhotel, das was auf sich hält, ein gechlortes Schwimmbecken gehört, ist die Gefahr gering geworden, daß ein Ahnungsloser auf einen Seeigel tritt.

Keith würde bald seinen nachdenklichen Spruch ändern müssen. Wo fanden die Einsiedlerkrebse noch Schneckenhäuser? Nutznießer waren jetzt diese borstigen Ungeheuer geworden. Aber bitte unbesorgt bleiben! Längst rechen Strandjungen nicht nur morgens den Abfall zusammen, sondern es gehört auch zu ihrer Aufgabe, mit einem geeigneten Werkzeug die Seeigel in Strandnähe umzubringen. In der Karibik kann keiner behaupten, das wunderliche Zunehmen der Seeigel hänge mit Atombombenversuchen zusammen!

Ich weiß ja nicht, wie so ein Einsiedlerkrebs fühlt. Aber jedesmal, wenn ein Strandhotel Pleite gemacht hatte, herrschte Fröhlichkeit im Schneckenhaus. EILANDHOPPER hatte mich wieder. Anker schlagen keine Wurzeln. Segel setzen und habt mich alle gern!

Als Stranddirektor war ich noch einmal mit einem blauen Auge davongekommen. Zwei große Hotels, zwei Superkonkurse! Auch das dritte, unsere Ausgangsbasis von einst, war längst zu und veräußert. Ein weiteres Dutzend könnte ich ohne Nachdenken aufzählen. Das grandioseste ,Entwicklungsprojekt' hätte Anegada werden sollen, eine abseits gelegene Insel aus Sand und Riffen. Als ich dort zum ersten Mal an Land ging, war das wie ein Niemandsland nach der Schlacht. In den menschenleeren Büros lagen noch die ungeöffneten Pakete mit den Werbedrucksachen aus England. Sogar die amerikanische Versuchsstation für Raketenabschüsse war kampflos geräumt worden. Ich nahm eine Kiste voll vom besten Unterwasserkleber mit, vom US-Verteidigungsministerium geprüft und für gut befunden!

Doch die Karibische See war dieselbe geblieben. EILANDHOPPER war nicht länger ein vergessenes Hausboot vor einem lauten Hotel und bloß noch zum Übernachten gut. Wir durften wieder segeln, wohin wir wollten und solange es die Aufenthaltsgenehmigung erlaubte.

Bei der ersten Ankunft auf St. Maarten hatte es ein halbes Jahr gedauert, bis mir ein freundlicher Polizist auf der französischen Seite einen Stempel in den Paß drückte. Ich hätte beim besten Willen nicht gewußt, wer auf der Insel dafür zuständig war. Viele Jahre später sollte mir in Philipsburg die durchaus mögliche Verlängerung der Aufenthaltserlaubnis verweigert werden, weil der Paß gerade selber zur Verlängerung unterwegs war. Eine Lichtpause aller Seiten genügte nicht. „Ohne Paß existieren Sie für uns nicht, Sir!"

In 24 Stunden mußte ich die Insel verlassen – ohne Paß! Wo durfte ich aber ohne Paß an Land? Sollte EILANDHOPPER als Fliegender Holländer ruhelos unterwegs sein oder, dem niederländischen Philipsburg besser entsprechend, ich als Isaak Laquedam wie der Ewige Jude, der nirgends mehr erwünscht ist? Wie würde ich ohne kostspielige Überseegespräche erfahren, wann der Paß in meinem verwaisten Postfach lag? Da wünscht sich einer nach Europa zurück. Das lag für mich damals auf St. Barthélemy. Die hatten Verständnis.

Es folgten die Jahre, in denen ich immer wieder in großen Abständen mit Gästen von Insel zu Insel segelte. Keiner, der wollte, hat wohl soviel über die Inseln erfahren wie in meiner Begleitung. Mit einem Leckerbissentörn für höchstens zwei Gäste warb ich bei Ruhesuchern für die letzten Sehenswürdigkeiten über und unter Wasser. Wie am Jahrmarkt, obwohl nicht so billig!

Von Mareva hatte ich seit einer Karte aus Haiti nichts mehr gehört. Sie war damals mit HOPE zu ihrer Werft in Florida unterwegs gewesen. Auf italienisch schrieb sie: „Wie konnte ich bloß so verrückt sein, so lange auf diesen Englisch sprechenden Inseln auszuharren! Haiti ist die einzige Insel, wo ich leben möchte! Die Menschen sind hier unvorstellbar arm und unverdorben."

Ich hatte das auch von anderen Seglern gehört, die dort an Land gegangen und von der einfachen Herzlichkeit seiner Bewohner beeindruckt waren. Urlauber dagegen, die einmal den Fuß auf die Insel gesetzt hatten und nicht ganz gefühllos waren, sagten: Nie wieder! Das sei bei dem täglichen Anblick von Elend doch keine Erholung!

Haiti ist die älteste von Schwarzen regierte Republik der Welt. Wie es dazu kam, ist sattsam bekannt. Haiti ist bis heute das allerärmste Land der Welt geblieben und, so besehen, für Nachdenkliche zum Aufmerken gut. Kein Wunder, daß Haiti als einzige Insel eine eigenständige – ‚naive' – Kunst besitzt! Kunstwerke entstehen aus Leiden oder aus tiefem Glauben. Afrikanische Überlieferung ist dort noch lebendig.

Auf der Rückreise ankerte HOPE wieder in einer schönen Bucht dieser Insel. Mareva wurde diesmal von einer ihrer Schwestern und einer gemeinsamen Freundin begleitet. Ich lag damals gerade in

English Harbour. Da traf von einer Yacht aus Florida bei gemeinsamen Bekannten ein Funkspruch ein. Es war schrecklich. Marevas Mutter, die von der Nachricht verschont bleiben sollte, las es in Neuseeland zu Hause in der Zeitung: „Drogensüchtiger Schwarzer erschießt Neuseeländerin auf ihrer Yacht in Haiti!"

Marevas Schwester erzählte mir viel später die Einzelheiten. Schwarze seien in der Nacht zu ihnen herausgerudert gekommen und hätten verlangt, daß sie sofort ankerauf gingen und die Bucht verließen. Ob sie ein Schmuggelboot erwarteten und keine Zeugen brauchen konnten? Sprachschwierigkeiten, Mißverständnisse, Ärger... Mareva, die seit Jahren unheilbar krank war und, mit den Augen auf Alpha Centauri gerichtet, im Cockpit gelegen hatte, erhob sich. Da zog einer aus dem Ruderboot eine Pistole und schoß sie in den Kopf!

Das mußte ausgerechnet auf der Insel geschehen, wo sie am liebsten gelebt hätte und diesmal für länger oder für immer bleiben wollte. Ihr Geist war seit langem bei ihrem Lieblingsstern; jetzt fand ihre Asche den Weg ins Meer, wie sie es immer gewünscht hatte. Dort war sie wirklich zu Hause. Franzi war von dem Knall und dem Tod des Frauchens so verstört, daß er sie nur kurz überlebte.

Da gab es neue Hiobsbotschaften. Die deutsche NORDSTERN IV war mit sechs Leuten, die von einem Törn über den Atlantik geträumt hatten, spurlos verschwunden, nachdem sie aus English Harbour ausgelaufen war. Ich hatte einen der Segler im Strandhotel kennengelernt, wo er wartete, weil die Yacht nicht rechtzeitig eingetroffen war. Am Nachmittag, als es losgehen sollte, stand ich auf der Versorgungspier der Slipway und wollte mich von ihm verabschieden; aber fast alle waren zum Schwimmen. Der Skipper, der meinen Namen kannte, rief mich auf ein Bier in die Kajüte hinunter. Er zeigte mir ein Siemens-Funkgerät, das von einem Havaristen stammte und das er auf der Slipway für wenig Geld gekauft hatte, denn seine Yacht war ohne Funkgerät. Das mußte bis dahin auch jeder bei der Slipway wissen. Mir sagte der Skipper, das kaputte Ding würde man ihm wohl in Europa reparieren. Das alles nur als Ablenkung, um Nachforschungen auf eine falsche Fährte zu locken? Schwerlich! Die Presse hatte für eine Weile ihr Futter.

Diese Stahlyacht war fast 18 m lang. Aus English Harbour verschwanden später noch mehrere große Stahlyachten, jedesmal kurz vor einer längeren Reise und voll ausgerüstet; einmal mit allem an Bord für den Törn in den Pazifik. Dazu gehörte der 14 m lange Stahlkutter CHARLOTTE, dann noch die 16 m lange FALLOUT. Beide Male waren die Eigner nur noch kurz an Land gewesen, einmal bloß, um auszuklarieren.

Vielleicht sollte man die Verbindungsleute zum Rauschgifthandel bei der Werft suchen, wo die Yachten reisefertig gemacht wurden, tagelang an Land standen und jeder Arbeiter ungehindert Einblick in jedes Schiff bekam, der die Verhältnisse an Bord studieren wollte, die Stärke der Maschinenanlage, das Fassungsvermögen der Treibstoff- tanks und ähnliches. Die einheimische Polizei war überfordert. In den Inselzeitungen stand nichts davon, genausowenig wie vom plötzlich und vermutlich durch Kubaner eingeschleppten Dengue-Fieber. „Wir können doch nicht einfach den Tourismus absagen, wie ein Fuß- ballspiel!" hieß es in St. Maarten. ‚Der Tod in Venedig' fällt einem ein.

Für EILANDHOPPER bestand niemals Gefahr. Er war zu auffällig, außerdem aus Holz und ohne Bleikiel; deshalb nach Gebrauch als Drogenschmuggelboot nicht einfach versenkbar. Einer wollte die NORDSTERN IV vor der Küste Venezuelas gesehen haben. Wenn das stimmte, war das Schicksal der Besatzung leider schon längst besie- gelt. Wer Kolumbien aus der Nähe kennt – und wenn er bloß einen Abend lang durch seine Hauptstadt geschlichen ist, – weiß, wie wenig ein Menschenleben wert ist, wo es um solche Unsummen geht.

Die US Coast Guard bewacht heute die in Frage kommenden Küsten besser. Seitdem hat sich der Handel in die Luft verlegt. Wir fanden einmal auf einer menschenleeren Insel ein notgelandetes Sportflugzeug mit kolumbianischem Kennzeichen. Der Sechs- oder Achtsitzer war aus Gewichtsersparnis ohne Sitzgelegenheit. Der Pilot muß auf einem Sack Kokain gesessen haben. Doch das haben wir alles erst später herausgefunden. Als wir es sahen, bewegte sich hinter dem Fenster ein Kopf. Aber mir reichen noch die kalten Rückenschauer bei der Erinnerung an die palmwedelartige Riesenmuräne, deshalb Schluß.

Hatte ich keine Gäste, lag ich vor altbekannten Stränden oder in English Harbour, und häufig malte ich dann gerade mein Boot. Etwas vom Fröhlichsten an Bord: morgens an Deck kommen und als erstes

33

34

35

33 Die alte Inkastadt zu unseren Füßen, endlich: Gipfel-
glück am Wayna Pijchu
34 Unter dem Boot sind die
Fische am besten.
35 „Darf ich mich mal aufwär-
men?" fragt der Pelikan.

36

37

39 **Für die ganz treuen Leser
zum Abschied:
Flambierte Bananen**
Halbierte Kochbananen in
Butter bräunen, anschlie-
ßend in braunem Rohr-
zucker, Zimt und Limonen-
saft garen, zweimal über-
zuckern und jedesmal mit
starkem Rum flambieren,
bis es eine Zuckerkruste
gibt.
Einen Klacks Schlagsahne
darüber und alles mit Coin-
treau beträufeln. Das Ende
vom Lied ist dann vermut-
lich: „Macht mal ohne mich
in Europa weiter!"

41

36 Teure Schönheitspflege für
   EILANDHOPPERS schlanken
   Körper

37 Minou: „Sogar als Vogel-
   scheuche bin ich nützlich.
   Hackt mich aber nicht ins
   Suppengrün!"

38 Im Mangrovensumpf ver-
   borgen, erwarteten wir die
   abendliche Rückkehr der
   scharlachroten Säbler. Ein
   Schauspiel, das uns sprach-
   los und im Innersten betrof-
   fen machte.

40 Zugegeben: für ein Dinner
   zu zweit wirklich zuviel

41 Wie kommt der Papagei-
   fisch zum Bodensee?

42 Luftschlösser verwehen, die

mit einem Kopfsprung ins Wasser! Abends brannte im Cockpit die Gaslampe, die am Großbaum hing. Die Mücken flogen nicht so weit. Gegen Mitternacht war es immer noch nicht so kalt, daß ich ein Hemd überziehen mußte. Wie soll ich da heute ein seriöses Foto von mir abliefern können?

Wer mir tagsüber bei der Arbeit zuschauen konnte, sah mich vielleicht in der Sonnenglut schwitzend und stöhnend das Deck schmirgeln oder – viel angenehmer! – bis zum Hals im Wasser stehen, in der einen Hand die offene Farbdose, in der anderen den Pinsel. Dann waren die Bordwände dran oder die Wasserlinie. Gelangweilte Hotelgäste schwammen ums Boot. Zuerst beneideten sie den Skipper, dann himmelten sie ihn an: „Was für ein sauberes Schächtelchen von einem Boot! Schlafen Sie da auch?" Kriegten sie keine lachende Antwort, weil unserem Skipper in der Hitze schon längst die Zunge am Gaumen klebte, folgte womöglich die Frage, die immer kam, seit es Landsleute in den Strandhotels gab: „Wo zahlen Sie eigentlich Ihre Steuern?"

Die Inseln waren im Umschwung begriffen, ganz klar. Früher schlenderte der Skipper plaudernd von Liegestuhl zu Liegestuhl, für sein Riff Reklame machend, und dabei fiel ihm auf, wie viele Leute ein dickes Buch von einem gewissen James Joyce vor die Nase hielten. Den broschierten Schund späterer Jahre brauchte er nicht mehr anzufassen, wenn er ihn im Papierkorb liegen sah. Ja, mein Lieber: Die Zeiten sind vorbei, als du noch eine englische Ausgabe von Kleists Werken im Yachthafen von St. Thomas fandest!

Da gab es eine reizende Geschichte, die heute eigentlich in ein Märchenbuch gehört. Damals erzählte sie gern der deutsche Konsul in Barbados. Da hatte doch ein älteres Ehepaar – vielleicht das erste Urlauberpaar überhaupt aus der alten Heimat – bei ihm angeklopft und auf seine verwunderte Frage geantwortet: „Entschuldigen Sie bitte, aber wir haben geglaubt, es gehöre sich, einem Landsmann wie Ihnen einen Anstandsbesuch abzustatten!" Was blieb dem Konsul übrig, als sie herein zu bitten und zuerst einmal Kaffee auf deutsche Art zu kochen? (Und jetzt wird er sich wundern, woher ich das nach fast zwanzig Jahren noch weiß!)

Unser Skipper hörte zum Glück nicht, was auch gar nicht für seine Ohren bestimmt war: „Was für eine Enttäuschung, dieses Hotel!

Alles kostet Geld. Und da lebt drüben ein Landsmann auf seinem Boot, hat nichts zu tun und doch täglich diesen tropischen Luxus um sich herum. Keiner sieht ihn anders als barfuß und höchstens in der Badehose. Nicht einmal ein Hemd zieht er an, wenn er ans Ufer kommt und was verkaufen will! Schließlich ist das ja keine Kleinigkeit, ihm mit unserem guten Geld seinen Trip zum Schnorcheln zu finanzieren! Hält er uns doch schon jeden Abend beim Entschuppen seine armlangen Fische vor die Nase!" Die Frau fällt ein: „Hast du gesehen, wie er gestern den Bleistift aufgehoben hat, der ihm in den Sand gefallen war? Mit den Zehen wie ein Affe! Der bückt sich nicht einmal mehr!" Und wieder er: „Heute früh ließ er doch tatsächlich aus diesem ovalen Fenster, wo sein Bett sein muß, ein Bein in die Sonne heraushängen. Aber bis ins Wasser reichte er nicht damit hinunter." Was tun Leute auch anderes am Strand, als sich über andere Gedanken zu machen? „Glaubst du, der pflanzt in diesen Blumenkästen Marihuana an?"

Mein Kräutergarten gedieh wirklich prächtig. Die Blumenkästen hätten gereicht, die Fensterbänke einer Dreizimmerwohnung zu zieren. Sah einer den Gärtner an Deck, dann vielleicht deshalb, weil er gerade seinen Kleingarten aus der Sonne in den Schatten rückte.

Von den Kraterrändern der ‚Kuhbucht‘, die ein eigenes Kapitel verdient hätte, wenn es damit am Ende nicht so unglaublich abwärts gehen müßte, war eines Tages Barbarossa an Bord gekommen und hing unter dem Sonnensegel am Mast oder beim Segeln zwischen zwei Küchenfenstern neben einem bunten Zopfband aus Guatemala. Sein Bart war gar nicht rot, sondern graugrün, und es gibt ihn längst auch als Schmuckstück in der Stuttgarter Wilhelma und auf der Mainau: die kleinste Tillandsie! Das feuchte Bodenseewetter gefällt ihr heute bestimmt. Zurückbleiben wollte sie nicht, nachdem sie sich so an die Vollbäder aus Orchideendünger in Regenwasser gewöhnt hatte.

Noch mehr Grünzeug wollte auch mal aussteigen. Da blühte bei meinem allerletzten Besuch auf Antigua zwischen den Steinplatten von Fort Berkeley ein mageres Pflänzchen, das auf allen Inseln genauso heißt wie eine kleine eßbare Schnecke aus der Brandungszone. Das wuchs und blühte noch an den armseligsten Sandufern und erst recht in der Blumenvase an Bord! Soviel Wasser auf einmal! Dieses

Periwinkle aus English Harbour fühlt sich jetzt im Badischen zu Hause, legte aber schon am ersten Tag Wert darauf, daß jeder englisch mit ihm plauderte. Natürlich ist es längst kein dürrer Stengel mehr, sondern füllt einen ganzen Topf aus.

Dieser Tage bekam das Fleißige Lieschen, wie es ohne botanische Rücksicht von Anfang an im engsten Kreise genannt wurde, Post ,von drüben': einen Brief voller Glückwünsche! „Wie hast du das bloß geschafft? Dieses herrliche Klima, wo keiner verdursten muß!" Klar: Jeden Abend ein forschender Blick: Ist Lieschen noch feucht genug? Hat sie keine Blattläuse oder gar die Rote Spinne? Und nun weiß Lieschen nicht, was sie antworten soll. War ich nicht früher eigentlich schöner? fragte sie sich; als ich einfach und schlicht aussah und nicht so aufgeblasen von Guanodünger? Wollte ich das wirklich? horcht sie in sich hinein. Waren Träume ohne Erfüllung nicht auch schön? Und ist die Erfüllung wirklich so, wie ich sie erträumt hatte? „Ich bin dir nur Mittel zum Zweck!" hörten wir unlängst harte Worte von der Fensterbank links in Richtung Schreibmaschine geschleudert. „Du brauchst mich, weil ich die Tropensonne, die Wärme und das einfache Leben für dich symbolisiere. Du weißt noch genau, wie fröhlich wir alle lebten. Du kannst dich eben doch nicht von unseren Inseln trennen. Ich muß dich auch heute noch täglich daran erinnern, wie warm die Sonne scheinen kann und wie weich der Sand sein. Aber wenn du mich so weitermästest, werde ich dir bald nicht mehr gefallen. Nimm mich am besten wieder mit, wenn du hinüberfliegst!'

Den Gästen an Bord kam das alles sehr idyllisch vor. EILANDHOPPER war innen blitzblank wie ein Schmuckkästchen. Was für ein Urlaub auf Dauer! dachte sich jeder. Alle Tage Badewasser, alle Tage fast 30 Grad warme Luft und nachts nicht viel weniger. Was für ein herrliches Leben!

Das war es auch. Aber das Segeln war nur Begleitmusik. Hatte ich jemanden dabei, ging ich viel lieber auf Entdeckungen aus, nahm das Buschmesser mit und erforschte, wie es hinter dem Strand unberührter Inseln weiterging. Da hatte irgendwann einer Mauern aufgerichtet. Ureinwohner? Erste Siedler? Da lag der Feuerstein einer Steinschloßpistole im Sand. Woanders war ein Seeräuberbrunnen, halb verfallen. Tonscherben kamen ans Licht, die keine europäische Hand geformt hatte.

In EILANDHOPPERS Wohnecke sah es manchmal wie auf Desmond Nicholsons Schreibtisch aus. Meine Steckenpferde gediehen prächtig und wurden immer ernster genommen. Vielleicht war eins der schönsten Geschenke dieser Jahre: Keine Ablenkung durch Unwesentliches und alle Kräfte allein für das verfügbar, was gerade im Vordergrund stand. Da schrieb ich an Freunde kaum einen Brief, der nicht aus wenigstens acht Seiten bestand. Da konnte ich ein Buch von morgens bis abends ohne Unterbrechung lesen, den ganzen tropischen Zwölfstundentag lang. Nur an Deck fiel es mir schwer. Da wanderten die Augen weg und nahmen die Gedanken mit. Es war auch zu lustig: Trieb doch ein Mangrovenblatt vor dem Wind übers Wasser, und ein kleiner bleistiftförmiger Fisch sprang jedesmal darüber hinweg wie über ein Spielzeug. Ob ihn das Fell juckte und er froh war, sich endlich irgendwo scheuern zu können? Da schnitten die Rückenflossen großer Tarpons durchs Wasser, die ich gut kannte. Von vorn sahen sie wie dumme Goldfische aus. Woanders saß auf der Mastspitze ein Fregattvogel und hielt seine Flügel völlig verdreht und wie ausgerenkt in den Passatwind zum Trocknen. Wie lange hielt er das wohl aus? Oder da lenkte mich so ein großer Grauer Reiher ab, der bewegungslos am abendlichen Strand auf Krebse lauerte. Wie lange hat es gedauert, bis ich wußte, daß er es war, dessen gequetschten Schrei ich nachts, wenn er über die Bucht flog, gehört und nachgeahmt hatte! Er hörte sich an, als habe er ihn an einem Froschweiher gelernt. Einmal saßen alle zum Abendessen bei mir um den Tisch, da flog doch so ein Reiher oben drüber. Ich konnte nicht anders, als immer von neuem zu versuchen, ihm eine Antwort zu entlocken, weil ich glaubte, das sei mir schon öfter gelungen. Wir hatten die Rotweingläser in der Hand und wollten eigentlich eben anstoßen. Da hat sich dann manch einer wohl was gedacht. Ein sehr lieber Gast, ohne Violine, aber mit Mozarts Gehör, rief: „Bravo, Rudi, genau den Ton getroffen!"

Weihnachten konnte an den Nerven reißen. Seit Wochen hörte man in der Philipsburger Front Street nichts als ,Stille Nacht, heilige Nacht'! Es drang aus all diesen vergoldeten Läden libanesischer, indischer und jüdischer Schmuckhändler, die auf die Weihnachtstouristen warteten wie andere aufs Christkind. Bloß weg! Am liebsten bis in die südamerikanischen Anden, wo sie am kältesten sind! „Was kostet ein Flug nach Lima, Fräulein? – Aha! – Hier haben Sie das Geld für den

Flugschein!" Warum drückt sie denn auf den Knopf? Waren meine Dollar falsch und rief sie jetzt die Polizei? Nein, nein! Gleich ertönte es voll und stark aus verborgenen Lautsprechern, drinnen und auf der Straße: „Stille Nacht, heilige Nacht!" Und das bei jedem verkauften Flugschein!

Der Billigflug galt nur von Weihnachten bis Neujahr, aber zurück kam ich erst nach Ostern! Bis dahin hatte ich ein gutes Stück Südamerikas von unten gesehen und nicht bloß aus der Luft. Natürlich waren inzwischen alle Anfragen auf meine Charter-Inserate gegenstandslos geworden. Nix für ungut!

Auch so ein Geschenk dieser Jahre, schrieb ich später einmal in einem Brief, war diese Gelegenheit, Lateinamerika fast greifbar nahe vor der Haustür zu haben und dazu alle freie Zeit, mich ernsthaft mit Land und Leuten zu beschäftigen. Vor allem mit seiner uralten Geschichte und Sprache. Ich reise ja nicht, um mich zu erholen, Tropenkoller einmal beiseite. Ich reise, um zu lernen. In der erstbesten Buchhandlung erstand ich Wörterbuch und Grammatik der dortigen Indiosprachen, ging auf den Markt und fragte wie ein Inka nach dem Preis von Kartoffeln und jungen Schweinen. Das war die Alltagssprache der Leute.

Weil meine Weihnachtsgrüße zu spät angekommen waren, sandte ich die nächsten per Schiffspost schon im Oktober ab. Aber auf die Post ist eben kein Verlaß. Sie packte alles in einen Luftpostsack, und deshalb wünschte ich dann aus der Karibik zur Martinsgans frohe Weihnachten! „Na, Rudi! Du hast es dieses Jahr aber eilig. Sammelst du vielleicht über Weihnachten wieder Zopfbänder bei den Indiofrauen von Guatemala?"

Tatsächlich war diesmal Mittelamerika dran. Aus Erfahrung klug geworden, flog ich zum Dreiwochensonderpreis hin. In den Bergdörfern der nur Maya sprechenden Indios wäre ich gerne geblieben. Sie konnten nicht einmal Spanisch. Was für eine Herausforderung für mich! Als Dorfschullehrer hätte ich bleiben dürfen.

Das kann doch nicht mit rechten Dingen zugehen, dachten sich Wachsame. Ein normaler Europäer kann gar nicht so verrückt sein! „Das ist bestimmt ein Linker, der unsere Dörfer aufwiegeln will!" hieß es. Damals verschwanden Verdächtige immer wieder spurlos. Da ging ich lieber vorher. Aber bis dahin hatte ich fünf Monate lang

EILANDHOPPER so gut wie vergessen. Er jedoch wartete unberührt in der Lagune auf mich, und vom Arm der Windfahne wedelte fröhlich einer von denen, die „Rex" hießen. Was war er doch inzwischen gewachsen! Seit einer Reise zu den Jungferninseln hatten liebe Gäste zwei Bromelien dagelassen. Die machten sich als „Rex" wirklich besser auf dem Arm meiner Windfahne als die Schwalbenschwänze meiner Fischtrophäen, die bei achterlichem Wind immer bloß nach Stockfisch dufteten. So war Johann II. zum Epiphytenbaum geworden. Leider fanden die ersten Baumaufsitzer ein frühes Ende. Aber noch ist ja kein Wirbelsturm da.

Nachdem es mit den Mayasprachen nicht so einfach gewesen war, richtete ich mein Hauptinteresse wieder auf die Sprache der Inkas. Inzwischen war Sofia aus Bolivien an Bord gekommen, und zwei tägliche Kurzwellensendungen von Radio Habana auf Kuba halfen uns freundlicherweise beim Lernen der Quechua-Aussprache. Das waren nämlich Werbesendungen Richtung Peru. Ein Propagandasatz kam immer wieder vor: „Die Reichen fressen das Blut der Armen!" Den kann ich noch heute auswendig. Fidel Castro hat immerhin etwas geschafft: Mangels Zwangsumtausch kriegt seine Karibikinsel jetzt reichlich Gäste, die in Sachen Kommunismus was dazulernen wollen. Um so schwieriger wird es täglich, als Tourist in den Andenländern zu reisen und liebgewonnene Orte wiederzusehen, die längst zur Bürgerkriegsregion geworden sind.

Dem Busfahrer am Titicacasee erzählte ich, was er und seine Landsleute trotz ihrer Muttersprache Quechua aus Kuba nicht hören konnten, weil ihnen der „Weltempfänger" fehlte. Er wurde sehr böse, aber nicht auf mich. „Glauben Sie, ich kriege für meine Kinder noch frische Milch zu kaufen, seit unsere Regierung in diesem Sozialisierungsfall vor einigen Jahren die großen Ländereien enteignet hat?" Ich ließ es mir erklären. Die großen Landbesitzer hatten noch das Geld für Maschinen gehabt, für Lastwagen, Abtransport und Absatzmärkte. „Seit jetzt jeder ein kleines Stück Land besitzt", klagte er, „kümmert sich keiner mehr um die Ernährung der großen Städte. Alle bauen nur noch gerade so viel an, wie sie selber brauchen. Das ist nicht viel." Kuba fresse mit seiner Propaganda ehemals blühende Länder auf und mache sie zu Entwicklungshilfekrüppeln, um die sich aber Kuba und Gesinnungsgenossen nicht kümmerten, außer mit

Waffen und schlauen Sprüchen. Aber das hätte ich hier vielleicht in der Sprache Atahualpas wiedergeben sollen!

Warum ich das in dieses Buch geschrieben habe? Weil es längst nicht mehr nur ein Seglerproblem ist, auszusteigen und durch die Entwicklung zu einem Kurswechsel veranlaßt zu werden. Es trifft Aussteiger, Auswanderer und Urlauber genauso. Aber das ist nicht alles. Ich täte mir selber leid, wenn ich nach zwanzig Jahren nicht mehr heimgebracht hätte, als eine unauslöschliche braune Hautfarbe.

Ohne das Dritte Programm aus Puerto Rico und ohne die Deutsche Welle wäre es bestimmt schwerer auf den Antillen auszuhalten gewesen. Ich habe nie vergessen, was einst in der Lebensbaumbucht ein weitgereister Segler zu mir sagte: „Wie kannst du dich bloß in der kulturlosesten Ecke der Welt niederlassen!" Später zog er sich selber in die Wüste der Arabischen Halbinsel zurück und schrieb mir zum Trost, es sei mit der Kultur auch nicht mehr so weit her, wie ich es vielleicht noch in Erinnerung hätte.

Tagsüber kam also auf UKW Beethoven mit deutscher Musik an Bord und abends auf Kurzwelle die Deutsche Welle. Bei dieser ging es auch um Freiflüge nach Deutschland. Jeden Monat einer! Ich dichtete zwar alle Antworten auf die Stadtbummelsendungen und grüßte in Gedanken alle Freunde, wenn meine zeitaufwendigen ‚Kunstwerke' fünf Wochen später vorgelesen wurden; aber im übrigen ging es mir wie bei der Antwort auf einen ‚Stadtbummel' in einem bekannten Kurort: „Dös Bad'l isch guet geg'n Rheuma; vom Freiflueg tue i nur träuma!"

Das war einer der wenigen im Äther ungehört gebliebenen Verse, wahrscheinlich der sprachlichen Schwierigkeiten wegen. Die hatten sich in Köln mit mir als Hörer sowieso was eingehandelt!

Am Rhein waren wohl gerade neue Kräfte zu Wort gekommen. Jedenfalls verschwanden von einem Monat zum anderen aus dem regelmäßig zugesandten Programmheft die ‚Presseschau' und das ‚Kulturpanorama'. Was war los?

Als es im Radio zum ersten Mal ‚Medienschau' hieß, fing Sofia, für die ich die lebende Deutschstunde war, laut zu lachen an. „Ist denn in Köln Karneval?" Sie hatte sich unter dem neuen Titel eine Strumpfparade vorgestellt, denn ‚Medias' sind nun mal auf spanisch Strümpfe und Herrensocken.

271

„Aber nein, Sofia! ‚Media' ist auch das Wort für Mittelwert!"
Vielleicht ging es also um eine Schau von bloß mittlerem Wert? Was
stand heute schon noch in der Presse! Sie war zu einem Waschlappen-
wort geworden für Gutenbergs ehrwürdige Erfindung. Wie zu erwarten: Laute Proteste kamen aus St. Maarten!

Werner Bader als Intendant der deutschen Sendungen kam auch
gleich ‚in medias res' auf liebenswürdige Weise zur Sache. Protestiert
hätten viele, aber keiner so gut hörbar wie ich. Es gäbe heute sogar
Printmedien, solle ich mir sagen lassen! Ich lebte wohl wirklich schon
zu lange auswärts. Aber einer, der sich die Erhaltung seiner Muttersprache an der deutschen Sprachgrenze ertrotzt hatte, durfte sich
das nicht bieten lassen. Würde denn nun auch Gutenbergs berühmte
Presse verschrottet werden wie das Wörtchen, das allein die Erinnerung daran durch die Jahrhunderte aufrecht erhalten hatte? fragte ich
zurück, und Gutenberg wird mir dankbar zugenickt haben. Diese
Lanze war nicht an Windmühlenflügeln abgeprallt. Die Presseschau
kehrte wortwörtlich nach langem Gefecht ins Programm zurück.

Aber ich bitte um Geduld, denn das nächste rote Tuch war noch
viel schlimmer. In einer Sendung über Meilensteine deutscher Kultur,
angefangen bei Karl dem Großen, hieß es im Programmheft vom
September, würde ein *Kulturfeature* über das Straßburger Münster
ausgestrahlt werden. Auch Sofia rätselte an dem unbekannten Wort
herum, das in meinem Duden noch nicht stand. „Fea", das wußten
wir beide, heißt auf spanisch „häßlich". Worauf Sofia, die auch sonst
immer gleich Partei für ungerechterweise Unterdrückte ergriff,
meinte: „So häßlich ist doch die abgebildete Kirche gar nicht. Auch
wenn ihr der zweite Turm fehlt."

Die halbe Welt, die Deutsche Welle hört, spricht spanisch. Was
dachten die alle jetzt? Als Ouvertüre gab es also eine Featüre für das
neue Deutsch, das im neuen Duden wirklich schon stand, seit die
gegenwärtigen Tonangeber dort zu ‚Gegenwartssprache' machten,
was unter Schaffens- und Zeitdruck unmöglich zu übersetzen war
oder auch nur im Wörterbuch nachzublättern?

Ich jedenfalls hatte in St. Maarten viel Zeit und gut ausgeruhte
Nerven. Diese Aktion lief länger. In einem englischen Wörterbuch
fand ich so viele Bedeutungen für Feature, daß die erste Protestseite
nicht ausreichte in meinem Brief nach Köln. Dieses Kultur*feature*

symbolisierte ja nun wirklich einen Meilenstein deutscher Geschichte, genau wie die keltischen Briten Latein hatten lernen müssen, als die römischen Legionen in Britannia einmarschiert waren. Mit Langenscheidt im Rücken war ich nicht mehr zu bremsen. Und dann ausgerechnet Straßburg! Goethe hätte also unter dem Münster auch schon gefietschert? Das Fietscher als Kulturmachwerk beim deutschesten aller Sender sei wie der Mißklang des fehlenden Münsterturms: Kultur mit Schlagseite, himmelhoch! Kein Mensch in Lateinamerika verstünde, was da gefietschert werde! Das passe wie die Faust ins Fietscher! Was war bloß mit Köln los? War Englisch in meiner Abwesenheit zur deutschen Umgangssprache geworden? Da lebten rundum auf der Welt Deutsche und versuchten mühsam, Ausländern ihre Muttersprache beizubringen, die es womöglich schon längst nicht mehr gab! Ich zählte mich schließlich auch dazu, was Sofia betraf. Was ließe sich von einem Land noch an geistigem Gewinn beziehen, dessen weltweit gehörter Sender den Boden der eigenen Sprache unter den Füßen verloren hätte! „Enragiert und engagiert!" hörten damals meine Briefe auf, denn ich war selber schon ganz angesteckt von der neuesten Fietscherlosigkeit. Ich hatte ja sonst nichts zu tun, und einer mußte protestieren.

Die Wortkundigen in Köln setzten sich zur Wehr: Das englische Feature käme doch bloß von der *factura* der römischen Eroberer zur Zeit nach Julius Cäsar. Sie bemerkten gar nicht, wie sie sich dabei in die Nesseln setzten. Nur weiter so durch die Jahrhunderte mit Siebenmeilenstiefeln! ‚Glasnost' kann inzwischen auch schon jeder den Russen nachquatschen. Wenn erst ein Vermarkter das Wort, weil werbewirksam, auf ein Fensterputzmittel druckt, wird es bald zwischen Glasmalerei und Glasperle auch im Duden nachzulesen sein!

Ich schlug vor, einen der beliebten Familie-Baumann-Kurse in Neudeutsch einzuführen. Wo es doch ausgerechnet unter Landsleuten immer so peinlich war, ein Fremdwort falsch auszusprechen.

Nach einigen Monaten herzerfrischenden Hinundhergefietscheres versuchte ich es wie unter Kollegen: „Lassen Sie doch einfach sang- und klanglos dieses Brechmittel aus dem Programm wieder verschwinden!" Zu den Kostbarkeiten in meinem Privatmuseum schönster Trophäen gehört die Antwort auf diesen letzten Verzweiflungsschrei, wonach ich mit Tränen in den Augen das Programmheft abbestellt hätte: Die beanstandete Sendung heiße künftig *Kulturleben*! Vergelt's Gott tausendmal! Auch in Goethes Namen, in Sofias und im Namen des Volkes der Deutschen in Lateinamerika und allen anderen spanisch sprechenden Ländern!

Ich sagte eben absichtlich ‚Volk': ein Wort, mit dem es wohl auch abwärts geht. Sonst wäre ich nicht jedesmal so erschüttert, wenn ich von einem ganz einfachen befreundeten Indio einen Brief kriege, an dessen Ende steht: ‚Ich grüße Dich und Dein Volk und wünsche Dir und Deinem Volk alles Gute!' Die ‚Halbwilden' wissen noch, worauf es ankommt!

In der Sendung ‚Sprache ist zum Sprechen da', lieferte das Hohe Haus in Köln wenig später das einzig passende Zitat zur Rückbesinnung auf das neu erweckte *Kulturleben*: „Denn das Gemeine geht klaglos zum Orkus hinab!" Da dachte ich mir, als ich das hörte, zieh' mal lieber zweimal am längst veralteten Wasserkasten über deinen trittbrettlosen Verkaufsschlagern früherer Jahre! Don Quijote war glücklich. Zum Jahresende erbat er sich die Erfurter Gloriosa als Festgeläute und hörte sie dann auch. Nichts nachgetragen!

Gäste, die zwischendurch mit mir segelten, meinten bloß: „Du hast Probleme, Rudi!" Ich glaube, ich hatte nur Zeit, mich um die Probleme der anderen zu kümmern, und den Abstand, sie überhaupt noch als solche zu erkennen.

Dann segelten wir wieder von Insel zu Insel. In Anbetracht der hohen Kosten in Zubehörläden verkaufte ich Sumlog-Zubehör unter der Hand. Da ich schon an der zollfreien Quelle saß, leistete ich mir jedesmal ein neues Anzeigegerät, wenn das alte bei 9999,9 Seemeilen stand. Die Museumsstücke wollte ich eigentlich aufheben, hielt es dann aber doch für Verschwendung und gab sie weiter. Eins davon sollte mit HOPE davonsegeln und eins nach Pitcairn mit Jaap und Nan. Ein paar habe ich noch.

Von Bootsversicherung war schon im dritten Jahr keine Rede mehr. Die Verluste seien in Westindien inzwischen so hoch, hieß es, daß ich mir von fünf Jahresprämien ein neues Boot hätte kaufen können, aber natürlich keins gekriegt hätte. Ich legte das Geld in neuen Ankern an, schwor in Zukunft auf meinen Stockanker und später zusätzlich auf den Bruce-Anker, den ich für unübertrefflich halte. Es gab manchmal an Bord unzufriedene Gesichter, weil ich niemanden an meine Anker ranließ. Aber Ankern war für mich kein Manöver, sondern meine Bootsversicherung, und was nicht weniger wichtig geworden war, eine Haftpflichtversicherung gegen Dritte.

Im Wirbelsturmjahr 1979 sollten wir zeigen, was wir gelernt hatten.

Inseln im Hurrikan

Zehn Jahre lang waren wir glücklich davongekommen. Die Hurrikane mit den Mädchennamen hatten es auf den Kleinen Antillen gut mit uns gemeint. Dann schlugen die amerikanischen Frauenrechtlerinnen auf den Tisch, die Wetterfrösche ließen sich von den aufgebrachten Emanzen einschüchtern, und seitdem hat jeder zweite Wirbelsturm ,männlich' zu sein. Das Ergebnis liegt auf der Hand.

Da wurde aus *David* das Monstrum Goliath, aus *Frederick* ein Zerstörer, den wir nur noch den Großen nannten; und *Klaus*, der sich, wie leicht verwirrt, ausgerechnet die Niederländischen Antillen vorgenommen hatte... Nun, lassen wir das!

Radio Antilles sprach eindeutig: „*David* zieht mit 150 km/h und 945 mb auf Barbados los!" Hoffentlich kratzt er nicht die Kurve nach Norden! Jeder hofft immer, es treffe bloß die anderen; und Peter in Barbados würde wohl kein zweites Mal seine Genua an der Reling angeschlagen lassen!

Aber *David* tat, was er wollte. Am 29. August stand er östlich von Martinique, fiel über das arme Dominica her, und als ich im Radio nach französischen Nachrichten suchte, hieß es, beim Caravelle-Hotel an der Südküste von Guadeloupe schlügen bereits fünf Meter hohe Brecher auf den Strand. Der Sprecher warnte vor herumfliegenden Hausdächern und Kokosnüssen. Nichts wie ab in die Lagune, hinter den anderen her!

Die Lagune von Sint Maarten ist eine Art Binnensee hinter lauter sichelförmigen Stränden zum Meer hin, groß genug für alle Yachten der Antillen, aber nicht überall tief genug. Die Straßenbrücke zum Flugplatz öffnet sich, wenn Schiffe Zuflucht suchen.

Wir schwenkten bald hinter der Durchfahrt nach rechts, wo *Island Water World* seine Dingi-Pier hat und Peter Spronk seine flachen Katamarane baute. Ein Kielboot, das hinter uns herkam, lief schon ganz vorne auf Grund, und dort lagen sie dann auch unbequem schief. Vor denen waren wir sicher. Wir verlegten sternförmig drei Anker, jeden 40 m weit weg, und das bei brust- bis knietiefem Wasser!

David rutschte dann doch noch südlich von uns vorbei und brachte auf Sint Maarten nur heftige Böen und einen Landregen ohne Ende. Der Rumfirma flog eins ihrer Dächer weg. Aber der Regen wässerte nicht den Rum, sondern bloß die gute Stube der Geschäftsleitung. Als er aufgehört hatte, war das Haus ein Totalverlust.

Dominica aber würde mit Toten und 60 000 Obdachlosen noch jahrelang an *David* denken. Als ich dort den riesigen Elefantenohrbaum (Enterolobium cyclocarpum G.) im Botanischen Garten suchte, fand ich nur noch den Stumpf. Es war der schönste und gewaltigste Baum, der in Roseau zu bewundern gewesen war. *David* zog mittlerweile schon südlich von Puerto Rico vorbei und stürmte immer noch mit 150 Knoten dahin. Über Santo Domingo hinterließ er eine grausame Spur: Verwüstungen, daß sich keiner an Schlimmeres erinnern konnte. Alle hohen Inseln ziehen Wirbelstürme magisch an. Was der Wind nicht schafft, besorgt der sintflutartige Regen. Für uns in der Lagune war das nur ein Vorspiel gewesen. Radio Antilles meldete schon den nächsten Herrn: *Frederick*! Er sei noch 1200 Seemeilen weit draußen im Atlantik. Vielleicht zog er östlich an den Inseln vorbei nach Norden? Von wegen! Um diese Jahreszeit wollen sie alle in den Golf von Mexiko. Als *Frederick* 50 sm nordöstlich von Antigua angekommen war, schwenkte er nordwestlich und genau auf uns zu. Am 3. September bestand kein Zweifel mehr: Diesen da kriegten wir um die Ohren geschlagen.

Es fing gleich gut an. Das Beiboot stieg an seiner langen Leine wie ein Drachen hoch und verschwand kopfüber unter Wasser. Seit Keiths Geschenk an wohnungssuchende Einsiedlerkrebse fuhren wir ein ganz leichtes aus einer Glasharzschale. Ich barg es mit Flossen und Maske und wunderte mich, wie schön windstill es unter Wasser sein konnte. Dann band ich es am Ufer an einen Baum.

Keiths Mutter hatte einmal erzählt, wie sich nach einem Wirbelsturm ihr hölzernes Wohnhaus eine Meile außerhalb des Dorfes wiederfand. „Gebt euch keine Mühe, etwas zu retten!" empfahl sie ihren Kindern. „Sucht euch eine Höhle im Berg und seht zu, daß ihr mit dem Leben davonkommt!"

276

Der schlaue Skipper von EL TIGRE, einem der ganz großen Spronk-Katamarane, ließ in jeden Rumpf ein paar Tonnen Wasser pumpen, damit sein Boot bei dem geringen Tiefgang nicht umgeblasen werden konnte. Auch ich dachte mir: lieber vollaufen lassen und am Meeresboden warten, bis alles vorüber ist, als hinterher bloß noch Planken am Ufer auflesen! Keiths Mutter hatte recht: Jeder wünschte sich in eine Steinzeithöhle zurück, am meisten die Seefahrer!

Irrsinnig starke Böen schossen über die Hügelkette herunter, hinter der Philipsburg liegt, rissen tiefe Schneisen durch den Busch ins flache Wasser. 100 m vom Ufer entfernt, stand die Windsee einen Meter hoch. Natürlich hatten wir alles abmontiert, was ein Windfang sein konnte. Leider waren schon beim ersten Windstoß die beiden Bromelien abhanden gekommen. Jetzt raste eine Bö über EILANDHOPPER weg und verursachte ein solches Druckgefälle, daß der völlig dichtgemachte Steuerbordrumpf zwar nicht platzte – wie das bei Wasserhosen mit Gasflaschen und Konservendosen der Fall sein soll –, aber die sehr schwere Niedergangsklappe wurde davon aufgesaugt, kippte ohne Stellstangen nach außen und brach bei den Scharnieren ab. Hausbesitzer wußten schon, warum sie auf der windabgekehrten Seite eine Tür offen ließen. Jeder verrammelte zusätzlich seine Fenster mit Sperrholzbrettern. Es gab auf der ganzen Insel keins mehr, genausowenig wie Anker.

80 m von uns entfernt sprang ein 12 m langer Katamaran, eine windschnittige MacGregor-Konstruktion, wie ein wütender Hund an seiner langen Kette hin und her. Die Schwerter waren hochgekurbelt und sahen oben aus den Deckshäusern heraus. Das wirkte wie zwei Segel, woran natürlich keiner gedacht hatte. Hätten die Schwerter unter den Rümpfen gehangen, wäre es vermutlich nicht besser gewesen. Das war aber schon wegen des flachen Wassers unmöglich. Anker und Kette hielten das scharfe Einrucken aus, bis es passierte: Der luvseitige Rumpf hob vorne ab, als wieder einmal die Kette steif kam, stieg steil hoch, und das 12 m lange Ungetüm kippte um. Mit häßlichem Geräusch knackte der Mast im flachen Wasser vorher noch ab. „Der hat ausgelitten!" sagten wir auf spanisch. Ganz ruhig lagen die beiden Rümpfe jetzt im Wasser. Die Wellen schlugen einfach drüber. Der amerikanische Besitzer hatte mir das Boot ein paar Wochen vorher aufschwatzen wollen. Eindeutig waren die beiden Schwerter

an der Kenterung schuld. Wäre der Besitzer an Bord gewesen, hätte er auch nicht helfen können. Er konnte die herausragenden dicken Schwerter doch nicht einfach wegsprengen! Ich stellte mir nachträglich vor, wie wir darauf unsere Atlantikstürme abgeritten hätten: vor dem Wind natürlich mit hochgeholten Schwertern, dafür zusätzlich über jedem Rumpf ein Sturmsegel, nur leider viel zu weit achtern. Querschlagen wäre einkalkuliert gewesen.

Unser Ankergrund war nicht der beste: metertief Schlamm und Algen. Die Anker zogen Furchen hindurch und sammelten fuderweise Heu ein. Ich hatte sie mit Bojen markiert, damit alle anderen achtgeben konnten. Nach den ersten drei Stunden lagen alle drei Ankerbojen nebeneinander. Mit anderen Worten: Wir waren an die 80 m abgetrieben. Zum Glück ging es unserem Hintermann, einem französischen Trimaran, genauso. Uns würde wenigstens keine Leine in die Schraube kommen können. Auch das hatte schon zu Totalverlusten unter Landsleuten geführt.

Neben der Drehbrücke war ein Bananenfrachter aus Dominica gesunken. Was hinter der Halbinsel im Feld der Kielyachten vor sich ging, konnten wir nicht einsehen. Einem unwahrscheinlich häßlichen Katamaran, einem Selbstbau mit einer Art Gartenlaube an Deck, war der hölzerne Mast auf halber Höhe weggebrochen. Er lag jetzt längsseits bei einem Inselschoner aus Anguilla.

Ab drei Uhr nachmittags gab ich bei jeder Sonderbö Vollgas gegenan. Das sollte vier Stunden so weitergehen. Das Seewasser flog horizontal durch die Luft. Zu sehen war längst nichts mehr. Ich hatte die Taucherbrille aufgesetzt, seit eine Leghornhenne, oder was davon noch übrig war, an meinen Augen vorbeigesaust war. Wellblech schwirrte durch die Luft, ein Bettgestell, abgerissene Palmwedel. In der abgedeckten Hühnerfarm überlebte kein Huhn. Sie kamen alle um. Endlich Pause, aber keine nachfolgende Winddrehung. Wir hielten es trotzdem für das Auge des Sturms. Warme Suppe, Pottrum und Schlaf! Eine Schüssel voll Eigenbau-Joghurt hatte sich zersetzt.

Kurz nach Mitternacht ging es weiter. Ich hielt es für Windstärke 9, aber am Flughafen, so hieß es später, war es mehr gewesen. Unsere Peilung stand jetzt; das heißt, das Bettgestell, das auf einer Schlammbank 10 m links von uns gelandet war, blieb in Linie mit einem Busch am Ufer.

Eine ortsgebundene neue Methode half uns über die nächste Runde, die zwölf Stunden lang bis zum nächsten Mittag andauern sollte. Unser Motor sitzt ja rechts hinten. Die Ruder waren hochgeklappt. Gab ich Vollgas, schwenkte das Boot vor Anker nach links weg. Beim ersten Versuch erschrak ich, denn wir waren aufs Ufer zu in dieselbe Schlammbank gesaust, in der schon das eiserne Bettgestell steckte. Aber der Sturm hatte uns wieder losgearbeitet. Daraus machte ich ein Prinzip: Wir wanderten zwischen gestreckter Kette und Schlammbank hin und her.

Per Funk hörten wir, wer inzwischen gesunken oder havariert war. Überall lagen auch am Lagunenstrand Boote am Ufer, eine kleine rote Kielyacht gleich hinter uns auf den Steinen. Wann war sie eigentlich an uns vorbeigetrieben? Vor uns saß ein Motorkreuzer auf einer Schlammbank. Wir hatten noch beobachtet, wie ein Bootsmann mit dieser bekannt eleganten Bewegung einen Danforth-Anker über Bord schleuderte, bevor es ernst wurde. Wir sahen einen Trimaran auf der Straße zum Flughafen liegen, aber wenigstens war keiner in die jenseitige Brandung der offenen Meeresküste gefallen wie Jahre später einer bei Hurrikan *Klaus* in St. Barthélemy. Ein japanischer Trawler hatte die Philipsburger Überseepier verlassen müssen, da er dabei war, sie abzumontieren. Es gab Tote, als er sich bei Fort Amsterdam vor dem Leuchtfeuer, das nicht mehr brannte, auf die Küstenfelsen setzte und dabei das Überseekabel durchtrennte. Für eine Weile also keine Telegramme und Fernschreiben mehr! Elektrizitätswerk und Seewasserentsalzungsanlage standen still. So schnell war eine hochentwickelte Insel außer Gefecht zu setzen! Endlich wurden die Böen seltener, blieben aber noch gleich stark.

Frederick erholte sich über Hispaniola und Kuba. In Texas und im nördlichen Mexiko würde es später heißen, er sei der schlimmste Hurrikan im Jahre 79 gewesen. Dort war er mit 200 Knoten doppelt so stark wie bei uns. Da hörte für uns, die wir nur die Hälfte davon abgekriegt hatten, jedes Begriffsvermögen auf.

Wir füllten inzwischen schon an Deck Regenwasser in Kanister, Eimer, Waschtröge und kräftige Müllbeutel. Es würde lange kein Trinkwasser geben, denn Philipsburg stand einen Meter unter Wasser.

Die Holländer sind bekannt als Meister in der Kunst, dem Meer ihr

Land abzuringen. Vielleicht nicht ganz so gut war die aus Curaçao im Süden stammende antillianische Verwaltung, die auf Sint Maarten das Sagen hat. Da alle untereinander wie ein Geheimbund Papiamento sprechen, macht sie das von vornherein schon verdächtig. Mafiosi aus Kalabrien und Sizilien, die Mailand und Turin verwalten würden, hätten dieselbe Wirkung auf die schon immer da Ansässigen.

Zwecks Landgewinnung sollte also die einstmals romantische Salzlagune hinter der Stadt, die nur aus zwei Straßen bestand, aufgefüllt werden; da sowieso keiner wußte, wohin damit, am besten mit dem Müll der ganzen Insel! Bis dahin war die Lagune groß genug gewesen, Schwankungen im Wasserstand auszugleichen. Was zuviel war, lief durch die Kanäle ins Meer. Aber wozu noch Kanäle, wenn es keine Lagune mehr gab? Natürlich war das Wassereinzugsgebiet dasselbe geblieben; vielleicht ein Drittel der ganzen Insel.

Das Hochwasser suchte sich nun selber seinen Weg zwischen den Häusern der Back Street und Front Street hindurch, füllte nebenbei den Leuten ihre Hauszisternen mit stinkendem Dreck, und was an Müll nicht bis ins Meer gespült wurde, blieb unterwegs hängen: die leergetrunkenen Heinekenflaschen der ganzen Insel, unvorstellbar viel Abfall, der sich nicht beschreiben läßt, und Schiffsladungen von Plastikschaumteilen, die alle Radio- und Kamerahändler auf der Insel jeden Abend als nutzlos gewordene Verpackung vor die Geschäftstür stellten. Man sprach bereits vom ersten Typhusfall. Der Spekulatius-Supermarkt war für immer verschwunden, die Konkurrenten hatten gleich weiter oben gebaut.

Besonders bemerkenswert war, warum es keinen Strom und kein Trinkwasser mehr gab. Beide Anlagen standen in Ufernähe einer abseits gelegenen Bucht. Beide brauchten Wasser zum Kühlen und zur Trinkwassererzeugung. Aber die Ansaugstutzen fürs Wasser waren ohne schützendes Sieb, wer weiß, warum. Unvorsichtige Fische waren zwar schon früher unbemerkt ins Rohrsystem geraten und auf ihre Weise ,entsalzt' worden. Aber diesmal wurden Unrat und Buschwerk von den Bergen ins Meer gespült. Von dort gerieten sie in Feinstverteilung überall hin, wo gekühlt werden sollte, bis hin zum winzigen Kugelkaktus im Knierohr des Manometers! Es sollten Wochen vergehen, bis die ganze Anlage auseinandergenommen und nach Buschwerk, toten Schweinen und Hennen abgesucht war. Das ließ mich wieder an die witzige Geschichte denken, die vor vielen Jahren und vermutlich nur noch von wenigen erzählt, auf allen Rumpunschpartys den größten Lacherfolg hatte: Da hatte die Europäische Gemeinschaft oder eine ähnliche geldstrotzende und mildtätige Organisation den Philipsburgern große Stromgeneratoren geschenkt. Bevor noch die Glühlampen auf der Insel richtig warm wurden, waren sämtliche Lager hoffnungslos verschmort, weil einer das Schmieröl ins falsche Loch gegossen hatte. Aber ich schreibe ja hier keine Karnevalszeitung!

In Sint Maarten war man daran gewöhnt, daß große Tanker das Trinkwasser aus Guadeloupe heranschleppten und die ganze Insel damit versorgten. Zu einem entsprechenden Preis! Gewöhnt hatten sich auch alle daran, daß der große Ersatzgenerator der Rumfabrik von Fall zu Fall die Beleuchtung von Philipsburg übernahm. Es sollte nicht mehr lange dauern, dann würden in dieser Beziehung in Philipsburg für immer die Lichter ausgehen. Der Duft von Melasse vor der Hafeneinfahrt, der uns bei jedem Vorbeisegeln so verlockend in die Nase gestiegen war, verwehte mit dem Wind wie so vieles andere auch.

Ersatzweise darf ich in diesem Zusammenhang eine andere Geschichte erzählen. Es wird bald auf diesen Seiten davon die Rede sein, daß es für uns nicht möglich war, auf der ‚Nederlandse Kant‘ von Sint Maarten ansässig zu werden. Die Insel lief diesmal gerade von angeschwemmten Einwohnern aus Aruba über, der Ölinsel aus dem antillianischen Dreigestirn im Süden, zu dem sonst noch Bonaire und Curaçao gehören.

Auf Aruba hatte man sich wohl gedacht: Was sollen wir die fünf Schwesterninseln miternähren, für uns reicht es allemal! Genauso dachten übrigens Jahrzehnte früher Trinidad und Jamaika, die starken, und brachen die von England gewünschte Westindische Föderation auseinander. Daher entstand eine Inselkette von Kleinstaaten, jeder einzelne von der Bevölkerungszahl her kaum eine Kleinstadt; aber unabhängig. Bei den Vereinten Nationen und anderswo freuten sich manche über den Stimmenzuwachs.

Diese unabhängigkeitssüchtige Insel Aruba war von einer der Welt größten Erdölraffinerien wie ein Schorf bedeckt. Wenn man vorher tüchtig Druck ausübte (Kindermord war eine beliebte, persönlich aufzufassende Drohung) und noch höhere Steuern herauspreßte, dann war die Unabhängigkeit für immer gesichert. Die Erdölprinzen aber lachten und schlossen den Hahn und die Tore. Dazu sagten sie wohl: Bevor wir in die Knie gehen, geht es mit euch bergab! Seit damals hatte die Wirtschaftswunderinsel Sint Maarten den verarmten Brüdern aus dem sonnigeren Süden Asyl zu gewähren. Zum Glück gehören ja alle sechs Inseln wieder zusammen! Es fehlt seitdem eigentlich nur das Petroleum und der Rum.

Die Folgen von *David* und *Frederick* waren nicht von heute auf morgen zu beseitigen. Das Schlimmste für die am meisten betroffenen Yachties: Wenn alle anderen, denen nichts passiert war, wieder ihrer geregelten Beschäftigung nachgingen oder sich auch nur im Liegestuhl an Deck sonnten, als wäre das Wetter immer so schön gewesen, saßen sie selbst auf den Trümmern ihres Existenztraums. Wir jedoch hielten es noch wochenlang in der Lagune aus, wechselten bloß unseren Ankerplatz und hörten vom Ufergesträuch her nachts wieder das seit einem Jahrzehnt vertraute Lied zirpender Grillen und pfeifender Baumfrösche.

Unter den entblätterten Kuhakazienbüschen lagen abgeworfene Baumaufsitzer. Einen nahmen wir zur Erinnerung an *Frederick* mit und nannten ihn Rex. Nein, nicht wegen Fridericus Rex! Vielmehr hieß ein lieber Hund bei Freunden an Land so, seit er als kleiner verwahrloster Kerl wenigstens zehn Jahre früher bei der Gartentür stand und an Kindes Statt angenommen worden war. Ein Wunder, daß Rex nicht sprechen lernte; aber er verstand jedes Wort.

Unserem Rex ging es ähnlich gut. Er wurde umhegt und gepflegt, wie kein zweiter auf den Antillen. Genau zwei Jahre später, als wir ohne Pässe die Hurrikanzeit in St. Barthélemy verbringen mußten, trieb er auf Johanns Arm einen Schaft in die Höhe und blühte über einen Meter hoch. Zu Weihnachten wurde Rex mit Lametta und bunten Kugeln geschmückt, und sein Bild ging um die Welt.

Der vierbeinige Rex sollte noch den Absprung nach Europa schaffen. Unser eigener aber siechte nach der Blüte nur noch dahin, besonders auf unserem wind- und sonnenausgesetzten Johann. Dann gab es eines schönen Nachmittags eine würdige Prozession: mit Rex im Dingi an Land, mit Bindfaden zum Festmachen und einer Flasche Regenwasser zum Gießen! Über unserer heimatlichen Austernbucht lag ein Wäldchen; dort stand ein starker Baum, auf dem schon andere Baumaufsitzer saßen. Aber bitte auf die Ostseite mit mir, wo der Regen herkommt, und in den Schatten unter großen Zweigen! Ja, Rex, wir verstehen! Es war später jedesmal wie ein Gang zum Friedhof: Rex besuchen und Regenwasser in seinen durstigen Blattkelch gießen.

Es gab auch gleich einen Nachfolger, den Johann in die Arme nehmen durfte. Schließlich mußten wir auch an ihn denken, der sich so an seine Genossen gewöhnt hatte. Diese kleine Last hatte ihn beim Steuern überhaupt nicht belästigt.

Der allerletzte Rex aber durfte auf EILANDHOPPER nur eine Gastrolle spielen. Wir brachten ihn noch vor der Blüte auf seinen alten Baum zurück, einer Stelle, von der er die ganze Bucht überblicken konnte. Dort oben sollte es ihm besser ergehen als dem Katamaran zu seinen Füßen. Der lag dort unten einsam und so gut wie vergessen: an drei Ankern, die vor Zukunftssorgen verängstigt in drei Himmelsrichtungen wiesen wie einstmals die langen Antennen der großen Langusten unter den Korallenköpfen. Keiner von uns konnte EILANDHOPPER mehr helfen, aber der Kampf zweier Seelen in einer Brust soll nicht neuerdings auflodern. Hast du ein Recht an mir erworben, daß ich für immer bei dir bleiben muß? Bin ich nach vielen Jahren die Verpflichtung eingegangen, dich niemals allein zu lassen? Da gibt es Menschen, die halten es nur für eine schöne Mär, daß dem Erdenkloß eine Seele eingehaucht worden sei. Doch sogar EILANDHOPPER war weit mehr als bloß eine starre Masse aus Sperrholz, Schrauben und Glasharz.

Die Zeiten änderten sich. Es sollte ein Tag kommen, an dem Antigua für immer achteraus rückte. Zum letzten Mal würde ich dann aus English Harbour hinaussegeln. Wem fiele dabei, wenn die Säulen des Herkules sichtbar werden, nicht jedesmal wieder ein, wie hier vor zwei Jahrzehnten das kleine HOBBY nach wochenlanger Reise über den Atlantik angewackelt kam? Schwer zu glauben, was es geleistet hatte.

Und was sahen wir an diesem letzten Tag? Einen riesengroßen französischen Katamaran! War das etwa keine Genugtuung für HOBBYS ehemaligen Kapitän, dieser Erfolg auf zwei Rümpfen, an den damals noch keiner außer ihm so recht glauben wollte? Wenig später sollte derselbe große Katamaran schon wieder in Kiel sein und bald darauf bei der Regatta um Europa zum Totalverlust werden; heruntergekommener Mast, eingeknickter Rumpf! Für die FLEURY MICHON VII war dieser Törn nach Antigua nichts weiter als eine kurze Übung gewesen und nicht der Anfang zu einem langen und schönen Lebensabschnitt voller Abenteuer und Erlebnisse.

Diese neuen Mehrrumpfboote schienen sehr kurzlebig zu sein. Sie kosteten vielleicht hundertmal soviel wie einst HOBBY, segelten aber keineswegs hundertmal so schnell. Sie waren gerade gut genug als Reklame für einen Werbefeldzug, genauso wie einst bei den Wannenmachern die Leda mit ihrem schönen Schwan. Nur der Maßstab hatte sich geändert. Wo blieb da noch Raum für Träume?

Briefe mit Folgen

Erinnert sich jeder an den Schildersammler von Autonummern? Da waren die Folgen leicht auf die Schulter zu nehmen. Heute aber traf ein Schreiben von einem Bildersammler ein, der ein Titelbild suchte. Die Vorgeschichte ist ohne grünes Pistazieneis bei der Kleinen Pier schneller erzählt.

Es hatte damit angefangen, daß ein Segler aus Bremen einen netten Brief schrieb, er habe aus zweiter Hand einen Bobcat in Holland gekauft; so einen wie HOBBY! Mein Buch, bei der Besichtigung noch an Bord, hätte bei der Bootsübernahme leider gefehlt. Den Titel hatte sich keiner gemerkt. Ein halbes Jahr habe es dann gedauert, da überschrieb ein A-Cat-Segler eine Flautenregatta in Oberbayern mit ‚Weit, weit voraus liegt Starnberg!‘ Das müsse der Autor sein, dachte der Bremer gleich. Aber er war es dann doch nicht; er kannte ihn bloß! (Und leistete sich trotzdem so ein geschmackloses Plagiat!)

Leider besaß auch ich kein übriges Exemplar. Aber es gäbe ja Leihbüchereien, und da ließe sich vielleicht kopieren. Der Rat war gut. Der Segler besaß wirklich eine Nichte mit Zugriff zu allerlei Bibliotheken, und eine Kopiermaschine war auch zur Hand. Damit, glaubt jeder, sei alles gut. Mitnichten!

Die Nichte brachte den Stoß Kopien zum Buchbinder, der glaubte, das sei die nächste Doktorarbeit. Die erste lag gerade fein säuberlich gebunden zum Mitnehmen da. Damit war es für eine Neuausgabe nicht mehr so dringlich, denn *Eilandhoppers* lesegewandte, seefeste und sogar in steilen Dolomitenwänden absolut schwindelfreie neue Bordfrau besaß schon ihr Exemplar.

Da lag also in meinem teuren Postfach der eingangs erwähnte Brief mit einer unbekannten und eher krakeligen Handschrift: „Haben Sie vielleicht für mein hausgemachtes Exemplar Ihres alten Buches ein Titelfoto im Format DIN A 4? Seit fast dreißig Jahren leide ich an kalten Füßen. Sobald ich Ihr Buch in die Hand nehme und aufschlage, wird mir gleich ganz warm. An meiner Unterschrift werden Sie es ja sehen: Wir Finken lieben die Wärme, sind deshalb den Zugvögeln beizuordnen und haben aus diesem Grund was gegen Italien, so warm es dort auch sein mag. Es wäre schön, wenn sie für die blanke Umschlagseite ein Bild hätten, damit mir schon warm wird, wenn ich bloß hinschaue!" Der so wärmebedürftige Buchfink hatte mit ‚Antje' unterschrieben. Charles Darwin hätte an Antje seine Freude gehabt, weil sich im Lauf der folgenden Jahre ein weiterer Beweis für die Wandelbarkeit der Arten anbieten sollte, in diesem speziellen Fall in einer eher wunderlichen Domestikation vom Buch- zu Distel- und Bergfink. Einige Studiosi mögen gerade das für signifikant in der heutigen Zeit halten.

Antjes Namen würde sich später im niederländischen Sint Maarten heimisch fühlen, wie es schon EILANDHOPPER ergangen war. Wie oft war der arme Hopper beim Einklarieren auf englischen Formularen nach Island verbannt worden!

Noch lange vor den Sextener Zinnen waren natürlich die Abgründe unter den Säulen des Herkules fällig; damals aber ein bereits völlig überflüssiges Ritual. Bis dahin hatten wir längst zusammen die nördlichen Antillen abgegrast, wo sie am flachsten sind oder am steilsten, und niemals einen Kratzer abgekriegt. Wir hatten in vollen Zügen mit dem allergrößten Löffel die Karibische See ausgeschöpft, und kein Mensch hätte unser leidenschaftliches Scharren über Korallenbänke oder Karibenfeuerstellen bemerkt. EILANDHOPPER selber hatte niemals vorher so schön gefährlich gelebt. Wie oft ankerte unser Heim an so fernen Riffen, daß am dritten Tag mit dem Glas der Horizont abgesucht wurde, ob sich denn nirgends ein anderes Schiff oder Lebewesen zeige. Nach einem Jahr waren alle Rosinen aus dem Antillenkuchen herausgezupft, die es vielleicht noch unbemerkt irgendwo gegeben hatte. Von kalten Füßen wurde nie wieder gesprochen.

Natürlich war EILANDHOPPER selber auch nicht schwerhörig und dachte sich bald: „Diese Bordfrau möchte ich bei mir behalten! Endlich mal jemand, der nicht bloß rechts oder links sagt und jedesmal erst zurückgefragt werden mußte: Von vorne oder von hinten gesehen? Jetzt darf ich endlich mal zeigen, was in mir steckt. Zeit ist's ja!"

Noch jemand machte sich seit langem Gedanken: Minou! Hinter ihren ängstlich runden Augen arbeitete es im Kugelköpfchen: „Jetzt muß ich auf zwei aufpassen!" ermahnte sie sich.

Minou war vor vielen Jahren an Bord gekommen und wurde natürlich nur von Matilda, der Kaltblütlerin, für ein echtes Koala-Bärchen gehalten. Aber Minou war viel mehr als bloß eine Liebhaberin von frischem Eukalyptusgrün, auch wenn sie ganz gerne in meinem Stammlokal neben der Vase mit den einfach roten Hibiskusblüten saß und nach oben starrte, ob denn nicht bald das nächste Blatt zu ihr auf die Tischplatte fiele.

Minou war kein Strohkopf, sondern besaß ein großes Herz, was ihr jeder ansehen konnte, und war deshalb eines Tages von ärztlicher Hand Mareva verschrieben worden, um ihre düsteren Gedanken zu verscheuchen. Mareva saß damals häufig nächtelang an Deck und blickte nach Süden, wo das große Kreuz am Himmel steht, und von da eine Handspanne nach links. Dort unten war sie zu Hause gewesen, und dort oben blinkte ein wundervoller Riesenstern wie eine Leuchtkugel, die herabzufallen vergessen hatte. Dort oben wollte Mareva einmal für immer ruhen, wenn es soweit wäre. Sie konnte damals nicht ahnen, wie wenig Zeit ihr noch blieb. Minou hatte die ganze Geschichte aus nächster Nähe miterlebt und war deshalb eine von den zutiefst Leidgeprüften an Bord.

Das fing schon mit Moppel an, ihrem Reisegefährten in die Karibik. Aber Moppel war viel größer, stammte auch aus einem viel besseren Geschäft und hatte ganz andere Gedanken im Kopf. So war ihr Moppel bei allem Bedauern eines Tages abhanden gekommen; Minou steckte sich von nun an bunte Glasperlen ins Ohr, kriegte auch so ein Kettchen, wie ich es hatte, nickte mir dankbar zu und sagte bloß: „Wir bleiben einfach, gell!"

Nach Marevas Abhandenkommen stürzte sich Minou auf neue

Aufgaben. Sie durfte auf allen Reisen dabei sein, paßte über den Abgründen der Anden auf, daß wir mit unserem Autobus nicht hinunterstürzten wie andere vor uns, und seit jenem Tag bei den Blasrohrindianern hing Minou mit vollem Herzen an mir. Da hatte sie doch in einem unbewachten Augenblick ein vorwitziger oder eifersüchtiger Tukan mit seinem dreimal so großen Schnabel gepackt, wie Minou in der Länge maß, und wollte sie aus dem Weg schaffen, das heißt, zuerst auf einen Urwaldriesen und dann natürlich den Pirayas vor das Sägegebiß. Das alles geschah an einem kleinen See mitten auf einer Insel, die auf allen Seiten vom Amazonasstrom umflossen war. Minou hatte es von oben überblicken können. Zu ihrem Glück plumpste sie nicht ins Wasser, sondern auf den riesengroßen Teller einer Victoria Regia und saß dort mit ausgebreiteten Ärmchen, bis ich sie aus ihrer Lage befreite.

Diese Zeilen waren nicht verschwendet. Minou gehörte seit alten Zeiten zur Stammbesatzung an Bord, wirkte aber immer bloß bescheiden im Hintergrund; sie wußte aber natürlich alles, sah auch alles; und jetzt im Augenblick sitzt sie neben dem Blumentopf mit den völlig unkaribischen Riesenblüten des Hibiskusstrauchs aus dem Hollandladen, und jeder kann sich denken, was sie mir zuflüsterte, als sie die zum ersten Mal sah: „Wenn sich das bei uns drüben herumspricht unter den einfachen roten Blüten an der Backsteinmauer des Inns, was hier für eine Verschwendung getrieben wird! ‚Die sind ja alle verrückt!‘ werden sie sagen!“

Jeder kann es aber auch ihrem Gesicht ansehen, was sie noch denkt: „Laß ihn doch schreiben, was er will! Ich weiß es besser; aber ich schweige!“

Eigentlich war Minou in allem Ernst am Anfang dazu ausersehen gewesen, die Geschichte dieses Buches zu erzählen. Sie hätte es vielleicht wirklich besser gemacht; aber als sie von Skifahren hörte, winkte sie ab. Verzeihlich, denn am höchsten Berg Perus war sie fast für immer in eine Gletscherspalte gefallen. Mit mir zusammen! Das wollte sie kein zweites Mal.

Kein weiteres Wort mehr darüber! Minou kam aus Berlin und war helle, und auch Antje war dort zur Welt gekommen. Vom ersten Tag an waren die beiden also ein Herz und eine Seele! Die größte Überraschung sollte bald im dicken Briefumschlag folgen. Ein Telegramm ging nach Hause ab, darauf das Wühlen einer besorgten Mutti auf Dachböden in Kisten und Schachteln mit längst abgelegtem Kinderspielzeug begann. Jetzt hat sich Minou auch noch um ihr „Baby" zu kümmern, dem bloß leider schon von Generationen früherer Antjes das dünne Fell weggeschmust und abgeknabbert worden war. Das Teddybärchen war so winzig und paßte so genau in Minous Arme und aus lauter Mutterglück vergaß sie zu sagen: „Für so was Mickriges sollen wir Koalabären einmal Vorbild und Pate gestanden haben?"

Alle vorhergegangenen Mutproben waren dann nichts im Vergleich zu jenem Ritual, das auf uns alle zukam oder dem wir über den Rubikon entgegendrifteten.

„Was, von einem Schiff kommen Sie beide?" Damit wischte der Pfarrer – von Sint Maarten natürlich – unser zaghaftes Ansuchen schon halb vom Tisch. „Das passiert hier dreimal jede Woche!" fuhr er ziemlich ärgerlich fort. „Da steigen zwei bisher völlig Unbekannte in Florida auf ein Kreuzfahrtschiff, und wenn sie hier an Land gehen, wollen sie bei mir schon heiraten!"

„Aber wir sind keine Kreuzfahrer. Wir leben seit Jahren in diesem schönen Land auf unserem Boot. Unser Gesuch nach einem festen Wohnsitz liegt bloß seit einem Jahr unbeantwortet in einer Schublade."

„Ohne festen Wohnsitz geht bei mir nix. Vergessen Sie das!" Damit war für uns auch die zweite Hälfte vom Tisch. Mißlungen unser Versuch, den geraden Weg zu gehen.

Aber es gibt schließlich noch mehr Inseln. Warum es nicht woanders probieren? Wir fanden tatsächlich eine Insel, wo noch nie zuvor ein Kreuzfahrtschiff geankert hatte und deshalb auch kein Geistlicher vorher versucht worden war. Aber es gab dort auch kein Gold und Silber in jedem zweiten Laden, von Trauringen überhaupt nicht zu reden. Nicht einmal eine Krawatte gab es für mich, der ich schon gar nicht mehr wußte, wie sie zu knüpfen war.

Unser Informationsgespräch verlief ebenfalls kurz: „Hier heiratet selten jemand. Deshalb wird bei uns nur alle halbe Jahre getraut. Der Termin ist aber fast da. Entweder übermorgen oder nie!" wurde uns lächelnd ans Herz gelegt. „Und die Trauzeugen?" – „Die sind für gute Worte zu haben." Nicht einmal eine Flasche Champagner hatten wir von der Freibeuterinsel mitgebracht, so hatte uns Philipsburg verschreckt. Wir wollten uns ja eigentlich bloß informieren und einen Termin festsetzen. Aber jetzt lag der Rubikon wirklich hinter uns.

Unsere Trauzeugen erwarteten uns im besten Sonntagsstaat. Es waren zwei reizende Damen, und jede war dreimal so dick und voll wie die Braut und im Gegensatz zu ihr in allerliebstem Pechschwarz. Worauf sie mir zutuschelte: „Nach dem heutigen Tag kann uns nur eine hellere Zukunft winken!" Wir waren beide ob dieser äußeren Umstände sehr vergnügt. Um so verwirrender war dann die Zeremonie. „Die setzen aber auch alles voraus! Wir heiraten doch nicht jeden Tag! Wenn wir wenigstens vorher bei einer anderen Trauung hätten zuschauen können!"

Draußen lief der ganze Ort zusammen. Die hatten das offenbar auch schon lange nicht erlebt. Wer hat schon das Geld zu heiraten, die halbe Insel zu füttern und betrunken zu machen!

Jedenfalls glaubte man uns hier aufs Wort, was wir sagten, beide Hände auf der Bibel. Dank sei ihr und lang lebe die Königin!

Das Fehlen zweier Eheringe störte die Zeremonie nicht weiter. Wer konnte sich dies schon leisten! Das ging alles so herrlich flott vorüber und war kaum zu verfolgen; bis ich doch noch zuletzt bedauernd die Schultern heben mußte. „Was war das eben?" flüsterte ich meiner Frau zu.

Freundlich lächelnd war ich bloß aufgefordert worden: „Now give your bride a kiss!" Wie bitte? Kuß hatte ich schon verstanden. Aber deshalb waren wir doch gar nicht hergekommen! Ach so! Ein Aufleuchten ging über unser Gesicht. Jeder drehte sich um und umarmte seine Trauzeugen! Patricia und Carmencita freuten sich über die unerwartete Zugabe.

Das anschließende Hochzeitsfoto soll uns erst einmal einer nachmachen! Es erinnert an eine Pralinenschachtel, wo sich unter lauter pralle, tiefschwarze Schokoladekugeln aus Versehen zwei Ingwerstäbchen in weißem Zuckerguß verirrt hatten!

Nun sollte noch einmal ein deutsches Konsulat schreiben, ich bekäme keinen Paß mehr und: Da könne ja einer aus Honolulu kommen und behaupten, er brauche einen. Mir sei wohl nicht klar, daß ich ohne festen Wohnsitz ‚im bürgerlichen Sinne gar nicht existent' wäre!

Nun ja! Wir haben auf diesen Seiten viel übersprungen! Mit diesem Foto in der Hand hätte ich im erstbesten afrikanischen Staat einen Personalausweis bekommen. Die Trauzeugen würden genügen.

Antjes erste Worte auf der Straßen waren: „Nimm gleich mein seidenes Kopftuch vom Hals; du brauchst jetzt keine Krawatte mehr!"

„Ja, danke! Nur schnell zum Boot und in die Badehose!" Aber wir liefen dann doch noch suchend die glutheiße Straße lang und schauten lange in jeden der drei düsteren Läden. „Haben Sie vielleicht eine Flasche Wein zu verkaufen?" Nach was anderem fragten wir gleich gar nicht erst.

Bis wir vor vor einem Ladenfenster standen, wo eigentlich Bügeleisen, kitschige Blumenvasen und alle möglichen Sorten Trinkgläser angeboten wurden. „Guck mal, was da als Blickfang zwischen den Weingläsern steht! Meinst du, die ist echt und auch noch voll?" Da stand eine Flasche mit dem gelblichen Etikett aus Reims!

Fragen kostete nichts. Wir durften die Flasche kaufen. Die Gläser dazu hätten wir schon selber, antworteten wir. Auf die Verkäuferin wirkten wir sonderbar in unserem Aufzug. Komische Touristen, die nicht einmal ihren Phantasiepreis herunterhandelten! Um uns wenigstens in ein längeres Gespräch zu ziehen, stillte sie vorerst ihre Neugierde mit der berechtigten Frage: „Sind sie verheiratet?" – „O ja!" – „Wieviele Jahre schon?" – „Knapp eine Stunde!" Sie kriegte den Mund so schnell nicht wieder zu. „Komm, Antje!" Wir ließen sie lachend zwischen ihren Bügeleisen zurück.

Auf der Straße tuschelte das ganze Dorf und starrte uns wie zwei Paradiesvögel an, die aus Versehen in einen Hühnerhof geraten waren: Im einen Arm hatte ich die weiß gekleidete Braut mit dem Myrtensträußchen von der Urgroßmutter im hellblonden Haar; im anderen Arm die dicke Flasche, schamhaft ins Seidentuch gewickelt. Diese Amerikanerinnen steckten sich doch sonst immer eine Hibiskusblüte ins Haar! Das war man gewöhnt. Aber so einen unansehnlichen Zweig von einem grünen Busch? Vielleicht eine neue Sekte?

In der Eistruhe an Bord war kein Platz mehr für die dicke Flasche. Da wartete bereits seit gestern abend die Trüffeltorte. EILANDHOPPER wollte auch gelobt werden. Unsere Einbauküche und die neue Köchin erwiesen sich als höchsten Ansprüchen gewachsen. Sonst gab es nur noch eine riesengroße Thermosflasche aus Taiwan zum Warmhalten von Reis für eine ganze Kompanie Soldaten. Wir packten die Flasche zwischen Eiswürfel hinein.

Beim Herausholen gab es einen fürchterlichen Knall. Antje stürzte herbei. Einen Ehering hatte ich noch nicht, aber ein entsprechend großes Stück Haut fehlte schon am Finger! Die erste Schramme hatte ich weg. Dem Champagner hat es nicht geschadet.

„Ach was!" rief Antje, die beim Roten Kreuz in Uganda schlimmere Verletzungen von Handgranaten gesehen hatte. „Scherben bringen Glück! Wir holen bloß den Polterabend nach!"

Vielleicht lag es wirklich an den Scherben, daß uns in diesem Jahr Hurrikan *Klaus* kein Härchen krümmte.

SEGELN AUF DEIBEL
KOMM RAUS

Sieben Jahre lang war mein Unterwasserschiff ohne Schrammen geblieben; aber nun war in Martinique ein neuer Anstrich mit Antibewuchsfarbe fällig. Ich hatte ja Hilfe an Bord!

Erster Hafen: Gustavia auf St. Barthélemy, nur zum Kennenlernen. Das waren noch Zeiten, als sich die zollfreie Insel über jeden Segler freute! Ausklarieren sei nicht nötig, hatte die charmante Beamtin oben im Gemeindehaus geantwortet und das Lesezimmer nebenan für verregnete Tage empfohlen. Eine ganze Hurrikanzeit lagen wir mal dort. Wer kam sonst schon hin! Die Insel ist inzwischen „kriegswichtig" geworden, Fotografieren beim alten Fort über dem Hafen verboten. Seit der Bunker auf dem Hügel mit Antennen für Satellitenempfang bestückt ist, hat die französische Marine ein Hafenkommando eingerichtet. Das Mittelmeer hat uns erreicht. Selbst außerhalb des Hafens zu ankern, ist nicht mehr umsonst.

Pflichtgemäß zum Einklarieren schon an Land, sahen wir zwei in weißer Marineuniform von einer Barkasse aus in unser Cockpit klettern. Die Tischplatte hatten wir vor zwei Tagen mit neuer Farbe auf Hochglanz gemalt. Bei der Rückkehr lasen wir, was da mit Filzschreiber unauslöschlich daraufgeschrieben worden war, denn ein Papier konnte ja wegfliegen! Wir hätten sofort einzuklarieren! Unwillkürlich fällt einem Marcel Bardiaux wieder ein und sein Zorn, als er English Harbour anlief. Was sind wir dagegen schon abgehärtet!

Bloß nicht an meine erste Ankunft in English Harbour zurückdenken, als der Polizist im Sonntagsstaat vom Ufer aus freundlich winkte und noch kein Kohlepapier zum Durchschreiben der Anmeldung besaß! Inzwischen ist Entwicklungshilfe in vielfältiger Weise wirksam geworden, am auffälligsten bei der Ankunft: in Form der meterdicken, gelb angestrichenen Zolltonnen, die ein Quarantänegebiet quer durch die bisher so gastliche Freeman's Bay markieren. Hier muß jedes ankommende Schiff erst einmal festmachen, bis die Behörden erscheinen. Es lägen noch mehr solche Tonnen im Hafenbezirk herum, aber im Wasser war nicht soviel Platz.

Wir kamen gegen 18 Uhr an. Da war die Visite schon vorüber. Good-bye, Dinner bei Kerzenschein im Admiral's Inn. Die nächste Visite käme erst morgen gegen neun, wußten die Segler von den anderen sechs Booten, die ihre gelbe Flagge unter der Saling gesetzt hatten.

Man muß sich vorstellen, hier hatten auch die Superyachten aus der Golfkriegregion festzumachen! Während der Bordhelikopter mit den Besitzern zu einem französischen Dinner auf der Nachbarinsel abbrauste, raste bereits ein Luftkissen-Beiboot zur Wasserpier, um die Versorgung mit Frischwasser in die Wege zu leiten. Würden auch die Geduld üben, weil es den einheimischen Herren so paßte?

Einer konnte sich wohl mit der Prozedur nicht abfinden, ausgerechnet in der Nacht, nachdem wir eingelaufen waren. Er hatte beim Verlassen des Hafens den Betonklotz, an dem die Tonne hing, samt dieser ,losgeankert' und war damit vor die Hafeneinfahrt motort, wo er das Ungetüm vermutlich versenkte. Bravo, du Heldenmütiger!

Die Aufregung bei Sonnenaufgang war groß. Keinen interessierten unsere gelben Quarantäneflaggen. Die zuständigen Herren von der Hafenbehörde sahen nur noch rot. Sie suchten den ganzen Tag mit Tauchern nach der verlustig gegangenen Tonne im offenen Meer. Wir warteten bis zum Abendessen umsonst auf den Besuch der Behörden. Was blieb uns anderes übrig: Wir holten die Mutprobe unter den Säulen des Herkules nach! Als die zweite Nacht einbrach, segelten wir nach Süden weiter.

Ich war sonst immer gut mit diesen Herren ausgekommen. Nur fotografieren ließen sich sich nicht von meinen Gästen. „No picture, please!" Französischen Rum lehnten sie auch ab. Das sei Gift. Sie kriegten ein Glas Rotwein und wünschten sich Eiswürfel dazu. Manchmal auch Zucker. Die Formulare waren längst vierfach und schrieben auch ohne Kohlepapier durch. Die Angabe über Körpergröße in Fuß und Zoll war abgeschafft, genauso die Frage, ob einer weiß oder schwarz sei. Ich protestierte einmal, wie ich glaubte ganz im Sinne aller Menschenrechtler: Das wäre ja entwürdigend für die einheimische Bevölkerung, sich als schwarz bezeichnen zu müssen! „Für uns nicht, für Sie vielleicht", wurde ich abgefertigt.

Überspringen wir die Malakofftorte in Guadeloupe zum Geburtstag. Frankreich macht alles möglich, auch den Ausflug zu Vulkanen, Bergseen und Wasserfällen. Endlich wieder einmal eine kalte, tropfende Nase! Die Anden wären längst fällig.

In der Hauptstadt Dominicas prangte ein Blumenmeer auf dem Markt und später im Cockpit. An einem Stand vergaß ich, mir das Wechselgeld geben zu lassen. An einem anderen Stand fiel mir beim Zahlen eine große Dollarnote auf den Boden. Ein Einheimischer hatte es bemerkt und hob sie mir auf. Da kam auch schon die Blumenverkäuferin mit dem Wechselgeld, sie hätte vorher keine Zeit gehabt. Roseau bleibt eben vom Tourismus verschont. Alle Boote ankern in Portsmouth und wundern sich. Ein kleines Mädchen rannte dort mit einer Fahrradfelge den Strand entlang. „Hast du sonst nichts zu spielen?" – „Nein! Hier gibt es keine Bälle zu kaufen. Schickst du mir einen?"

Fünf Wochen lang hielt mich diesmal der Malfimmel bei Grant fest. Die Hunde kriegten die Knochen von den französischen Steaks; die französischen Kolonialschaben suchten sich ihr Futter selber. Sie fanden wahrscheinlich den feuchten Leim auf dem billigen Schmirgelpapier genauso deliziös wie wir die Hasenpastete aus dem Supermarché. EILANDHOPPER erlebte nach zwei Jahrzehnten Sauberkeit seine erste Kakerlakeninvasion. Dagegen konnte auch die Ratte nicht helfen, die über die angelehnte Leiter heraufgekommen sein mußte.

Frisch wie ein Ei aus der Schale lagen wir endlich zwischen 200 anderen Yachten in Ufernähe vor der Dingi-Pier von Fort-de-France und direkt unter den Augen der Hafenpolizei. Wir nahmen uns ein Auto für eine wohlverdiente Inselrundfahrt, und jeder konnte uns wegfahren sehen.

Niemals hatte ich irgendwann die Niedergangsklappen beim Weggehen geschlossen. Die Sonnenplane verhinderte, daß es hineinregnete. Das genügte.

Noch bei Tageslicht kehrten wir zurück und sahen die Bescherung. Irgendeine „Ratte" mußte zu unserem Boot geschwommen sein und über die Fender an Deck geklettert, was nicht schwer ist. Der Koffer war leicht zu finden. Das Werkzeug lag in der Schublade unter dem

Kartentisch. Alles war weg, was sich unauffällig hinter die Badehose stecken ließ und leicht zu verscherbeln war.

In jeder Altstadtstraße gab es noch Schmuckhandwerker, die Bruchgold kauften. Die Polizei hob nur bei der Höhe unserer Verlustmeldung bedeutungsvoll die Augenbrauen. Wir nahmen das Protokoll gar nicht erst mit. Was für ein Seglerparadies! Hier wurden schon vor zwanzig Jahren nachts die Beiboote geklaut, die einer an der Pier für den Kinobesuch zurückgelassen hatte. Aber bei Tag unter lauter anderen bewohnten Yachten! Wäre ein Schwarzer mehr aufgefallen, der in ein deutsches Boot einstieg, das für alle sichtbar ohne Besatzung sein mußte, weil das Beiboot fehlt? Oder eher ein Weißer, der mit leeren Händen wieder ins Wasser sprang? Wie oft mußten wir uns später sagen lassen: Wie konntet ihr bloß! Französische Segler, hörten wir immer wieder, benähmen sich, als hätten sie ihre Räubereien nur nach Übersee verlegt. War im Ankunftshafen Barbados ein Dingi verschwunden, fand man es bei einem Franzosen an Bord.

Wir kauften beim Schiffshändler dicken Wantendraht und ließen gleich Kauschen einpressen. Dazu die größten Vorhängeschlösser. Nachts schliefen wir wie in einer uneinnehmbaren Festung. Wie ein braver Soldat hatte ich von nun an eine ganz besondere Braut, den Haifischkiller mit Aufschlagzünder und Schrotpatrone! Durch das verursachte Loch hätte man leicht den Arm stecken können. „Wie lange willst du das eigentlich noch aushalten?" wurde ich gefragt. „Reicht es dir immer noch nicht?"

„Doch, es reicht! Nur weg von hier! Aber lassen wir uns vorher noch ein paar Eheringe von diesen kreolischen Künstlern schmieden. Wenn wir Glück haben, steckt etwas von unserem Gold darin. Da fällt uns jedesmal eine nette Geschichte ein, wenn wir sie ansehen." Mir fiel nur meine Uhr wieder ein, die ich vor zwei Jahrzehnten auf Westindienzeit stehengelassen hatte, um täglich daran erinnert zu werden, wo meine Zukunft lag.

Eine Besonderheit haben unsere Ringe auf alle Fälle: Ihnen fehlt die Punze! Ganz unglücklich gab sie uns der Goldschmied. Der Beamte von der Handwerkskammer habe sich geweigert, die dreistellige Zahl innen im Reif anzubringen; die Punze müsse von außen gut sichtbar sein! Das war nun für uns, die wir alten Schmuck lieben, das Höher-geht's-nicht-mehr!

Die Hurrikanzeit stand vor der Tür. Wir würden nach Süden segeln. Es war noch nicht lange her, daß Grenada wieder ohne die Friedensfreunde aus Sachsen auskommen mußte und Kuba den Riesenflughafen nicht fertigbauen konnte, den es so dringend als Zwischenstation für die Truppentransporte nach Afrika brauchte.

Natürlich ging die Reise nicht so schnell. In St. Lucia war die unvergeßliche Bucht ohne Menschen jetzt Einklarierungshafen. Vor den Bilderbuchpalmen auf der malerischen Landzunge, wo einmal Admiral Barrington seine ganze Flotte verstecken konnte, lag eine Pier mit lauter gleichen Charteryachten. Kein romantischer Blick durch die Palmen mehr! „Guckt mal! Auf der dritten Yacht von links haben wir 14 Tage Karibikurlaub gemacht!" hieß es nun beim Vorzeigen der Urlaubsfotos zu Hause.

Als wir das erste Mal hier ankerten, waren es gerade drei Jahre her, seit Rex Harrison ‚Doctor Dolittle' gedreht hatte. Die Pappmaché-Tiere leisteten uns als einzige Wesen Gesellschaft. Wir kamen uns damals selber wie Do-Littles vor. Wie sagte doch Hugh Loftings Held: „Was kommt es aufs Geld an, solange wir glücklich sind! Es ginge uns viel besser, wäre es niemals erfunden worden!" Das Geld war inzwischen auch nach Marigot Bay gekommen, und die Kriminalität folgte den Reichen auf dem Fuß. Als Reiche gelten hier die Segler. Wenigstens war die Hafenverwaltung von Marigot Bay ehrlich genug, alle Skipper vor Einsteigdieben zu warnen und davor, das Boot alleine vor Anker zu lassen.

Kein Preis wäre mir zu hoch gewesen, noch einmal den Ankerplatz unter den Pitonwänden zu genießen, über den ich vor fünfzehn Jahren soviel Traumhaftes geschrieben hatte. Wir hatten gehört, da führe man inzwischen aus Sicherheitsgründen nur noch im Geleitzugsystem hin. Tatsächlich hatten zwei Burschen keine einträglichere Arbeit gefunden, als wie im Lotsenboot vor der Bucht zu liegen und sich gegen Bezahlung „anzubieten", die Heckleine an der nächsten Palme am Ufer festzumachen. Die beiden konnten nicht ahnen, was es zum Beispiel für Ostseesegler bedeutete, einmal im Leben auf einem tropischen Eiland mit der Leine über Bord zu springen und ihr Boot selber an einer Palme festzumachen. Warum nicht einfach zahlen und sich die Freude nicht verderben lassen? Wer gezahlt hat, darf bestimmt selber mit der Leine über Bord springen. In jedem Parkhaus kostet es inzwischen mehr, und der Parkscheinautomat sagt nicht mal dankeschön! War das in der Nacht durchgeschnittene Leinen wert?

Neben uns lag nur noch ein amerikanisches Ehepaar von der Pensionärssseglersorte. Sie waren zweifellos froh über den Hilfsdienst an Land. Dort war alles unverändert geblieben, die Kopragewinnung, der Schuppen für die Kakaobohnenfermentation, der unterholzfreie Grasboden zwischen den Palmen wie überall, wo Nüsse professionell geerntet werden. Orchideen hatten wir ein anderes Mal weiter oben gefunden: keine Treibhausschönheiten und fast zu übersehen.

Nicht zu übersehen war diesmal der junge Elefant. Man kann sich seine Herkunft vorstellen: Der Premier der Insel auf Staatsbesuch in Afrika und als Mitbringsel, geschenkt von einem befreundeten Oberhaupt, das fremdartige Tier. Wie im 16. Jahrhundert Erzherzog Maximilian in Portugal einen Elefanten geschenkt kriegte, der dann in der Folgezeit bis zum Wiener Hof stapfte. Dieser hier in St. Lucia wäre nicht so weit gekommen. Dank alter Erfahrung mit Sklaven schleppte er eine schwere Kette hinter sich her.

Die Walfischbucht auf St. Vincent ließen wir diesmal links liegen. Hinter Young Island kamen wir gut östlich an Bequia vorbei zu den weit draußen liegenden Inseln, wo keiner hinsegelt oder beim Chartern nicht hindurfte. Das war ja die Reise, auf der EILANDHOPPER alles erlaubt war. Seit Martinique war uns klar: EILANDHOPPER hatte auf den Kleinen Antillen ausgehoppt.

Die Passage zwischen Battowia und Baliceaux hatte mich schon vor Jahren gelockt. Aber von einem Ankern unter dem alten Schornstein des Siedehauses konnte keine Rede sein. Battowia wird deshalb für immer in meiner Inselliste fehlen. Was für eine verrückte Idee, auf diesem steilen Maulwurfhügel, kaum 1000 m im Durchmesser, eine Zuckerrohrplantage anzulegen! Daß hier die Engländer 5000 Kariben festgehalten haben sollen, bis sie sie in die Verbannung nach Mittelamerika schickten, glaube ein anderer.

Hinter Church Cay kämpften wir uns unter allen Segeln und Vollgas gegen den Strom nach Süden, schrammten gerade noch die Südostecke von Baliceaux und gerieten danach in einen neuen Gezeitenstrom, diesmal Wind gegen Wasser. Die Insel gehörte für eine Nacht uns.

Am nächsten Tag lagen lauter mir schon bekannte Leckerbissen am Weg. Für Leckerbissen-Törns hatte ich immer Reklame gemacht. Ganz ohne Blasiertheit ließen wir die mit Masten gespickten Tobago Cays im Sonnenuntergang liegen, segelten zur Abwechslung östlich am Horseshoe-Riff vorbei und kamen gerade noch mit dem letzten Licht zwischen Riff und Sanddüne von Petit Tobac, wo endlich der Anker fiel. Hier kam keiner fragen, ob wir einklariert hätten und die Kreuzfahrtgebühr bezahlt.

Von da an gab es viel nachzuholen. Grenada war wirklich das erfreuliche Gegenstück zu Antigua und seine Bevölkerung auch. Kein Wunder, daß alle so freundlich waren! Die französischen Pflanzer hatten ihre Köpfe schon vor 200 Jahren unter der Guillotine verloren. Der Rest zog weg. Die Kleinbauern hatten keinen Ärger mit den Weißen mehr, und umgekehrt galt das auch. Auf der regenreichen Insel litt keiner Hunger. Natürlich zogen wir die Wanderschuhe an und machten uns auf den Fußweg quer über die Insel.

Nicht zu übersehen war die Präsenz Venezuelas, weil es sich zu den reichen Ölstaaten zählt und für politische Sauberkeit vor seiner Türschwelle sorgt. Die verschenkten Plastik-Iglus im Hafen von Montserrat und am Markt von Antigua, in kitschigen Farben, fielen auf, auch wenn sie völlig nutzlos herumstanden. Ein Übermaß an Öl muß noch kein Geschmacksverbesserer sein!

Unter Seglern hatte sich rumgesprochen, daß es im Konsulat Visas für Venezuela gäbe. „Glaubst du, Antje, wir sollten uns mal Informationsmaterial über das große Land im Süden geben lassen?" (Die Seekarten hatte ich längst an Bord.)

„Nach Venezuela? So weit weg!"

„Wir könnten das Boot dort verkaufen. Oder auch bloß alte Freunde besuchen."

„Versuchen wir's! Du sprichst ja spanisch."

Die Pässe hatte ich schon auf Verdacht eingesteckt. Wir durften sie dalassen, in zwei Stunden wären sie mit Stempel und Unterschrift versehen. Auf nach Südamerika!

„Nicht jenseits liegt das Paradies – es liegt abseits!" las ich jetzt bei Hans Krailsheimer! Kalenderweisheit für alle Tage. Nicht also geradeaus liegt es, irgendwo in der Ferne und weit, weit weg; sondern womöglich am Wege, unbemerkt bisher und einfach bloß übersehen.

Vielleicht, weil es nahe lag! So nahe, wie früher der Wochenmarkt mit seinem Angebot an duftendem Beerenobst. Träumte ich das bloß, oder gab es das wirklich einmal alle Tage?

Das Verlockende an unserer Reise nach Südamerika war nur der Wunsch nach einer anderen Welt. Tapetenwechsel! Was würde uns erwarten? Wir segelten eine Nacht lang bei ungewissen Stromverhältnissen auf eine kleine Inselgruppe zu, die 80 Seemeilen vorausliegen sollte. Der Passatwind pustete brav von hinten. Die große Genua zog uns voran. Wir lagen wie immer in solchen Nächten gut eingepackt im Cockpit auf dem Liegestuhl, alle vier Beine im wärmsten Segelsack. Gegen Morgen fiel mir Schillers Hexameter ein:

Schwindelnd trägt er dich fort auf rastlos strömenden Wogen,
Hinter dir siehst du, du siehst vor dir nur Himmel und Meer

Am nächsten Vormittag spazierten wir an einem Strand lang, sahen Männern beim Fischaufschneiden zu; Kindern, die das Blut am Ufer herauswuschen, und Frauen, die ohne Handschuhe grobes Salz darüberstreuten und in das frische Fleisch rieben. Ob wir das fotografieren durften? „Aber natürlich! Soviel Sie wollen."

Vor einem diesmal weißen Plastikpavillon, wie wir ihn schon kannten, wehten die Landesfarben. Auf den Testigos bekämen wir nur eine provisorische Ankererlaubnis für drei Tage. Das klang wie eine Entschuldigung. Danach müßten wir zum Festland oder zur Insel Margarita weiter. Wir fragten noch, ob wir Oscar, den Beamten, auf seinem Vorposten fotografieren dürften. „Aber natürlich! Warum nicht?" Alles war hier natürlich.

Oscar hatte am Nachmittag die Einsamkeit in seinem Behördenbungalow satt und kam zu unserem Ankerplatz auf der gegenüberliegenden Insel gerauscht. Außer uns lagen noch eine amerikanische Yacht in der Nähe und zwölf Yachten aus Frankreich. „Die Heuschrecken" wurden sie genannt.

Wir plauderten bei unserem Rumpunsch. Oscar hatte erst im Mai in Caracas geheiratet und war eine Woche darauf schon auf diese einsame Insel versetzt worden. Seine Frau käme ihn manchmal mit dem Versorgungsboot besuchen. „Und die übrige Zeit?"

„Da schreibe ich Gedichte!"

„Wie bitte?"

„Ja, Gedichte!"

Ich dachte immer noch, ich hörte nicht recht. Von Poesie war beim Einklarieren noch niemals die Rede gewesen. Ich ließ das Stichwort Neruda fallen und brachte unser Gespräch auf diese unruhig schwingende Sprache. Seine zwanzig Liebesgedichte hatte ich einmal vor Jahren mühsam zu übersetzen versucht. Oscar lächelte: „Wer kann Musik übersetzen!" Natürlich kannte er die ‚Valores humanos' von Usleri, die ich mir eingetrichtert hatte, bevor ich ans Übersetzen von Indio-Sprachen ins Spanische ging.

Wir sollten seinen Neffen grüßen, bat Oscar zum Abschied. Der säße am alleräußersten anderen Ende der Inselkette in Aves de Sotovento. Wir würden es tun.

Der starke Werbesender auf Margarita hatte uns schon in Martinique beeindruckt. Da war wirklich jedes Reklamewort Geld, so schnell ging das. Nur das R durfte so lange gerollt werden, als sei es ein Dutzend und nicht nur eins. Einklarieren war ein Vergnügen. Ich hätte am liebsten alle umarmt. Die Gasflaschenfüllstation ließ sich überzeugen, daß sie unsere gesetzeswidrigen Flaschen mit dem Bajonettverschluß der englischen Inseln nachfüllen konnte. Das sah zwar so aus, als wollte einer die Flaschen mit einem Trichter füllen, der weiter war als der Flaschenhals. Wer weiß, wieviel daneben ging! Aber unsere Flaschen brachten zuletzt ihr volles Gewicht auf die Waage. Der niedrige Preis stand in gar keinem Verhältnis zu dem für die Taxifahrt.

Kein Wort hier über die märchenhafte Dschungelwelt der Restinga. Was auf der Insel zollfrei sein sollte, ließ uns mit St. Maarten-Erfahrung nur mitleidig lächeln. Wir sehnten uns weg und sahen uns ein paar Tage später nach Norden segeln. Zuerst tauchten die Felsköpfe der Hermanos auf und dann die Blanquilla. Die Seevögel besaßen keine Erfahrung mit nachgeschleppten Blinkern. Das war mir noch nie passiert: Ein Tölpel hing mit dem Schnabel am Haken, ein zweiter fast gleichzeitig mit dem Flügel. Wir hielten auf der Stelle und holten sie vorsichtig an Bord. Ich zischte sie mit breitem Mund und zwischen die Backenzähne geklemmter Zunge an, wie das ihre Verwandten im Norden verstanden. Nachdem ich die Widerhaken abgezwickt hatte, ließ sich bei beiden der heimtückische Draht entfernen. Der eine flog weg und kam sich wohl wie dem Zahnarzt entwichen vor. Auch der Flügelgeschädigte hinkte kein bißchen.

Wir hatten uns eine schlundähnliche Bucht auf der Karte ausgesucht, entdeckten aber im nächsten Augenblick Fischer, die abwehrend gestikulierten. Die Einfahrt war fast verstellt von einem Korallenkopf, aber nicht für unser flachgehendes Boot.

EILANDHOPPER erlebte auf der Blanquilla eine noch nie dagewesene Ehre: Flugzeugbesuch vom Festland mit Brigitte und Willi an Bord, einer Briefbekanntschaft, die viele Jahre zurückging. Wie beruhigend ist es, in fremden Ländern Freunde zu wissen. So lernten wir uns endlich persönlich kennen.

So ging es weiter von Insel zu Insel, und jeder Tag brachte neue Überraschungen. Auf Tortuga wateten wir zwischen lauter Hammerhaien herum, denen gerade der Kopf abgehackt worden war. Man hatte auch Thunfische gefangen, und alles in der Nacht mit Netzen und Licht. „Habt ihr heute schon Fisch gegessen?" wurden wir gefragt.

„Nein, heute noch nicht!" Schließlich war es erst zehn Uhr vormittags!

Dann müßten wir uns unbedingt von ihnen einen Fisch schenken lassen. „Wo sollen wir denn hin mit einem ganzen Thunfisch?"

„Essen!"

Antje rang schon die Hände: „Was machen wir bloß?" Mir fiel der Indio ein, dem ich einmal als Gesprächsöffner eine Zigarette angeboten hatte. „Rauchst du?" – „Warum nicht?" kam seine Antwort, und er steckte sie sich hinters Ohr. Er hatte noch nie geraucht, hätte aber auch niemals: „Nein, danke!" gesagt. Jemanden mit einer Absage beleidigen? Kam nicht in Frage.

Wir kehrten bald darauf zu diesem Lager der Fischer zurück. Antje, die Ernährungswissenschaftlerin, fand es haarsträubend, wie die Leute lebten. Sie aßen monatelang nur Fisch und Reis und niemals frisches Grünzeug oder gar Obst. Sie hielten Obst für einen Luxus der feinen Leute. Das sei nichts für einfache Fischer wie sie. Wir ließen an Land, was wir entbehren konnten. Auch eine Lektion über gesunde Ernährung!

Nach den Tortugillas ging es zum Cayo Herradura weiter, wo sich die venezolanische Motoryachtszene am Wochenende trifft. Wir schnorchelten zum ersten Male in einer ganz anderen Unterwasser-welt.

Die Insel Orchilla sei anzulaufen verboten, weil Erholungsinsel für Regierungsgäste. Denen darf man wohl eine Insel gönnen. Wir behielten das gut sichtbare Leuchtfeuer im Auge und hofften, bei Tagesanbruch bei den Roques zu sein, einem riffumgürteten Seegebiet, über dem im Widerschein der flachen grünen See sogar die Wolken grün leuchteten. Daraus aber wurde so schnell nichts.

Wir hatten schon einmal auf den Grenadinen rätselhafte Nüsse am Strand gefunden. Die Einheimischen sagten „River Nuts" dazu und meinten mit River den Fluß Orinoko. Wir hatten schon vor Venezuela Baumstämme im Wasser treiben gesehen, aber uns mit dem Gedanken an die Stecknadel im Heuschober beruhigt. Doch in dieser Nacht segelten wir vor dem Wind mit einem Rumpf quer über einen Stamm drüber. Nicht das Stahlruder war diesmal gebrochen, sondern das dicke Holzruderteil darüber, es hing nur noch an einem Scharnier.

Wohin mit nur einem Ruder? Immer weiter nach Westen? Ob es in Curaçao das richtige Holz gab? Fast hundert Seemeilen weit weg im Südosten lag sonst noch das große Sportbootzentrum von Carenero. Wir wollten sowieso später hin. Das Schnarchen von Willis − oder Brigittes? − Ochsenfrosch war schon bei Ernst-Jürgen Koch, „Paradies im Stundenglas", zu literarischen Ehren gelangt. Nun kamen wir also schneller hin als gedacht.

Die Erfahrungen waren der Mühe wert: die Erfahrung der endlosen Mangrovenhaine mit den schmalen Wasserwegen dazwischen, die Erfahrung mit den scharlachroten Säblern am Abend, mit den Hunderten von rauschend aufs Wasser niedergehenden Kormoranen, aber auch mit den unverschämten Pelikanen, die so taten, als bemerkten sie Antjes sauber geputztes Deck gar nicht! „Ich lasse mich nicht von diesem praktischen Boot vertreiben. Wo ich mich niederlasse, da sitze ich, und wenn es auf ihren Solarzellen sein sollte."

Carenero ist eine ganz besondere Landschaft, und seine Menschen sind ein Schlag für sich. Da war hinter uns gerade eine Yacht eingelaufen, die hier zu Hause zu sein schien. Uns wurde auf deutsch zugerufen, sie kämen gerade aus Curaçao, wo sie eine wesentlich größere Rettungsinsel gekauft hätten. Ob wir die kleine von ihnen möchten? Wie hatte der Indio gesagt? „Warum nicht?" Dann hatte er sie am Steg stehen lassen. Wir bedankten uns übers Wasser hinweg bei dem Landsmann, der schon lange Venezolaner war.

Wir sollten erleben, was Landsleute im Ausland bedeuten. Uns stand, wo der Ochsenfrosch quakte, eine wohleingerichtete Werkstatt zur Verfügung, wo bis aufs Holz alles da war, damit EILANDHOPPER ein neues Ruder getischlert bekommen konnte. Die Tagereise nach dem richtigen Holz war ein Erlebnis für sich. Frisch aus dem Urwald eingetroffen, saftiges Mahagoni, tiefrot und viel zu jung. Aber unser Epoxyleim schaffte es. Waren wir nicht selber auch schon ganz aufgeweicht in der Hitze? Aber es war nicht so, wie einer behauptet hatte, daß man in Kürze in einer Pfütze eigenen Schweißes stünde, wenn man sich nicht fortbewegte.

Der zweite Anlauf zu den Roques gelang besser. Willi flog am nächsten Tag drüber und wedelte mit den Flügeln. Das neue Ruder hatte sich bewährt. Die Roques sind nicht zu beschreiben, sondern nur zu erleben. Wir hatten alle Augenblicke Barrakudas an der Angel, die überall giftig sein sollten außer in Antigua. Hier aber nicht. Wir sollten bald wieder nach Frankreich segeln, verlautete es aus der Küche. Dort wurden nämlich unter unglaublichen klimatischen Bedingungen ,Bratheringe' fabriziert, und der Weinessig ging zu Ende.

Nahe der Sebastopol-Einfahrt (der Krimkrieg hinterließ auch hier seine Spuren), lag ein großes Wrack. Es war auf offener See als Zielschiff für die zuständigen Waffengattungen ausersehen gewesen. Bomben und Granaten gingen wohl daneben, und so zierte es denn nun als Denkmal der Streitkräfte Venezuelas schönstes Urlaubsrevier. Gleich nördlich des begrünten Buchiyaco-Inselchens setzte es sich für immer zur Ruhe.

Eigentlich müßte dort noch ein Denkmal stehen, für die Hilfsbereitschaft der Sportschiffer aus Puerto Azul. Ich lasse es deshalb hierher setzen und versuche aus den bescheidenen Hinweisen, die darüber zu erfahren waren, ein Bild zusammenzustellen.

Da war also in der Nähe der Sebastopol-Einfahrt eine Yacht gestrandet, ein Selbstbau aus Bayern, Sehnsuchtsziel Neuseeland. Vielleicht hatte der Skipper den Ruheständler auf dem Riff für einen Dampfer vor Anker gehalten. Ein halbes Jahr und länger konnte die Besatzung darüber nachdenken. Treibholz gab es genug, auch Proviant, denn das Schiff war für eine lange Reise mit Lebensmitteln

vollgepackt gewesen. Der Rest kam aus dem Meer und von vorbei-
kommenden Leuten. Keinesfalls wollte der Skipper sein Boot verlassen und auch den gemeinsamen Traum für zerschellt erklären. Bis die
venezolanischen Behörden meinten, nun sei eigentlich das Besucher-
visum schon lange abgelaufen. „Denen muß geholfen werden!" be-
schloß eine Gruppe von Hilfswilligen mit Rang und Namen und
vornehmlich mit einem teuren Motorkreuzer in einer der 200 Boxen
des feudalen Klubs von Puerto Azul.

Andersrum erzählt, wird das Ereignis deutlicher. Auch Westindien
fällt einem ein. Da scheiterte also etwa 75 Seemeilen vor der Küste,
irgendwo zwischen Borkum und Lübeck, eine ausländische Yacht, die
sich auf der Durchreise geirrt hatte. Mann, Frau und Kinder an Bord.
Ganz klar: Die Behörden sind dafür zuständig. Wofür zahlen wir
Steuern? Die Behörden aber sagen, für mehr als Menschenleben zu
retten, seien keine Mittel da, und das Wrack auf dem Sand, hoch und
trocken, stelle ja keine Schiffahrtsbehinderung dar.

Da meldet sich der allernobelste Yachtklub der Küste zu Wort; die
Creme aus Wirtschaft, Finanzen und Politik, diskutiert nicht lange,
warum einer überhaupt so nahe bei einem Leuchtfeuer scheitern
kann und ob es nicht sowieso billiger wäre, per Schiff nach Neuseeland auszuwandern; welche Segelscheine vorzuweisen wären usw.
Nein, man wird aktiv. Auch Sportflieger wollen helfen, verzichten auf
ein Wochenende auf Sylt und werfen in Luv der Havaristen Behälter
mit Trinkwasser und Verpflegung ab. Wer wird denn immer gleich an
die gestörten Nistplätze der Seevögel denken! Wer auf den Roques als
Fischer ein flachgehendes Boot hat, hilft freiwillig und riskiert kaputte Schrauben beim Bergen und Abhobeln der Korallen, damit das
geleerte Wrack nach Lee in tieferes Wasser gezogen werden kann.
Das Riff ist an dieser Stelle für eine Weile kein Riff mehr. Die
Naturschützer schauen so lange in eine andere Richtung. Den großen
Motoryachten fliegen die zerreißenden Schlepptaue um die Ohren.
Ein Sportflugzeug ist selber zum Wrack geworden. Was sich abbergen
läßt, wird inzwischen von großen Yachten ans Festland gebracht. Es
gelingt, das garagentorgroße Loch im Rumpf des Havaristen vorübergehend abzudichten, bis die Überführung zum Festland geschafft ist.

Natürlich weiß jeder: Liegeplätze sind für Jahre im voraus ausgebucht. Aber das Wunder geschieht. Ein Platz an der Pier wird freige-

macht, eine Zimmermannswerkstatt zur Verfügung gestellt, und weil es ohne Geld nicht geht, bietet man dem Ausländer unter der Hand einen Job an. Im übrigen: Wer mit Sack und Pack nach Neuseeland auswandert, und ein Dreivierteljahr wie Robinson auf der Riffkrone gehaust hat, paßt nicht unbedingt ins gesellschaftliche Umfeld seiner Helfer. Doch die Opfer waren nicht umsonst. Das Schiff segelte wieder. Die Kartengrüße aus Neuseeland klangen herzlich.

Das östliche der beiden Aves-Atolle war ein El Dorado für unseren Katamaran. Im Abendlicht auf der Suche nach dem westlichen Aves-Atoll kam uns ein anderes Wrack ziemlich nahe. Diesmal war es ein Flüssiggas-Tanker gewesen. Ich weiß nicht, ob solche Wracks besser zum Inselbild der Tuamotus im Pazifik passen. Wir hatten jedenfalls unsere Südsee im fernen Westen Venezuelas gefunden. Wenn es hier nur einmal so geregnet hätte wie am Festlandufer alle paar Tage! Unser Trinkwasser ging zu Ende. Auch Oscars Neffe stand unter seinem leeren Wassertank und hielt nach dem Versorgungsschiff Ausschau. Wir sagten ihm zu der geschenkten Flasche Rum, die solle ihm inzwischen über den Durst hinweghelfen. Aber Fische in Rum sieden, das wollten wir gar nicht erst ausprobieren. Das unübersehbare Riffgebiet hätte uns noch grenzenlose Freude darüber schenken können, daß wir immer wieder an einem weiteren Schiffbruch glücklich vorbeirutschten.

Aber wir mußten zum Festland zurück, gerieten gleich hinter der Ecke in eine Herde lebhaft springender Delphine und sollten für 150 Seemeilen keinen Ankerplatz finden.

Der Golfo Triste hat sich in vieler Hinsicht in unseren Herzen ein Denkmal gesetzt. Soviel Wasser ohne Wind! Nicht ohne Ursache entstanden geographische Namen. Dann Chichiriviche, Morocoy und Tucacas. Im tiefsten Uferdschungel stießen wir auf HOBBYS Ebenbild: ALBATROS III mit einem Motor, wie wir ihn hatten. Jeder kannte unseren Landsmann Bobert aus Valencia; aber er kam leider nicht übers Wochenende. Wir hätten ihn in unserem Sortiment an Ersatzteilen wühlen lassen. Ein Stück weiter: die deutsche Yacht AQUARIUS zur Überholung an Land. Der Werftbesitzer schenkte uns einen Meter Stopfbüchsendocht in den ungewöhnlichen englischen Maßen unseres Mini-Motors. Seine 12 PS brauchten dringend guten Zuspruch, denn wir hatten von nun an Hunderte von Seemeilen gegen Strom und

Wind anzukreuzen oder in der Flaute unter den Zweitausendern an der Küste entlangzumotoren. Dann lagen wir endlich vor der Einfahrt zu einem der exklusivsten Yachtklubs der Welt und vielleicht dem schönsten: Puerto Azul! Das jahrelang fällige Wiedersehen mit Hans und Kuddel war zu feiern. Wie lange war es her, damals in St. Barthélemy, Hurrikanzeit! Landsleute schienen sie, Venezolaner wären sie, von der deutschen Flagge angezogen, pochten sie an die Bordwand. Muttersprache in der Fremde. Was für eine Freude!

Puerto Azul ist nicht nur der nobelste Yachtklub, sondern auch der von Land her am besten bewachte. Wer in Caracas Rang und Namen hat, Boot hin oder her, darf hier ein angstfreies Wochenende verbringen. Auch wenn dann draußen im Stau vor der ersten roten Ampel einer die Pistole gegen die Fensterscheibe drückt und unmißverständlich die Hand aufhält. Jeder sieht zu, keiner rührt einen Finger und alle geben die Geldbörse her.

Niemand kann und will verhindern, daß sich sozusagen vor der Tür ankernde Yachten auf der Durchreise an Land begeben. Die guten Ankerplätze an der riesigen Küste sind schließlich gezählt. Jeden Tag eine heiße Dusche am Abend – wie lange hatten wir das schon nicht mehr genossen! Und Banana Split jede Menge! Ein Süßwasserschwimmbecken in Olympiamaßen mit entsprechendem Bauchklatscher vom Sprungturm. Arme Antje! Aber hier hörte der Spaß für die Seezigeuner auch auf, und natürlich erst recht, wenn sie brauchbares Bootszubehör aus den 200 Yachten ausbauten, die alle eine Box im Hafen hatten. Zu peinlich, daß ausgerechnet wieder Segler von einem französischen Boot erwischt worden waren! Es ist vorauszusehen, daß eines Tages die ganze Gegend einschließlich der Inselwelt für ausländische Flaggen tabu sein wird, wie auch schon längst keiner mehr Rauchfleisch aus Galapagos-Ziegen machen darf.

Jean-Jacques und Maria sorgten für unser Wohl. Dank euch beiden für die Gastfreundschaft in Eurem Heim, und im Klub! Dank Vermittlung kriegten wir die Box eines Urlaubers. Die Pfosten standen 4,50 m auseinander. EILANDHOPPER ist 4,35 m breit. Paßt! Adiós, EILANDHOPPER! Deine Mannschaft sehnt sich seit Jahren nach Höhenluft, wo sie frei atmen kann.

Nicht zu Fuß, aber fast ausschließlich auf vier Rädern rollten wir durch Regenwälder, Steppen und Wüsten bis ins Herz von Peru und wieder zurück. Ein herzliches Wiedersehen gab es mit Pepe und Kathrin in Lima. Wir hatten schon gemeinsam, als die Eisenholzbucht noch mein gewesen war, am Cades-Riff Langusten gespachtelt. Aber Südamerika steht auf einem ganz anderen Blatt. Nur noch ein Freundschaftsdenkmal dem Wiedersehen in La Guaira mit Manuel und seiner warmherzigen Frau aus La Palma auf den Kanaren. Manuel hatte mit seinem Fischkutter neben uns auf der Werft in Martinique gelegen und wir vergaßen ganz und gar die ,rotten islands'.

Zwei Monate lang waren wir über Land unterwegs. Es hätte noch länger dauern können.

Der Traum war ausgeträumt. Zu Weihnachten würden Chartergäste nach Sint Maarten kommen. Pünktlich wie Hurrikan *Lili* waren auch wir dort. Seit 1887 der erste im Dezember! Aber hinter uns lagen unvergeßliche Monate, vor allem eine längst vergessene Art Inselwelt der Antillen. So mußte es früher überall gewesen sein, als die Nicholsons sich in English Harbour niederließen, und fünfzehn Jahre, bevor ich selber zum ersten Mal kam. Auch ich war bloß ein Epigone gewesen mit allen Folgen, die sich zwangsläufig daraus ergaben. Wo gibt es überhaupt noch unbegangene Pfade?

In Lima hatten wir schon in der Zeitung gelesen, Hurrikan *Klaus* habe die nördlichen Antillen heimgesucht, und dann folgte eine ausführliche Schilderung, wie das große Charterschiff YANKEE CLIPPER vor der Hafeneinfahrt von Philipsburg gescheitert war. Wir ahnten bereits, was uns durch unsere Reise nach Süden erspart geblieben war. Einzelheiten erfuhren wir erst später. Die Hurrikansaison hatte mit dem Sturm *Arthur* im August erst relativ spät begonnen. Im Vergleich zum Mittel der vorangegangenen zehn Jahre war aber ausgerechnet dieses Jahr mit 8,8 tropischen Stürmen und Hurrikanen besonders reich gesegnet.

Hurrikan *Klaus* war der hinterhältigste von allen. Er zog im November als bescheidener tropischer Sturm nördlich der Inseln nach Westen. Ein gescheiter Spruch sagt: In October it's over! Keiner nahm ihn ernst, und dem Wetterbüro in Puerto Rico blieb auch fast die Spucke weg, als es in letzter Minute noch eine Warnung aussenden mußte. Aber da wäre es sowieso für alle zu spät gewesen, noch ein vielleicht schützendes Hurrikanloch aufzusuchen. Die karibische Seglergilde hat daraus gelernt.

Klaus kehrte um, als habe er die Niederländischen Antillen zu grüßen vergessen, raste über die Jungferninseln als Hurrikan hinweg und weiter nach Sint Maarten. Voll drauf von Westen, wo doch alle Ankerbuchten nach Westen offen sind! Allein in Philipsburg lagen danach 21 Yachten in Zweierreihen am Strand. In Gustavia lagen sie oben auf der neuen Überseepier. Der lange Hafenschlauch war zur Mausefalle geworden. Der Seegang schwappte hin und her, als hebe man eine halbgefüllte Badewanne am Fußende an und beginne zu schaukeln. Auf allen umliegenden Inseln bis nach Nevis waren auch die Einheimischen ihre Boote los. Im Hafenbecken von Anguilla hatte sich die Zahl abzuschreibender Kümo-Veteranen auf vier erhöht. Auf den Jungferninseln verringerte sich die Zahl der Charterflotte merklich, was der darbenden Bootsindustrie neuen Spielraum gab. Die Yacht Haven Marina in St. Thomas bot keinen Schutz. Auf der Uferstraße nach Charlotte Amalie lag eine Yacht neben der anderen. Große Lastkähne hatten sich losgerissen und jene Yachten vor sich hergeschoben, deren Anker noch hielten. Ein im letzten Augenblick einlaufendes Kreuzfahrtschiff verursachte mit einem nervösen Manöver weiteren Schaden. Der Höhepunkt: Die einheimische Bevölkerung stürzte sich wie eine Meute von Ratten auf die gestrandeten Boote und plünderte, was ihr in die Hände fiel. Die Polizei hatte wichtigeres zu tun, als Strandgut zu schützen. Bis die Skipper mit ihren eigenen Waffen die letzten Klamotten verteidigten! Wer es miterlebte, stellte danach fest, daß er lange genug in Westindien gesegelt hatte. Wer unversichert war, wurde alles los; wer nicht die zehn- bis zwanzigtausend Dollar besaß, um sein Wrack auf eigene Kosten zur Mülldeponie transportieren zu lassen, zahlt vielleicht heute noch die Schulden ab. Gar kein Zweifel, daß auch EILANDHOPPER zu den Opfern gehört hätte. Wir hätten bestimmt nicht in diesen Herbstmonaten in Oyster Pond gelegen. Es gab ja auf den nördlichen Inseln noch so viel gemeinsam zu erleben.

Die Auswirkungen von *Klaus* hatten wir bei der Rückkehr nach Puerto Azul bereits in Kolumbien erlebt: weggerissene Brücken und fortgespülte Fischerdörfer. Der Hafenmeister dort sagte uns später, wir hätten leider was versäumt: unter Spinnaker von hier nach Nordosten zu segeln! Zehn Tage lang hätten sie Westwind gehabt. Das sei noch nie dagewesen. Einer habe bis Grenada ,Passatwind rückwärts'

gespielt. *Klaus* hatte die ganze Luft über der Karibischen See linksrum in Bewegung gesetzt. Wie sollten wir es jemals schaffen?

Wir schafften es bis zur Pargo-Bucht ganz im Osten, sahen Trinidad
von weitem und segelten, bis sich der Mast bog. Grenada ließen wir
weit im Westen, was wir gar nicht zu hoffen gewagt hätten. Nun
konnte uns nichts mehr aufhalten. Nach Sint Maarten kamen wir
pünktlich.

KOKOSNÜSSE SATT?

EILANDHOPPER würde ich eines Tages vor drei Anker in eine ruhige Bucht legen und abwarten, wann und ob wir uns wiedersahen. Aber er sollte nicht verrotten inzwischen! In einem letzten Anfall von Arbeitseifer nahm ich mir vor, mit Zweikomponentenfarbe und Epoxyharz alles dauerhaft zu malen, was ich zwei Jahrzehnte lang an die 200mal mit Klarlack gepflegt hatte. Es würde kein Cockpit und keine Decksaufbauten in warmen Mahagonitönen mehr geben. Monate vergingen dabei. Antje war inzwischen vorausgeflogen.

Die Zahl 200 ist nicht aus der Luft gegriffen. Ich führe seit 1968 eine Kartei über jedes Teil an Bord und weiß noch, mit welcher Farbe ich vor zwanzig Jahren die Bordwände malte, den Motorraum, den Mastfuß. Demnach habe ich 46mal das Cockpit lackiert und jedesmal vier bis sechs Schichten aufgetragen. Diesmal brannte ich mit der Lötlampe alles runter bis aufs blanke Holz. Das Wegspachteln war trotzdem anstrengend; das Handgelenk bedankte sich mit einer Sehnenscheidenentzündung. Aus meinen Tagebüchern geht klar hervor: Im Mittel habe ich jeden dritten Tag mit wichtigen Bordarbeiten verbracht. Woanders würde man Haushaltsführung dazu sagen. Alles normal! Der Ofen muß ja auch einmal ausgebaut und entfettet werden, vom Pumpklo gar nicht zu reden! Mir war dieses Boot ans Bein geschmiedet wie dem Sklaven die schwere Eisenkugel. Mach dir nichts draus, Rudi! Je verrückter du es jetzt treibst, um so tiefer atmest du aus, wenn du deinem Schiff aus der Luft das letzte Mal zuwinkst; und Mücken, Mücken gibt es auch am Rhein!

Wie kam ich zu einem billigen Flug? Sint Maarten kollaborierte nicht, wenn es um Billigflüge ging. Ein Anruf in Guadeloupe: „Am besten, Sie kommen selber!" Vier Inseln weit fliegen, um einen Billigflug zu buchen? Hinsegeln wollte ich! EILANDHOPPER und ich, in strahlend neuem Glanz, noch einmal von Insel zu Insel! Von Segeln allein kriegt keiner genug!

Ich hatte meinen Verschlag in Antigua ein Jahr lang nicht gesehen. Vom Richter erwartete ich noch die sichere Zusage, daß nun endlich alles verjährt sei. Ich kam bei Morgengrauen an. Die Behörden waren nicht durch abhanden gekommene Bojen abgelenkt. In St. John's wollte ich etwas Geld wechseln. Ich hatte nur Francs dabei für den Flugschein nach Paris.

Bei Barclay's-Antigua reichte ich meine Francs-Scheine durch den Devisenschalter und wurde gebeten zu warten. „Aber viel Zeit habe ich nicht! Ich muß heute noch weiter nach Guadeloupe!" – „Schon gut, mein Herr!" – Ich hatte Zeit, mich umzusehen. Es ging aufwärts mit der Insel. Die Bahamas, Caymans und wie die Steuerparadiese alle heißen, standen Pate. Antigua gab sich international. Auf großen Plakaten der Bank stand das neue Schlagwort: *Off-Shore Financial Center!* Große Worte von Vertrauen und Treuhand füllten den Rest des geduldigen Papiers. Dann sollten sie wohl wissen, dachte ich mir, daß meine Francs echt sind. Längst hatte ich aufs Umwechseln verzichten wollen; aber das ging auch nicht.

Eine halbe Stunde war um. Da traten zwei Herren in Zivil auf mich zu und baten mich mitzukommen. Es sei nur eine Formsache! Die Formsache endete im Untersuchungsgefängnis. Der Inspektor war gerade dabei, einen Koffer mit Diebesgut auseinanderzunehmen, eine Schatztruhe an Touristenzubehör! Ich wurde unhöflich.Da kam er endlich zur Sache: „Können Sie mir erklären, Mister Wie-heißen-Sie, wo diese Francs herkommen?" – „Natürlich! Von einer Bank in Sint Maarten, weil ich nach Frankreich unterwegs bin!" – „Können Sie das beweisen?"

Ich hätte es gekonnt. Der Bankzettel lag an Bord. Aber vielleicht gab es trotz *Off-Shore Financial Center* Devisenbeschränkungen, und ich wußte es bloß nicht. Auf jeden Fall: Der wäre imstande gewesen, mich mit den beiden Beamten zum Dockyard zu schicken, um den Zettel herbeizuschaffen; und vielleicht auch gleich noch mit einem Hausdurchsuchungsbefehl, auf EILANDHOPPER alles von unten nach oben zu kehren!

Also: „Nein, das kann ich nicht. Darf man denn in Antigua keine Francs umtauschen?"

„Doch! Aber letzte Nacht ist einem französischen Ehepaar in einem Strandhotel ein sehr großer Francs-Betrag gestohlen worden."

Für Franzosen, fiel mir blitzartig ein, war nun wirklich jede Ausfuhr von Francs untersagt; worüber sich die Französischen Antillen freuten, denn das Urlaubsgeld blieb im Lande. Hier hatte also offenbar ein Ehepaar gegen die Gesetze verstoßen und einen Koffer voll davon auf die Treuhandinsel gebracht. Wie sollten sie wissen, wieviel Nachschlüssel es für Hotelzimmer gab!

Aber das Verhör ging weiter: „Wie können Sie glaubhaft machen, daß dieses Geld nicht aus dem Diebstahl stammt?" – „Ganz einfach! Ich bin erst heute früh angekommen." – „Haben Sie den Einklarierungszettel dabei?" – „Wie sollte ich? Der liegt auf meinem Schiff. Sie können ja bei der Hafenpolizei anrufen."

Viel Wartezeit verstrich auf diese Weise. Das Gespräch verlief über Funk. Zum Glück fiel nur mir in dieser Wartezeit ein, daß ja ein Einklarieren um neun Uhr vormittags nichts darüber aussagte, wann ich mich in der Nacht an die gelbe Tonne gelegt hatte. Aber ein schlechtes Gewissen beschlich mich bereits. „Glauben Sie wirklich, Sir, ich stehle in der Nacht einen Koffer voll Francs und gehe am nächsten Morgen als erstes zu Barclay's, um eine Handvoll davon umzutauschen? Der Gegenwert in Inselwährung beträgt ja umgerechnet höchstens siebzig Mark!"

Der Inspektor konnte so schnell meiner Umrechnung nicht folgen und rief die Bank an, sich das erklären zu lassen. Wie gesagt: Frankreich ist über der Kimm bei schönem Wetter gut sichtbar; aber sonst weiß keiner was vom anderen.

Da mischte sich endlich einer der beiden ‚Leibwächter' ein, die wahrscheinlich wegen Fluchtverdacht die ganze Zeit hinter meinem Rücken gestanden hatten. Er bestätigte: „Es handelt sich wirklich nur um einen kleinen Betrag, Sir!"

„Na gut, dann begleiten Sie den Herrn noch hinaus!" Dazu machte er ein Gesicht, als sei er gerade dabei, den Gangster des Tages ungestraft ziehen zu lassen.

Ich aber reflektierte, nachdem ich mir nun schon selber verdächtig vorgekommen war, ganz verdattert: Ist es also Beweis genug, daß ich nicht der Dieb sein kann, weil ich nur eine Handvoll Scheine umtauschen wollte und nicht gleich den ganzen Koffer voll?

Bloß jetzt nicht schnell laufen, Rudi! Du schaffst es heute sowieso nicht mehr, nach Guadeloupe zu segeln! Vielleicht war ich ja wirklich der Täter, und sie würden mich in die Zelle zu den Kopfabschneidern stecken? Rudi, mach jetzt bloß keinen Fehler! Denk an Maggie: Wer einmal vier Wochen lang hier war, kommt nie wieder weg! Lebenslänglich bedeutet das, Rudi! Der Oberste Richter würde dir sagen, es sei dir auf der Treuhänderinsel nur recht geschehen.

NACHSPIEL:
RUDYS SCHIFFBRUCH

Eine Narrenposse zum glücklichen Ende

Ist zu guter Letzt doch noch ein Unglück hereingebrochen? Fast wie mitten im Satz hörte das letzte Kapitel auf. Sicher war es kein Zufall, daß das ausgerechnet in Antigua sein mußte, wo einstmals alles seinen Anfang nahm. Verblüfft fragt sich jeder, ob so das Ende aussieht.

Ruhig Blut! Eine Überschrift macht noch lange keinen Schiffbruch! Wie könnte sonst der allerletzte Rex auf EILANDHOPPER hinunterschauen, der dort seit langem drei Anker wie tastende Fühler ausstreckt? Darauf ist Verlaß. Genauso auf das Fleißige Lieschen unbekannter botanischer Familie, das linker Hand am Fensterbrett immer fetter wird, soviel es sich auch über Guanodünger beschwert. Es wird sich mit der Zeit schon einrichten in der neuen Gesellschaft; aber da hören wir auch schon einen lachen; „Lieschen sich anpassen? Das glaube einer!"

Uns Übriggebliebenen, die wir seit jenem fernen, ermüdenden Skiausflug in Tirol das Entstehen und den Fortgang dieser Lebensgeschichte verfolgen durften – wenn auch anfangs immer nur über die Schulter des Niedergebeugten hinweg und erst später manchmal auch bei einem Glas Wein – uns bleibt jetzt die undankbare Pflicht, des Erzählers unausweichliches Ende zu berichten. Wir hoffen, es wird bald überstanden sein. Mache sich keiner gar zu trübe Sorgen! Zu helfen war ihm nicht mehr.

Eine letzte gute Tat hätte er selber noch erzählen können: Wie er einem Mauersegler, der aus dem Nest gefallen war, das Fliegen beibrachte. (Einem echten! Keinem aus einem Kielboot vom Überlinger See.) Jedesmal, wenn er den aufgesperrten Schnabel mit Eigelb vollstopfte, sagte er dazu: „Ich möchte ja gerne mit dir mitfliegen. Schön wäre das!" Das war vielleicht wie ein Nachklang zu den Tölpeln auf seiner Weihnachtsinsel gewesen. Wer ihm zuhörte, wie er vom Fenster aus zwischen den Schneidezähnen mit einem zirpenden Wispeln die Artgenossen von Quiekie – diesen Namen hatte das kleine Ding vom ersten Augenblick an weg – herbeilockte, dachte womöglich, da oben stehe einer im dritten Stock und pfeife seinem fliegenden Hunde zu. Wir sind alle überzeugt, das kleine Tier schaffte den Absprung nach Süden, bevor es zu kalt wurde. Der kleine Drachensegler blieb in der Luft.

Niemand glaubt ja wohl, daß wir uns immer noch dem süßen Nichtstun auf der Alm hingeben, weder beim Skifahren, noch beim Abzählen Tausender von Frühlingskrokussen, Soldanellen und Küchenschellen; auch nicht mit Pfifferlings-Klauben bei der Ruine Hauenstein oder beim Streicheln brauner Haflingerpferde. Noch lange war nicht alles vom Herzen geschrieben; aber der Gips war vom Bein schon herunter; da kamen uns allen nach der blumenreichen Alm die unzähligen bunten Segel auf dem sommerlichen Bodensee als die einzig angemessene Augenweide vor.

Des Skihaserls Sorge, in Konstanz auf einem Schreibtisch zu landen, fällt uns wieder ein. War nicht der Rittersänger, an dessen Burgruine wir schon auf den ersten Seiten vorbeigezogen waren, auch dorthin aufgebrochen und hatte lange Zeit den fröhlichen Konzilfeiern zu weiterer Lust verholfen? Was war dieser Oswald doch weit gereist! Sogar von Kap Finisterre hatte er zu berichten gewußt. Sein ,Schiffbruch im Schwarzen Meer' hätte wahrhaftig zu einer Überschrift dieses Abschlußkapitels gereicht. Ganz ohne rettende Seenotinsel natürlich! Die vornehmen Fräulein werden beim Zuhören gelacht haben: „Da hielt ich mich drei Tage lang an einem Weinfaß fest!" Es sei voll köstlichem Malvasier gewesen, dem Modetrunk der feinen Leute. Was war dagegen in unserer eigenen Überlebensinsel gewesen? Eine klägliche Tagesration englischen Trinkwassers in Alu-Dosen! Aber lassen wir das, es ist ein abgeschlossenes Thema. Schwamm drüber!

Kein Wort mehr auch sonst von der Seefahrt! Die vaterländische Hochseeflotte war dabei, eine weitere Einheit zu verlieren. EILAND-HOPPERS Flagge sollte endlich niedergeholt werden, die Löschung im Schiffsregister vollzogen. Aber im Sog von Supertankern und Massengutfrachtern unter der gleichen Flagge schien das wohl nicht zu genügen. Ein Schiff, und wenn auch noch so klein, das ins Ausland verkauft werde, mahnte so oder ähnlich in grünem Briefumschlag das vaterländische Zollamt, könne nicht bloß in Registern gelöscht, sondern müsse überdies auch noch exportiert werden! Es spiele dabei gar keine Rolle, ob dieses Schiff jemals das un-wahrscheinliche (Bindestrich je nach Lust und Laune mitzulesen) Glück hatte, in heimatlichen Hoheitsgewässern zu segeln oder bloß in Übersee. Der Statistik sei das ganz egal, und der Computer werde schon die gut leserlich zu schreibenden Angaben richtig verarbeiten. Das Ausbleiben des ausgefüllten Fragebogens jedoch könne das Statistische Bundesamt als Ordnungswidrigkeit ahnden.

So weit, so gut! Unser ungläubiger Skipper aber grübelte nächtelang nach: Was sollte da eigentlich exportiert werden? Alles, was er seinerzeit eingeführt hatte, besaß absolut keinen Warenwert und war nur das bißchen Vaterlandsliebe gewesen, die ihm im Innersten vorschrieb, unter Väterflagge die Meere zu befahren und nicht unter der für seine bisherige Existenz eher zuständigen grün-weiß-roten, da das Tiroler Rot-weiß völlig außer Erörterung stand. Wie ließ sich das aber einem bundesamtlichen Computer verklickern, ohne daß er das „ordnungswidrig" fände? War nicht schon einmal der ganze Mensch von so einem Computer für „nicht (mehr) existent im bürgerlichen Sinne" erklärt worden? Am besten also selber hinfahren und mit den Leuten reden, wie denn dieses äußerliche Kennzeichen seiner völkischen Zugehörigkeit statistisch gelöscht werden konnte, ohne daß gleich Mensch und Boot gelöscht wurden, ein wichtiges Recheninstrument zusammenbrach oder gar Schlimmeres passiert! Als ob das nicht schon Leiden genug wären: diese Streichung von Flagge und Schiffsname!

Das war der richtige Weg. Amtsstuben kamen dem Skipper jetzt und vergleichsweise zu früher wie kleine Himmelreiche vor. Wie nett die alle sein konnten! „Was haben Sie bisher getan? Einfach zwanzig Jahre lang auf einem Boot in der Karibik gelebt? Hahaha!" Schon auf seinen Inseln war er kaum zu bremsen gewesen, hätte so einen französisch sprechenden Gendarmen in kurzer Tropenuniform, weißer Haut und hellen Kniestrümpfen am liebsten umarmt, sobald er einen erblickte. Mit denen war er immer gut ausgekommen. Wenn er in

Hamburg bloß nicht den Fehler begangen hätte, das nur geliehene Auto ausgerechnet in der Hafenstraße abzustellen und den Rest des Wegs zur Fuß zu gehen! Aber auch das muß jeder verstehen. Wie lange war es schon her, seit die Luft so gut nach weitem Nordmeer geduftet hatte! Die demnächst durchziehende Kaltfront war förmlich schon greifbar.

Nein! Es ging nicht ein weiteres Mal um das vermeidbare Risiko eines Strafzettels wegen unerlaubten Parkens, wie beim letzten Mal in Mailand. Es ging auch längst nicht mehr um Mao und Ho Chi Minh. Und trotzdem! Wir wagen es kaum zu berichten: wieder ein Auto weniger, wenn auch bloß ein geliehenes! Das heißt, es war nur zu vermuten, denn im Qualm brennender Autoreifen war nichts zu erkennen, und auch der städtische Reinigungsdienst kam nicht so schnell dazu, die aufgerichteten Barrikaden wegzubaggern.

Seit dieser letzten und schmerzlichsten Erschütterung, die ja nicht ihn allein betraf, konnte ein aufmerksamer Beobachter an manchen Tagen auf jenem See im Süden einen eigenartigen Kauz von Segler auf einem Boot entdecken, dem ein Stück Mast oben fehlte. Wie hätte er auch, wenn nicht gerade ein Zug darüber donnerte, im Nebel die Brücke sehen sollen! Brücken hatte es für ihn zwanzig Jahre lang nicht mehr gegeben. Natürlich sah man dieses halbe Wrack nur, wenn sich der Nebel und eine sanfte Brise erhoben, aber nicht wenn – was meistens in den Nebelpausen geschah – von allen Ufern im raschen Takt die Sturmwarnungen blitzten.

Auffällig war, daß er jedesmal: „Tribord amures!" brüllte, wenn ihm einer von links in die Quere kam. Da pochte er auf sein gutes Wegerecht, wie schon vor einem Vierteljahrhundert. So stand es nämlich in seinem allerersten Segellehrbuch zu lesen, dem einzigen übrigens, das es seinerzeit unter der Innsbrucker Nordkette gegeben hatte. Wie oft war dann später noch diese Tatsache als Beispiel für den buchhändlerischen Unternehmungsgeist des Tirolers ans Licht gezogen worden! Der hatte tatsächlich ein französisches Lehrbuch über Segeln, ‚Début à la voile!' (im Privatmuseum zu besichtigen), unter lauter alpine Literatur in seine Auslage gelegt! (Die größte einschlägige Rarität in diesem Privatmuseum ist eine ganz andere und wurde auch häufig zitiert, um die andere Seite zu beleuchten: Da hatte ein Münchner Verleger – übrigens auch ein Rudolf wie sein Leser – auf eine Postkarte geschrieben: Das erwünschte Lehrbuch ‚Klettern in Fels und Eis' sei aus Kriegsbeständen noch vorrätig und der Versand nach Südtirol durchaus möglich. Für die Verrechnung, so schlage er vor, könne der Empfänger ein dem Wert entsprechendes Lebensmittelpäckchen nach München schicken!)

Aber rasch zurück zum Bodensee! Nur wir, die wir hier eine letzte Pflicht zu erfüllen haben, wissen, was der unverbesserliche Sucher da draußen wollte: die messerscharfe Grenze finden, wo er, ohne sich oder fremde Hoheitsansprüche zu verletzen, in Frieden dahintreiben konnte. Aber wir kennen uns da besser aus und lassen ihn am besten in der nächsten Nebelbank gleich wieder verschwinden. Hoffentlich paßt er gut auf sich auf! Alle Sorgen ist er jetzt los, die ihn zwei Jahrzehnte lang wie ein Alp verfolgten und manchmal aus den schönsten Träumen rissen: daß er plötzlich Gefahren entgegendriften könne, auf fremde Boote, steinige Hafenmauern oder Felsküsten zu; oder auf Stromschnellen los, in Strudel und über Wasserfälle hinunter. Wie sollte er schon vom Konstanzer Trichter gehört haben?

Natürlich hatte sich längst seine Rückkehr nach Europa herumgesprochen. Fernsehen und Funk riefen an. Wir hörten ihn sagen: „Ach ja, ein hübsches Thema wäre das: *Jedem seine Insel!* – *Kokosnüsse satt?* – Ach wo! - *Niemals Kokosnüsse satt!*"

Von unerwarteter Seite füllte sich täglich der neue Briefkasten, auch mit weniger amtlichen Zuschriften. Wenigstens kostete das monatlich keine fünfzehn Dollar mehr an Postfachmiete. Das schien hier umsonst zu sein. Wie praktisch, wenn einem die Post bis zur Haustür gebracht wird! Nach zwanzig Jahren, in denen es anders war, wunderte ihn der Briefkasten hinter der Haustür. Da mußte nicht erst von Insel zu Insel gesegelt werden oder quer über die Insel von Frankreich zu den Niederlanden in heißen Bussen oder teuren Taxis geschwitzt. Wie oft war er der Post wegen in der Mittagssonne nach Pointe Blanche hinausgelaufen, und dann lag da bloß eine Anfrage nach einem Autoschild und gar kein Liebesbrief. Und jetzt in Europa erst! „Keiner schreibt mehr Briefe, alle wollen bloß noch angerufen sein", lamentierte er häufig. Vielleicht läge es an der fehlenden Sonnenbrille. Seit die warmen Töne weg seien, sähe er manches viel schärfer. Würde so ein Draht die Beziehungen zum Mitmenschen nicht ausdünnen? Damit das für ein lebenswichtiges Problem gehalten würde, müßte es sich wahrscheinlich erst durch allgemeinen Haarausfall bemerkbar machen wie der geschädigte Wald durch abfallende Tannennadeln. Dann bliebe erst noch die Frage, ob es nicht auch ein Haarwuchsmittel täte. Vielleicht fehlte dem Wald bloß Dünger und nicht etwa Ruhe vor Auspuffgasen!

Auf alle Fälle: Bei der Bundespost vermindert sich das Defizit und bei den Fernsprechteilnehmern die Fähigkeit, sich noch schriftlich mitzuteilen. Und lesen? Fernsehen ist bequemer.

Wie viele Werften gab es jetzt, die ihm eine neue Yacht verkaufen wollten! Sogar Katamarane waren im Angebot, und – was Wunder! – er dachte schon wieder über Verbesserungsvorschläge nach! Weiterhin füllten seinen Briefkasten jetzt farbige Werbeprospekte, reichlich mit grünen Palmen verziert: wie schön es doch gerade jetzt sei, bei dem billigen Dollar in der Karibik auf einem Charterboot Urlaub zu machen! Marigot Bay sei nur ein möglicher Ausgangspunkt unter vielen, aber vielleicht der schönste! „Und wenn hier der ganze Wald stirbt", rief da unser Skipper und schlug mit der Faust auf seinen empfindlichen Tisch, daß Doktorfische und Wachtmeister früher unter ihm erschrocken wären, „die Palmen müssen als Werbesymbol überleben!"

Zu spät kam das Angebot eines Unternehmens, das von der Löschung im Schiffsregister, aber nichts vom Löschen brennender Autos gehört hatte. Sie wollten EILANDHOPPER verschrotten! Auch eine Berufsgenossenschaft klopfte auf den Busch, wie viele Seeleute bei ihm abgemustert hätten und wo die entsprechenden Abgaben in all den Jahren eingezahlt worden wären.

Ein paar interessante Marken klebten wenigstens auf jenen Umschlägen, in denen „für den Fall eines Neubaues in Ihrer sehr geschätzten Reederei" eine exotische Flagge angeboten wurde. Weitere Angebote würden wir hier nur widerwillig zitieren oder auch Absagen wie die: „Was, für den zwanzig Jahre alten Seelenverkäufer wollen Sie noch Geld haben!"

Kommen wir zum Ende. Wen wundert es bei dem Nebel vor der Haustür und über dem Wasser, daß er schwermütig an vergangene Zeiten zurückdenkt, als sogar der Dollar noch was wert war? Was wurde unserem Wasserzigeuner nicht alles wieder zu eng! Es drückten nicht nur die in Freiheit herangewachsenen Zehennägel in den ungewohnten Halbschuhen beim Kostümball im Konzilsaal. Aber barfuß zu tanzen war nicht mehr „in"! Selbst Seeräuber trugen hier Stiefel, wollten sie sich keinen Schnupfen holen. Was ein TTT oder ein BB war, wußte keiner hier; die schon äußerlich erkennbaren Sonderlinge der Tropeninseln: Typical Tropical Tramps und Beach Bums. Nur noch Dammglonker mit oder ohne Struppi?

Damals am Kalterer See, da war er mit seiner Jolle – ähnlich einer Billardkugel – alle Augenblicke irgendwo auf ein Ufer gestoßen, ein Ufer, das auch noch genauso wie dieses hier aus einem breiten Schilfgürtel bestand. Wir können uns nicht vorstellen, wie es in seinem Kopf aussah, als ihm das alles zuwider wurde, und wie ein Teil von ihm bereits von neuem nach der Freiheit der Meere lechzte, nach unentdeckt gebliebenen Ländern und Inseln, oder auch bloß nach einem in Vergessenheit versunkenen Volk von Blasrohr-Indios oder den Kindern der Maisgötter.

Wir wiederholen nur ungern, was er sich schon vor einem Vierteljahrhundert gewünscht hatte und nun neuerdings vor sich hinsagte; und was hier auch keiner gern hört, weil – wie jeder weiß – es viel schneller eintreten kann, als man glaubt: daß nämlich der See über die Ufer tritt, den Schilfgürtel und die Salatfelder, die Auen und Weinberge überschwemmt, den ganzen Talboden ausfüllt und schiffbar macht! Schon am Kalterer See hatte er davon geträumt. Dann könnte er hindernisfrei das Etschtal hinuntersegeln und wäre auch bald am Mittelmeer. Er würde dann nur noch Kurs aufzunehmen haben, die Vorsegel ausbaumen können und sich vor dem Wind treiben lassen, ohne noch einmal ans zurückliegende Ufer denken zu müssen, wo jedes Mal der alte Bootssteg unwiderruflich anzulegen befahl.

So ging es ihm also. Die beiden Alpenseen glichen sich, aus der Nähe besehen, wie zwei Wassertropfen, das heißt: mit dem Schilfgürtel im Nebel und den Weinbergen dahinter. Was hatte sich eigentlich in einem Vierteljahrhundert geändert, trotz all der Jahre, in denen soviel Wasser Etsch und Rhein hinuntergeflossen waren? Vielleicht waren ihm auch nur die grünen Bettvorleger anstelle seiner Karibik nicht schön genug, die es als Brücken für gar nicht viel Geld im Stadtzentrum zu kaufen gab. Wie wenig brauchte es als letzten Anstoß! Einmal hatten ein paar Palmen an der Wand eines Reisebüros genügt, wie wir alle wissen. Diesmal waren die Palmen schön grün auf seinen wasserabweisenden Badewannenvorhang gedruckt und hoben sich im Durchblick gut ab, wenn er bis zum Hals dahinter in der Wanne saß.

Die Träume ließen sich nicht mehr verdrängen. Die unklare Sicht aus seinem Ruderboot, in dem er diesmal ohne Wind saß, tat ein übriges. Die plötzlich im Seeufer entdeckte Lücke hielt er wohl für eine schrittweise Erfüllung seiner heimlichen Wünsche, weshalb er sich dem überströmenden Wasser anvertraute. Das Fasnachtskostüm, das im Boot neben Angelzeug und einer vergessenen, längst zu Stockfisch gewordenen Felche lag, stach ihm dabei ebenfalls ins Auge und besaß eine Wirkung wie einst das verdrehte Ziffernblatt seiner Uhr. Nein, Palmen konnten ihm gestohlen bleiben; aber die großschuppigen Lieblinge, seine Papageifische unter den Korallenästen, die bannten seinen Blick. Sonst starrte er nur noch über den Bug seines Kahns nach vorn in die undurchsichtige Luft und sah nicht etwa über sich. Münsterkirche, Konzilsaal, Inselhotel − irgendwo eine Flagge von St. Lucia − (tatsächlich); aber das war schon bei der Mainau gewesen. Ausgerechnet die Pitons auf der neuen Flagge! Dann Pfosten im Wasser, eine Schiffahrtsstraße markierend. So hoch, stellte er freudig fest, stand also alles unter Wasser. Am Feldsalat unter der Abtei nagte auch schon die Flut. Der Weg zum Meer war frei.

Dort oben links das Schlößchen am Hügel, stieg ihm eine Erinnerung auf; war das nicht, wo einst eine holländische Königin gelebt hatte, die Tochter jener französischen Kaiserin Josephine aus Martinique? − „Halt deinen Geldbeutel fest, Mann!" riefen wir ihm zu. − Umsonst! Ob ihm vielleicht Trois-Ilets schon vorauslag oder ein Wiedersehen mit EILANDHOPPER auf den Niederländischen Antillen winkt?

Am gegenüberliegenden Ufer, unter den nahen Hügeln an Steuerbord: eine plötzliche Erkenntnis. Das war doch, wo der *Steppenwolf* haust und hinter der Freiheit herheult! Aber die gab es nicht einmal vor 80 Jahren, wie unser Erzähler wohl wußte. Doch er wußte noch mehr: Der eine muß sterben, damit der andere endlich in Frieden leben kann! Der eine von beiden also, dieser Karibik-Rudy mit Ypsilon, angefeuert von gefährlichen, aber nicht mehr zu bremsenden

Leidenschaften, hastete mit heraushängender Zunge weiter und schlug mit den Riemen nur noch härter das Wasser.

Steht jetzt ‚*Harrys Hinrichtung*‘ auf dem Programm? Harry mußte sterben, „weil er die hohe Kunst beleidigt, indem er unseren schönen Bildersaal mit der sogenannten Wirklichkeit verwechselt!“* Hat er nicht zugehört, wie es weiterging? „Sie sollen lachen lernen, das wird von Ihnen verlangt. Sie sollen den Humor des Lebens, den Galgenhumor dieses Lebens erfassen. Aber natürlich sind Sie zu allem bereit, nur nicht zu dem, was von Ihnen verlangt wird!… Sie wären gewiß auch bereit, hundert Jahre lang sich zu kasteien und zu geißeln. Oder nicht?“*

Was sollen wir bloß tun? Unser Skipper wird doch nicht abhandenkommen, wie ihm selber soviel im Leben abhanden gekommen ist? Merkwürdig genug sieht er ja aus, seit er die großschuppige Narrenhäs gegen die feuchte Kälte übergezogen hat; ganz wie ein Papageifisch! Hätten damals am Cades-Riff seine Unterwasserfreunde sein Plappern durch den Schnorchel so gut verstanden, wie auf der Weihnachtsinsel seine Tölpel das Zischen zwischen Zunge und Weisheitszähnen, er würde jetzt vielleicht seinen bunten Schuppenkopf untertauchen und nach seinen Kameraden rufen. So aber ist er ganz still geworden und müde, wie nach einer verrückten Fasnacht.

Jeder ahnt längst, wo die Reise hingeht, wenn Stein am Rhein erst einmal hinter ihm liegt. Köln läßt schön grüßen! Wozu war dort die Sprache da? Damit das Gemeine zum Orkus hinabgeht!

Von den Brocken, die vom Ufer aus zu hören sind, versteht er nur „Reinfall!“ Er schüttelt den dicken Schuppenkopf. Niemals wieder ein Reinfall! denkt er grimmig. Laß sie doch rufen! Diesmal kommt kein Reinfall auf mich zu.

Andere rufen „Ho Narro!“ übers dampfende Wasser und halten unseren völlig verwirrten Ruderer wirklich für einen verspäteten Fasnachtsscherz. „Ein Narr? Nein, das war ich niemals.“

Es hilft nichts. Wir müssen ihn allein weitertreiben lassen. Wir wollen nicht auch in den Strudel gerissen werden, der — bloß noch ein paar Meilen entfernt — auf den Flüchtenden wartet. Was für ein

---

* Zitate aus: Hermann Hesse, *Der Steppenwolf*, Bibliothek Suhrkamp

Irrsinn: Das einzige Mal — es ist kaum zu glauben — da diese Gefahr keinem nächtlichen Alptraum entspringt!

Wo wollte er bloß hin? Irgendein Rheinfall lauert doch bestimmt irgendwo. Laßt ihn zur Ruhe kommen! Wer weiß, was ihm diesmal alles erspart blieb — und uns anderen auch!

Viele Reisen wurden schon in kleinen Booten gemacht, mit kleiner Besatzung oder allein, halb oder ganz um die Welt, rund um den Nordatlantik, nonstop oder mit vielen Aufenthalten – und so verschieden, wie die Segler sind, so unterschiedlich haben sie auch ihre Reisen erlebt und aufgezeichnet. Dieses sind solche Berichte:

Bobby Schenk
80000 Meilen und Kap Hoorn
Ein Seglerleben

Von seinen großen Reisen um die Welt und rund Kap Hoorn erzählt der bekannte Autor und gewährt zugleich Einblick in die bunte Szene der Yachties und die Freuden und Sorgen des Langstreckensegelns.
400 Seiten mit 50 Farbfotos und 2 Routenkarten, geb.

Burghard Pieske
Karibisches Eis – arktisches Feuer
Die neue große Reise des bekannten Seglers und Autors von „Shangri-La" von Brasilien durch die Karibik nach Grönland.
288 Seiten mit 40 Farbfotos, 25 Zeichnungen, 4 Kartenskizzen und 2 Routenkarten, geb.

Wolfgang Hausner
Taboo III
Leben auf sieben Meeren

In lockerer Form berichtet Hausner, wie es nach seinem Schiffbruch (erzählt in „Taboo") weiterging und was er seitdem erlebte.
232 Seiten mit 42 Farbfotos, 6 Kartenskizzen und 1 Routenkarte, geb.

Ernst-Jürgen Koch
Paradies im Stundenglas
Unsere letzte Reise mit der „Kairos"

Nach „Hundeleben in Herrlichkeit" und „Verdammt, glücklich zu sein" vollendet dieses Buch die „Kairos"-Trilogie, in der der beliebte Autor von seinen großen Reisen über die Weltmeere erzählt.
408 Seiten mit 41 Farbfotos, 35 Zeichnungen und 1 Routenkarte, geb.

Tristan Jones
Gefangen im Eis
Die packende Schilderung einer gewagten Alleinreise in Richtung Nordpol.
224 Seiten mit 2 Zeichnungen und 1 Routenkarte, geb.

Heide Wilts
Wo Berge segeln
Mit der „Freydis" in die Arktis

Der lebendige Bericht über die
zweite abenteuerliche Reise des
Ehepaars Wilts in besonders risiko-
reiche Gewässer.
270 Seiten mit 44 Farbfotos, 7 Kartenskizzen und 1 Routenkarte, geb.

Karl Vettermann
**Barawitzka und die
See-Amazonen**
Aufregende Erlebnisse des gewitzten Käptn während eines Törns in
der Adria und bei der Teilnahme an
einer Regatta.
304 Seiten mit 41 Zeichnungen,
geb.

Karl Vettermann
**Barawitzka und der
Taiwan-Klipper**
Segelabenteuer in Fernost

Spritzig wie immer erzählt der viel
gelesene Autor die abenteuerliche
Überführung einer Yacht von Taiwan in die Adria.
328 Seiten mit 42 Zeichnungen
und 2 Routenkarten, geb.

Eilco Kasemier/Gerard van Straaten
Abenteuerliche Reise um die Welt
In detailreichen Zeichnungen ver-
folgt man die Weltumsegelung dieses Einhandseglers und erhält damit ein ungeschminktes Bild von
allem, was er sah und erlebte.
128 Seiten mit 410 Zeichnungen,
Großformat, kart.

Bernard Moitessier
Der verschenkte Sieg
Das tiefempfundene Bekenntnis
eines Menschen, den das Segeln
und die dabei umgebende Natur
von Grund auf prägten und verän-
derten.
272 Seiten mit 31 Farbfotos,
52 Zeichnungen und 1 Routenkarte, geb.

Horst Haftmann
**Oft spuckt mir Neptun Gischt aufs
Deck**
Das Revier dieses Autors ist „nur"
die Ostsee. Aber wie er sie erlebt,
ihre Küsten, ihre Häfen und Menschen – das ist beglückend und mit
viel Humor erzählt.
244 Seiten mit 16 Zeichnungen,
geb.

Erhältlich überall im Buchhandel

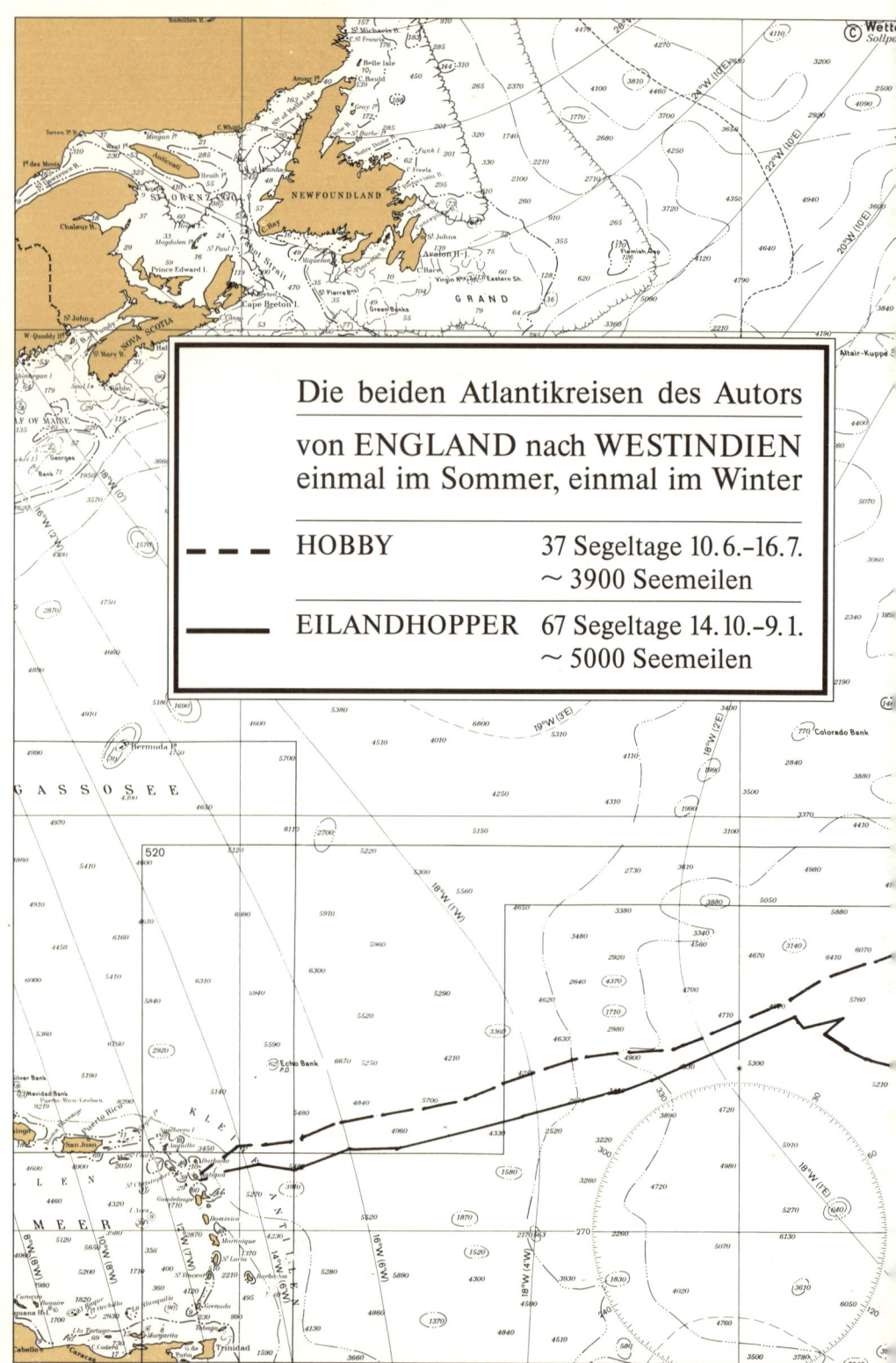

Die beiden Atlantikreisen des Autors

von ENGLAND nach WESTINDIEN
einmal im Sommer, einmal im Winter

− − −	HOBBY	37 Segeltage 10.6.–16.7. ~ 3900 Seemeilen
———	EILANDHOPPER	67 Segeltage 14.10.–9.1. ~ 5000 Seemeilen